U0948961

中国软科学研究丛书
丛书主编：张来武

“十一五”国家重点图书出版规划项目
国家软科学研究计划资助出版项目
国家社会科学基金资助项目（07CJY015）

西部生态脆弱贫困区优势产业培育

刘颖琦 著

科学出版社
北京

内 容 简 介

本书针对我国西部生态脆弱贫困区贫困人口数量较多、生态环境脆弱、产业规模小且优势产业主要依赖天然资源等实际情况，通过分类研究方式，从理论和实证两个方面深入研究优势产业培育的问题。理论方面，依据竞争优势理论，构建了西部生态脆弱贫困区优势产业培育理论和方法体系。实证方面，分析概括了西部11个省（自治区、直辖市）国家扶贫工作重点县的八类经济数据和产业发展状况，并对12个国家扶贫工作重点县的优势产业培育和创新系统建设进行了案例研究。

本书可供政府工作人员、区域经济发展研究领域的学者、高等院校本科高年级学生和研究生参考使用。

图书在版编目（CIP）数据

西部生态脆弱贫困区优势产业培育／刘颖琦著.—北京：科学出版社，2010.5

（中国软科学研究丛书）

ISBN 978-7-03-027503-5

Ⅰ.①西… Ⅱ.①刘… Ⅲ.①产业-经济发展-研究-西北地区②产业-经济发展-研究-西南地区 Ⅳ.①F127.4

中国版本图书馆CIP数据核字（2010）第082924号

丛书策划：林 鹏 胡升华 侯俊琳

责任编辑：汪旭婷 王昌凤／责任校对：李奕萱

责任印制：赵德静／封面设计：黄华斌

编辑部电话：010-64035853

E-mail：houjunlin@mail.sciencep.com

科学出版社 出版

北京东黄城根北街16号

邮政编码：100717

http://www.sciencep.com

中国科学院印刷厂 印刷

科学出版社发行 各地新华书店经销

*

2010年6月第 一 版 开本：B5（720×1000）

2010年6月第一次印刷 印张：21

印数：1—2 000 字数：400 000

定价：68.00元

（如有印装质量问题，我社负责调换〈科印〉）

“中国软科学研究丛书”编委会

主　编　张来武

副主编　李朝晨　王　元　胥和平　林　鹏

委　员　（按姓氏笔画排列）

于景元　马俊如　王玉民　王奋宇

孔德涌　刘琦岩　孙玉明　杨起全

金吾伦　赵志耘

编辑工作组组长　刘琦岩

副组长　王奋宇　胡升华

成　员　王晓松　李　津　侯俊琳　常玉峰

总　序 PREFACE

软科学是综合运用现代各学科理论、方法，研究政治、经济、科技及社会发展中的各种复杂问题，为决策科学化、民主化服务的科学。软科学研究是以实现决策科学化和管理现代化为宗旨，以推动经济、科技、社会的持续协调发展为目标，针对决策和管理实践中提出的复杂性、系统性课题，综合运用自然科学、社会科学和工程技术的多门类多学科知识，运用定性和定量相结合的系统分析和论证手段，进行的一种跨学科、多层次的科研活动。

1986 年 7 月，全国软科学研究工作座谈会首次在北京召开，开启了我国软科学勃兴的动力阀门。从此，中国软科学积极参与到改革开放和现代化建设的大潮之中。为加强对软科学研究的指导，国家于 1988 年和 1994 年分别成立国家软科学指导委员会和中国软科学研究会。随后，国家软科学研究计划正式启动，对软科学事业的稳定发展发挥了重要的作用。

20 多年来，我国软科学事业发展紧紧围绕重大决策问题，开展了多学科、多领域、多层次的研究工作，取得了一大批优秀成果。京九铁路、三峡工程、南水北调、青藏铁路乃至国家中长期科学和技术发展规划战略研究，软科学都功不可没。从总体上看，我国软科学研究已经进入各级政府的决策中，成为决策和政策制定的重要依据，发挥了战略性、前瞻性的作用，为解决经济社会发展的重大决策问题作出了重要贡献，为科学把握宏观形势、明确发展战略方向发挥了重要作用。

20 多年来，我国软科学事业凝聚优秀人才，形成了一支具有一定实力、知识结构较为合理、学科体系比较完整的优秀研究队伍。据不完全统计，目前我国已有软科学研究机构2000 多家，研究人员近 4 万人，每年开展软科学研究项目 1 万多项。

为了进一步发挥国家软科学研究计划在我国软科学事业发展中的导向作用，促进软科学研究成果的推广应用，科学技术部决定从 2007 年起，在国家软科学研究计划框架下启动软科学优秀研究成果出版资助工作，形成“中国软科学研究丛书”。

“中国软科学研究丛书”因其良好的学术价值和社会价值，已被列入国家新闻出版总署“‘十一五’国家重点图书出版规划项目”。我希望并相信，丛书出版对于软科学研究优秀成果的推广应用将起到很大的推动作用，对于提升软科学研究的社会影响力、促进软科学事业的蓬勃发展意义重大。

科技部副部长

张来武

2008 年 12 月

前 言 FOREWORD

中国西部地区国土面积685万平方公里，占全国国土面积的71.4%，总人口约3.56亿人，占全国总人口的28.6%。其中，少数民族人口占全国少数民族人口的75%左右，尚未实现温饱的3000多万贫困人口大部分分布于这一地区，在全国592个国家扶贫工作重点县中，有375个县位于西部11个省（自治区、直辖市）。

为了加快西部地区的发展，国家制定并实施了西部大开发战略，西部大开发战略实施10年来，西部地区的经济和社会发展取得了令人瞩目的成就。

然而，西部经济发展仍面临着一系列的困难和挑战。贫困人口数量较多，西部地区的绝对贫困人口占全国绝对贫困人口的半数以上；整体生态环境还很脆弱，生态保护的形势依然严峻；区域内绝大多数扶贫工作重点县的经济发展规模远远低于西部总体发展水平，而且发展速度与西部总体相比也有很大的差距；产业规模小，各地区的优势产业主要是一些高度依赖天然资源或技术层次较低的产业，第二产业和第三产业比较落后；国家扶贫工作重点县的农民人均纯收入水平整体较低，大部分国家扶贫工作重点县的农民人均纯收入在2000元以下。

西部发展的实践证明，西部贫困地区经济和社会的可持续发展必须依托该区域内的产业发展，尤其是要依靠这些区域内的优势产业发展来实现生态保护和社会经济的可持续、和谐发展。在新的环境和形势下，如何促进西部生态脆弱贫困区产业的发展壮大，形成当地的优势产业，进而带动当地的经济发展就显得尤其迫切和重要。

为了实现西部生态脆弱贫困区经济社会和谐发展，西部生态脆弱贫困区的优势产业培育问题已成为需要重点解决的问题。但是，西部生态脆弱贫困区优势产业培育研究却面临很多的困难。

经济总体走势良好，但各个县经济发展差别较大，如何在优势产业培育过程中做到既有普适性，又有针对性？即使从省域这样一个角度对375个国家扶贫工作重点县进行研究，11个省（自治区、直辖市）的国家扶贫工作重点县的经济发展特点也存在很大的差别，这些差别不仅反映在经济总量的发展变化上，而且也反映在农民人均纯收入等一些指标上。每个国家扶贫工作重点县的产业和经济发展特点各有差异，在研究西部生态脆弱贫困区优势产业培育问题时，不能对西部生态脆弱贫困县一概而论，搞简单化，这样所得到的研究结论是无法指导西部生态脆弱贫困区的优势产业培育的。

在产业规模小、产业数据匮乏、产业雷同现象严重的基础上如何对优势产业培育进行研究？西部生态脆弱贫困区现有的很多产业总体规模较小，产业数据缺失较多，特别是有些未来有机会发展成为优势产业的产业，由于现有产值较低，产业数据缺失。由于西部生态脆弱贫困区优势产业培育问题的出发点不仅是现在的产业，更要从长远的眼光来关注那些未来能成为优势产业的产业，因此，在西部生态脆弱贫困区优势产业培育问题的研究中，需要一定的产业数据作为研究的支撑，需要立足于关注产业未来竞争优势的基础上，通过各种定性和定量的方法对其进行研究。

如何通过产业联动实现优势产业培育，改变产业链条短、价值增值能力有限的状况，实现可持续发展？西部生态脆弱贫困区的三次产业结构反映出西部产业发展存在多种模式，既有依赖第一产业发展的地区，也有依赖第二产业发展的地区，还有依赖第三产业发展的地区；同时，还有第一产业、第二产业和第三产业共同发展的地区。但是，在关注具体产业时，我们注意到，西部生态脆弱贫困区的产业链条较短，价值增值能力有限。

在西部生态脆弱贫困区这种市场经济不发达的地区，如何发挥政府的作用培育优势产业？西部生态脆弱贫困区市场经济不发达，优势产业培育的过程不能单纯地依靠市场经济的作用，更多地要依靠政府的作用。政府对优势产业培育的影响可以通过直接制定产业政策来改善产业的生产要素和需求条件、提升产业的竞争力来实现。

作为优势产业培育的支撑体系——区域创新系统如何构建？区域创新系统是西部生态脆弱贫困区优势产业培育的重要支撑，只有建设一个适合西部生态脆弱贫困区的区域创新系统，才能有效地促进优势产业培育。在西部生态脆弱贫困区优势产业培育过程中，因西部生态脆弱贫困区域市场系统还不成熟，资源配置还无法完全由市场进行，政府可以为西部生态脆弱贫困区域提供必要的制度支持，保证市场机制的良好运行，因此，西部生态脆弱贫困区区域创新系统建设要以政府为主导。

本书共包括四大部分，即总论、理论方法篇、产业篇和案例篇。本书的研究框架如图所示。

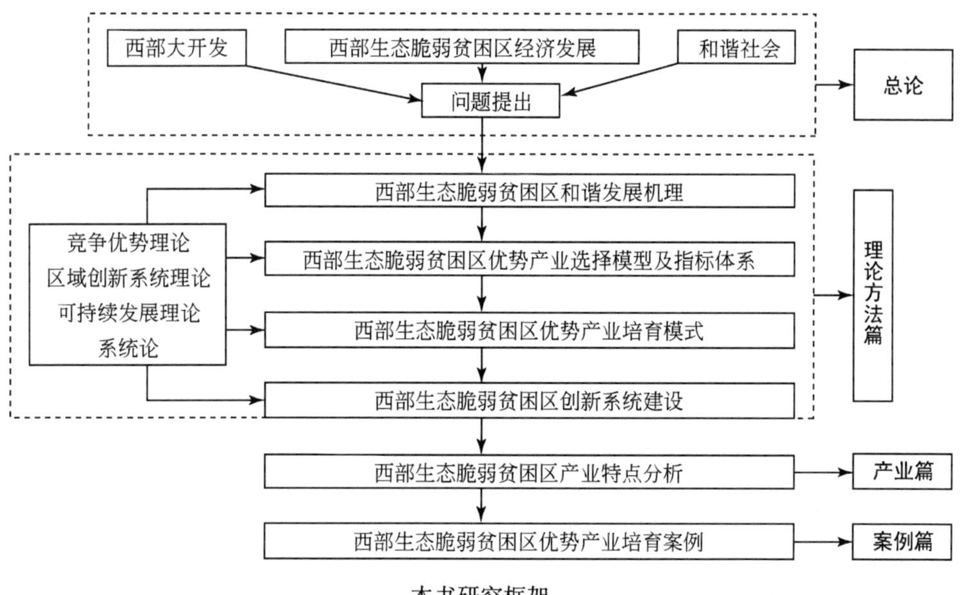

本书研究框架

(1) 总论部分对西部生态脆弱贫困区的界定及政策环境进行论述，将西部生态脆弱贫困区分为六类地区进行研究，在此基础上分析了西部生态脆弱贫困区生态资源产业状况。

(2) 理论方法篇以竞争优势理论为基础理论，构建了西部生态脆弱贫困区优势产业培育理论和方法体系，该理论体系包括西部生态脆弱贫困区优势产业选择模型及指标体系，涵盖区域层面、产业体系层面和某个单一产业层面共三个层面上的优势产业培育模式，以及政府主导下的西部生态脆弱贫困区创新系统建设。

(3) 产业篇通过对内蒙古自治区、新疆维吾尔自治区、青海省、甘肃省、宁夏回族自治区、陕西省、四川省、重庆市、贵州省、广西壮族自治区、云南省共11个省（自治区、直辖市）的国家扶贫工作重点县2003～2006年的八类经济数据进行分析，并比较各个省（自治区、直辖市）GDP排名前20%和后20%的国家扶贫工作重点县的产业发展状况，对西部生态脆弱贫困区产业状况和特点进行了深入研究。

(4) 案例篇分别对12个国家扶贫工作重点县的优势产业培育和创新系统建设进行了研究，包括5个不同省（自治区、直辖市）的国家扶贫工作重点县和一个由7个国家扶贫工作重点县连片构成的区域。这些国家扶贫工作重点县既是国家扶贫工作的重点，又是典型的生态脆弱地区，民族自治地区的县还具有边远贫困和少数民族的特点，优势产业所涉及的面较广，有较强的代表性。本篇通过这些县的优势产业培育和创新系统建设实例来检验、完善和丰富所构建的理论。

刘颖琦

2010年1月

目 录

CONTENTS

第三篇　产　业　篇

第四篇　案　例　篇

第一篇 总 论

党的“十七大”报告提出深入贯彻落实科学发展观，积极构建社会主义和谐社会。贫穷落后是社会不和谐的总根源，是促进和谐社会建设的最大障碍。对西部生态脆弱贫困区而言，建设和谐社会的要务就是发展经济，而培育和发展该区域的优势产业①则成为实现该地区经济发展的关键问题，只有找到并培育该区域的优势产业，实现优势产业对当地经济的带动作用；才能形成经济社会和谐发展的基础和内在动力。同时，西部生态脆弱贫困区面临着保护环境和发展经济的两难选择和双重压力。西部生态脆弱贫困区的生态环境较差，存在水土流失、土地沙化、风沙、干旱等一系列问题，在发展经济的同时，我们必须兼顾产业发展与环境保护，如果在这些区域任由生态环境继续恶化和发展下去，走先发展再治理的路子，治理的成本将远远高于已经取得的经济效益。因此，西部生态脆弱贫困区优势产业培育要遵循可持续发展的路子，实现经济和环境的共同发展。

西部生态脆弱贫困区集中了 375 个国家扶贫工作重点县，占国家扶贫工作重点县总数的 63.3%，它们分布在西部 11 个省（自治区、直辖市）（西藏自治区未计算在内），绝大部分地区都属于限制开发区域，有极少部分区域属于禁止开发区域，如青海省的三江源地区。这些扶贫开发工作重点县覆盖面广，在西部生态脆弱贫困区的研究方面有很强的代表性。同时这些生态脆弱贫困县都处于生态环境比较脆弱的地区，不少地区有丰富的矿产资源和能源资源，是国家的资源基地，对国家经济发展起到至关重要的作用。因此，从某种意义上讲，

---

① 关于优势产业，国内外学者没有进行系统的研究和明确的界定，通常被用作描述产业发展的良好状况，只是当作一个“既定”的概念加以运用。在借鉴和综合目前研究成果的基础上，本书认为，优势产业是指在某区域内，能够利用和发挥当地的有利条件和资源，相对于其他产业具有较强的比较优势和竞争优势的产业。优势产业不仅对当地的经济发展非常重要，而且对这些地区经济和社会的和谐发展至关重要。

这些国家扶贫重点县的发展水平直接影响和决定着西部生态脆弱贫困区的发展水平。

近年来，在党和国家西部大开发等大政方针的指导下，西部生态脆弱贫困区国家扶贫工作重点县充分依托所拥有的自然资源，大力发展区域经济。西部各个县的产业发展路径和方式由于资源禀赋不同而存在较大差异，但是从整个区域来看，经济发展快的县和经济发展慢的县的资源、产业和产业结构并没有特别大的差别，究其原因主要是由于不同地区产业规模的大小不一导致了这些地区经济发展的较大差距。这一差异表现为，有少部分国家扶贫工作重点县的经济实力已经进入西部的百强县，而大部分国家扶贫工作重点县仍处于生态环境比较脆弱、经济实力比较弱小、产业结构不合理、农民人均纯收入低、贫困人口所占比重高的状态。因此，如何能在保护生态环境的前提下，发展和培育当地的优势产业，扩大产业规模，带动经济发展和农民增收，不仅是促进这一区域和谐发展之本，也是本书要重点研究和探讨的内容。

第一章 西部生态脆弱贫困区的界定及政策环境

第一节　西部生态脆弱贫困区界定、分类及特征

一 西部生态脆弱贫困区的界定

（一）西部地区

根据我国西部大开发战略，中国西部地区包括重庆、四川、贵州、云南、广西、陕西、甘肃、青海、宁夏、西藏、新疆、内蒙古等 12 个省（自治区、直辖市）。如图 1-1 所示。

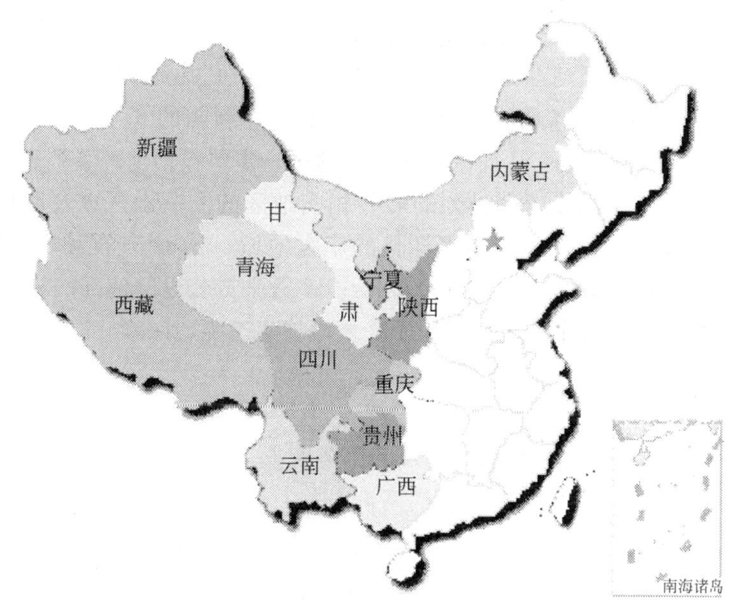

图 1-1　西部地区地理位置示意图

西部地区国土面积 685 万平方公里，占全国的 71.4%，陆地边境线占全国的 80%左右；总人口约 3.56 亿人，占全国总人口的 28.6%，其中，少数民族人口占全国少数民族人口的 75%左右。

（二）生态脆弱区

关于生态脆弱区，学术界有不同的定义。王国（2001）认为生态脆弱区也称脆弱生态区，是指生态条件已成为社会经济继续发展的限制因素或社会经济，按目前模式继续发展将威胁到生态安全的区域，是自然区域、经济区域与行政区域的综合体现，并具有明显的时效性。冉圣宏等（2002）认为脆弱生态区是那些对环境因素的改变反应敏感、生态稳定性较差、生态环境易于向不利于人类利用的方向发展，并且在现有的经济水平和技术条件下，这种负向发展的趋势不能得到有效遏止的连续区域。黄成敏等（2003）将生态脆弱区定义为在人为或自然因素的多重胁迫下，生态环境系统或体系抵御干扰的能力较低、恢复能力不强，且在现有经济和技术条件下，逆向演化趋势不能得到有效控制的连续区域。

从以上定义可以看出，生态脆弱区具有时效性、不稳定性、区域连续性、人为因素和自然因素双重作用等特征。根据这些特征和“八五”国家攻关项目“生态环境综合整治和恢复技术研究”的成果，中国主要有五个典型生态脆弱区：① 北方半干旱农牧交错带，范围包括东起科尔沁草原经鄂尔多斯高原南部和黄土高原北部、西至河西走廊东端的52个县（市）共约25万平方公里的地区；② 北方干旱绿洲边缘带，范围主要包括甘肃、新疆的61个县（市），面积约59万平方公里的地区；③ 西南干热河谷地区，主要包括由一系列高山峻岭和金沙江、澜沧江、怒江等紧密排列的岭谷相间地区的横断山区以及四川盆地和云贵高原为主体的自然环境最为多样化的广大地域；④ 南方石灰岩山地地区，主要包括贵州、广西的76个县（市），共约17万平方公里的地区；⑤ 青藏高原地区，面积共约250万平方公里，属于高寒海拔生态脆弱区。

（三）贫困地区

20世纪80年代中期，国家统计局和国务院扶贫办公室合作制定了我国第一个正式的贫困标准。该贫困标准包括两部分：一是满足最低营养标准；二是最低限度的衣着、住房、交通、医疗及其他社会服务的非食品消费需求。具体来看，中国贫困标准的计算方法如下：① 综合国际和国内最低限度的营养标准，中国采用2100大卡热量作为农村贫困人口的必需营养标准；② 用最低收入农户的食品消费清单和食品价格确定达到人体最低营养标准所需的最低食物支出，作为食物贫困线；③ 假设靠牺牲基本食物需求获得的非食品需求是维持生存和正常活动必不可少的，也是最少的，并根据回归方法计算出收入正好等于食品贫困线的人口的非食物支出（包括最低的衣着、住房、燃料、交通等必需的非食品支出费用），作为非食品贫困线；④ 用食品贫困线（约60%）与非食品贫困线（40%）相加得到贫困人口的扶持标准。

根据目前中国农村贫困人口的分布状况和特点，《中国农村扶贫开发纲要（2001～2010年）》把贫困人口集中的中西部少数民族地区、革命老区、边疆地区和特困地区作为扶贫开发的重点，并在上述四类地区确定扶贫开发工作重点县。目前，中国共有这样的重点县592个，涵盖了全国72%以上的农村贫困人口。其中，592个国家扶贫开发工作重点县的绝对贫困人口为1752万人，占全国绝对贫困人口的62.1%，贫困发生率为8.8%。

（四）西部生态脆弱贫困区

根据对上述几个问题的认识，我们这样界定西部生态脆弱贫困区：西部地区中贫困人口相对集中，生态环境稳定性差、恢复能力不强、社会经济发展相对落后，并且在现有经济和技术条件下，这种后进趋势不能得到有效控制的连续区域，如图1-2所示。

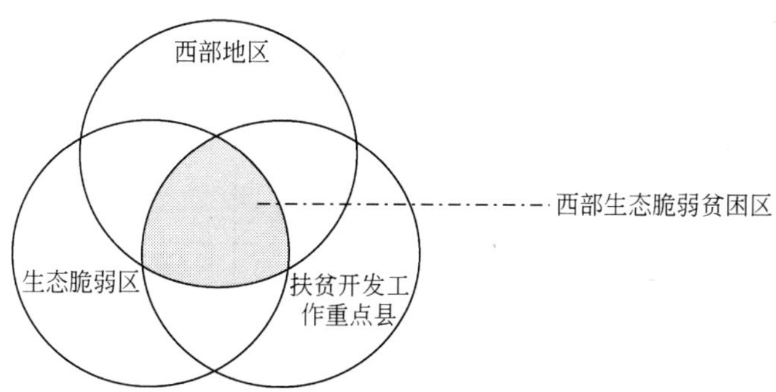

图1-2　西部生态脆弱贫困区（375个国家级扶贫开发工作重点县）

据此标准，在西部11个省（自治区、直辖市）共有375个国家扶贫开发工作重点县满足生态环境比较脆弱、贫困人口集中、社会经济发展落后等条件，符合西部生态脆弱区的界定标准，因而成为本书研究的对象。

二 西部生态脆弱贫困区分类

为了有效地开展对西部生态脆弱贫困区的研究，我们根据西部生态脆弱贫困区的经济特点以及产业资源状况、区位优势，依照区位条件和资源禀赋对西部生态脆弱贫困区进行分类，通过此方式，进一步刻画不同地区的特点，以针对不同产业发展状况提出相应的产业培育模式。

西部生态脆弱贫困区的分类主要按照区位条件和资源禀赋两个要素来进行，其中，区位条件要素又分为靠近口岸或中心城市、不靠近口岸或中心城市但交通便利、不靠近口岸或中心城市且交通不便利三个要素；资源禀赋要素分为农牧业资源、矿产资源、旅游资源和能源资源四个要素。

西部生态脆弱贫困区分类要素＝｛区位条件，资源禀赋｝

区位条件要素＝｛靠近口岸或中心城市，不靠近口岸或中心城市但交通便利，不靠近口岸或中心城市且交通不便利｝

资源禀赋要素＝｛农牧业资源，矿产资源，旅游资源，能源资源｝

本书根据 375 个国家级扶贫开发工作重点县区位条件要素和资源禀赋要素的情况，分别给予不同的得分分值，要素最好的得 3 分，次之得 2 分，最差的得 1 分，并将不同的地区按照区位条件要素和资源禀赋要素的得分相加，得出最后的分值，将西部生态脆弱贫困县划分为三大类不同的地区，分别称为 A 类区域（要素得分≥5 分的区域）、B 类区域（要素得分＝4 分的区域）和 C 类区域（2≤要素得分≤3 分的区域），各个地区的分类如图 1-3 所示。

区位条件 \ 资源禀赋	差(1)	良(2)	优(3)
好(3)	4 B类	5 A类	6 A类
较好(2)	3 C类	4 B类	5 A类
一般(1)	2 C类	3 C类	4 B类

图 1-3　西部生态脆弱贫困区分类

三 西部生态脆弱贫困区不同区域的特征

（一）A 类区域，包括三种类型

1. 资源禀赋优、区位条件好的区域

资源禀赋优、区位条件好的 6 分地区，该区域内集中了矿产资源、旅游资源、能源资源和农牧业资源中的数种资源，且资源优势明显；同时，该区域既靠近口岸又靠近中心城市，交通便利程度高，在经济发展过程中形成了具有一定竞争优势的特色产业。在西部生态脆弱贫困区中，处于这类地区的贫困县数量非常少。

内蒙古自治区伊金霍洛旗境内矿产资源丰富，已探明煤炭储量148.5亿吨，是神府东胜煤田的主采区，国内重要煤田之一。人文资源独特，有全国重点文物保护单位——成吉思汗陵园，有距今4000年的仰韶文化晚期至早商时期的“朱开沟文化”遗址、战国秦长城遗址等。区位环境优越，地处呼-包-鄂“金三角”区域，公路总里程1683公里。包茂高速、109国道高速纵横交错，包西铁路、包神铁路、东乌铁路穿越旗境，鄂尔多斯机场坐落旗境，距旗府所在地14公里，成为鄂尔多斯及周边地区的重要交通枢纽。

2. 资源禀赋良、区位条件好的区域

资源禀赋良好、区位条件好的5分地区，该区域内拥有一定数量的矿产资源、旅游资源、能源资源和农牧业资源，但资源优势不很明显；拥有较好的地理位置，既靠近口岸又靠近中心城市，交通便利程度高，经济发展过程中形成了一定的特色产业。

例如，新疆维吾尔自治区的舒勒县水土、光热资源丰富，全境地势平坦，田地肥广，农副土特产丰富，主要有杏、桃、瓜、石榴、畜禽以及甘草、枸杞、麻黄、紫草等名贵药材，是全疆主要粮棉产区和瓜果之乡。全县建成了高品质棉花、优质粮食、蔬菜、名特水果、优良畜禽等生产基地，以温室大棚为主的农业设施达到8000座，实现劳务输出2.5万人次，成立农民专业经济合作组织40个，农产品销售4.48亿元。从资源条件看，疏勒县的资源禀赋处于良好的状态，主要以农业资源为主，但从区位优势上来看，疏勒县位于欧亚大陆腹地、新疆西南部，距南疆政治、经济、文体中心喀什市东南3公里，处于以喀什市为中心的“一市两县”经济区内，是喀什通往和田、西藏阿里地区和喀什地区南部8个县的必经之路，为喀什市的西南门户。疏勒还是中国西南的咽喉要道，连接中亚、西亚和南亚，与塔吉克斯坦、阿富汗等6个国家和地区接壤，集群口岸优势明显，处在“五口通八国”的中心位置。境内交通便捷，路网纵横交错，国道315线与省道214、310、311线在县城交会并穿越全境，县城距南疆铁路喀什站8公里，距喀什航空港16公里；距通往巴基斯坦的红其拉甫口岸260公里，距卡拉苏口岸200公里，距通往中亚国家的吐尔尕特口岸90公里。

3. 资源禀赋优、区位条件较好的区域

资源禀赋优、区位条件较好的5分地区，该区域内集中了矿产资源、旅游资源、能源资源和农牧业资源中的数种资源，且资源优势明显；但该区域只靠近口岸或只靠近中心城市，交通便利程度稍高，该区域经济发展过程中形成了一定的特色产业。

广西壮族自治区平果县高温多雨，盛产大米、玉米、黄豆、花生、木薯、甘蔗、龙眼、荔枝、葡萄、香蕉等。同时该区矿产储量丰富，已探明的矿产资源主要有铝、铁、锰、金等，其中已探明的铝矿储量有2.9亿吨，水源丰富，电力充足。平果拥有丰富的旅游资源，如小石林，明代州府城堡，西南规模最大、制作最精美的明代土司陵园，摩崖石刻和崖洞葬棺等。从区位条件看，平果县是我国大西南出海通道上的重镇，为滇、黔、桂三省（自治区）的交通要冲，县城驻地处在广西首府南宁市和桂西中心城百色市之间，平果至南宁 86 公里，平果至百色 102 公里。同时，南昆铁路、324 国道、南百二级公路、右江航道和南昆高速公路穿境而过，两条省级公路经县城辐射到周边各县；右江河上溯百色，下达南宁、梧州、广州出海，形成了公路、铁路、水路四通八达的交通网络。

（二）B 类区域，包括三种类型

1. 资源禀赋差、区位条件好的区域

该区域内的农牧资源、旅游资源、矿产资源或能源资源的状况较差，但该区域既靠近口岸又靠近中心城市，交通便利程度高。靠近口岸的地区可以实现产业发展面向国际和国内两个市场进行培育；靠近中心城市的地区可以依托中心城市的产业发展实现与中心城市产业配套和产业转移，从而对本地区的产业进行培育。这样的地区在西部生态脆弱贫困区中占有一定数量。

例如，内蒙古自治区中南部的和林格尔县，全县总土地面积为 3436 平方公里，总人口 18 万人，地形地貌多样，素有“五丘三山二分川”之说。这个县自然资源十分贫乏，人称“地上没草，地下没宝”；主要经济作物有玉米、胡麻、向日葵、小杂粮、豆类、马铃薯等。农民通过发展乳、肉、马铃薯及沙棘柠条产业来增加收入。旅游资源和矿产资源较为匮乏。从资源的角度来看，和林格尔的资源禀赋不是很好。但从交通区位上看，和林格尔与呼和浩特市区仅相距 45 公里，呼和浩特市作为中心首府城市和国家一类空运口岸，可以从政治、经济、文化等各个方面对和林格尔进行全方位的辐射。这样的地理位置为和林格尔发展农业、工业和旅游业提供了良好的支撑。

2. 资源禀赋良、区位条件较好的区域

该区域内的农牧资源、旅游资源、矿产资源等活能源资源的状况与 A 类地区中的区域相比有一定的劣势，但从资源禀赋的情况来看，情况良好。同时，该区域的地理位置也较好，虽然不靠近大城市或口岸地区，但交通条件较好，便于物资的运输和信息的流通。针对这样的区域，其产业发展需要拓展外部市场，依托区位条件来实现特色优势产业的培育。

广西壮族自治区那坡县是广西壮族自治区百色地区的一个山区县，位于广西西南部，与越南的高平、河江两省接壤，边境线长 207 公里。与越南接壤的边境设有国家二类口岸——平孟口岸，另外还有百南、那布、坡酬等 9 个边境互市点和贸易市场。全县土地资源丰富，总面积达 2231 平方公里。那坡县矿产

资源较好，现已探明的矿产资源有铝矿、金矿、铜矿、锰矿、铁矿和辉绿岩等20多种。全县铝土矿储量达1亿吨以上，且该矿属堆积型矿床，可露天开采。那坡县蕴藏有丰富的水力资源，水能蕴藏量为18万千瓦，可开发建设小水电站36座。

3. 资源禀赋优、区位条件一般的区域

该区域内集中了矿产资源、旅游资源、能源资源和农牧业资源中的数种资源，且资源优势明显；但该区域既不靠近口岸也不靠近中心城市，交通条件较差。这种区域的特色产业对外部的产业链条的依存程度较低，主要依靠自身的产业链条的发展。

例如，甘肃省华池县森林资源丰富，境东的子午岭林区原始次森林面积达150多万亩，木材蓄积量达到247万立方米，被称为“白瓜子之乡”、“小杂粮之乡”，草畜为全县第一大支柱产业。华池石油资源富集，已探明储油面积达2200平方公里，储量6000多万吨，是长庆油田在陇东的主产区之一。在区位条件上华池县位于甘肃省东部庆阳市东北部，是一个纯山区县，目前县域内基本形成了“三纵三横”主干公路交通网，全县柏油路总里程只有211公里。

（三）C类区域，包括三种类型

在西部生态脆弱贫困区中大部分国家级扶贫开发重点工作县都处于这样的地区。特色优势产业在这些地区发展不明显，绝大多数地区都没有形成自身的特色优势产业。

1. 资源禀赋差、区位条件较好的区域

该区域中的资源状况匮乏，无论是矿产资源、旅游资源、能源资源还是农牧资源的数量都非常有限，同时，该区域虽然不靠近中心城市或口岸，但交通便利程度较好，一般距离中心城市或口岸较近。

例如，贵州省遵义市的正安县山高坡陡、沟壑纵横，农业经济是主导经济，第一产业比重占50％以上，农民数量占总人口的90％以上。全县有绝对贫困人口47 398人，地方财政收入仅6000余万元，农民人均纯收入1800元左右。该县的矿产资源匮乏，除铝土矿、煤炭有一定储量外，其他无大的矿产资源。但该县的区位条件较好，县境内S207省干线公路全长74公里已全部建成三级柏油路面；S303桐梓至正安76公里已基本建成三级柏油路面。路网密度每百平方公里拥有70.2公里公路，每万人拥有39公里公路，就密度而言，已超过了全省平均水平，初步建成了以县城为中心辐射型公路网络。

2. 资源禀赋良好、区位条件一般的区域

该区域中的资源禀赋情况与B类地区中的第二种地区类似，该区域中拥有一定数量的矿产资源、旅游资源、能源资源或农牧业资源，但该区域所处的地理位置较差，远离中心城市，不靠近口岸，交通不便，各种资源的运输受到很大的制约。

例如，重庆市巫溪县地形以山地为主，属于典型的中深切割中山地形，境内山大坡陡，立体地貌明显，特殊的地理和气候条件共同作用，使巫溪拥有突出的资源比较优势。旅游资源得天独厚，素有“峡郡桃源”美誉；水能资源蕴藏丰富，开发前景广阔；矿产资源相对富集；生物资源优势明显，中药材量大质优，农副土特产品绿色无污染，盛产党参、药花蜜、干果、高山返季节蔬菜、鹿茸等。在交通区位上，巫溪地处渝、陕、鄂三省市交界处，远离大江、大路、大城市，是无铁路、无国道、无航空的“三无”国家重点扶贫开发县。

3. 资源禀赋差、区位条件一般的区域

该区域中的资源状况匮乏，无论是矿产资源、旅游资源、能源资源还是农牧资源的数量都非常有限，同时，远离中心城市或口岸，交通不便。在西部的山区和偏远地区中很多县都处于这样的区域内，如秦岭深山中的县、宁夏中部干旱带地处西北内陆干旱中心区域的县、贵州山区的县等。

第二节　西部生态脆弱贫困区发展概况、特点及政策环境

一 总体发展情况

西部地区国土面积685万平方公里，陆地边境线占全国的80%左右；总人口约3.56亿人，其中，少数民族人口占全国少数民族人口的75%左右，尚未实现温饱的3000多万贫困人口大部分也分布于这一地区。

1999年11月，中央经济工作会议确立了对西部进行大开发的战略决策。会议提出，要不失时机地实施西部大开发战略，这直接关系到扩大内需、促进经济增长，关系到民族团结、社会稳定和边防巩固，关系到东西部协调发展和最终实现共同富裕。加速西部地区发展，是缩小地区差距、实现共同富裕的中国特色社会主义的本质要求，是进一步扩大国内需求、保持国民经济持续快速健康发展的客观要求，是改善全国生态环境、实现可持续发展的急切要求，也是保持全国社会稳定、民族团结和边疆安全的迫切要求。

实施西部大开发战略以来，我国西部经济得到了很大的发展，其中西部经济总量占全国的比重保持在20%左右；西部地区国内生产总值（GDP）增长速度由1999年的7.3%提高到2006年的13.2%，增长速度整体上高于全国水平。同时，西部各省市的产业结构也得到了很大的改善，三次产业结构从2003年的19.4∶42.9∶36.4发展为2007年的16.5∶45.9∶37.6，如图1-4所示。

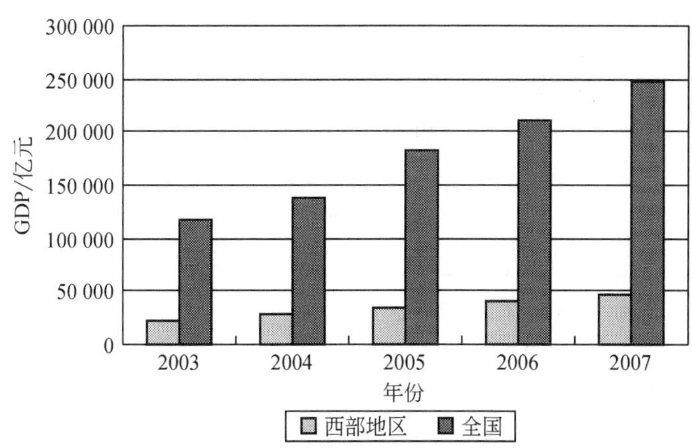

图 1-4　西部地区 GDP 与全国 GDP 比较

资料来源：根据国家统计年鉴、各省（自治区、直辖市）统计年鉴和各县统计年鉴有关数据归纳整理。以下图表不经单独说明，均由年鉴数据归纳整理。

通过 2003～2007 年西部地区 GDP 与全国 GDP 的比较，说明在党和国家的正确方针、政策指引下，西部地区经济社会发展取得了较大的成就。

实施西部大开发以来，中央投入力度不断加大，西部地区经济社会发展加快。2000～2007 年，中央对西部地区的各类财政转移支付累计近 15 000 亿元，国债、预算内建设资金和部门建设资金累计安排西部地区 7300 多亿元，有力地推动了西部地区的经济发展。

交通、水利、电网和通信等基础设施条件明显改善。截至 2007 年，累计安排西部地区新开工重点工程 92 项，投资总规模超过 1.3 万亿元。青藏铁路、西气东输、西电东送、水利枢纽等一批标志性工程相继建成并开始发挥效益。西部地区累计新增公路通车里程 65 万公里，铁路营运里程 6600 多公里，电力装机 11 300 万千瓦，民航机场 26 个。实施油路到县、送电到乡、广播电视到村、沼气到户，累计解决了 5600 多万农村人口的饮水问题。

生态环境保护和建设显著加强。2000 年以来，国家在西部地区相继启动实施了退耕还林、天然林保护、退牧还草、京津风沙源治理等一批重点生态建设工程。2000～2007 年，退耕还林工程累计安排建设任务 3.85 亿亩，退牧还草工程累计安排严重退化草原保护面积 5.19 亿亩，天然林保护工程全面展开，取得了明显的生态效益、社会效益和一定的经济效益。

产业结构调整和特色优势产业发展初见成效。初步形成新疆、陕甘宁、川渝等石油天然气生产基地；黄河上游、长江上游水电基地；陕北、蒙西、宁夏和云贵等煤电基地；甘肃、云南铅锌，四川钒钛，内蒙古稀土开发利用基地；青海、新疆钾肥生产基地等。内蒙古、四川等地商品粮，新疆优质棉，广西、云南、新疆糖料，云南烟草，四川、贵州名酒，陕西、新疆瓜果，内蒙古畜牧产品等生产加工，在全国进一步发挥独特优势。西安、成都、重庆等地的航空航天、装备制造、高新技术产业也渐成规模。

科技教育和人才培养等社会事业加快发展。到2007年年底，西部地区410个攻坚县中，已经有368个实现了“两基”目标，其余42个达到了“普六”标准。农村中小学现代远程教育工程覆盖西部地区80%的农村中小学。西部地区重点科研院所、高等院校、国家工程实验室和企业技术中心等建设步伐加快。新型农村合作医疗制度进入全面推进阶段。

体制机制创新和对内对外开放不断加强。积极探索投资体制改革，推进财税体制改革，加大转移支付力度。特别是近年来，东西部地区互动发展呈现出良好势头。据不完全统计，2000～2007年，东部地区到西部地区投资经营的企业累计近20万家，投资总额15 000多亿元，中国东西部合作与投资贸易洽谈会（西洽会）、中国西部国际博览会（西博会）、中国-东盟博览会等已成为东西互动合作和吸引外商投资的重要平台。西部地区累计实际利用外商直接投资约180亿美元。

与此同时，西部经济发展也面临着一系列的困难和挑战，如这一地区的整体生态环境脆弱，贫困人口较多，产业规模小，产业结构不合理等，这些问题在我国西部的贫困地区表现得尤为突出。这些区域内的产业发展规模总体较小，绝大多数的扶贫工作重点县的经济发展规模远远低于西部的总体发展态势，而且发展速度与西部相比也有很大的差距。以新疆维吾尔自治区为例，2006年占新疆维吾尔自治区总县市数量30.68%的27个国家扶贫工作重点县，其GDP总量只有201.71亿元，仅为新疆维吾尔自治区GDP总量3018.98亿元的6.7%。27个国家扶贫工作重点县的三次产业结构为46.2∶20.0∶33.8，与新疆维吾尔自治区的三次产业结构17.3∶48.0∶34.7相比有很大的差别。375个国家扶贫工作重点县集中分布在西部11个省（自治区、直辖市）（西藏自治区除外），在全国592个扶贫工作重点县①中占有较大的比重。

至于关系民生问题的农民人均纯收入指标，则差距更为明显。我们将西部375个国家扶贫工作重点县的农民人均纯收入与各省（自治区、直辖市）的平均水平进行比较分析，得到375个国家扶贫工作重点县的农民人均纯收入分布图，如图1-5所示。

从图1-5中可以看出，扶贫工作重点县的农民人均纯收入水平整体较低。西部大部分的扶贫工作重点县的农民人均纯收入集中在2000元以下的区域内，同

---

① 目前全国共有扶贫工作重点县592个，涵盖了全国72%以上的农村贫困人口。其中，592个国家扶贫开发工作重点县绝对贫困人口为1752万人，占全国绝对贫困人口的62.1%，贫困发生率8.8%。

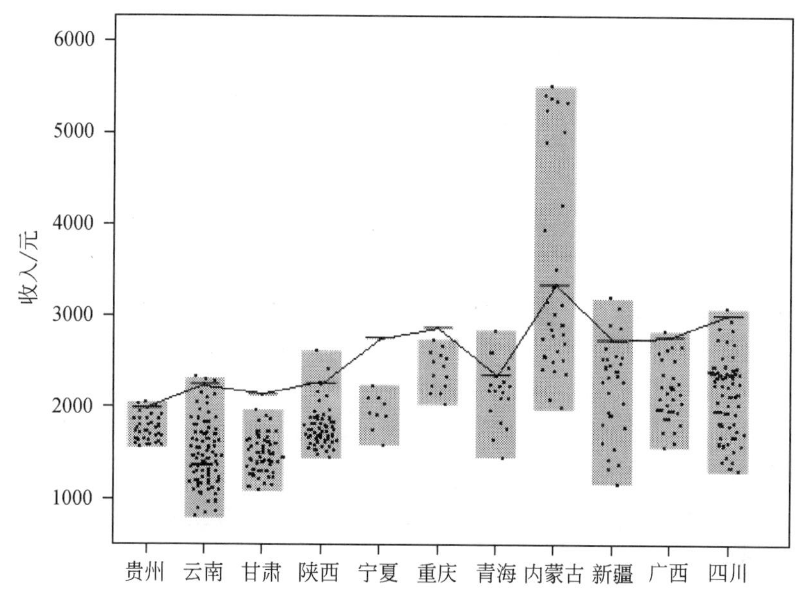

图 1-5　西部 375 个国家扶贫工作重点县农民人均纯收入的分布图

注：图中黑点表示各县的农民人均纯收入，横线表示该省（自治区、直辖市）农民人均纯收入。

时，部分地区，如甘肃、宁夏、重庆，没有一个扶贫工作重点县的农民人均纯收入超过该省（自治区、直辖市）的农民人均纯收入。

与此同时，西部 375 个国家扶贫工作重点县的生态环境状况不容乐观。这些县均处于生态脆弱地区，虽然国家投入了大量的人力、物力和财力对西部生态环境进行了建设和保护，如推进林业重点工程建设、延长天然林保护工程实施期限、完善政策、巩固退耕还林成果、开展植树造林、提高森林覆盖率等一系列举措，取得了一定的成效。但水土流失问题、土地和草原荒漠化石漠化问题、工业污染、生活污染、农业面源污染、人口资源环境约束增强、气候变化影响加剧、自然灾害频发等问题却日益严峻。

通过研究，我们发现在西部生态脆弱贫困区的各个地区的自然资源状况不同，导致各个地区的产业状况差别较大，西部生态脆弱贫困区的产业发展各有其特色。同时，产业发展状况的好坏对各个地区的经济发展和农民收入的高低的影响较大，不少地区在产业和产业结构比较类似的情况下，经济发展状况和农民收入状况有很大差别，究其原因可以看到，经济发展快的地区产业规模较大，产业链条较长，产业抵御风险的能力较强；而经济发展慢的地区的产业规模较小，产业链条较短，产业抵御风险的能力较弱。因此，西部生态脆弱贫困区的经济和社会的可持续发展要依赖于该区域内的产业发展，尤其是要依靠这些区域内的优势产业发展来实现生态保护和经济发展之间的可持续、和谐发展。

二 生态及产业发展特点

由于西部生态脆弱贫困区的生态环境、产业发展状态不同，西部生态脆弱贫困区存在很多特殊性。

1. 西部的生态环境恶化程度较高

西部生态脆弱贫困区主要分布在西南喀斯特高原区、西北荒漠高寒区和黄土高原水土流失严重地区，集中了我国主要的大山、高原、沙漠、戈壁、裸岩、冰川等，地貌类型多样，自然条件十分恶劣（李琳，刘一良，2003），是我国自然灾害最严重的地区。近 10 年来，整个西部地区平均每年受灾面积达 1.16 亿亩，其中旱灾占 80%，风沙、冰雹、低温、霜冻、虫害等各种灾害严重威胁农牧业生产（赵曦，2001）。

例如，甘肃省秦安县，位于甘肃省东南部、天水市北部、渭河支流葫芦河下游，属陇中黄土高原西部梁峁沟壑区，山多川少，梁峁起伏，沟壑纵横，是全省 18 个干旱县之一。甘肃省古浪县地处河西走廊东段，北部毗邻腾格里大沙漠，全县 1/3 的面积被沙漠覆盖，沙漠化总面积达 247.3 万亩，风沙线长达 132 公里，干旱少雨，风沙灾害频繁，生态环境非常脆弱。

2. 西部生态脆弱贫困区数量较多，分布集中

从中国贫困地区分布上可以看出，与中国的中部和东部地区的贫困地区数量较少和区域较为分散不同，西部生态脆弱贫困区处于数量较多、区域较为集中的状态中。以内蒙古赤峰地区为例，该地区的 9 个旗（县）中，有 8 个旗（县）（宁城县、林西县、喀喇沁旗、巴林左旗、敖汉旗、翁牛特旗、克什克腾旗、巴林右旗）属于生态脆弱贫困县。甘肃省定西市，该市的 7 个区县（安定区、通渭县、临洮县、陇西县、渭源县、漳县、岷县）全部是生态脆弱贫困县。陕西省榆林市有 12 个区县，除榆林区和神木县以外，其余 10 个县（清涧县、子洲县、绥德县、米脂县、佳县、吴堡县、横山县、靖边县、定边县、府谷县）也都是生态脆弱贫困县。西部生态脆弱贫困县的集中分布，使区域整体发展和旗（县）个体发展成为一个紧密联系的有机系统。

3. 贫困人口数量较多

全国 572 个国家扶贫开发工作重点县中有 375 个县位于西部地区，这些县的经济发展远远落后于其他地区，且贫困人口较多。2006 年西部 375 个扶贫工作重点县的 GDP 总量仅达到 6737.84 亿元，该数字是西部地区 GDP 总量的 17.2%，是全国 GDP 总量的 3.17%；同时，2006 年，375 个县农民人均纯收入最低的云南省福贡县仅为 783 元，是西部农民人均纯收入的 32.0%，是全国农民人均纯收入的 21.8%。

这些县中还有一些非常贫困的人口，这些人口是我国扶贫开发需要重点关注的人群。根据农村贫困监测调查，2002 年农村绝对贫困人口有 83.5%集中于中西部地区，西部 12 个省（自治区）绝对贫困人口占全国绝对贫困人口的 61.8%。2002 年年底，全国低收入人口为 5825 万人，主要集中在经济欠发达的中西部地区。其中，西部地区的低收入人口占全部低收入人口的 50.0%。低收入人口占乡村人口比重高于 10%以上的有 8 个省（自治区）均分布在西部地区。

4. 产业规模较小

西部 375 个国家扶贫开发工作重点县的产业规模较小，虽然有非常少的县的产业形成一定的规模，但大多数县的产业规模较小。即使是我们分析的这些贫困县在经济发展中占重要地位的第一产业规模也非常小，例如，甘肃省达日县 2006 年的第一产业产值占到地区 GDP 的 58.4%，但产值却只有 5565 万元；甘德县 2006 年第一产业产值仅为 4213 万元，却占到 50.9%；四川省雅江县占 2006 年地区 GDP47.7%的第三产业的产值只有 8156 万元。

5. 产业结构不合理

西部 375 个国家扶贫工作重点县的产业结构不合理，与产业规模相类似，虽然有部分县的产业结构在向好的方向发展，但是，从 2006 年的数据反映出来的 375 个国家扶贫工作重点县的产业结构，与西部的三次产业结构和全国的三次产业结构相比较，还存在很大的问题。

从表 1-1 中可以看出，西部扶贫工作重点县的第一产业比重为 26.3%，远远高于全国的 11.3%和西部地区的 16.1%。这说明扶贫工作重点县的发展仍然以农牧业为主，依赖当地的自然条件进行生产，第二产业和第三产业比较落后。

表 1-1　2006 年三次产业结构表

地　区	三次产业结构
全国	11.3∶48.7∶40.0
西部地区	16.1∶45.4∶38.5
西部扶贫工作重点县	26.3∶40.5∶33.3

6. 各地区的优势产业主要是一些高度依赖天然资源或技术层次较低的产业

西部生态脆弱贫困区的产业类型主要集中在以下几种：农业、林业、畜牧业、水电产业、矿产加工业、农畜产品加工业、能源产业和旅游业等。这些产业得以发展，主要是依赖地区自身的资源优势。例如，新疆 27 个国家扶贫工作重点县的主要产业基本都包括畜牧业和种植业，其他还有林果业、矿产采掘业、旅游业等。这主要是依赖当地丰富的草畜资源、旅游资源、矿产资源、农业资源等资源优势。再如，陕西 50 个扶贫工作重点县的主要产业大多与当地丰富的气候资源、矿产资源、农业资源、林业资源和旅游资源等相关，这些产业包括林果业、畜牧业、农副产品加工业、旅游产业、矿产采掘业等。四川省 36 个国家扶贫工作重点县的主要产业中都有种植业，包括特色农产品种植、中草药种植和林草种植等产业，还有水电行业、矿产冶金和旅游等产业，这些都与当地丰富的自然资源紧密相关。

三 国家相关扶持政策措施

改革开放 30 多年来，党中央就农业、农村、农民问题先后发出 10 个“一号文件”，出台了一系列重要政策。党的十一届三中全会拉开了农村改革的序幕，党的十一届四中全会通过《中共中央关于加快农业发展若干问题的决定》；党的十三届八中全会通过《中共中央关于进一步加强农业和农村工作的决定》；党的十五届三中全会通过《中共中央关于农业和农村工作若干重大问题的决定》；党的“十六大”以来，又连续出台了一系列强农惠农政策；2008 年十七届三中全会以推进农村改革与发展为主题，通过了《中共中央关于推进农村改革发展若干重大问题的决定》。

关于西部经济发展中的产业发展问题，党的“十七大”提出要培育和发展特色优势产业。为了进一步促进特色优势产业发展，在国务院西部地区开发领导小组办公室（以下简称国务院西部办）等部委联合出台的《关于促进西部地区特色优势产业发展的意见》中提出在西部地区重点支持六大特色优势产业，西部生态脆弱贫困区 375 个国家扶贫工作重点县的产业就占有其中的四大产业，即能源及化学工业、重要矿产开发及加工业、特色农牧业及加工业和旅游产业。

在促进经济增长方式的转变中，党的“十七大”《高举中国特色社会主义伟大旗帜，为夺取全面建设小康社会新胜利而奋斗》的报告中提出由主要依靠第二产业带动向依靠第一、第二、第三产业协同带动转变。西部生态脆弱贫困区优势产业发展虽然有其特殊的内涵和特点，但该经济发展思路是值得西部生态脆弱贫困区经济发展思考和借鉴的。目前西部生态脆弱贫困区各区域现有产业状况有很大差别，既有依靠第一产业带动经济发展的地区，也有依托第二产业带动经济发展的地区，还有依托第三产业带动经济发展的地区，当然在一些经济发展相对较好的地区有依托第一产业和第二产业、第二产业和第三产业共同带动经济发展的地区。

为了更好地促进区域经济的发展，2007 年国家提出了主体功能区规划的发展思路。《国民经济和社会发展第十一个五年规划纲要》确定的编制全国主体功能区规划中明确规定，将国土空间划分为优化开发、重点开发、限制开发和禁止开发四类。这四类地区的划分统筹考虑以下因素：一是资源环境承载能力，即在自然生态环境不受危害并维系良好生态系统的前提下，特定区域的资源禀赋和环境容量所能承载的经济规模和人口规模；二是现有开发密度，主要指特定区域工业化、城镇化的程度；三是发展潜力，即基于一定资源环境承载能力，特定区域的潜在发展能力，包括经济社会发展基础、科技教育水平、区位条件、历史和民族等地缘因素，以及国家和地区的战略取向等。优化开发、重点开发和限制开发区域原则上以县级行政区为基本单元，禁止开发区域按照法定范围或自然边界确定。

目前我国西部生态脆弱贫困县生态环境承载能力较弱，大部分的县域经济发展以农业产业为主。按照2007年7月26日国务院出台的《国务院关于编制全国主体功能区规划的意见》，“以农业为主的地区，原则上要确定为限制开发区域；同时，矿产资源丰富但生态环境承载能力较弱的区域，可以适度开发矿产资源，但原则上应确定为限制开发区域”。因此，在我国主体功能区规划中，西部生态脆弱贫困县将主要集中在限制开发区域中。本书将以除禁止开发地区之外的西部生态脆弱贫困县为研究对象，重点研究在保护生态环境的前提下，在生态和资源环境可承受的范围内如何培育和发展当地特色产业的问题。

党的十七届三中全会通过的《中共中央关于推进农村改革发展若干重大问题的决定》，确立了农村改革发展的目标：农村经济体制更加健全，城乡经济社会发展一体化体制机制基本建立；现代农业建设取得显著进展，农业综合生产能力明显提高，国家粮食安全和主要农产品供给得到有效保障；2020年农民人均纯收入比2008年翻一番，消费水平大幅提升，绝对贫困现象基本消除；农村基层组织建设进一步加强，村民自治制度更加完善，农民民主权利得到切实保障；城乡基本公共服务均等化明显推进，农村文化进一步繁荣，农民基本文化权益得到更好落实，农村人人享有接受良好教育的机会，农村进本生活保障、基本医疗卫生制度更加健全，农村社会管理体系进一步完善；资源节约型、环境友好型农业生产体系基本形成，农村人居和生态环境明显改善，可持续发展能力不断增强。

第二章 西部生态脆弱贫困区生态资源产业状况及经济数据分析

第一节 西部生态脆弱贫困区资源产业概述

一 西部生态脆弱贫困区分布情况

(一) 扶贫工作重点县在全国的分布

根据西部生态脆弱贫困区的界定，我们选取西部 11 个省（自治区、直辖市）的 375 个国家扶贫开发工作重点县作为研究对象。根据 2001 年公布的《中国农村扶贫开发纲要（2001～2010 年）》，全国共有扶贫工作重点县 592 个，全部集中在中西部地区，涵盖了全国 72%以上的农村贫困人口。而西部地区共有扶贫工作重点县 375 个，占全国总数的 63.3%。

(二) 扶贫工作重点县在西部地区的分布

根据中国的区域划分，西部的 12 个省（自治区、直辖市）中，陕西、甘肃、青海、宁夏、新疆属于西北地区，重庆、四川、贵州、云南、西藏属于西南地区，内蒙古属于华北地区，广西属于中南地区。

为了分析国家扶贫工作重点县在西部地区的分布状况，我们将内蒙古放在西北地区、将广西放在西南地区进行研究。而西藏整体划入扶贫工作的范围，不在我们讨论之列。扶贫工作重点县在西南、西北地区的分布如表 2-1 所示。

表 2-1 国家扶贫工作重点县在西部各省（自治区、直辖市）分布情况

区域划分	西部地区省（自治区、直辖市）	县级单位数量/个	扶贫工作重点县数量/个	比例/%
西北地区	陕西、甘肃、青海、宁夏、新疆、内蒙古	457	174	38.07
西南地区	重庆、四川、贵州、云南、广西	547	201	36.75

从表 2-1 中可以看出，西北地区和西南地区扶贫工作重点县的比重相差无几，分别是 38.07%和 36.75%。可见，扶贫工作重点县在西南地区和西北地区的分布比例较为相同。

（三）扶贫工作重点县在西部各省（自治区、直辖市）的分布

扶贫工作重点县具体在西部 11 个省（自治区、直辖市）的分布如图 2-1 所示。

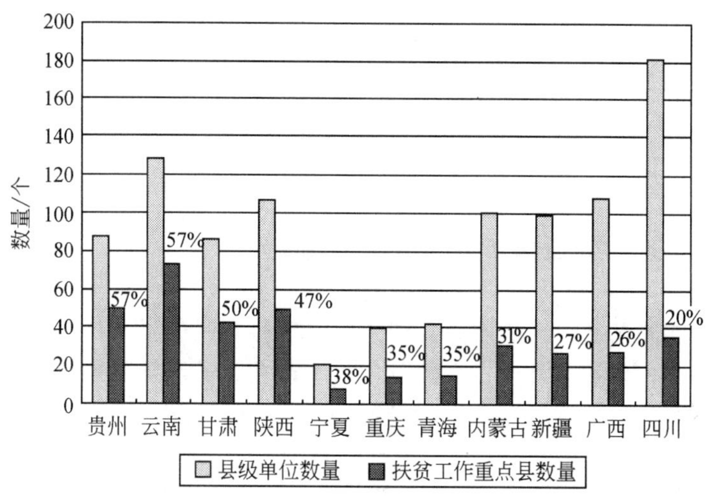

图 2-1　国家扶贫工作重点县在西部各省（自治区、直辖市）的分布

注：图中的百分数代表扶贫工作重点县数量占县级单位数量的比重。

从图 2-1 中可以看出，贵州、云南和甘肃三省的扶贫工作重点县比重较高，都在 50%以上，新疆、广西和四川三省的扶贫工作重点县比重较低，都在 30%以下。其中，比重最高的贵州省与比重最低的四川省相比，高出了 36.93 个百分点。可见，扶贫工作重点县在各个省份的分布是不平衡的。

二　西部生态脆弱贫困区生态环境状况

根据前面的研究，整个西部地区都是生态脆弱区，我们定义其中的贫困地区为西部生态脆弱贫困区，并选取西部地区的扶贫工作重点县作为我们的研究对象。扶贫工作重点县是散落分布在整个西部地区的，因此，我们通过对整个西部生态脆弱区生态环境的研究来对西部生态脆弱贫困区的生态环境进行了解。本书借鉴前人的研究成果（赵跃龙，1999；兰岚，2005），将西部生态脆弱贫困区划分为西北干旱区、西南山地区、西南石灰岩山地区和青藏高原区。这些地区的生态环境问题主要包括沙漠化、石漠化、水土流失、山地灾害、灾害性天气和土地退化等问题。

三 西部生态脆弱贫困区资源状况

西部生态脆弱贫困区拥有丰富的矿产资源、水能资源、草畜资源、旅游资源等多种资源，为西部生态脆弱贫困区的产业发展提供了支持。从西部各个省（自治区、直辖市）的层面上看，现有的资源包括土地资源、森林资源、动植物资源、矿产资源、水资源、旅游资源等，但资源在西南和西北各省的分布却有非常大的差别，特别是水资源方面，西北地区的大部分地区水资源匮乏，对产业发展很不利。

四 西部生态脆弱贫困区产业状况

西部生态脆弱贫困区的产业发展主要是依赖自身的资源优势，主要集中在以下几种类型：农业、林业、畜牧业、水电产业、矿产加工业、农畜产品加工业、能源产业和旅游业等。表 2-2 反映出西部各省（自治区、直辖市）扶贫工作重点县的产业状况（资料通过查阅统计年鉴和政府工作网站整理得出）。由表 2-2 可以看出，在西部这些扶贫工作重点县中，各个省（自治区、直辖市）的情况有很大不同。

表 2-2 西部省（自治区、直辖市）国家扶贫工作重点县主要产业状况

扶贫工作重点县分布	产业状况																				
	农林牧渔业				矿产产业				能源产业			制造业							建筑业	旅游业	劳务业
	农业	林草业	畜牧业	养殖业	煤炭	石油天然气	金属矿	非金属矿	火电	水电	风电	食品饮料加工	农副产品加工	金属冶炼及加工	非金属矿物制品	化工	机械设备制造	生物制药			
贵州	√	√	√	√	√	√	√	√	√	√		√	√	√	√	√	√	√	√	√	
云南	√	√	√	√	√		√	√	√	√		√	√	√	√	√	√	√	√	√	
甘肃	√	√	√	√	√	√	√	√	√	√		√	√	√	√	√	√	√	√	√	
陕西	√	√	√	√	√	√	√	√	√	√	√	√	√	√	√	√	√	√	√	√	√
宁夏	√	√	√	√	√	√	√	√	√		√	√	√	√	√	√	√	√	√	√	√
重庆	√	√	√	√	√	√	√	√	√	√		√	√	√	√	√	√		√	√	√
青海	√	√	√	√	√		√	√	√	√	√	√	√	√	√	√	√		√	√	√
内蒙古	√	√	√	√	√	√	√	√	√		√	√	√	√	√	√	√	√	√	√	
新疆	√	√	√	√	√	√	√	√	√		√	√	√	√	√	√	√	√	√	√	
广西	√	√	√	√	√		√	√	√	√		√	√	√	√	√	√	√	√	√	
四川	√	√	√	√	√	√	√	√	√	√		√	√	√	√	√	√	√	√	√	√

注：为了更好地反映各地区的产业状况，没有采用通用的行业划分。

第二节　西部生态脆弱贫困区经济数据分析

我们选取2006年西部11个省（自治区、直辖市）的375个国家扶贫工作重点县的经济数据对经济发展情况进行纵向比较，数据共包括扶贫工作重点县GDP、三次产业结构、人均GDP和农民人均纯收入等几类数据，详见表2-3。

表2-3　西部国家扶贫工作重点县经济数据汇总表

省（自治区、直辖市）	贫困县数量/个	贫困县数量百分比/%	贫困县GDP百分比/%	三次产业结构	GDP最高值/亿元	GDP最低值/亿元	人均GDP最高值/元	人均GDP最低值/元	农民人均纯收入最高值/元	农民人均纯收入最低值/元
内蒙古	31	36.5	24.0	17.8∶50.8∶31.5	200.00	12.47	85 528	5 607	5 513	1 969
重庆	14	35.0	17.0	22.6∶36.4∶41.1	152.29	11.1	10 040	3 539	2 739	2 028
陕西	50	46.7	22.1	18.8∶51.8∶29.5	127.26	3.09	56 850	2 350	2 609	1 427
贵州	50	56.8	33.8	32.4∶35.5∶32.2	100.06	4.12	8 434	1 950	2 110	1 547
四川	36	19.9	8.2	34.7∶32.5∶32.8	80.95	1.63	7 806	3 199	3 077	1 296
广西	28	25.7	10.4	28.9∶42.1∶29.0	68.65	5.53	14 761	2 569	2 828	1 557
云南	73	62.4	27.9	29.7∶36.0∶34.2	63.69	1.99	13 886	1 917	2 309	738
青海	15	34.9	27.6	17.5∶56.9∶25.6	58.19	0.83	18 988	3 210	2 843	1 448
甘肃	43	50.0	20.9	29.1∶31.7∶39.3	43.95	2.31	21 132	1 701	1 965	1 083
宁夏	8	34.8	12.0	26.0∶23.7∶50.3	22.79	3.77	7 098	2 424	2 238	1 584
新疆	27	30.7	6.7	46.2：20.0：33.8	20.80	1.73	9 370	2 331	3 182	1 159

下面我们针对这几组数据作进一步分析。

一　GDP的比较分析

将2006年西部各省（自治区、直辖市）的扶贫工作重点县的GDP相加，与2006年各省（自治区、直辖市）的GDP进行比较，可以看出，西部地区的扶贫工作重点县的GDP占整个西部地区GDP的15%，各省（自治区、直辖市）扶贫工作重点县的GDP占到所在省（自治区、直辖市）GDP的比重只有贵州省达到了33.5%，其他均在30%以下，其中四川和新疆所占比重最小，分别是8.2%和6.7%。西部各省（自治区、直辖市）扶贫工作重点县的GDP比重均低于贫困县数量比重，表明扶贫工作重点县的经济发展整体上远远落后于各省（自治区、直辖市）发展水平。

二 人均 GDP 的比较分析

将西部各省（自治区、直辖市）扶贫工作重点县人均 GDP 的最高值、最低值与西部各省（自治区、直辖市）及全国人均 GDP 进行比较，如图 2-2 所示。

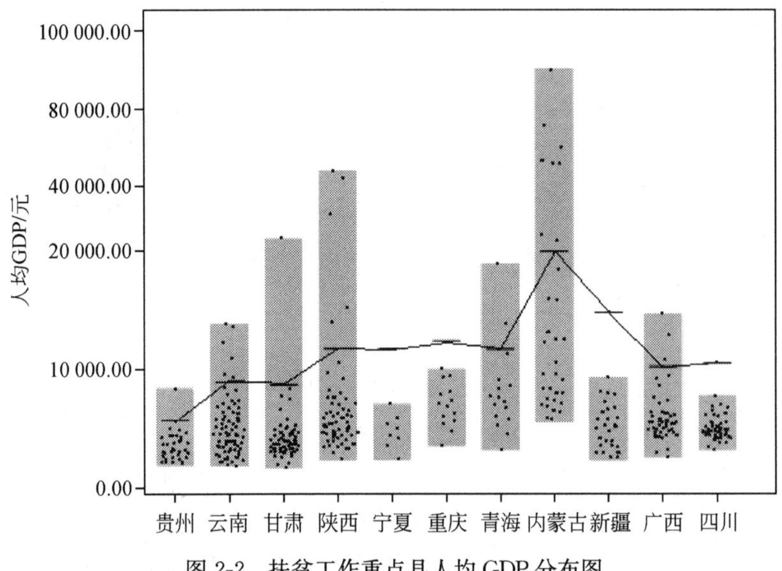

图 2-2 扶贫工作重点县人均 GDP 分布图

注：图中黑点表示各县的人均 GDP，横线表示该省（自治区、直辖市）人均 GDP。

从图 2-2 中可以看到，除内蒙古以外，2006 年西部地区其他的省（自治区、直辖市）的人均 GDP 均低于全国人均 GDP。宁夏、重庆、新疆和四川扶贫工作重点县人均 GDP 均低于所在省（自治区、直辖市）的人均 GDP。其他省（自治区、直辖市）只有少数扶贫工作重点县的人均 GDP 在省（自治区、直辖市）人均 GDP 之上。可见，扶贫工作重点县的人均 GDP 整体上又低于西部各省（自治区、直辖市）的人均 GDP。

三 三次产业结构的比较分析

将西部所有扶贫工作重点县 2006 年的第一产业产值、第二产业产值、第三产业产值进行加总计算，得到西部扶贫工作重点县 2006 年整体三次产业结构为 26.3∶40.5∶33.3。而 2006 年全国和西部地区的三次产业结构分别为 11.3∶48.7；40.0 和 16.2∶45.4∶38.5。对全国、西部地区和西部地区扶贫工作重点县的三次产业结构进行比较，可以看出，西部地区的第一产业比重高于全国水平，第二、第三产业比重均低于全国水平。西部扶贫工作重点县的第一产业比重又高于西部地区水平，第二、第三产业比重低于西部地区水平。这说明，与全国相比，西部地区扶贫工作重点县的产业结构不够合理，第一产业比重过高，很多地区一般都以单一的种植业为主体，凭借传统的、简单的农耕技术和经营方式进行生产。

四 西部各省三次产业结构的比较分析

在分析西部扶贫工作重点县整体产业结构的基础上，我们对西部 11 个省（自治区、直辖市）扶贫工作重点县的产业结构进行分析，见表 2-4。

表 2-4 2006 年扶贫工作重点县三次产业结构 （单位：%）

省（自治区、直辖市）	第一产业比重		第二产业比重		第三产业比重	
	全省	扶贫县	全省	扶贫县	全省	扶贫县
贵州	17.3	32.4	43.3	35.5	39.4	32.2
云南	18.8	29.7	42.7	35.9	38.5	34.2
甘肃	14.6	29.1	46.1	31.7	39.3	39.3
陕西	11.1	18.8	52.9	51.8	36.0	29.5
宁夏	11.2	26.0	49.2	23.7	39.6	50.3
重庆	12.3	22.6	43.0	36.4	44.7	41.1
青海	10.9	17.5	51.6	56.9	37.5	25.6
内蒙古	13.4	17.8	48.6	50.8	38.0	31.5
新疆	17.7	46.2	47.6	20.0	34.7	33.8
广西	21.5	28.9	39.2	42.1	39.3	29.0
四川	18.6	34.7	43.7	32.5	37.7	32.8
全国	11.8		48.7		39.5	

可以看出，扶贫工作重点县的产业与西部地区各省（自治区、直辖市）的产业结构有很大差别。

先对扶贫工作重点县的三产结构进行分析。其中，贵州、新疆、四川第一产业比重高于 30%，其中新疆达到了 46.2%，说明这三个省（自治区）的经济发展以第一产业为主；陕西、青海、内蒙古的第二产业达到 50%以上，高于全国平均水平，说明这三个省（自治区）的工业比较发达；而宁夏、重庆的第三产业比重较高，在 40%以上，这主要是由于这两个区域第二产业的发展较快。

1. 第一产业比重的比较分析

从图 2-3 中可以看出，2006 年西部地区各省（自治区、直辖市）第一产业产值占 GDP 的比重均高于或持平于全国平均值。而扶贫工作重点县的第一产业比重均高于所在各省（自治区、直辖市）的第一产业比重。其中，新疆和宁夏扶贫工作重点县的第一产业比重远远高于自治区的第一产业比重，分别是自治区第一产业比重的 2.61 倍和 2.32 倍；扶贫工作重点县第一产业比重与省（自治区、直辖市）第一产业比重相差最小的是内蒙古，但也达到了 1.33 倍。由此可见，西部扶贫工作重点县的第一产业比重远远高于全国和各省（自治区、直辖市）的平均水平，这说明第一产业对于西部生态脆弱地区而言是一个非常重要的产业，对经济发展的影响较大。

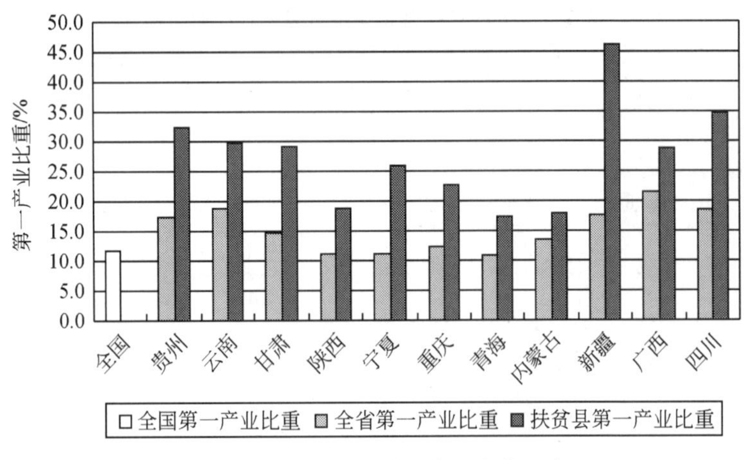

图 2-3 西部地区及全国第一产业产值所占比重

2. 第二产业比重的比较分析

与第一产业不同，2006 年西部地区各省（自治区、直辖市）的第二产业比重与全国平均值相差不多，且大部分省（自治区、直辖市）扶贫工作重点县的第二产业比重都低于当地的平均值。从图 2-4 中可以看出，青海、内蒙古和广西扶贫工作重点县的第二产业比重略高于当地平均水平，其他省（自治区、直辖市）扶贫工作重点县的第二产业比重均低于当地平均水平。其中宁夏和新疆扶贫工作重点县第二产业比重只有当地平均水平的 48.2％和 42.0％，其他均在当地水平的 65％以上。

3. 第三产业比重的比较分析

从图 2-5 中可以看出，2006 年西部各省（自治区、直辖市）的第三产业比重均与全国第三产业比重相差不多。除宁夏以外，其他省（自治区、直辖市）的第三产业比重均持平或小于当地平均水平。青海和广西扶贫工作重点县的第

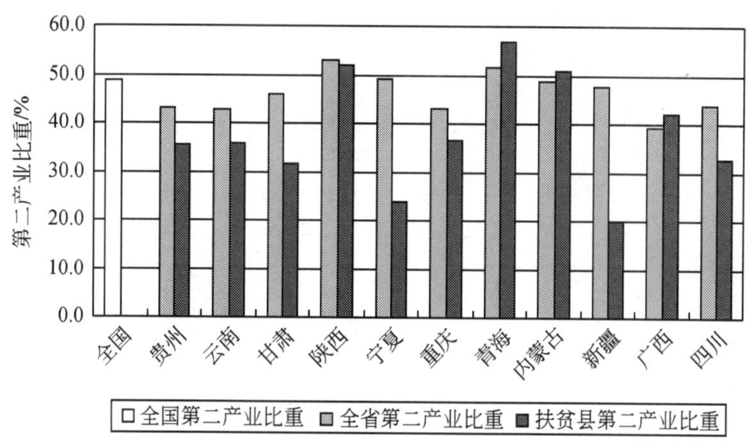

图 2-4　西部地区及全国第二产业产值所占比重

三产业比重较低，分别是当地平均水平的 68.3%和 73.8%，其他省（自治区、直辖市）扶贫工作重点县的第三产业比重均在当地水平的 80%以上。

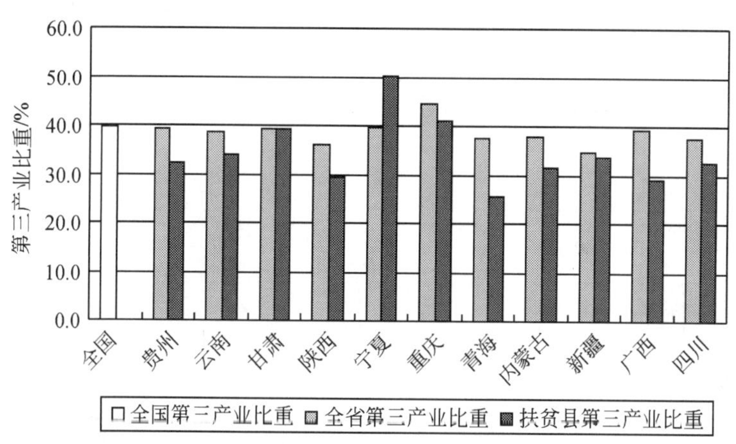

图 2-5　西部地区及全国第三产业产值所占比重

从上述分析中可以看出，西部扶贫工作重点县的产业结构与西部各省（自治区、直辖市）的产业结构有所不同，表现为第一产业所占比重大，第二产业和第三产业所占比重小。

4. 农民人均纯收入的比较分析

将西部各省（自治区、直辖市）扶贫工作重点县的农民人均纯收入最高值、最低值与各省（自治区、直辖市）的平均水平进行比较分析，如表 2-5 所示。

表 2-5　2006 年扶贫工作重点县农民人均纯收入的比较　（单位：元）

省（自治区、直辖市）	最高值	最低值	全省值
贵州	2 048	1 547	1 985
云南	2 309	783	2 251
甘肃	1 965	1 083	2 134
陕西	2 609	1 427	2 260
宁夏	2 238	1 584	2 760
重庆	2 739	2 028	2 874
青海	2 843	1 448	2 358
内蒙古	5 513	1 969	3 342
新疆	3 182	1 159	2 737
广西	2 828	1 557	2 771
四川	3 077	1 296	3 013
全国	3 587		

我们将西部 375 个国家扶贫工作重点县的农民人均纯收入绘制成图，如图 2-6 所示。

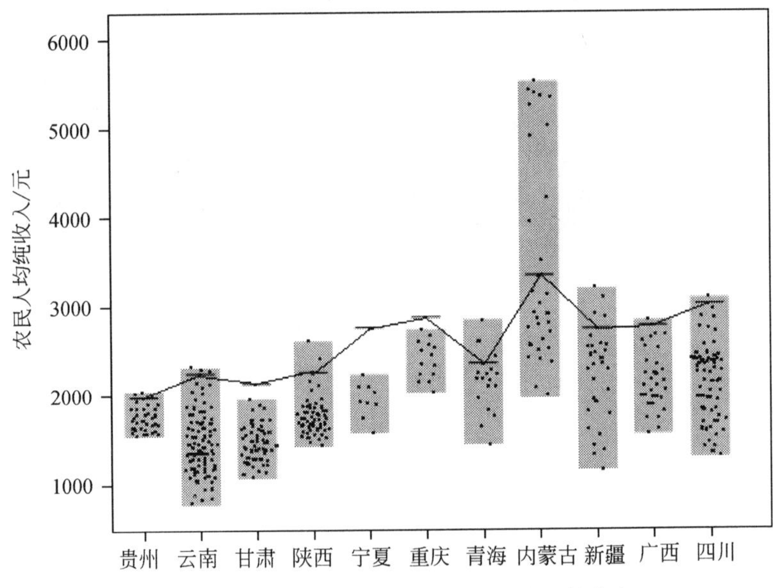

图 2-6　扶贫工作重点县农民人均纯收入的分布

注：图中黑点表示各县的农民人均纯收入，横线表示该省（自治区、直辖市）农民人均纯收入。

可以看出，西部地区各省（自治区、直辖市）的农民人均纯收入水平较低，

11个省（自治区、直辖市）的农民人均纯收入均低于全国农民人均纯收入。甘肃、宁夏、重庆扶贫工作重点县的农民人均纯收入均低于各省（自治区、直辖市）农民人均纯收入，其他省（自治区、直辖市）只有少数扶贫工作重点县的农民人均纯收入在省（自治区、直辖市）农民人均纯收入之上。可见，扶贫工作重点县的农民人均纯收入水平整体上低于西部各省（自治区、直辖市）的农民人均纯收入。

第三节　西部生态脆弱贫困县经济发展趋势分析

在对2006年的经济数据分析的基础上，我们选取2003～2006年的数据对西部生态脆弱贫困区375个国家扶贫工作重点县的经济发展趋势进行分析。可以看出11个省（自治区、直辖市）的经济发展和产业特点有很大的不同，而且农民人均纯收入与地区GDP之间也有一定的差异性。

一 GDP数据分析

我们分析不同省（自治区、直辖市）的国家扶贫工作重点县的GDP之间的差距，可以看到，不同的省份内国家扶贫工作重点县GDP之间的差距呈现不同的变化趋势，如表2-6所示。

表2-6　西部11省（自治区、直辖市）国家扶贫工作重点县GDP之间的变化趋势

省（自治区、直辖市）	陕西	内蒙古	贵州	青海	宁夏	云南	广西	重庆	四川	甘肃	新疆
GDP变化趋势	扩大	扩大	扩大	扩大	缩小	缩小	稳定	稳定	稳定	稳定	稳定

在11个省（自治区、直辖市）中，陕西省、内蒙古自治区、贵州省和青海省的扶贫工作重点县GDP之间的差距呈现扩大的变化趋势；宁夏回族自治区和云南省的扶贫工作重点县GDP之间的差距呈现出缩小的变化趋势；而广西壮族自治区、重庆市、四川省、甘肃省和新疆维吾尔自治区的扶贫工作重点县GDP之间的差距保持相对稳定的状态。

但是，我们不能简单地认为GDP差距扩大就意味着各个县之间贫富差距越来越大，GDP差距缩小就意味着各个县之间贫富差距的减小。因为各个省（自治区、直辖市）的扶贫工作重点县GDP之间差距扩大、缩小或保持稳定不是一个简单的现象，每个变化趋势之间都存在几种可能性，我们需要进一步深入探究。

我们将GDP增长率与GDP数据同步进行分析。这里不仅要用到各个省（自治区、直辖市）国家扶贫工作重点县的GDP增长率数据，而且要将各个省

（自治区、直辖市）国家扶贫工作重点县的GDP增长率数据与各个省（自治区、直辖市）、西部和全国的数据进行比较。

在GDP之间差距呈现扩大的几个省（自治区）中，陕西省、内蒙古自治区、贵州省的差距扩大是由于这三个省（自治区）的国家扶贫工作重点县中经济发展较快的县比经济落后的县的发展速度更快。这三个省（自治区）GDP排名靠前的县发展速度较快，其每年的GDP增长率都高出全国和全省GDP增长率数据很多；同时，除了陕西省2005年和2006年GDP排名最后的县的发展速度较慢外，其他年份省（自治区）GDP排名最后的县的经济发展速度都较高（受青海省的GDP增长率数据缺失影响，没有对青海省进行分析）。

在GDP之间差距呈现缩小的几个省（自治区）中，云南省和宁夏回族自治区的差距缩小是由这两个省（自治区）的国家扶贫工作重点县中GDP排名靠前的县发展速度较慢，而GDP排名最后的县的发展速度快所引发的。除了云南省2004年GDP排名第一的县发展速度超过云南省和全国的GDP增长率数据外，其他年份这两个省（自治区）的GPD排名第一的县的发展速度都低于省和全国的数据。

在GDP之间差距呈现稳定的几个省（自治区、直辖市）中，广西壮族自治区、重庆市、四川省和甘肃省GDP排名靠前的县和排名靠后的县均保持一个高速增长的态势，但广西壮族自治区GDP排名靠前的县与排名靠后的县之间的经济增长速度差距较大，前者发展始终保持一个较高的增长速度，而四川省、重庆市和甘肃省中GDP排名靠前的县和排名靠后的县经济增长速度差别不大。而新疆维吾尔自治区GDP排名靠前的县的增速和排名靠后的县的经济发展速度差距较大，同时，排名靠后的县的经济增长速度始终处于一个较低的水平。

通过分析，我们看到在西部生态脆弱贫困区中，经济发展各有其特点，各个省（自治区、直辖市）国家扶贫工作重点县之间GDP差距扩大、缩小和稳定状态产生的原因，如表2-7所示。

表2-7　西部11省（自治区、直辖市）国家扶贫工作重点县GDP差距变化原因汇总表

GDP差距	扩大	缩小	稳定	
GDP排名靠前的县	发展更快	发展慢	发展快	发展慢
GDP排名靠后的县	发展快	发展快	发展快	发展慢

在11个省（自治区、直辖市）中，国家扶贫工作重点县GDP差距呈现扩大和稳定状态的9个省（自治区、直辖市）的经济发展速度较快。其中，陕西省、内蒙古自治区、贵州省的国家扶贫工作重点县的经济发展走势较好，呈现出较快的发展状况；而广西壮族自治区、四川省、重庆市、甘肃省和新疆维吾

尔自治区的国家扶贫工作重点县的经济发展也处于一个较好的状态，但四川省、重庆市和甘肃省经济发展较好的县的发展问题需要得到重视；新疆维吾尔自治区经济发展较为落后的县如何进一步发展经济需要重点关注。

而国家扶贫工作重点县GDP差距呈现缩小趋势的宁夏回族自治区和云南省的经济发展处于较为缓慢的增长状态，我们需要对这两个地区的国家扶贫工作重点县中经济发展较好的县如何进一步快速发展进行深入研究。

二 农民人均纯收入数据分析

我们通过分析不同省（自治区、直辖市）的国家扶贫工作重点县的农民人均纯收入之间的差距，可以看到，不同的省（自治区、直辖市）的国家扶贫工作重点县农民人均纯收入之间的差距呈现不同的变化趋势，如表2-8所示。

表2-8 西部11省（自治区、直辖市）国家扶贫工作重点县农民人均纯收入之间变化趋势

省(自治区、直辖市)	陕西	内蒙古	贵州	青海	宁夏	云南	广西	重庆	四川	甘肃	新疆
农民人均纯收入变化趋势	缩小	扩大	稳定	扩大	缩小	扩大	稳定	稳定	稳定	缩小	稳定

农民人均纯收入的缩小和扩大表明了不同省（自治区、直辖市）的农民之间贫富差距变化的状况。其中，内蒙古自治区、青海省和云南省的农民人均纯收入呈现扩大的趋势，表明农民之间的贫富差距拉大；陕西省、宁夏回族自治区和甘肃省的农民人均纯收入呈现缩小的趋势，表明农民之间的贫富差距缩小；贵州省、广西壮族自治区、重庆市、四川省和新疆维吾尔自治区的农民人均纯收入变化趋势处于稳定状态。

三 GDP与农民人均纯收入相关分析

通过分析不同省（自治区、直辖市）的国家扶贫工作重点县的GDP和农民人均纯收入之间的关系，可以看到，不同的省份内国家扶贫工作重点县GDP和农民人均纯收入之间呈现出不同的关系。

其中，陕西省、内蒙古自治区、贵州省、青海省、云南省、广西壮族自治区和甘肃省的国家扶贫工作重点县GDP和农民人均纯收入之间存在四种对应关系：① GDP高、农民人均纯收入高的县；② GDP高、农民人均纯收入低的县；③ GDP低、农民人均纯收入高的县；④ GDP低、农民人均纯收入低的县。

重庆市和四川省扶贫工作重点县GDP和农民人均纯收入之间只存在两种对应关系：①GDP高、农民人均纯收入高的县；② GDP低、农民人均纯收入低

的县。

宁夏回族自治区和新疆维吾尔自治区扶贫工作重点县 GDP 和农民人均纯收入之间存在三种对应关系，其中，宁夏回族自治区存在的三种关系是：① GDP 高、农民人均纯收入高的县；② GDP 高、农民人均纯收入低的县；③ GDP 低、农民人均纯收入低的县。缺少了 GDP 低、农民人均纯收入高的县。而新疆维吾尔自治区存在的三种对应关系是：① GDP 高、农民人均纯收入低的县；② GDP 低、农民人均纯收入高的县；③ GDP 低、农民人均纯收入低的县。缺少了 GDP 高、农民人均纯收入高的县。

第二篇　理论方法篇

受西部生态脆弱贫困区独特的资源、产业状况所制约，西部产业发展规模小，产业和企业相关数据匮乏导致现有的一些成熟理论和方法在实际中不能完全应用到西部生态脆弱地区。为了有效地解决西部生态脆弱贫困区优势产业培育问题，本书构建了一套适合西部生态脆弱贫困区的理论和方法。该理论以科学发展观为统领，以西部生态脆弱贫困区和谐发展为目标，在深入研究西部生态脆弱贫困区和谐发展机理的基础上，构建西部生态脆弱贫困区优势产业选择模型和指标体系，并应用相应的算法模型对优势产业选择进行实际的测算。通过对西部生态脆弱贫困区优势产业进行选择，我们结合不同区域特色，建立了西部生态脆弱贫困区优势产业培育模式，该模式涵盖了三个层面的培育模式，即从单一产业层面、产业体系层面和区域层面研究了西部生态脆弱贫困区不同区域和不同产业的培育问题。

第三章 西部生态脆弱贫困区优势产业相关理论综述

第一节 优势产业研究的基础理论

在指导西部生态脆弱贫困区经济发展的理论中，占主导地位的主要有两种理论：比较优势理论和竞争优势理论。比较优势理论主张利用本国或本地区的比较优势发展传统产业，以利于提高资本积累速度，改变要素的禀赋结构，提高技术和产业的竞争力。竞争优势理论主张通过政府的产业政策扶持发展高科技产业，培育新的更高层次的比较优势来发展本国经济。

一 比较优势理论

比较优势理论由绝对优势理论发展而来，以比较成本说和资源禀赋说为核心内容，以其他比较优势理论为补充，如亚当·斯密的“绝对优势说”、大卫·李嘉图的“相对成本论”、赫克歇尔-俄林的资源禀赋理论，以及其他一些理论，如陶西格的“货币生产费用论”，穆勒的“相互需求原理”，哈伯勒的“机会成本差异论”以及“新要素论”、“产业内贸易理论”、“动态比较优势理论”等。

（一）绝对优势理论

在《国富论》中，英国古典经济学家亚当·斯密（Smith，2007）提出了绝对优势理论，认为一个国家的出口要有竞争力，就必须有相对最低的生产成本。他认为，各国贸易分工的基础是绝对成本差异，不同国家以其拥有的绝对优势基础上的国际分工进行贸易，双方都能得到益处。他强调劳动分工的作用，认为分工可以提高劳动生产率，增加社会财富，而分工的基本原则是人们专门生产各自具有优势的产品，然后进行交换，结果大家在分工和交换中都能获得比自己生产一切产品多得多的利益。亚当·斯密的绝对优势理论存在一定的问题，它无法解释当一国在所有产品上都具有较高的生产率，而另一国在所有的产品上劳动生产率都低于其他国家时的国际贸易情况。

（二）比较优势理论

英国古典学家大卫·李嘉图（David Ricardo）继承发展了亚当·斯密的观点，提出了比较优势理论：“一个国家和一个人一样，只要出口那些它在生产率上最具有比较优势的产品或服务，进口那些它最不具有比较优势的产品或服务，它就会从贸易中获益。”（Ricardo，1981）这里的关键词是“比较”二字，它意味着市场力量会引导国家资源应用在比较有生产率的产业，即使该国能以低成本生产某些产品，但它仍可能决定进口该项产品，而将产能用在生产更高优势的产品上面。同时贸易是因为国家之间的劳动生产率有所差异而产生的，而这种差异是由于各国无法操控的环境或气候不同，导致偏好某些产业的发展。

（三）要素禀赋理论

20世纪30年代，瑞典经济学家埃利·赫克歇尔（Eli Heckscher）和伯蒂尔·俄林（Bertil Ohlin）进一步完善和发展了比较优势理论，创立了要素禀赋理论（Ohlin，1933）。他们认为，假设在各国的技术相等的情况下，生产方式会取决于土地、劳动力、天然资源与资本等“生产要素”的差异。每个国家比较自己与其他国家在生产要素上的差异后，选择发展条件最佳的产业，出口比较优势高的产品，进口比较优势低的产品。例如，美国拥有相对充裕的可耕地资源，因而是温带农产品（如小麦、玉米和大豆）的出口国。由此可见，产业竞争力来源于生产要素的禀赋。

随后很多学者的研究不断完善了比较优势理论，如罗伯特·卢卡斯（Lucas，1972，1988，1996）、保尔·罗默（Romer，1994，1995）等学者提出的“内生人力资本增长”理论，索洛（Solow，1956，1957）率先认识到技术进步是经济增长的主要来源，雷蒙得·弗农（Vernom，1977）的产品周期论则认为产业竞争力在产品研制开发、成长到成熟的不同阶段过程中也会发生变化。

20世纪70年代以来，随着国际贸易的迅速发展和贸易结构的变化，发达国家间和相同产业间的贸易日益发展，导致传统的贸易理论发生了相应变化。用规模经济来说明国际贸易成为新贸易理论的一个特色。新贸易理论的代表者——美国经济学家克鲁格曼（Krugman，1999，2000）认为，产业内贸易主要取决于规模经济基础上的收入递增和产品差别化。当一个国家的某一种产业能够有效地发挥出规模经济效益时，就可能以有竞争力的价格向外销售产品；而当一个国家的收入达到相当高水平时，消费者就会表现出多样化的选择，从而为其他国家提供同类但具有一定特色的商品，规模经济效益与产品多样化结合在一起，就会形成一种新的竞争优势。新贸易理论吸纳了经济区位论的许多思想，认为生产要素可自由移动，但需运输费用；生产区位在空间上的集聚可产生规模经济，并能够带来经济效益递增。

（四）评述

随着经济的发展，经济全球化的日益深入，传统的比较优势理论受到越来越多的挑战，从理论的角度来看，传统的比较优势理论主要存在以下三个问题：①生产要素的比较优势并不足以解释丰富多元的贸易形态。例如，朝鲜战争结束时的韩国，资本奇缺，却建立了出口导向的钢铁、造船、汽车等资本密集产业。②生产要素比较优势法则对于很多产业变得越来越不实际。因为，它假定不考虑经济规模，技术具有普遍性，生产本身没有差异性，资金和熟练工人不会在国家之间流动。而目前实际情况与这些假设差别很大，如人才和资本的国际流动很频繁。③最为重要的一点是，比较优势理论是一个全然静态的理论。没有考虑到经济运行中企业的改善技术等活动以及政府增加基础设施等行为。

传统的比较优势理论认为一个国家、一个企业国际竞争力来源于该国、该企业所具有的资源优势。而现实情况却是，拥有资源优势并不一定有较高的国际竞争力；同时，没有资源优势也并不一定就没有国际竞争力，如典型的资源缺乏国家——日本却创造出较高的国际竞争力；另外，该理论无法有效解释一个国家、一个地区、一个产业或一个企业如何在激烈的竞争中获得持续的竞争力的问题，因此，现实中的“悖论”为西部生态脆弱贫困区的优势产业培育提供了进一步思考的空间。

二 竞争优势理论

（一）竞争优势理论

波特教授及其研究小组从1989年起用了近5年的时间，先后对新西兰、加拿大、葡萄牙、瑞典、丹麦、瑞士、德国、韩国、挪威、芬兰、荷兰及中国香港等12个国家和地区进行了调查研究，并在此基础上提出了著名的“钻石理论”（diamond theory），又称“钻石模型”（diamond model）（Porter，1990）。波特认为，在国家经济中，钻石体系会形成产业集群（cluster），也就是一国之内的优势产业以组群的方式，借助各式各样的环节而联系在一起，而不是平均分散在经济体中。波特关于产业集群的钻石模型直截了当地指出“在经济上，政府无可避免要扮演多重的角色”——其角色之一就是使产业集群的发展与升级更顺畅。同时，钻石体系也更为详细地描述了产业集群中各要素（政府与研究机构、公共组织、产业或企业间等多种形式的互动）。钻石模型主要由生产要素，需求条件，相关产业与支持性产业，企业的战略、结构和竞争对手四个基本要素和机会、政府两个辅助要素组成，其中四个基本要素的内容分别是：

（1）生产要素。它是一个国家在特定产业竞争中有关生产方面的表现，包括人力资源、天然资源、知识资源、资本资源和基础设施。生产要素对产业的国际竞争力水平会产生重要的影响。

(2) 需求条件。这主要指本国市场中某产业产品或服务的需求，包含需求结构、市场规模和国内需求增长率。全球化的竞争，使国内的技术条件发生变化，国内消费者的消费能力和素质与产品的竞争直接相关，特别是本国消费者所具有的多样性的、高标准的需求，刺激了企业不断创新，以适应高标准的产品特征、产品质量和服务。

(3) 相关产业与支持性产业。一个国家优势产业的发展必须和其他相关的或支持性产业在空间上集聚成群体。这样，支撑产业在进行国际竞争的过程中，可以通过在本地与辅助产业结成网络而转移风险，提高效率。而且，与相关产业之间的信息流动和技术交换，还可以提高优势产业的创新能力和创新速率。

(4) 企业的战略、结构和竞争对手。这是指企业在一个国家的基础、组织和管理形态，以及国内市场竞争对手的表现。不同国家在发展优势产业时，具有不同的企业规模和竞争战略。企业怎样创立、组织和管理，国内竞争程度如何，是决定其竞争力的重要因素。

两个辅助要素的内容分别是：

(1) 机会。机会一般与产业所处的国家环境无关，也并非企业内部的能力，甚至不是政府所能影响的，如微电子技术、生物技术等新技术及能源危机和经济危机等；但引发机会的事件一旦出现，产业能否借助这些事件的影响，形成和提升产业的竞争优势就非常重要。

(2) 政府。政府与其他关键要素之间的关系既非正面也非负面。政府与其他关键要素之间具有互动关系。一方面，政府可以实施一系列的政策，间接地影响其他因素的变化；另一方面，政府的政策也受到环境中其他关键要素的影响。一个国家创造竞争优势，往往通过国家教育方式以及天然资源的培养，国家的导向（如产业政策导向）并辅以制度和价值的诱导，会使个体和企业更集中于某一行业，影响资金和人力资源的流向，从而影响到某一产业发展的绩效。

波特的钻石体系是一个动态的、双向强化的系统。他强调产业的要素创造能力对于竞争力的作用比简单拥有要素更为重要，这也是国际管理发展学院等研究机构评价各国国际竞争力的理论基础。国家优势的关键要素联结成一个复杂的体系——钻石体系。在体系内，国家的各种特征关系到竞争的成败。这是一个动态的体系，其中的各个部分彼此相互牵动。产业要保持既有的竞争优势，同样有赖于关键要素的互动、强化，方能形成其他国家仿效的产业环境。作为双向强化的系统，模型本身内部各要素之间在产业竞争优势的提升过程中具有相互影响的互动关系，即其中任何一项因素的效果必然影响到另一项的状态。只有在每一个生产要素都积极参与的条件下，国家的发展才能有机地组成一个“钻石模型”构架，创造出企业发展的环境，以促进整个产业的发展。

(二) 钻石理论的局限性

1. 科学技术对产业竞争力具有重要影响，但在波特的分析中不是很突出

当代国际竞争的经验表明，科技进步已经成为产业竞争力的关键和核心要素。20 世纪 90 年代以来，美国经济增长的 1/4 以上归功于信息技术，美国对信息技术和产业的投资占世界对同类产业投资的 40%左右，处于遥遥领先的位置。科技进步对产业竞争力的影响，主要体现在以下几个方面：一是科技进步可以有效地提高生产效率，减少生产中的劳动消耗和物质消耗，使产品和服务的成本下降，而成本的下降正是产业保持和取得竞争优势的重要途径；二是科技进步能够有效地提高产品和服务的质量，在国际竞争中取得质量优势，并为品牌优势提供基础；三是科技进步是开发新产品和服务的重要基础，通过开发新产品和服务，实施标新立异战略，满足不同客户的需求，保持和扩大产业的市场占有率。

2. 政府管理体制对国际竞争力具有重要的影响，但在波特的分析中不是很突出

在国际竞争力的讨论中，政府的角色是最受争议的问题之一。有人认为，经济全球化是全球范围内经济的市场化，因此政府对一个国家的经济活动将越来越难以驾驭，政府的作用将越来越难以发挥。迈克尔·波特认为，政府的作用应当局限在促进产业竞争优势的四个关键要素的形成上，如发展教育、发展科学技术、建设基础设施、制定技术标准、开放资本市场、强化反托拉斯法、促进竞争环境的形成等。他不赞成政府设置贸易壁垒、保护国内市场、扶持和保护幼稚产业，不赞成对产业本身的干预。事实上，经济全球化，一方面，使国际分工得以深化，各国之间相互渗透、相互依赖加深；另一方面，各国为了在全球化潮流中趋利避害，对某些弱势产业的扶持和保护可能加强，各国政府之间的贸易政策和市场准入的较量和“讨价还价”还会更加激烈，以便培育本国弱势产业的国际竞争力，为强势产业开拓更广阔的国外市场。事实也是这样，在每一次 GATT 和 WTO 的多边谈判中，各国政府之间“讨价还价”都是旷日持久的。发达国家的政府已经越来越深地卷入了世界范围的经济竞争，战略性贸易政策已经成为政府支持本国企业抢夺世界市场的重要手段。发达国家的政府不仅在世界经济舞台上大显身手，而且在提升本国经济国际竞争力方面也发挥着越来越重要的作用。1988 年，美国国会通过《综合贸易法》，规定美国政府可以阻止外国投资者在美国公司中取得控制性的股权，反映了美国对国家利益的重视程度。为了争夺世界飞机制造业的垄断地位，美国政府就采用取消军用飞机订单等强制性方式，迫使麦道公司同波音公司进行合并。合并后的波音-麦道公司，以其超强规模占据了世界飞机制造业市场的 70%。这

种为了国际市场垄断扩张而有政府行政干预背景的企业兼并、联合，已经延伸到钢铁、汽车、化工、建筑等战略部门。作为发展中国家，政府的作用和责任更为关键，行为空间更大。但是，政府行为对国际竞争力的作用，还要取决于政府行为的有效性。没有一个有效的政府，就难以在提升国际竞争力方面有更大的作为。

3. 在开放经济中，后发优势对产业国际竞争力的影响不可忽视

所谓后发优势，就是指落后国家可以通过学习、模仿、观察，以低于开发成本的代价掌握到先进国家经过探索而获得的知识、经验（教训），包括那些在世界上已经不再是先进的但对本国仍然是先进的知识与技术，及从先进国家的发展过程中吸取管理方面的经验和教训。这种后发优势，可以使落后国家迅速提高产业国际竞争力。后发优势带来的利益主要有两个方面。一是从压力中产生的后发性利益。发展经济学家艾伯特·赫希曼曾经指出："一旦经济进步在先驱国家成为可见的事实，模仿、追随、迎头赶上的强烈欲望，就显然成为后工业化国家中将采用何种行动的重要决定因素。"这种由压力转化而来的动力或欲望是竞争力弱的国家极其重要的财富。二是从学习中产生的后发性利益。竞争力强的国家在形成现代生产力和先进科学技术的过程中，经历了许多试验和探索，走了无数的弯路，付出了巨大的代价；竞争力弱的国家能以较少成本，通过采取对外开放、选派人员到竞争力强的国家培训和引进先进技术等方法，掌握和拥有先进科学技术，提高产业国际竞争力。

（三）对波特模型的关键要素的修正

波特的理论提出之后，很多学者针对波特的理论分别从不同方面结合实际研究进行了修正。根据对波特理论进行修正的形式不同，可以分为两大类：一类是沿着不改变波特的钻石模型，通过增加模型的关键要素的路径对理论进行修正；另一类是沿着将波特的单钻石模型变为双钻石模型或多钻石模型的路径对理论进行修正。下面我们选择几个主要的理论进行论述。

1. Cartwright 的多因素钻石理论

Wayne R. Cartwright 在研究新西兰竞争力的过程中，发现波特的理论在解释小国经济、出口依赖工业和资源为基础的工业国的国际竞争优势方面存在问题。按波特的"我们回避了对自然资源高度依赖的产业"（Porter，1990），这个选择的原则暗示该模型对于依赖自然资源的产业不应该没有异议地全盘接受，而应该利用来自这些产业的数据进行更进一步的检验。这对新西兰这样许多产业都有高度的出口依赖性的国家尤为重要，因为如果没有国际市场就不可能有持续性的发展。为了解决这个问题，Cartwright（1993）构建了多因素钻石理论。

波特理论不适用于新西兰的原因是：第一，选择那些以本国为基础的出口产业是有偏差的，该方法没有选择那些通过对海外产品和价值增值投资而更有竞争力的产业；第二，对于所研究的产业的准备文本集中在来自本国的信息。简言之，该方法反映出的理论基点是决定国际竞争力的关键可以在国内发现，而没有分析海外的已经存在的客观环境。

多因素钻石理论将波特的国家基础模型扩展到海外变量的模型。国家基础模型增添了 5 个新的海外变量：海外要素创造能力、与在海外环境中相关的联系、支持性产业的联系、满足顾客需求海外市场竞争的途径及该产业在多大程度上有面向国际的目标和结构。通过对波特钻石理论的修正而得到的多因素钻石理论，不仅适用于研究小国经济、出口依赖工业国和以资源为基础的工业国的国际竞争优势，同时还保留了原始钻石模型中有用的要素。

2. Dunning 的国际化钻石理论

Dunning 在研究全球经济发展过程中，发现技术更新和地区一体化的发展，各个国家（尤其是经济发达的工业化国家）经济的相互依赖性，以及它们之间形成的相互作用的网络对国家竞争优势有较大的影响，而这些没有被钻石理论所关注。

Dunning 认为波特的钻石理论中的一个缺陷是他仅仅集中在“国家基地”这个概念上。波特（Porter，1986，1990）认为，最有效的全球战略是把尽可能多的多国活动集中到一国，并从该国向世界提供服务。波特的全球公司只是一个出口者，他的方法并没有将原产国通过跨国公司运作的实际复杂性考虑进去。

而 Dunning 认为，随着经济全球化的发展，全球每个国家都与其他的国家形成类似“蜘蛛网”一样的网络关系。跨国公司通过对外投资和多国的经济活动不仅在母国，而且在其他国家参与网络运转，通过将不同地理区域的不同资源加以有效使用，才使得跨国公司所在国家具有竞争优势，而不是仅限于基地在母国的跨国公司的贡献。因此，我们讨论一个国家的竞争优势时必须考虑跨国公司的影响。

Dunning（1991，1993）认为，应该将跨国公司的活动看作第三个外生变量添加到波特的模型中。因为随着经济全球化的发展，跨国界的经济活动和跨国公司的经营活动日益增加，从而直接或间接地影响了波特钻石模型中的各个互动的关键要素，这样可以消除波特的钻石理论由于低估产品和市场全球化而对国家竞争优势产生的影响。

3. Rugman 与 D’ Cruz 的双钻石模型

Rugman 与 D’ Cruz 在分析加拿大的国家竞争优势时，发现波特的钻石理论在应用于具有经济规模小、开放的贸易经济国家时存在一定的问题。

现实情况中，针对外部直接投资的两种路径和多国活动的误解导致该模型在这些国家的应用中存在问题，波特认为只有对外部直接投资才会对创造竞争优势有价值，而外部进来的投资对于增加竞争力没有任何用处。但实际上，双方向的外部直接投资对竞争优势的获得都起作用，其中，Safarian（1968）、Rugman（1980）和 Crookell（1990）先后通过研究证明外国的资本拥有的企业与加拿大本国的企业没有显著的区别。

为了使波特的钻石理论可以更好地解释加拿大的国际竞争力，学者（Rugman and D'Cruz，1993；Rugman，1992，1991）对波特的钻石模型进行了改进。由于加拿大本国的钻石模型并不能很好地解释加拿大的国际竞争力的情况，与此同时，日益紧密的加拿大和美国的集合程度决定了北美钻石模型更适合解释加拿大的竞争力情况。加拿大市场太小，不能给很多产业提供实现规模经济的条件，超过 70%的加拿大的出口产品都是出口到美国。因此，加拿大很多产业以向美国出口为机会，为产业提供了大规模发展的基础。加拿大-美国自由贸易协定更反映了北美钻石模型的现实状况。

加拿大-美国自由贸易协定标志着加拿大以前的保护性政策不再产生效果。国家间的边界对发展加拿大产业战略和产业政策的影响越来越小。加拿大的经营者们已经认识到美国市场不再是一个简单的出口机会，他们现在是在美国的钻石模型中和美国的经营者进行直接竞争。美国领先的产业处于美国钻石模型中，美国的市场比加拿大大、顾客数量多，从而导致市场需求比加拿大多，同时相关与支持性产业的竞争更激烈。

为了能够和美国的这些领先产业竞争并生存下来，加拿大本土经营者必须将加拿大钻石模型和美国钻石模型联系起来。在以上分析的基础上，Rugman 和 D' Cruz（1991）首次提出了双钻石模型。随着创新和成本的竞争日益激烈，加拿大不再是单独的一个钻石模型和自然资源基地，必须考虑美国模型，因此形成了北美双钻石模型。

4. Moon，Rugman 与 Vcrbckc 的综合双钻石模型（thc gcncralizcd doublc diamond approach）

在研究新加坡、韩国这些小的国家时，人们发现波特的钻石理论也存在问题。应用波特的钻石理论，波特认为韩国的经济前景非常乐观，他认为韩国在以后的 10 年可以达到真正的发达状态。相比之下，波特对新加坡的前景预测则稍差一些，他认为新加坡还处于经济发展的早期阶段，但是实际情况却是新加坡已经表现得比韩国更为成功。其中重要的原因是实际情况与波特的前提条件不符。对于小国产业而言，其资源和市场不仅仅在国内，更多的是依赖于国际市场。因此，其国家竞争有时部分依赖于国内的钻石体系，部分依赖于与产业相关的全球钻石体系。因此，为了能够适用于所有的小规模经济，Moon，Rugman 和 Verbeke 对双钻石理论的框架进行了修正，将模型变为综合双钻石模型

(Moon et al.，1998)。

综合双钻石模型图，其外部代表全球钻石体系，而内部则代表国内钻石体系。全球钻石体系大小在一个可以预见的时期内是固定的，但是国内钻石体系的大小是随着国家的规模和其竞争力而改变的。在国内钻石体系和全球钻石体系之间的虚线钻石体系代表着由国内和国际参数决定的国家竞争力。国际钻石体系和国内钻石体系之间的距离代表了国际或多国的活动，多国的活动包括双向的外部直接投资。

在综合双钻石模型中，国家竞争力被定义为企业在某一国家的某一产业从事价值增值活动，并且这种活动在国际竞争的条件下仍可以长时间维持其价值增值。从理论上来看，综合双钻石模型和波特的钻石模型之间的差异是显著的。第一，可持续的在某一国家的价值增值可能源于国内所有的公司，也可能源于国外的所有公司。但是，波特没有将外国的活动考虑到其模型中，他将竞争的地理范围和竞争优势的区域性作了区分（Porter and Armstrong，1992)。第二，可持续能力可能需要一个跨越很多国家的地理区域，这样，公司在许多国家所表现的专业和位置优势可能可以互补。

在实际测算过程中，波特的钻石模型的因变量是国家竞争力。波特（Porter，1990）认为从国家的层次来讲，唯一有意义的竞争力的概念是国家生产力，虽然他使用出口和对外直接投资来替代竞争力。在综合双钻石模型中以生产力变量包括人均产出和制造基地以及整个经济的能力来表示国家竞争力。

波特对跨国活动的狭隘观念导致了他对新加坡经济潜力的低估。波特（Porter，1990）认为新加坡在很大程度上是外国公司的生产基地，跨国公司只是被新加坡相对的低成本、受良好教育的劳动力和包括公路、机场及通信设施在内的有效的基础设施所吸引。按照波特的观点，新加坡的竞争优势主要是地理位置和没有技术或半技术的劳动力，而这些对国家竞争优势并不是非常重要的。实际上，新加坡是新兴工业国家中最成功的国家。新加坡的成功主要是得益于在新加坡的跨国公司的对内直接投资，以及在国外的新加坡公司的对外直接投资。对内的直接投资给新加坡带来了资本和技术；而对外的直接投资使新加坡得以使用廉价的劳动力和自然资源。正是国内和国际的“钻石”使得新加坡在许多产业形成了可持续的竞争优势。

与此同时，其他一些学者也对钻石理论的其他一些方面进行了修正，主要有以下几个方面：①关于货币汇率，Daly（1993）认为，波特低估了价格竞争的作用，他根据德国和日本货币升值及出口竞争力同时增长的案例研究得出，波特关于货币贬值对出口竞争力没有影响的结论并没有得到实证研究的支持。②关于产业集群，波特认为产业集群是国家形成竞争优势的基础，Yla-anttila（1994）则举例认为在国外建立基地也能获得竞争的成功案例。③关于国家的角色，波特认为国家是一个辅助因素，而鉴于发展中国家的种种弱势，Stopford与Strange（1991）建议将国家变为第五个决定因素，而不是一个辅助因素。Oz（2002）应用波特模型对土耳其各重点产业的发展历程进行研究之后也发现，国家在产业的成长过程中发挥了核心作用，他认为国家在发展中，政府是其产业竞争力的一个非常重要的决定因素，从而从侧面验证了Stopford与Strange的理论。④关于经济发展的四阶段理论，波特提出国际竞争发展的四个阶段理论，强调国家经济发展在不同竞争阶段（生产要素驱动竞争、投资驱动竞争、创新驱动竞争、财富驱动竞争）竞争的产业是不同的，决定产业竞争力的因素也不同。但Grant（1991）认为波特用微观的企业理论来解释宏观的经济发展存在很大的问题。

以上几个模型针对波特模型中存在的一些问题，分别从几个方面对模型进行了修正，从而使波特的钻石模型得到更大的完善。在演变的过程中，我们注意到，波特模型的修正是沿着表3-1所示的路径进行的（刘颖琦等，2003）。

表3-1 波特模型的修正路径

模型	波特模型的前提条件				适用条件
	国家竞争力定义	竞争力判断标准	外部直接投资路径	多国活动	
Porter的钻石模型	生产率	能对多国进行实际并持续的出口贸易； 在母国发展资产与技术，并借以进行海外投资	只有对外的外部直接投资才对创造竞争优势有价值，而外部进来的投资对于增加竞争力没有任何用处	没有考虑多国活动	大国，如美国、日本、欧盟
Dunning的多因素钻石模型		选择那些通过对海外产品和价值增值投资而更有竞争力的产业		考虑多国活动，并将其作为第三个外生变量添加到模型中	拥有出口依赖和资源基地型工业的小国，如新西兰
Rugman与D' Cruz的双钻石模型			双向投资对提高竞争力的重要性	考虑多国活动的影响	经济规模小、开放的国家，如加拿大

续表

模型	波特模型的前提条件				适用条件
	国家竞争力定义	竞争力判断标准	外部直接投资路径	多国活动	
Moon，Rugman 和 Verbeke 的综合双钻石模型	企业在某一国家的某一产业从事价值增值活动，并且这种活动在国际竞争的条件下仍可以长时间维持其价值增值		双向投资对提高竞争力的重要性	多国活动被正式整合进这个新的模型中	更多小规模经济和开放的国家，如韩国、新加坡

第二节　优势产业选择基准和培育模式的理论

一　国外优势产业选择基准和培育模式理论

在实际研究中，虽然区域优势产业和区域主导产业、区域支柱产业存在一定的差别，但很多研究还是套用了优势产业选择和培育模式的一些理论。下面对几个主要理论进行论述。

（一）郝希曼的产业关联理论

郝希曼主张，在资源有限的发展中国家，供应与需求不一致是经济增长的促进剂，应采取不均衡求均衡的发展战略。郝希曼（Hirschman，1958）还在其著名的《经济发展战略》一书中，依据投入产出的基本原理，对产业间的关联度与工业化的关系进行了详细的研究。他认为，企业关联度越大，该产业在国民经济中的地位就越高，对经济增长的作用就越大。据此，郝希曼从非均衡理论出发，首次提出了依据产业关联度确定优势产业的准则，即从“最终需求型制造业”出发选择优势产业，优先考虑那些对较多产业有促进和带动作用的产业。对资本相对不足、国内市场相对狭小的发展中国家来说，尤其要发展后向关联度较高的产业。

（二）罗斯托的经济增长理论

罗斯托（1988）根据技术标准把经济成长阶段划分为传统社会、为起飞创造前提、起飞、成熟、高额群众消费和追求生活质量六个阶段，而每个阶段的演进都是以优势产业部门的更替为特征的。他认为，无论在哪一个时期，甚至在一个已经成熟并继续成长的经济中，前进冲击力之所以能够保持，是由于为数有限的主要部门（主导部门，leading sectors）迅速扩大的结果，而且这些部门的扩大，又产生了具有重要意义的对其他产业部门的作用。优势产业部门，应具备以下三个特征：一是依靠科技进步，获得新的生产函数；二是形成持续高速增长的增长率；三是具有较强的扩散效应，对其他产业乃至所有产业的增长起着决定性的影响。

随着社会生产力发展，特别是科技进步和社会分工日益深化，带动整个产业发展的已不是单个优势产业，而是几个产业共同起作用，罗斯托称之为“主导部门综合体”。他认为，主导部门综合体是由主导部门和与主导部门有较强后向关联、旁侧关联的部门组成的。罗斯托还认为，主导部门序列不可任意改变，任何国家都要经历由低级向高级的发展过程。

（三）筱原三代平的优势产业选择理论

筱原三代平在理论上突破了李嘉图的静态比较成本学说，同时借鉴了德国经济学家李斯特的观点，提出了著名的“动态比较费用论”（方甲等，1989），以此为理论基础，提出著名的规划产业结构的“两基准”理论（收入弹性基准和生产率上升基准），开创了优势产业选择理论的指标化的先河。

筱原三代平在新的历史时期和国际环境下，进一步发展了李斯特的观点。他认为，如果按照李嘉图的理论，发达国家将其重点放在重工业等收入弹性高的产业上，而发展中国家只发展农产品等收入弹性低、技术进步率低的初级产业，这种国际分工持续下去，就会使发达国家与发展中国家的收入差距进一步扩大。所以，从发展的眼光和动态的角度来看，虽然在某一时点上，有些产品在国际贸易中处于劣势，但经过一定时期，特别是给予有力的扶持，这些产品有可能转化为优势产品，即产品的比较成本是可以转化的，这就是动态比较费用论的基本观点。由此，他进一步认为，对那些有发展潜力又对国民经济有重要意义的产业，只要经过10～15年的积极扶持，是可以成为强有力的出口产业，并取得动态的比较优势的，这就是所谓扶持幼小产业观点。它对后起国具有重大借鉴意义，被看成是一种“迎头赶上”或“后发制人”的学说。

二 国内优势产业选择基准和培育模式理论

在国内，应用这些理论对区域优势产业的研究主要有：李新建、邹秀英（2003）应用相对成本论研究西部优势产业选择问题；徐翔等（2001）应用资源禀赋理论研究比较优势理论及农村产业结构调整问题；赵国明（2002）研究产业比较优势和结构高度化问题。

在波特提出钻石模型之后，许多经济学家依据本国的经济情况，对钻石模型加以修正，提出了很多评价国家产业竞争优势的多因素的模型，如世界经济论坛（World Economic Forum，WEF）和瑞士国际管理开发学院（International Institute for Management Development，IIMD）从国家的角度提出的国际竞争力评价原则、方法和指标体系已经在国际社会产生了很大的影响。

国内学者对优势产业选择问题的研究始于20世纪80年代，通过借鉴国外的有关优势产业选择以及产业结构与调整方面的理论研究成果，密切联系中国产业结构变动和调整的实践，国内学者在对中国产业结构及其调整进行研究的基础上，就优势产业选择问题进行了多角度、内容广泛的理论探讨，如中国社会科学院工业经济所“工业国际竞争力研究”课题组对我国工业国际竞争力进行了研究（金碚，1997，2001，2003），史清琪（2001）、刘小铁（2003）、裴长洪（1998）等国内学者对优势产业提出了相关的评价模型，为各地区产业评价和选择提供了理论依据。

第三节 西部生态脆弱贫困区优势产业相关理论评述

西部生态脆弱贫困区优势产业相关理论对优势产业从理论基础到产业选择等给出了一系列的研究成果，下面我们对现有的研究成果进行相应的评述。

一 作为产业结构理论的重要组成部分，优势产业选择理论是一个新兴的研究领域

在其短暂而丰富的发展历程中，我们同样可以看到各种经济思想在区域优势产业选择理论中的表现。从纵向看，优势产业选择理论是生产力不断发展的内在要求和结果，是随着世界市场的发展而发展的；从横向看，区域优势产业选择理论是在宏观经济理论不断创新与发展的背景下，产业理论与区域经济理论的有机融合。在区域优势产业选择理论的发展历程中，正如以上所综述的那样，区域优势产业选择理论与宏观经济理论一起，在理论上，经历了由自由经济到政府干预，再到自由经济与政府干预综合的发展历程。从优势产业选择及其产业结构演替的历史发展脉络中同样可以看到，优势产业选择下的产业结构演替，既有政府的作用（即政府选择优势产业的自觉行为），也有市场的自身选择（即优势产业的自然演进）。如果从某一特定阶段或特定范围来看，优势产业选择的可能性与现实性，则位于由“纯粹”的政府选择行为和“纯粹”的市场功能所构成的区间之内。在经济实践中，利用上述两种“纯粹”手段调整产业结构的情况都是罕见的，而只是表现为某一手段的运用多一些或少一些。

二 从经济学发展史来看，优势产业选择理论是孕育于产业结构理论之中，并与此相伴而发展的

产业结构的理论渊源可以追溯到斯密、魁奈等古典经济学家，但一直到 20 世纪 70 年代初，在日本经济学家对产业结构体系化进行理论研究，并指导日本经济成功实施产业政策后，产业结构概念才被正式界定为是关于产业间关系的结构，并以完整的理论体系成为产业经济理论的重要组成部分。

优势产业概念及其选择理论的发展与产业结构理论的发展密切相关。罗斯托依据经济发展不同阶段的产业结构特征提出了优势产业概念，使人们开始关注优势产业。李斯特基于国际贸易不平等关系和发展中国家应如何通过政策保护实现自身发展，提出了“扶持幼小产业说”，认为经济发展落后国家要想实现经济快速发展，就要政府出面扶持相对弱小但对国内经济快速发展具有带动效应的产业，这实际上就是经济落后国家通过优势产业选择，实现产业结构升级和经济“跨越式”发展。筱原三代平结合日本国情并紧紧围绕赶超欧美的经济发展战略目标，将李斯特的“扶持幼小产业说”具体化，提出了优势产业选择的“筱原两基准”及其一揽子产业政策。综观这一发展历程，区域优势产业选择理论是在人们对区域产业结构及其调整的研究中形成并确立的。这也从一个侧面说明区域优势产业选择的研究必须置于区域产业结构及其调整的研究背景中。

三 优势产业选择理论的不断发展是源自理论视角和分析方法的创新

不同的优势产业选择理论的共同之处，就在于都是基于经济增长的结构主义分析框架来解析优势产业选择问题。该理论认为在生产要素条件和总量不变的情况下，优势产业及其产业结构的选择以及由此产生的结构效应是经济增长的函数。围绕这样一种函数关系，不同理论从不同的视角以不同的方法进行了解析，并以此为基础提出了有效选择主优势产业的理论依据和选择基准。此外，优势产业选择理论产生的初始条件和理论的目标倾向对优势产业选择理论的最终形成有着深刻的影响。

四 纵观优势产业选择理论的发展历程可以看出，优势产业选择是一个社会资源的配置问题

对于具有经济“跨越”战略特质的经济体而言，优势产业选择不同于产业结构的市场化选择，更多的是政府对产业结构的主动转换（不同国家间存在着程度和方法上的区别），是政府的自觉行为。而自觉的政府行为对市场化行为的

“纠偏”应以客观的市场化行为为基础，顺应而不是扭曲市场选择。

五 应用上述理论研究西部生态脆弱贫困区优势产业和创新体系培育存在一定的问题

上述研究为区域发展过程中区域创新和优势产业选择提供了基本的理论体系和研究框架。但是，应用上述理论研究西部生态脆弱贫困区优势产业和创新体系培育，促进区域经济发展时，存在一定的问题（刘颖琦等，2006）：①在研究实践领域中，更多的研究关注经济发展较先进的地区，对一般地区，尤其是落后地区如何实现创新发展，缺乏足够的重视。西部生态脆弱贫困区的特殊性决定了该地区的优势产业培育面临比经济发达地区更大的困难。在现有的研究中，各种优势产业选择的方法均需以大量的数据为研究基础，但对于西部生态脆弱贫困区而言，不仅经济发展落后，产业结构不完整，经济发展还受环境因素的制约。现有理论无法解决西部生态脆弱贫困区优势产业培育的问题。②在区域优势产业研究中，未形成一个有效的分析范式。虽然在区域竞争优势研究中，波特的分析范式比较适用，但针对不同地区、不同的经济发展阶段，分析范式是要有一定变化的，尤其是在西部生态脆弱贫困区的优势产业研究中，对政治因素和科技因素的关注需要得到提升。③与国外的研究相比，我国区域发展的研究在研究方法上更多关注定性研究，而定量研究不足。

第四章 西部生态脆弱贫困区和谐发展机理

第一节　影响西部生态脆弱贫困区和谐发展的重要因素

科学发展观是我国经济社会发展的重要指导方针，是发展中国特色社会主义必须坚持和贯彻的重大战略思想。科学发展观，第一要义是发展，核心是以人为本，基本要求是全面协调可持续发展，根本方法是统筹兼顾。

深入贯彻落实科学发展观，要求我们积极构建社会主义和谐社会。社会和谐是中国特色社会主义的本质属性。科学发展和社会和谐是内在统一的。没有科学发展就没有社会和谐，没有社会和谐也难以实现科学发展。构建社会主义和谐社会是贯穿中国特色社会主义事业全过程的长期历史任务，是在发展的基础上正确处理各种社会矛盾的历史过程和社会结果。

贯彻和落实科学发展观对于西部生态脆弱贫困区至关重要。西部生态脆弱贫困区集中了我国大部分的贫困人口，只有通过不断的发展，才能够增加社会物质财富，不断改善人民生活，使大量的贫困人口脱贫；同时，由于西部生态脆弱贫困区的生态环境较为恶劣，面临着一系列的生态环境保护问题，如水土流失、荒漠化、石漠化、草原生态破坏、水资源污染等问题，因此，西部生态脆弱贫困区的发展还要实现和保障社会公平正义，不断促进社会和谐。

由于西部生态脆弱贫困区的经济发展水平、科教基础、市场化程度等与我国其他区域有很大的差别，因此，西部生态脆弱贫困区的和谐发展应重点集中在培育和发展优势产业、保护生态环境、合理利用资源、培养持续的创新发展。

一　培育和发展优势产业，是建设和谐社会的内在动力

贫穷落后是社会不和谐的总根源，加快发展是构建和谐社会的根本，这一点对西部生态脆弱贫困区尤为迫切和重要。西部生态脆弱贫困区的人均收入远低于全国平均水平。西部生态脆弱贫困区 375 个国家扶贫工作重点县中绝大多数县的农民人均纯收入处于 1500～2000 元之间，其中，农民人均纯收入最低的云南省福贡县的农民人均纯收入只有 738 元，该数据只有云南省农民平均人均纯收入 2250.5 元的 33%。

同时，西部生态脆弱贫困区 GDP 低，地方政府财政收入少，社会物质财富

少，调控能力弱，人的生存和发展得不到满足，社会管理控制体系不能充分发挥作用。如果这些问题不能很好地解决，和谐社会的建设就会成为空中楼阁。对西部生态脆弱贫困区而言，其发展和谐社会的首要问题就是经济发展问题，而经济发展问题中，培育和发展该区域的优势产业是实现该地区经济发展的首要问题，只有找到并培育该区域的优势产业，实现优势产业对当地经济的带动作用，才能形成和谐发展的内在动力。

二 保护生态、合理利用资源，是促进和谐发展的客观要求

人和自然的和谐是构建和谐社会的重要任务和目标。随着改革开放的不断深入，我国经济得到快速的发展，但在经济快速发展的同时，很多区域的生态环境却遭到了很大的破坏，尤其是西部生态脆弱贫困区，正面临着保护环境和发展经济的两难选择和双重压力。西部生态脆弱贫困区的生态环境较差，存在水土流失、土地沙化、风沙、干旱等一系列问题。以内蒙古自治区为例，内蒙古自治区 31 个扶贫工作重点县中就有 11 个旗（县）位于库布其沙漠、毛乌素沙漠、科尔沁沙地、浑善达克沙地周围或腹地，生态环境非常脆弱；同时，即使没有处于沙漠边缘和沙地周围的旗（县）的生态环境也不容乐观，部分旗（县）水土流失严重，土地沙化面积较大。例如，清水河县的水土流失面积占总面积的 96%；固阳县水土流失严重，面积达 4670 平方公里。

在发展经济的同时，我们必须兼顾产业发展与环境保护的问题，如果在这些区域任由生态环境继续恶化和发展下去，治理的成本将远远高于所取得的经济效益。因此，由于这些生态现实条件的存在，我们不能走先发展再治理的路径。在西部生态脆弱贫困区构建和谐社会是要在可持续发展的观点下，实现经济和环境的共同发展。

三 建设区域创新系统、培育持续创新发展能力，是实现和谐发展的重要路径

西部生态脆弱贫困区的贫困人口比重大，全国尚未实现温饱的 3000 多万贫困人口大部分也分布于这一地区。西部生态脆弱贫困区与其他区域相比存在很大的贫富差距，成为该地区不和谐的主要原因。在培育和发展优势产业的同时，要积极构建区域创新系统，不断改善西部生态脆弱贫困区的自我积累、自我发展的能力，促进人口素质的提高。只有通过创建区域创新系统，才能够保证在培育优势产业的同时，实现产业对当地不同群体，尤其是西部生态脆弱贫困区的弱势群体起到带动作用，消除贫富差距，实现共同进步。

第二节 西部生态脆弱贫困区和谐发展的系统架构

系统科学为我们认识、研究西部生态脆弱贫困区的和谐发展提供了很好的思路，因为它是从事物的整体与部分、全局与局部以及层次关系的角度来研究客观世界的，这个世界当然也包括西部生态脆弱贫困区。西部生态脆弱贫困区的和谐发展是一个有机的系统。所谓系统是由一些相互关联、相互作用、相互制约的组成部分构成的具有某种功能的整体。西部生态脆弱贫困区的和谐发展系统包含生态环境、社会发展（人文、科技、教育、卫生等发展程度）、自然资源禀赋、经济发展状况等相互关联、相互影响的四个子系统，国家（区域）的各项政策、市场是上述子系统赖以生存和发展的外部环境（刘颖琦等，2007）。在不同的外部环境的要求和制约下，上述四个子系统及其相互之间的作用方式也是不同的。据此我们构建了西部生态脆弱贫困区和谐发展体系（图 4-1）。

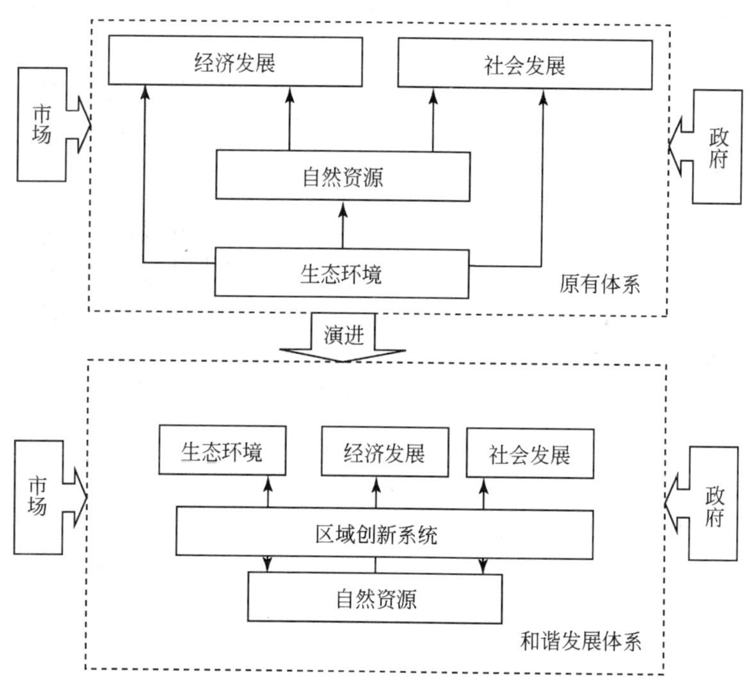

图 4-1 西部生态脆弱贫困区和谐发展体系

长期以来，西部生态脆弱贫困区由于地处边远，经济基础薄弱，保护生态环境的意识淡薄，经济发展过度依赖自然条件和自然资源，而在经济发达地区普遍起着重要作用的科技、教育因素，由于本身缺乏而无法有效支撑当地经济的发展，最后经济没有发展起来却造成了生态资源环境的极大破坏与浪费。同时，多年来形成的发展区域经济的惯性思维方式，导致在政策、法律法规、社会文化、资本和市场环境等方面都难以与建设和谐社会的要求相匹配，而这些不匹配则进一步制约了西部生态脆弱贫困区的经济发展以及和谐发展的步伐。

建设西部生态脆弱贫困区和谐发展的外部环境与系统的内部组成，决定了西部生态脆弱贫困区和谐发展系统的和谐发展功能。西部贫困区要改变经济发展过度依赖资源、经济相对落后、生态环境脆弱等现状，发挥潜在的资源富集优势，就必须依照和谐发展的思路，在政府和市场共同作用下，充分考虑生态环境的脆弱性等约束条件，培育和发展那些能够对当地经济起到带动作用的优势产业，实现经济的持续、快速和健康发展。

在系统所处的环境建设方面，需要特别强调发挥政府主导作用，构建市场和政府共同作用的良性机制。因为，西部生态脆弱贫困区的和谐发展不是简单的经济发展，而是在可持续发展基础上的经济发展。多年来的经验表明，单独依靠市场的作用，将导致产业之间恶性竞争、环境受到破坏等市场失灵的问题。因此，对于西部生态脆弱贫困区，其经济和产业是不可能脱离政府而发展的，政府的作用不仅仅是提供产业发展的环境，更重要的是参与到产业发展中，制订适合产业发展的长期战略规划，从而使当地的产业可以通过政府的作用更好地发展，从而使西部贫困区的发展走上一条健康发展的道路。因此，在西部生态脆弱贫困区优势产业培育和区域创新系统建设研究中，政府是非常关键的影响因素，我们将予以重点关注。

第五章 西部生态脆弱贫困区优势产业选择模型

第一节 西部生态脆弱贫困区优势产业选择模型构建的思路

以往众多的研究文献一方面丰富着优势产业选择的理论与实践，但另一方面，似乎更愿意简单地接受或引用相关理论，在既有理论的框架下，有意无意间忽略了既有理论的应用条件及其普适性问题。

在西部生态脆弱贫困区优势产业选择模型的构建过程中，本书将重点解决以下一些问题。

一 重点考虑理论和方法在区域层面的应用问题

20 世纪 60 年代，罗斯托开始了关于经济增长方面的理论研究，在经济史料分析的基础上，描绘出经济成长阶段的依次更替与经济部门重要性的依次变化之间的关系，通过经济发展效率的差异发现了经济增长过程中存在着主导部门，发挥着带动和扩散效应。毫无疑问，在国家层面上存在着主导部门，在这个国家的各个地区也存在着区域层面的主导部门，于是在国家层面的优势产业研究被发展到区域层面，主导部门分析的原理和方法被广泛应用到区域经济的分析中。但是在这一过程中却明显忽略了这样一个事实，即同样是主导部门，处于国家层面的主导部门与处于区域层面的主导部门其实是不同的，它们之间不仅存在着“量”的差异，更表现为“质”的不同。既然研究对象存在显著差异，那么在运用研究方法上就必须有新的考虑和安排。也就是说，在优势产业的选择过程中不能将产业的空间和地域属性抽象化，在区域层面不能直接套用国家层面的优势产业的理论和方法。在一国内，固然有可能把国民经济优势产业确立为特定区域的优势产业，但区域优势产业绝不是国民经济优势产业的区域化。对区域优势产业必须首先从区域的角度，即区域专门化生产的角度来认识，否则就有可能出现各地优势产业趋同的悖论。

因此，在西部生态脆弱贫困区优势产业选择模型的构建过程中，本书将研究的重点定义为区域层面的问题，我们构建的西部生态脆弱贫困区优势产业选择模型适用范围是西部生态脆弱贫困区这样一个区域，解决的是该区域层面上的产业选择和培育问题。

二 解决理论和方法在西部生态脆弱贫困区的普适性问题

理论与现实偏差有多种表现形式。其一，产生于20世纪中期的上述经典理论是各有其时代背景的，表现为各学派都有一定的假设前提，因而理论在应用方面有其特定的应用范围，这是理论本身既有的约定。其二，现实经济的发展状况对理论的约束可能很大，如自20世纪80年代以来由世界银行、国际货币基金组织、WTO以及跨国公司主导的经济全球化现象，更是在全球的范围内配置资源、组织生产，形成了跨越国界的全球产业链，经济全球化的迅猛发展使得一国优势产业的选择和建立不可能忽视全球范围内的价值流动。其三，中国的区域经济发展不平衡现象，更是加大了理论与现实的差距。我国正处于工业化不同阶段重叠进行的时期，如在沿海、特大城市等经济发达地区有完整的产业结构和良好的经济发展基础，而在西部等经济欠发达地区则大多没有良好的经济发展基础，有些地方甚至没有资源禀赋和优势资源，那么在这样的条件下还有没有区域的优势产业？这种区域的优势产业又该如何选择？这些问题都是上述理论不能解决的。

在西部生态脆弱贫困区优势产业选择模型的构建过程中，我们建立的理论和方法首先要适用于西部生态脆弱贫困区这样一个有特色的地区，其次要适用于西部生态脆弱贫困区内的各个国家扶贫工作重点县。

三 重视比较优势理论作为区域优势产业选择理论的基础存在一定的问题

比较优势理论对区域优势产业选择起到了积极的指导作用：①明确了区域优势产业选择的基本出发点是本地区资源禀赋情况、劳动力条件、资本丰裕程度和技术水平等经济增长的基本要素状况；②揭示了区域间（或国际上）产业转移趋势，为落后地区的优势产业选择提供产业发展趋势的依据；③通过比较分析，甄别出区域经济发展中的“瓶颈”和不足，为区域产业结构的选择提供依据；④强化地区专业化分工和规模经济的发展，为在开放经济条件下获得技术扩散和“干中学”的外溢效应准备条件；⑤理论的开放性，为不同经济发展状况的国家走出符合自身条件的发展之路提供了理论内核；⑥在基准的选择问题上，一方面要充分考虑到不同区域的经济情况、发展要求以及区域产业发展数据的可获得情况，另一方面可以根据不同选择需求，依据比较优势理论来设定不同计算办法，为不同层次和需求的产业选择提供理论支持。应该说，比较优势理论不仅在贸易理论发展方面，而且在对世界各国的产业发展方面均起到了重要的指导作用。

但是，比较优势理论也存在不足，具体表现在：①从理论的作用点来看，比较优势理论是以国际市场为背景，把一个国家作为经济区域来研究其优势产业选择问题的。因此，与国内区域优势产业选择不同，该理论具有明确的经济主权边界和国家战略、国家经济安全等问题。②围绕谋取比较利益这个核心，不同时期的比较优势理论是站在自己的立场上来解释优势产业选择问题。例如，“比较优势理论”是从发达国家如何更进一步谋取工业化利益的视角，强调要依据资源禀赋差异来获取比较利益。“扶植幼小产业说”则是站在发展中国家如何实现经济“跨越”的角度，强调要通过政策保护来获取比较利益。“动态比较费用论”也是基于发展中国家实现经济“跨越”的视角，强调要依据后发优势和政策保护来获得比较利益等。③比较优势陷阱。由于比较优势理论有着严格的适用对象限制，对发展中国家（或地区）而言，单纯以内生的成本和资源比较优势选择优势产业的话，就有可能陷入“比较优势陷阱”而不能形成竞争优势，获得产业发展。④比较优势理论的前提过于苛刻或与现实差距较大，使得理论与实践的结合存在前提条件的缺陷，如关于各国的生产条件和供给条件不变，生产要素不能在国际间自由流动的前提条件与当今世界经济全球化、市场一体化的趋势相去甚远。正因如此，比较优势理论在提供了基本理论内核的同时，为后续研究留下了创新空间。⑤比较优势理论是对产业发展的供给分析，缺乏对市场需求的分析，忽视需求结构的变化对产业成长的影响，进而无法使比较优势有效地转化为竞争优势而获得经济利益。

四 从西部生态脆弱贫困区的现实约束问题出发构建理论和方法

优势产业部门的选择与工业化阶段和产业结构演进规律有密切联系。优势产业选择的过程就是产业格局的变化过程。优势产业的选择建立需要考虑地区的自然条件、运输条件、劳动力等因素，空间条件对产业发展形成了制约。随着区域经济的飞速发展，区域间竞争日趋激烈，地区优势产业的选择成为提高区域竞争力和促进区域经济持续发展的前提条件。目前国内的研究主要从环境经济、社会统计和环境生态等角度进行，将市场潜力、相对优势度、产业规模与产业的关联度作为选择优势产业的基准。优势产业选择方法一般是从区内外比较优势、产业关联、市场潜力三方面来衡量。但这些方法的应用需要大量的历史数据，对于西部贫困地区而言，往往是主要依靠农业的地区，工业生产门类不全，各种数据缺乏，造成方法的应用存在一定的局限性。随着资源、环境对区域和产业发展的约束作用的增强，产业定量选择是产业结构调整优化分析的核心。西部贫困区优势产业选择既应遵循一般原则，又要充分考虑资源、环境对区域和产业发展的约束作用。地区优势产业必须以经济社会发展同人口、资源与环境的可持续发展为先导，在区域资源环境承载力允许的范围内，将可持续发展指标引入区域经济发展和调控程序。与此同时，由于西部生态脆弱贫困地区受财力、物力和人力等多方面资源限制的状况，市场经济发展不完善，优势产业的发展不能仅仅依赖市场的作用，要充分发挥地方政府的作用。

第二节 西部生态脆弱贫困区优势产业选择模型

西部生态脆弱贫困区和谐发展首先取决于区域内优势产业发展状况，而西部生态脆弱贫困区的优势产业发展有其特殊的内涵和特点，不仅受西部现有的产业体系不完整、生态环境脆弱、外部投资和政府作用如何发挥等一系列条件的约束，而且其发展的实现是一个需要将现有的理论和方法综合应用的过程。

竞争优势理论以目前产业发展现状和未来产业发展机会相结合的观点，可以有效地解决西部生态脆弱贫困区的经济健康、持续、快速发展的问题。

考虑西部生态脆弱贫困区优势产业发展中的其他因素的作用，我们对波特的竞争优势分析模型进行一些修正，建立西部生态脆弱贫困区优势产业测评模型，如图 5-1 所示。

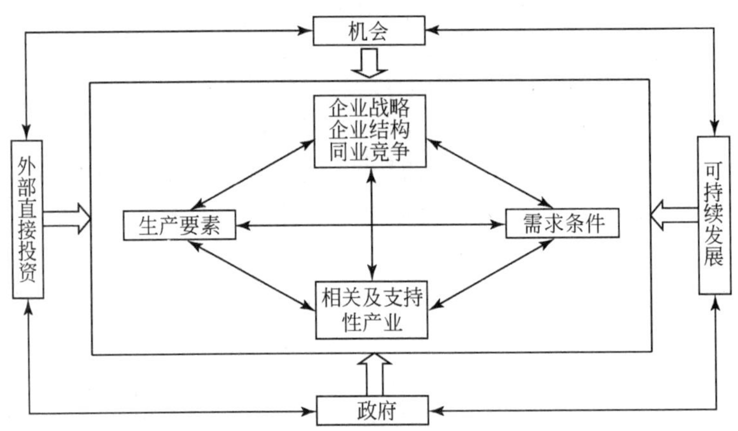

图 5-1 西部生态脆弱贫困区优势产业测评模型

该优势产业选择模型是一个双层的模型，模型的内部由生产要素，需求条件，相关及支持性产业，企业战略、企业结构和同业竞争四个关键要素构成。模型的外部由政府、可持续发展、外部直接投资和机会四个要素构成。这八个要素共同构成了西部生态脆弱贫困区优势产业选择的钻石模型。

第三节　西部生态脆弱贫困区优势产业选择模型的特点

西部生态脆弱贫困区优势产业选择模型系统地考虑了西部生态脆弱贫困区优势产业选择所处的特殊环境系统和经济系统的特殊性，具有以下特点。

一 模型分为内外两个部分

与波特的钻石模型不同，西部生态脆弱贫困区优势产业选择模型由内部模型和外部模型共同构成。内部模型和外部模型共八个要素（图 5-1）。该模型反映出一个动态的、双向强化的系统。作为双向强化的系统，模型本身内部各要素之间在产业竞争优势的提升过程中具有相互影响的互动关系，即其中任何一项因素的效果必然影响到另一项的状态；模型的内部和外部也存在相互影响的互动关系，外部因素通过内部因素对优势产业的选择产生作用。

二 强调政府的作用

对于经济发达的地区而言，其市场机制完整，政府的作用可能更多的是规范市场秩序，提供产业发展的各种环境。而对于西部生态脆弱贫困区，其经济发展和产业发展是不可能脱离政府而发展的，政府的作用不仅仅是提供产业发展的环境，更重要的是参与产业发展之中，制订适合产业发展的长期战略规划，从而使当地的产业可以通过政府的作用，弱化仅仅依靠市场而产生的产业之间恶性竞争、破坏环境等市场失灵的问题，从而使西部贫困区的发展走上一条健康发展的道路。

三 强调可持续发展

西部贫困区虽然资源丰富，但面临很多生态问题，如水土流失、沙化、次生盐碱化、水资源短缺、环境污染等。西部生态脆弱贫困区的生态环境的自我调节能力很弱，随着该地区工业化的发展，这些生态问题有可能越来越严重，严重影响该地区的第一产业和第三产业的发展。为了使西部贫困区的经济发展能够满足地区发展的需要，我们必须对这些生态环境问题进行考虑，因此，可在模型中加入可持续发展的指标。

四 强调外部直接投资的重要性

西部生态脆弱贫困区的经济发展与 Moon，Rugman 与 Verbeke 对新加坡的研究过程中得到的一些结论类似，新加坡的成功主要是得益于在新加坡的跨国公司的对内直接投资，以及在国外的新加坡公司的对外直接投资。而非常重要的是对内的直接投资给新加坡带来了资本和技术，将新加坡的相对低成本、受良好教育的劳动力及包括公路、机场和通信设施在内的有效的基础设施等一系列曾经被认为并不是非常重要的生产要素改善成为重要的竞争因素。而我国西部目前的情况是，一方面，西部生态脆弱贫困区的总体经济情况不佳，国家的财政补贴可用于发展性的资金非常少，地方财政收入是入不敷出，很难提供资金来用于对产业的支持，当地企业和个人的闲散资金数量有限，扩大再生产的能力非常弱，即使是在市场需求非常大的情况下，生态规模也很难扩大，这样的情况严重制约西部生态脆弱贫困区优势产业的培育；另一方面，从技术层面来看，如果没有外部先进技术的进入，西部 375 个生态脆弱贫困县中的丰富的农业种植业资源、草畜资源、矿产资源、能源资源、旅游资源等资源是很难转化为带动当地经济发展的优势产业的，尤其是那些对技术需求比较高的产业，西部的经济发展是要靠产业带动的，而不是靠简单地卖原材料来发展当地经济。因此，我们在模型中增加了外部直接投资的指标。

第六章 西部生态脆弱贫困区优势产业选择模型指标体系

第一节　西部生态脆弱贫困区优势产业选择模型指标体系建立的基本原则

一 指标体系的一般性原则

（一）整体性原则

指标体系作为一个系统，既要保持自身的整体性，又要能够完整地体现所应达到的目标。由于每个单一的指标只反映西部生态脆弱贫困区优势产业竞争力的某一方面，只是作为优势产业选择总体指标的最终反映的一部分，因此，在指标体系中，一定要有那些能够深刻、系统地反映适合优势产业选择的指标。同时，由于优势产业选择是一个复杂的系统，涉及很多相关因素，因此，在指标的选择中，有意识地忽略一些虽有影响但处于次要地位的因素，并不违反整体性原则。

（二）客观性原则

指标体系应该客观可信、符合实际，这样才能较确切地反映出优势产业的真实水平。指标体系的设计应该忠实于最终目标，不仅指标体系要体现目标的整体性，而且每一个指标都应该保持与目标的一致性，努力谋求目标的整体优化，每个指标都能如实地反映客观情况的本质。指标体系的客观可信，还表现在不存在相互重叠的指标。这就要求指标体系中同一层次的各个指标必须是相互独立的，不相互包含，不存在相互的因果关系，即各指标之间线性不相关。

（三）可测性原则

优势产业的选择是通过对指标体系中各指标的实际测算实现的。这要求在指标设计时，必须达到使每个指标所测定的内容都可以实际测量或观察，以获得明确的结论。从指标的可测性要求考虑，所有的指标大致可以分为两类：一类为可量化的定量指标；另一类为不宜或难以直接量化的定性指标。鉴于优势产业选择的复杂性和当前数据资料的限制，笔者认为，这两类指标难以完全相互取代，原则上坚持可以直接量化的指标，采用定性指标则应有明确的结论，保证其价值判断的有效性和可靠性。

（四）可行性原则

指标的可行性原则包含两方面的含义：一是要简单，指标体系中各种指标的设计必须简单，使数据容易获得，模型的测算易于实施；二是要可行，即指标所要求提供的信息可以获得，并具有实际意义。

二 指标体系的特殊性原则

西部生态脆弱贫困区优势产业选择指标体系的构建，除了要遵循一般性原则外，还必须结合西部贫困区的实际情况，遵循以下两个特殊原则：

（1）反映可持续发展的科学发展观的主要内涵。指标设计过程中，要综合体现西部贫困区经济系统的发展潜力和可持续发展的能力，准确地反映出西部贫困区产业发展的整体态势。对于西部生态脆弱贫困区来说，其面临着保护环境和发展经济的两难选择和双重压力。西部生态脆弱贫困区的生态环境较为脆弱，生态环境一旦被破坏，恢复起来的成本巨大，而且时间很长。因此，在西部生态脆弱贫困区的优势产业选择的指标体系设计过程中，要体现可持续发展的科学发展观，指标的设计要兼顾产业发展与环境保护的问题。

（2）体现西部贫困区的地域和资源特征。设计过程中，指标要能够反映西部贫困区独特的地域特征，反映环境和资源类型的变化。西部生态脆弱贫困区的优势产业选择问题，需要立足于当地的资源产业和环境状况，从资源、产业和环境问题出发来考虑产业选择的问题。因此，在设计指标体系的过程中，要重视资源情况和地理位置等一系列指标。

第二节　西部生态脆弱贫困区优势产业选择模型指标体系

依据西部生态脆弱贫困区优势产业发展测评模型和指标体系建立的基本原则，西部生态脆弱贫困区优势产业发展测评指标体系的主要内容如表 6-1 所示，该指标体系包括 8 个二级指标、27 个三级指标和 15 个四级指标。

表 6-1　西部生态脆弱贫困区优势产业发展测评指标体系

一级指标	二级指标	三级指标	四级指标
西部生态脆弱贫困区和谐发展	生产要素	针对产业的气候条件	
		针对产业的天然资源充沛与否	
		区域内获得大专以上学历的人数占产业人数的百分比	
		产业就业人口比重	
		产业所处的地理位置	
		产业的人均工资水平	
		基础设施状况	交通设施的状况
			电力设施的状况
			通信设施状况
	需求条件	国内外某产业的年总消费量	国内某产业的年总消费量
			国外某产业的年总消费量
		产业产值占地区 GDP 的比重	
		可替代产品的数量	
	相关及支持性产业	金融业发展状况	金融机构针对产业所提供的金融支持力度
			产业中企业贷款的难易程度
		产业的上游产业是否有竞争优势	
		产业的产业集群发展状况	
	企业战略 企业结构 同业竞争	产业竞争状况	竞争者来源
			竞争优势实质（低成本、技术领先、差异化）
			市场竞争的强度
		产业内企业之间合作情况	
	外部直接投资	五年来外部直接投资总额	
		五年来外部直接投资总额增长率	
		五年来外部直接投资的产业分布	
	可持续发展	产业对环境的影响	产业是否排放废气
			产业是否排放废水
			产业是否排放固体废物
		人均水资源可供量	
		人口自然增长率	人口总数
			人口自然增长率
		环境法规执行的严格性	
		环境法规执行的连贯性	
	政府	当地政府对产业的支持程度	
		区域政府对产业发展的支持力度	
	机会	产业发展的机会	

一 生产要素

生产要素是指生产某些产品所需要的各种投入，其中包括人力资源、天然资源、知识资源、资本资源以及基础设施。人力资源包括劳动量、人力资本、技术能力，也包括标准工时、劳动伦理等因素。下面我们进一步讨论指标体系中的各项指标。

(1) 针对产业的气候条件。不同的产业对气候条件的需求是不同的。农业和牧业对气候条件的依赖度较高，而工业对气候条件的要求就较低。同时，由于气候条件对于不同农作物的影响也不同，因此，针对不同产业分析其竞争力的时候，气候条件是其中一个重要指标。

(2) 针对产业的天然资源充沛与否。自然资源的概念比较广阔，在西部生态脆弱贫困区天然资源不仅包括草场资源、土地资源、畜牧资源，还包括矿产资源、能源资源、水资源、旅游资源等，这些资源充沛与否很大程度上决定了与这些资源直接相关的产业能否充分发展，并通过较低的成本获得竞争优势。

(3) 区域内获得大专以上学历的人数占产业人数的百分比。该项指标反映出在西部生态脆弱贫困区产业发展过程中，所需要的高级生产要素的数量。获得大专以上学历的人数将为产业升级和新技术的推广提供人力资源基础，该指标的优良与否对那些需要大量外部技术输入的产业至关重要。

(4) 产业就业人口比重。在产业选择过程中，如果一个区域内从事该产业的人口比重较大，说明该产业在当地已经具备一定的实力，对当地的经济发展影响力较大。反之，如果某个产业的就业人口少，说明该产业在区域内的影响力较小，产业链条短。

(5) 产业所处的地理位置。在产业发展过程中，产业所在区域的地理位置也非常重要。一般来说，一个比较受关注的地理位置，不仅可以带动资金、人才向该地区的流动，同时，还可以使该地区的资金、人才不外流。但该指标针对不同产业的影响也是不同的，不能简单认为同一个地理位置对不同产业产生的影响就相同。

(6) 产业的人均工资水平。人均工资水平是评价产业竞争优势的一个关键指标，较低的产业人均工资水平可以为产业发展提供较为低廉的劳动力，降低产业发展的成本。产业发展轨迹表明，很多劳动力密集型产业都是从人均工资水平高的地区向人均工资水平低的地区转移。

(7) 基础设施状况。该指标还包括交通运输状况、电力设施和通信设施这三个指标。交通运输状况对各个产业的影响都非常大，如果没有好的交通基础设施，那么无论拥有多么好的自然资源和条件，都没有办法吸引资金、技术和人才，也没有办法将自己的特色产品运出去，无法促进经济的发展。西部生态脆弱贫困区只能处于自产自销的状态，无法与外界进行大规模的生产交换，这使优势产业培育成为空谈。电力设施是所有产业发展都必需的，如果一个地区经常停电，可能会给某个产业造成无法挽回的损失，如某些矿产品的深加工过程必须保持 24 小时连续供电，良好的电力设施是一个地区产业发展的前提条件。通信设施很大程度上决定了产业能否发展壮大，通信设施的完备可以一定程度上弥补西部生态脆弱贫困区交通设施较差的问题，通过互联网和电话等通信手段，可以及时地了解市场行情，掌握市场走向，为产业培育提供支撑。

二 需求条件

需求条件主要是指市场中对某产业产品或服务的需求，包括需求结构、市场规模和国内需求增长率等。

（1）国内外某产业的年总消费量。该指标由国内某产业的年总消费量和国外某产业的年总消费量两个指标构成。西部生态脆弱贫困区优势产业选择的方向着力于开拓这些区域的外部市场，外部市场包括国际市场和国内市场，外部市场的大小和市场规模将影响产业选择的方向。

（2）产业产值占地区 GDP 的比重。在产业选择过程中，如果一个区域内某个产业的产值占该地区 GDP 的比重较大，说明该产业在当地已经具备一定的实力和规模，对当地的经济发展影响力较大。反之，如果某个产业的产值占该地区 GDP 的比重小，说明该产业在区域内的影响力较小，产业链条短。

（3）可替代产品的数量。产业内可替代产品的数量较多，说明市场消费者选择较多，某个产品或某几个产品对市场的影响力较小；如果产业内可替代产品的数量较少，说明市场上可以选择的产品有限，某个产品或某几个产品对市场的影响力较大。同时，如果在市场上有很多可替代产品，说明该产业的竞争非常激烈，要获得产业竞争优势，就必须积极寻求产业升级。

三 相关及支持性产业

一个区域内的优势产业发展必须和其他相关的或支持性的产业在空间上集聚成群体。这样，支撑产业在进行竞争的过程中，可以通过在本地与辅助产业结成网络而转移风险，提高效率。而且，与相关产业之间的信息流动和技术交换，还可以提高优势产业的创新能力和创新速率。因此，特定产业的相关和支持性产业是否具有竞争力，对促进和增强产业的竞争优势，具有重要意义。

（1）金融业发展状况。该指标还包括金融机构针对产业所提供的金融支持力度和产业中企业贷款的难易程度两个四级指标。由于西部生态脆弱贫困区的产业发展对金融支持的需求较大，这两个指标的好坏，很大程度上会影响优势产业的选择结果。

（2）产业的上游产业是否有竞争优势。如果产业链上游有一些有竞争力的产业，那么这些产业的发展必然带动下游的产业一起发展，并有利于通过相互协作，促进下游产业获得竞争优势。

（3）产业的产业集群发展状况。产业的竞争力如果可以呈现由客户到供应商的垂直关系，或由市场、技术到营销网络的水平关联的集群式分布，那么，一个有竞争力的产业带动并创造另一个产业的竞争力，就可以促进当地有竞争优势的产业群的形成。

四 企业战略、企业结构和同业竞争

企业战略、企业结构和同业竞争是指企业在一个区域的基础、组织和管理形态，以及国内市场竞争对手的表现。不同区域在发展优势产业时，具有不同的企业规模和竞争战略。企业怎样创立、组织和管理，国内竞争程度如何，是决定其竞争力的重要因素。

（1）产业竞争状况。该指标还包括竞争者来源、竞争优势实质和市场竞争的强度这三个四级指标。针对竞争者来源要重点考虑是来自区域内部还是外部；竞争优势实质更多要考虑其优势是来自低成本还是技术领先，或是差异化的战略；市场竞争的强度要考虑区域内部和外部的竞争对手的数量和质量，如果竞争非常激烈，那么该产业的发展空间就不是很大。

（2）产业内企业之间的合作情况。不同企业间如果有比较强的合作，将有利于产业集群的形成，进而形成规模产业，并最终形成有竞争力的产业。

五 外部直接投资

由于西部生态脆弱贫困区的产业发展对资金和技术的需求较大，因此外部直接投资对产业发展有很大的影响。

（1）五年来外部直接投资总额。外部直接投资的总额越大，说明该区域有适合产业发展的要素，获得资金和技术的可能性较大，产业的发展前景较好。

（2）五年来外部直接投资总额增长率。投资总额增长率在很大程度上反映出外部投资对该区域内的产业发展的态度，如果增长率呈现不断上升的态势，说明该区域受投资方的重视程度日渐提高，产业发展的机会较大。

（3）五年来外部直接投资的产业分布。外部直接投资的产业分布状况在很大程度上反映出外部资金对产业的选择方向。

六 可持续发展

生态脆弱贫困区的可持续发展是指要充分考虑生态环境的问题，如遏制水土流失，保护生态环境免受工业废水、废气等的污染。西部生态脆弱贫困区与其他区域在生态环境上有很大的不同，该区域内的生态环境一旦受到破坏，恢复起来的难度非常大，有的地区就不可能再恢复。因此，可持续发展指标是在优势产业发展中必须重视的一项指标。

（1）产业对环境的影响。该指标还包括产业是否排放废气，产业是否排放废水和产业是否排放固体废物三个四级指标。产业是否排放废水、废气和固体废物反映出该产业对当地生态环境的影响程度。

（2）人均水资源可供量。针对西部生态脆弱贫困区很多地区，尤其是西北的生态脆弱贫困区缺水程度较严重，很多河流断流，对农牧业生产的影响较大。在这样的地区如果要进行产业选择，一定要充分考虑不要选择那些用水量非常大的产业，这样的产业是不可能长期持续发展的。

（3）人口自然增长率。西部生态脆弱贫困区的各个区域的人口状况差别非常大，有的县人口超过百万，有的县人口只有 2 万～3 万人，而人口的数量与当地可用的有效资源、产业发展的先天条件紧密相连。该指标还包括人口总数量和人口增长率两个四级指标。

（4）环境法规执行的严格性。环境法规执行的严格性可能在短期内对产业发展有影响，但从长期的视角来看，环境法规执行的高度严格性有利于整个产业体系的发展。例如，对污染企业的治理不仅有利于该企业的技术提高和创新，而且有利于当地的环境保护。

（5）环境法规执行的连贯性。环境法规执行是否可以做到对不同的企业采取一致的态度，对于西部生态脆弱贫困区而言是非常重要的，这样才可以将那些高污染、高消耗的企业从当地排除。

七 政府

政府通过资本市场、补贴、生产标准、竞争条例等方面的政策直接影响到企业、产业的竞争力。

（1）当地政府对产业的支持程度。政府对不同产业的支持程度对一些产业的竞争优势的获得有一定影响，有些产业，如交通运输业的发展，可以通过政府成立公司进行项目融资来实现。同时，由于西部生态脆弱贫困区的生态系统比较脆弱，这样的客观条件对很多产业有制约因素，因此需要政府考虑环境保护的因素，并将此因素作为一个指标对不同产业进行判断，不发展对生态环境有很大破坏性的产业。

（2）区域政府对产业发展的支持力度。如果某个产业是区域政府发展的产业，那么这样的产业获得各项优惠政策的机会就很大，有很好的发展机会。同时，如果某个产业是区域政府大力支持的产业，则这样的产业在该区域范围内可以形成规模优势，对产业发展非常有利。

八 机会

机会是指那些超出企业控制范围的突发事件，如技术的重大创新、石油危机、战争等。机会可以打破现存的竞争环境、竞争秩序，创造出“竞争断层”。这种断层的出现虽然可以使原有区域的竞争地位丧失殆尽，但也提供了新的机会，使原来竞争力弱的区域可以后来居上。

第三节　西部生态脆弱贫困区优势产业选择模型指标体系算法模型

本书借鉴世界经济论坛的《全球竞争力报告》与瑞士洛桑国际管理发展学院的《国际竞争力年度报告》对不同国家竞争力的计算方法，采用线性加权法对西部贫困区各个产业的竞争力进行评价。具体的计算公式如下：

$$\mathrm{DICI}_k=\sum_{i=1}^{m}w_i\ \left(\sum_{j=1}^{l_i}w_{i,j}Y_{k,i,j}\right)$$

其中，DICI_k 为西部生态脆弱贫困区 n 个产业中的第 k 个产业的竞争力指数；m 为动态钻石模型中不同的要素个数；l_i 为第 i 个要素中的指标个数；$Y_{k,i,j}$ 为第 k 个产业的第 i 个要素的第 j 项指标标准化后的值；$w_{i,j}$ 为第 i 个构成要素的第 j 个指标在其中的权重；$w_i=\dfrac{1}{m}$。

计算的具体过程如下：

设有 n 个产业，m 个要素，其中第 i 个要素有 l_i 个指标。设第 n 个产业中第 i 个要素的第 j 个指标的指标值为 $x_{k,i,j}$，$k=1$，…，n，$i=1$，…，m，$j=1$，…，l_i。

第一步，对指标进行无量纲处理，即对指标进行标准化，使不同的各类指标值转化为可以直接进行计算的数值。采用百分线性变换法将每个指标的指标值转化为 0～100 的标准分值，令

$$y_{k,i,j}=\frac{x_{k,i,j}}{\max\ (x_{k,i,j},\ k=1,\ \cdots,\ n)}\times 100$$

$y_{k,i,j}$即第k个产业中的第i个要素的第j个指标的标准分值。

第二步，指标无量纲化后，对每一要素的各指标进行加权平均：

$$z_{k,i}=\sum_{j=1}^{l_i}\omega_{i,j}\times y_{k,i,j},\ j=1,\ \cdots,\ l_i$$

$z_{k,i}$即第k个产业的第i个要素的标准分值。其中，$\omega_{i,j}$为第i个要素的第j个指标的权重。

第三步，对每一产业各个要素进行加权平均，得到每一产业的产业竞争力指数：

$$\mathrm{DICI}_k=\sum_{i=1}^{m}w_iZ_{k,i}$$

对每一产业分别运用上述模型进行计算，即可得到每个产业内每个要素的指标的标准得分及产业竞争力指数。

第七章 西部生态脆弱贫困区优势产业培育模式

《国民经济和社会发展第十一个五年规划纲要》确定的编制全国主体功能区规划中明确规定，将国土空间划分为优化开发、重点开发、限制开发和禁止开发四类。这四类地区的划分统筹考虑以下因素：一是资源环境承载能力，即在自然生态环境不受危害并维系良好生态系统的前提下，特定区域的资源禀赋和环境容量所能承载的经济规模和人口规模；二是现有开发密度，主要指特定区域工业化、城镇化的程度；三是发展潜力，即基于一定资源环境承载能力，特定区域的潜在发展能力，包括经济社会发展基础、科技教育水平、区位条件、历史和民族等地缘因素，以及国家和地区的战略取向等。优化开发、重点开发和限制开发区域原则上以县级行政区为基本单元，禁止开发区域按照法定范围或自然边界确定。

目前我国西部生态脆弱贫困县生态环境承载能力较弱，大部分的县域经济发展以农业为主。按照 2007 年 7 月 26 日国务院出台的《国务院关于编制全国主体功能区规划的意见》，“以农业为主的地区，原则上要确定为限制开发区域；同时，矿产资源丰富但生态环境承载能力较弱的区域，可以适度开发矿产资源，但原则上应确定为限制开发区域”。因此，在我国主体功能区规划中，西部生态脆弱贫困县将主要集中在限制开发区域。本书将以除禁止开发地区之外的西部生态脆弱贫困县为研究对象，重点研究在保护生态环境的前提下，在生态和资源环境可承受的范围内如何培育和发展当地特色产业的问题。

西部生态脆弱贫困区 375 个生态脆弱贫困县现有产业，包括了国务院西部办等部委联合出台的《关于促进西部地区特色优势产业发展的意见》中提出的西部地区重点支持的六大特色优势产业中的四大产业，即能源及化学工业、重要矿产开发及加工业、特色农牧业及加工业和旅游业。

西部生态脆弱贫困区现有的产业中既有高度依赖天然资源或技术层次较低的产业，也有部分高技术的产业，这样的产业状况决定了西部生态脆弱贫困区的优势产业培育必须用系统的观点来分析和研究各个产业、整个产业体系和外部区域环境状况，在此基础上研究西部生态脆弱贫困区的优势产业培育问题。因此，西部生态脆弱贫困区优势产业培育模式将涉及区域层面、产业体系层面和某个单一产业层面三个层面（刘颖琦等，2009）。下面针对这三个层面分别进行论述。

第一节　单一产业层面优势产业培育模式

西部生态脆弱贫困区单一产业培育的研究主要参考西部生态脆弱贫困区优势产业测评模型进行，西部现有的产业中主要的产业是高度依赖天然资源的产业，如农业、旅游业、矿产加工业、水电产业等，因此，我们在对单一产业培育的研究中将重点讨论对产业培育影响较大的几个因素。针对模型中各个要素对优势产业培育的影响不同，我们选择生产要素、需求条件、相关及支持性产业和外部因素作为优势产业培育的重点关注对象。

波特的研究认为需求条件和相关及支持性产业对产业竞争力的影响较大，但由于他的研究中对高度依赖天然资源的产业研究较少，而西部生态脆弱贫困区很多地区的产业是依赖土地和资源的产业，这些产业中生产要素的影响非常大。同时，他对政府作用和投资的作用的研究与西部生态脆弱贫困区优势产业培育过程中这两者的作用有非常大的差别，因此，结合西部生态脆弱贫困区的现状和理论研究的成果，下面，将重点讨论生产要素的提升、需求条件的改善、发展相关及支持性产业和促进外部因素产生作用对优势产业培育的影响。

一　生产要素的提升

对于西部生态脆弱贫困区的优势产业培育而言，生产要素与产业竞争力的关系非常密切。在西部 375 个国家扶贫工作重点县中，每个县都有与生产要素紧密相关的产业。这样的产业条件和产业状况决定了生产要素的提升对产业发展至关重要。

(1) 生产要素提升使当地的企业战略和同业竞争发生改变。通过改善地区的生产要素，如交通、通信等基础设施，使越来越多的企业愿意到该地区投资和建厂，改变了同业竞争的状况，在激烈的市场竞争中，越来越多的企业具备竞争力，从而使产业竞争力提升。同时，通过培训为企业提供相当数量的熟练技术工人使企业的人力资源条件得到改善。

(2) 生产要素提升相关及支持性产业竞争力。生产要素的改善使产业竞争力提升，随着产业规模的不断扩大，相关及支持性产业得到较大的发展。

(3) 生产要素促进需求条件改进。生产要素的改进，如基础设施、教育和培训的发展，使产业生产要素本身得到改进，同时，生产要素的改进促进了新技术和新产品的发展，进一步引发需求的改变，如引发新的需求，开辟新的市场。

生产要素的提升带动了其他三个关键要素发生变化，这样的变化进而促进四个关键要素之间的相互作用，相互作用的结果是使产业竞争力得到提升，实现了产业培育的目的。

在西部很多地区的产业发展过程中，都可以看到随着生产要素的改善培育出优势产业的案例。例如，旅游产业的发展是伴随着道路交通基础设施的改进和各项软件设施的改善而不断发展的；林果业伴随着对农民技术培训而生产出更多的新品种，销售到区域外更多的市场中；农副产品加工业随着生产要素的改进吸引了越来越多的投资，使产业规模扩大。

二 需求条件的改善

西部生态脆弱贫困区的县都是国家级的贫困县，自身的内部市场需求条件较差，不仅不能够带动产业发展，而且单纯从内部市场需求看，还会阻碍产业的发展。但那些既靠近口岸又靠近中心城市、交通较为便利的区域，外部市场的需求条件的数量和质量都非常好，这样的外部市场，不仅提供了一个产业发展的基本条件，而且通过外部市场的竞争，提升产业竞争力，是培育和发展优势产业的必然之路。因此，需求条件的改善对于优势产业的培育有着举足轻重的影响。

（1）需求条件的改善使企业战略和同业竞争增强。随着需求条件的改善，越来越大的市场份额会吸引越来越多的企业参与其中，这样就会在某个区域内形成一个具有竞争力的产业。

（2）需求条件的改善和同业竞争的增强促进相关及支持性产业发展。产业内的企业越来越多，连带相关及支持性产业获得发展。

（3）需求条件的改善带动生产要素升级。需求条件的改善带动了大量的企业参与，随着越来越多的企业参与，进而企业有产品和技术升级的需要。产品和技术的升级会要求企业与科研机构合作，这样会增强该区域内的科研实力。同时，新技术和新产品的发展，会相应地促成大批受过培训的技术工人的产生，使该区域内的生产要素得到提升。

在需求条件改善促进优势产业培育的研究中，将主要涉及区位条件好的区域，这些区域主要是我们对区域划分中的A类（5分）和B类（4分）地区。这些区域由于区位条件好，处于既靠近口岸又靠近中心城市的地理位置，需求条件的改进有比较好的区位基础。

这样的地区的优势产业培育将重点探讨如何改善需求条件，如一些靠近边贸口岸的区域，可以充分利用区位条件，积极开展口岸贸易，拓展多国市场。

三 发展相关及支持性产业

产业的培育需要得到其他相关及支持性产业的同步支撑，在西部生态脆弱贫困区，这个问题表现得更为突出。由于西部生态脆弱贫困区在资金、技术和人才等方面与经济发展较快的地区都存在很大的差距，产业发展也受制于这些因素的影响。目前在西部生态脆弱贫困区内很多产业规模都不大，发展相关及支持性产业有利于培育有潜力的产业成为当地的优势产业。

（1）发展相关及支持性产业使企业规模扩大。在西部生态脆弱贫困区发展类似金融信贷、中介服务和行业组织等相关及支持性产业，可以扶持一些规模相对较小，但有比较大的发展前景的企业，企业规模的扩大带动产业的发展。

（2）发展相关及支持性产业改善生产要素状况。相关及支持性产业的发展带动企业规模的扩大、企业技术的提高，同时也带动企业内部相关人员的技术水平的提高，改善当地的生产要素状况。

（3）发展相关及支持性产业扩展需求条件。相关及支持性产业的发展为企业做大提供条件，企业规模的扩大不仅提高市场占有率，而且给市场带来新的产品，拓展了新的市场需求，使需求条件得到扩展。

西部生态脆弱贫困区的相关及支持性产业的发展对于这些区域发展与第一产业相关的产业至关重要，这些产业与农民的生活结合程度较为紧密，而且是当地长期发展起来的具有当地特色的、有一定竞争力的产业。这些产业发展所需要的各项资源数量较少，但受农民所拥有的资源限制，目前的发展情况不佳。通过发展相关及支持性产业给予他们相应的支持就可以培育出有竞争力的产业，同时可以解决农民的脱贫问题。

西部生态脆弱贫困区在发展畜牧业、农业和农产品加工等产业过程中，可以通过发展相关及支持性产业来培育当地的优势产业。

四 促进外部因素产生作用

外部因素对优势产业的培育主要反映在对内部生产要素，需求条件，相关及支持性产业，企业战略、企业结构和同业竞争这四个关键要素的作用上，外部因素中政府政策的变化、外部直接投资的增加、可持续发展和机会的出现等一系列变化会直接作用到四个关键要素中，并通过关键要素的变化实现优势产业的培育，其作用方式如图 7-1 所示。

重视外部因素的作用来培育和发展优势产业，主要考虑一些重要产业的培育，如风力发电产业、煤炭产业、石油产业和天然气产业等。同时，重视外部

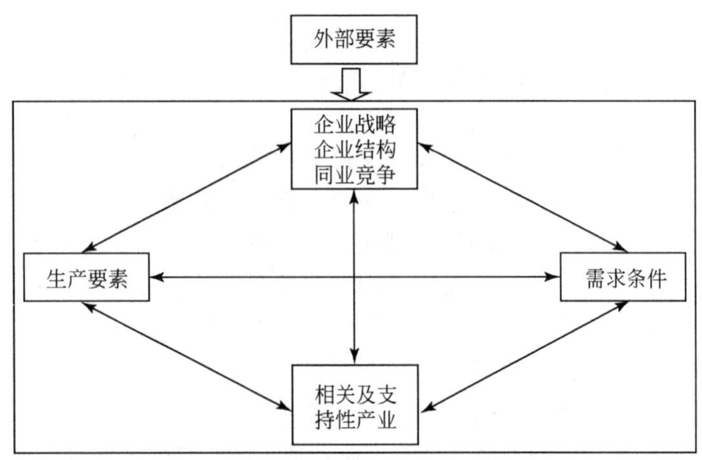

图 7-1　外部因素对优势产业培育的促进作用

因素的作用来培育和发展优势产业适用于我们对西部生态脆弱贫困区的分类中的C类地区，这类区域的地理位置决定了它们距离中心城市和口岸较远。因此，承接产业转移和开发需求条件的产业发展模式不适用，但相比较而言，这些区域还是有资源禀赋的，现有的产业体系受制于资金、人才等一系列因素，没有形成一定的优势产业，对于这样的区域发展，重视外部要素对优势产业发展将是培育优势产业的关键点。

第二节　产业体系层面优势产业培育模式

西部生态脆弱贫困区的优势产业培育应该充分考虑现有的产业体系、生态环境、外部投资和政府政策等一系列前提，通过产业联动的方式来培育，从而实现西部生态脆弱贫困区优势产业协调、生态环境和经济共同发展的目标。

在促进经济增长方式的转变中，党的“十七大”《高举中国特色社会主义伟大旗帜，为夺取全面建设小康社会新胜利而奋斗》的报告中提出由主要依靠第二产业带动向依靠第一、第二、第三产业协同带动转变。西部生态脆弱贫困区优势产业发展虽然有其特殊的内涵和特点，但该经济发展思路是值得西部生态脆弱贫困区经济发展思考和借鉴的。

通过对现状的分析，我们可以看到目前西部生态脆弱贫困区各区域现有产业状况有很大差别，既有依靠第一产业带动经济发展的，也有依托第二产业带动经济发展，还有依托第三产业带动经济发展的，当然在一些经济发展相对较好的地区有依托第一产业和第二产业、第二产业和第三产业共同带动经济发展的地区。因此，西部生态脆弱贫困区从产业体系层面来培育优势产业的模式主要有两种。

一 通过第一产业、第二产业和第三产业联动的方式培育优势产业体系

西部生态脆弱贫困区中的一些县，由于具备一定的资源禀赋，已经形成完整的产业体系，为了有效地扩大产业规模，促进产业集群的形成和发展，可以通过第一产业、第二产业和第三产业联动的方式来培育优势产业体系，如图 7-2 所示。

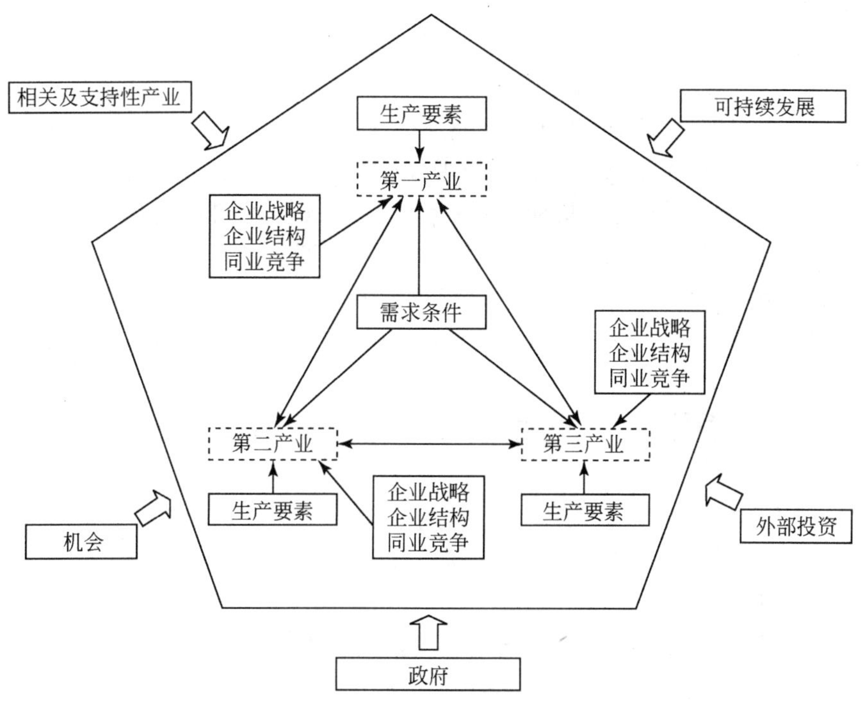

图 7-2　第一、第二、第三产业联动培育优势产业

从图 7-2 中可以看出，对于已经形成完整产业链的产业，可以将第一产业、第二产业和第三产业有机结合起来，使外部投资、机会、可持续发展、政府、相关及支持性产业共同作用于该产业链，促进整个产业需求条件的改善和各产业生产要素的提高，从而实现第一产业、第二产业和第三产业之间的联动而实现优势产业培育。

本书案例篇所论述的陕西省延安市延川县红枣优势产业培育模式就是通过将第一产业、第二产业和第三产业有机结合起来，使外部投资、机会、可持续发展、政府、相关及支持性产业共同作用于该产业链，促进整个产业需求条件的改善和各产业生产要素的提高，从而提高整个产业的竞争力。

二 第一产业和第三产业、第一产业和第二产业、第二产业和第三产业联动培育优势产业体系

对于那些受资源禀赋或区位条件限制，产业体系不是很完整的地区，可以考虑通过第一产业和第三产业直接联动的方式，初步形成产业集群来培育优势产业体系。

虽然这些地区的资源禀赋和区位条件相对于前面所讲的一类地区而言有一定差距，但在优势产业体系的培育过程中，前一类地区中的优势产业体系培育思路有一定的借鉴作用，针对该区域产业体系不完整，短期内建成完善的产业体系的可能性较小，可以考虑第一产业和第三产业、第一产业和第二产业或者第二产业和第三产业联动的方式来培育优势产业体系。但对于西部生态脆弱贫困区而言，那些第二产业发展较差的区域，一般受资源禀赋和区位条件的限制，很难在短期内获得大笔的资金支持来培育和发展第二产业。因此，在优势产业体系培育过程中，可以先考虑通过第一产业和第三产业直接联动的方式来进行，等产业规模做大后，再充分考虑发展和壮大第二产业，最终形成第一产业、第二产业和第三产业联动培育优势产业体系的方式。本书案例篇中的四川省巴中市南江县的核桃优势产业的培育就是通过这样的一种模式来实现的。

第三节 区域层面优势产业培育模式

区域层面的贫困县优势产业培育问题涉及两个方面：相邻各区域组合成一个大的区域培育优势产业和不相邻区域通过要素转移培育优势产业。

一 相邻各区域组合成一个大区域培育优势产业

西部生态脆弱贫困区中有部分贫困县地理位置邻近，集中在一个较小的区域中，贫困县的这样一个分布在西部是一个比较普遍的现象，这样一些贫困县地理上的集中，造成当地各县的产业规模小，产业发展落后。如果我们单纯从贫困县的层面来探讨贫困县的优势产业培育，对于这样一个区域来说是比较困难的，这就要求我们要跳出贫困县的层面，从一个更大的区域的角度来审视贫困县优势产业培育问题。

从一个更大的区域角度来看这些贫困县相对集中的区域，可以看到这些地区具备自身的特色。首先，在这样一个区域的贫困县具备生产要素，如地理位置、气候条件、交通条件、土地资源类似的特点，由于生产要素类似，这些县的产业比较相同；其次，在这样一个区域的贫困县的产业发展规模和状况比较类似，由于贫困县产业的发展较为落后和生产要素状况类似，集中在一个区域

中的各县的产业构成情况和现状都比较相似。

针对这样的情况，我们在培育优势产业的过程中，需要从比单一贫困县更大的区域视角来探讨优势产业培育的问题。在相邻的各个区域内，有些要素是比较相像或类似的，如一个大的区域内的气候条件、土地资源和人力资源情况都比较类似，如果在区域内某个小的区域里或某几个区域内有相同的优势产业，但仅某一个县或几个县很难发展成为更大的产业，就可以考虑通过区域联合来培育优势产业。这样就有可能将一个县内或几个县内有一定优势但还没有发展起来的产业，通过大区域的产业发展构思，培育成为一个大区域内的优势产业。

相邻各区域组合成一个大区域培育优势产业的思路是通过提升大区域内统一的生产要素、改善需求条件、发展相关及支持性产业和利用外部各因素来发展和培育优势产业，这是主要依靠自身条件来做大优势产业的思路。图 7-3 和图 7-4 分别表示了大区域一个要素和两个要素的不同情景。

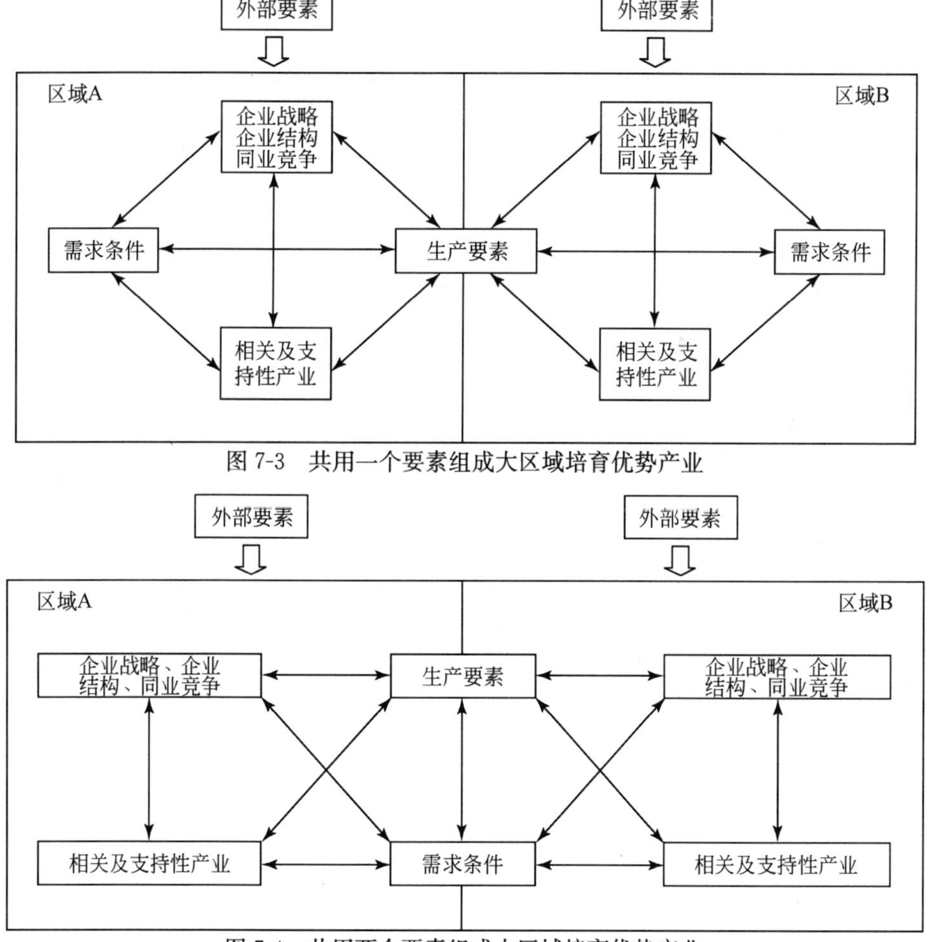

图 7-3　共用一个要素组成大区域培育优势产业

图 7-4　共用两个要素组成大区域培育优势产业

从图 7-3 中可以看出，相邻区域 A 和 B 组成了一个大的区域，通过提升该区域内统一的生产要素，来促进优势产业的培育。从图 7-4 中可以看出，相邻区域 A 和 B 组成了一个大的区域，通过提升该区域内统一的生产要素和改善需求条件两个关键要素，来促进优势产业的培育。

二 不相邻区域通过要素转移培育优势产业

通过不相邻区域的要素转移培育优势产业是目前一些地区的成功经验，与第一种情况不同，不相邻区域内通过要素转移来培育优势产业，更多的是通过经济发展较快的区域和经济发展落后的区域的有效结合实现优势产业培育。这样的方式可以更多地依赖外部资源的注入来实现，通过将先进地区的资金、人才和企业引进到落后的地区，促使落后地区的生产要素、企业战略、企业结构和同业竞争、相关及支持性产业发生变化，结合当地现有的优势产业，培育出更具竞争力的优势产业，作用方式如图 7-5 所示。本书案例篇中新疆喀什地区的舒勒县与山东省的干部互派制度，不仅带来了先进的管理理念，更带来了先进的企业、产品和技术、高层次的技术人员和丰富的资金，这样的要素转移改变了当地产业的关键要素，使产业升级成为可能。从图 7-5 中可以看出，通过经济发展较快区域 A 生产要素向经济发展落后区域 B 的转移，来促进区域 B 优势产业的培育。根据不同的情况，需求条件、相关及支持性产业、同业竞争、外部投资等所有的要素都可以实现转移，其中生产要素的转移是指人才、管理理念等的转移。

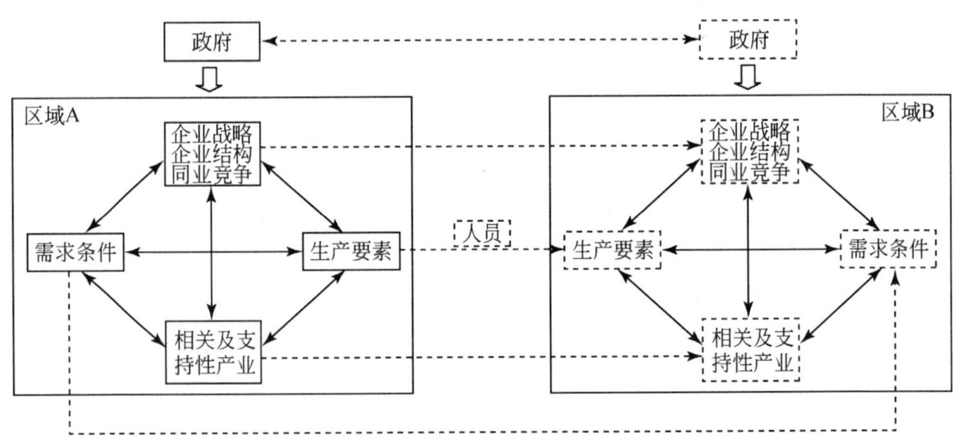

图 7-5　不相邻区域要素转移

第八章 西部生态脆弱贫困区创新系统及建设

西部生态脆弱贫困区创新系统是为了提高西部生态脆弱贫困区的创新能力，有效地促进西部生态脆弱贫困优势产业培育成功的创新系统。西部生态脆弱贫困区创新系统建设为实现这些区域优势产业培育提供有效支撑，这样的一个支撑体系不仅可以实现从资源到产业的有效过渡，培育当地的优势产业，实现这些区域的生态环境、经济和社会的和谐发展；而且，可以实现从优势产业到农民致富产业的转变，带动农民增收，彻底解决贫困问题。

西部生态脆弱贫困区创新系统一般包含较多高度相关的企业和行业，而且由于地理上的接近性，能产生很大的聚集效应，促进创新，推动企业和行业的发展和升级。美国经济学家迈克尔·波特提出的国家竞争优势理论认为，一个国家或地区不可能通过单独扶持一个行业或企业的成长，而使其在国际上具有强大的竞争力，必须在国内或地区内的竞争环境中，通过激烈的竞争，才能逐步获得。因此，西部生态脆弱贫困区创新系统对区域内行业和企业的成长和升级有实际的推动作用。此外，西部生态脆弱贫困区创新系统是以产业创新为重点，而且大多以促进当地优势产业发展为主要内容的。通过这些优势产业的带头和辐射作用，就能有效地促进区域内的产业结构调整，提高其知识集约化水平。西部生态脆弱贫困区创新系统作为一个完整的系统，包括较多的创新要素和主体，形成较完整的创新体系，从基础研究、产品开发到产品的商品化和市场化方面都打下了坚实的基础，为西部生态脆弱贫困区的区域经济的自主创新创造条件。

同时，西部生态脆弱贫困区创新系统能有效地提高区域竞争力，主要原因如下：首先，西部生态脆弱贫困区创新系统可以通过改造传统支柱产业，延长传统产业的生命周期，加速产品更新换代，使传统支柱产业获得核心竞争力；其次，西部生态脆弱贫困区创新系统可以加快主导产业的形成和发展壮大，通过产品创新和技术创新，迅速降低新产品的成本，扩大生产规模，获得主导产业核心竞争力；最后，创新是要素内部以及要素之间学习的结果。西部生态脆弱贫困区创新系统可以加快知识在企业内部以及在企业与大学、科研院所之间的流动，提高企业的学习和创新能力。

因此，西部生态脆弱贫困区创新系统的构建对于西部生态脆弱贫困区的优势产业的形成、发展以及区域经济竞争力的提高至关重要，西部生态脆弱贫困区创新系统是西部生态脆弱贫困区经济发展的推动力。

第一节　西部生态脆弱贫困区创新系统概述

关于创新系统的研究非常多，有关创新系统的研究包括了国家创新系统、区域创新系统等内容，由于本书的研究对象是西部生态脆弱贫困区的优势产业培育，因此，本书对创新系统的研究范围更多地局限在西部生态脆弱贫困区这样一个范围内，在研究西部生态脆弱贫困区创新系统时将更多地借鉴区域创新系统的相关研究成果来对西部生态脆弱贫困区创新系统建设进行研究。

一 区域创新系统相关研究成果

西部生态脆弱贫困区创新系统建设将重点借鉴和参考区域创新系统的相关研究成果，因此，我们将对区域创新系统的理论进行一些简单论述。

（一）区域创新系统的内涵

区域创新系统的英文表述为 regional innovation system（RIS），英国卡迪夫大学的菲利普·尼古拉斯·库克（Philip Nicholas Cooke）教授对区域创新系统进行了较早和较全面的理论及实证研究，库克认为区域创新系统主要是由在地理上相互分工与关联的生产企业、研究机构和高等教育机构等构成的区域性组织系统，而这种系统支持并产生创新（Cooke and Uranga，1997，1998）。

国内关于区域创新系统的定义有：冯之浚（1999）认为，区域创新系统是由某一地区内的企业、大学和科研机构、中介服务机构和地方政府构成的创新系统。胡志坚、苏靖（1999）提出，区域创新系统，主要由参与技术发展和扩散的企业、大学和研究机构组成，并有市场中介服务组织广泛介入和政府适当参与的一个创造、储备和转让知识、技能和新产品的相互作用的创新网络系统。黄鲁成（2000）提出，区域创新系统，是特定的经济区域内，各种与创新相联系的主体要素（创新的机构和组织）、非主体要素（创新所需要的物质条件）以及协调各要素之间关系的制度和政策网络。

中国科技发展战略研究小组（2002）认为，区域创新系统为一个区域内有特色的、与地区资源相关联的、推动创新的制度组织网络，其目的是推动区域内新技术或新知识的产生、流动、更新和转化。柳卸林（2003）认为，区域创新系统，是一个地区内由各类创新主体形成的制度、机构网络，其目的是推动新技术的产生和使用。

综合分析已有的关于创新系统以及区域创新系统的定义，可以认为区域创新系统的概念应包括以下基本内涵：①具有一定的地域空间范围的开放的边界；

②以产业系统、知识创新系统、科技转化系统、地方政府机构和中介机构为创新主要单元；③不同创新单位之间通过关联，构成创新系统的组织结构和空间结构；④创新单元通过创新（组织和空间）结构自身组织及其与环境的相互作用而实现创新功能，并对区域社会、经济、生态产生影响；⑤通过与环境的作用和系统自身组织作用维持创新的运行和实现创新的持续发展。

（二）区域创新系统的功能与结构

关于区域创新系统的基本结构的研究较为深入和广泛，主要的研究包括以下内容。

Cooke 等（1996，1998）指出任何起作用的区域创新系统有两个子系统：一是知识应用与开采子系统，主要由具有垂直供应链网络的公司组成；二是知识生产与扩散子系统，主要由公共组组成。Cooke 认为，区域创新系统建立在五个构成元素之上：一是区域，一个行政单位具有某种文化和历史的同质性，并享有某种法定权力；二是创新，即熊彼特意义上的创新；三是网络，可理解为基于信任、规范和契约的互惠且可靠的关系；四是学习过程，特别是在制度学校意义上的学习过程；五是相互作用，由正式的与非正式的联系和关系所推动。

Asheim 和 Isaksen（1997，2002）将区域创新系统概括为三个组成部分：一是区域产业集群及其支持产业的公司；二是支持的知识组织；三是这些行动者的相互作用。Radosevic（2002）通过对中东地区（CEE）区域创新系统的研究，提出了区域创新系统四个层次的决定性要素构成。他认为，由国家、区域、行业和微观的要素互动，才会产生区域创新。他还从四个层次阐述了区域创新系统的结构。Kuhimann（2004）对欧洲部分地区和德国的区域创新政策进行评价时，根据制度学和演化论等理论也提出了一个区域创新系统的模型。在模型中，区域创新系统由区域政治系统、区域教育和研究系统、区域产业系统以及区域创新环境（包括区域制度环境、区域基础设施和需求）构成，这四个部分彼此联系、相互作用，并在互动的过程中不断学习和发展，从而推动整个创新系统的不断演进和发展。

国内学者胡志坚和苏靖认为，区域创新系统主要由主体要素、功能要素和环境要素构成。主体要素包括区域内的企业、大学、科研机构、中介服务机构和地方政府；功能要素包括制度创新、技术创新、管理创新和服务创新；环境要素包括体制、机构、政府或法制调控、基础设施建设和保障条件等。刘友金和黄鲁成认为，基于行政区划的区域创新系统的基本构架包括科技研究、企业技术创新、创新中介服务和地方政府调控四个子系统。潘德均（2001）认为，区域创新系统主要包括三个主体系统和三个支撑系统。林迎星（2006）认为，区域创新系统的结构是指区域创新系统构成要素的组合形式或关系模式。在区域创新系统中，企业处于中心位置，企业与企业之间和企业与其他创新活动主体之间存在着互动关系，但这些互动关系受所在区域的创新环境的影响和制约。

综上所述，任何区域创新系统都由主体要素、功能要素和环境要素构成，根据每个学者的侧重点，提出的系统结构不尽相同，但是其基本组成部门是相同的。

二 西部生态脆弱贫困区创新系统建设的作用和意义

（一）为西部生态脆弱贫困区优势产业培育搭建支撑平台

西部生态脆弱贫困区优势产业培育中涉及的各个要素是否能够发挥其最大作用，是该区域优势产业培育是否成功的关键。创新系统的建设将有利于发挥这些要素的功效，实现这样的目标。西部生态脆弱贫困区创新系统的建设，将有助于改善优势产业培育过程中所涉及的一些要素，通过创新系统建设来发挥这些要素的功能，提升这些要素在优势产业培育中的作用，实现该区域优势产业的培育。

同时，随着西部生态脆弱贫困区优势产业培育的不断发展，资金、技术和人才的需求将越来越大，西部很多生态脆弱贫困区的产业无法做大正是由于产业在发展过程中遇到了这些瓶颈问题，而且无法得到有效的解决。西部生态脆弱贫困区创新系统的构建将推动创新系统中的科技转化系统、中介系统（包括金融创新系统、保险创新系统等）、产业系统和知识创新系统来改善支撑现有产业发展的各个体系的状况，从而有效地解决生产规模扩大过程中遇到的种种问题。例如，通过金融创新系统的构建，就可以有效地解决制约产业发展壮大的资金问题；通过科技创新系统的构建，不仅可以有效地解决产业发展过程中遇到的技术问题，而且可以通过改善生产要素中人的状况，提升科技的应用水平，为产业升级换代提供可能。因此，西部生态脆弱贫困区创新系统的建设是该区域优势产业培育的支撑平台，该平台可以通过提供科技、金融等有效的支撑，直接改善影响优势产业培育的各个要素的状况来提升产业竞争力，最终实现区域优势产业的培育。

（二）提高西部生态脆弱贫困区农民增收能力

在研究西部 11 个省（自治区、直辖市）的国家扶贫工作重点县产业发展中，我们关注一个非常重要的现象，那就是在西部的国家扶贫工作重点县产业分析中，看到除了内蒙古自治区、四川省和重庆市的国家扶贫工作重点县的产业、产业规模、经济发展和农民人均纯收入之间比较一致外，其他 8 个省（自治区）的国家扶贫工作重点县的产业、产业规模、经济发展和农民人均纯收入都存在一定的差异性，即存在部分产业发展好、经济发展快的县的农民人均纯收入并不理想，相反一些产业发展一般、经济发展较慢县的农民人均纯收入却较高。这样的一个现象引发一个问题：为什么产业对经济发展的作用和对农民增收的作用会存在差异性？

在西部生态脆弱贫困区优势产业培育过程中，产业对经济发展和对农民增收的作用是我们必须同时关注的问题。对于西部生态脆弱贫困区的农民来说，产业的发展不仅要对当地的经济发展起到作用，而且要对他们的生活改善起到切实的作用。在培育优势产业的同时，产业规模的扩大不仅要带动经济发展也要带动农民增收，这样的要求使我们必须考虑如何将优势产业的规模扩大、经济发展和农民增收这种相互作用的三部分有机结合在一起。

在西部生态脆弱贫困区和谐发展机理研究中，创新系统建设是处于资源和生态环境、社会和经济发展的中间支撑体系，因此，在优势产业培育过程中，创新系统的建设将辅助实现优势产业推动经济发展和带动农民增收的作用。

通过西部生态脆弱贫困区创新系统的建设，不仅可以在产业高速发展过程中解决农民的贫困问题，而且可以在产业规模做大之后，产业发展处于稳定状态下，继续提高农民的收入，彻底解决贫困问题，实现当地生态、经济和社会的和谐发展。

创新系统中的各个子系统不仅可以直接作用到优势产业培育中的各个关键要素，提升产业竞争力，而且可以通过改进优势产业培育中最为关键的要素——人的能力来间接改善产业的竞争力，实现优势产业培育。这种作用过程，促使人的能力的提升，不仅会带动新技术的应用和普及，促进产业发展，而且随着新技术的应用和普及，产业的发展壮大，反过来使应用新技术的人会因此受益，使其收入增加，从而实现产业对经济和社会发展的同步促进。

三 西部生态脆弱贫困区创新系统建设面临的问题

西部生态脆弱贫困区的经济条件与经济发达地区有很大的不同，很多地区的经济发展较慢，地方政府的财力有限，无法给予产业发展所需的资金支持；同时，受生态脆弱贫困区生产力落后的现状制约，当地的农民无法掌握和使用很多先进的技术，因此，我国先进区域的创新系统模式无法直接应用到西部生态脆弱贫困区创新系统的建设中。如何在现有的生态和资源状况下，实现西部生态脆弱贫困区的优势产业培育需要有一定的创新。

下面，我们来研究在西部生态脆弱贫困区创新系统构建过程中所面临的一系列问题。

（一）创新系统中的企业和产业创新能力不强

西部生态脆弱贫困区内现有的产业规模普遍较小，现有的企业规模更小，这就导致西部生态脆弱贫困区企业的科研实力和能力较弱。目前，这些地区企业采用的技术主要有以下几种类型：

（1）当地企业采用的技术是本地特有的技术，关键技术是一辈辈传下来的技术。例如，在实际调研过程中，我们看到一个地区的食醋加工和酿造技术是当地一个人的祖传技术，既不同于山西的陈醋加工技术，也不同于江苏的香醋加工技术，该技术生产出来的醋在当地和周围的销售非常好，这样的企业技术创新主要依赖技术所有人的行动。

（2）当地企业采用的技术是从外面引进的，受资金和技术实力的影响，现有的技术水平较低。西部生态脆弱贫困区很多矿产加工企业的技术实力都处于这样的水平上，虽然企业所生产的产品市场需求量较大，但由于企业的技术实力所限，只能对原料进行粗加工，导致生产所获得的利润较低，加之技术人员的数量有限，这样的企业的技术创新投入和创新活动很少。

这两种情况导致西部生态脆弱贫困区的企业对创新的投入有限，企业研发能力不强，企业的创新活动很少。同时，由于这些企业地处西部生态脆弱贫困区，这些区域内缺乏大量的科研单位，加之科研单位对于这些缺乏资金和技术实力的地区所投入的关注较少，无法提升企业和产业的创新能力。

（二）创新系统中各个要素不完善

在西部生态脆弱贫困区创新系统中，每个系统要素都有其特定的功能。该系统要素的功能是否可以得到有效发挥，是系统要素本身是否完善的一个最为重要的影响因素。西部生态脆弱贫困区的经济社会发展较为落后，很多系统要素本身处于发展初期。以农村金融制度为例，农村金融是现代农村经济的核心。创新农村金融体系，放宽农村金融准入政策，加快建设商业性金融、合作性金融、政策性金融相融合，资本充足、功能健全、服务完善、运行安全的农村金融体系是农村金融创新体系的核心内容。但是在西部生态脆弱贫困区产业发展过程中，由于农村信贷担保机制没有形成，产业和农民获得信贷资金和社会资金的难度很大，同时，政策性农业保险制度尚未健全，农业再保险和巨灾风险分散机制没有建立起来，对于农村产业发展有很大的制约性。

如何在西部生态脆弱贫困区建立起完善的创新系统要素，是西部生态脆弱贫困区创新系统建设面临的关键问题。但是，在西部生态脆弱贫困区这样一个缺少资金、技术和人才的区域，单靠系统要素的自我完善是很难实现的，需要政府的政策扶持和引导。

（三）缺少有效的中介组织

中介服务系统主要指技术创新过程中在技术的供方和需方之间起桥梁作用的机构及活动。中介服务机构可有效地解决科技成果向市场转化的难题，为知识的供求提供一个平台。西部生态脆弱贫困区创新系统中现有的中介服务组织极不规范，对创新和经济增长的贡献作用不大，很难发挥网络结点间协调、贯通的功能，不能很好地起到服务作用。

（四）缺乏创新系统建设所需的人才队伍

西部生态脆弱贫困区创新系统建设需要大量的人才，尤其需要高层次人才来参与建设。由于西部生态脆弱贫困区现有的经济社会状况，相应的人才十分匮乏。人才的匮乏将导致创新系统中很多问题无法解决。以科技创新系统为例，科技创新系统作用的发挥需要有科技创新团队来实施，拥有稳定和壮大的科技人才队伍，才能够加强技术推广普及，开展相应的技术培训，加快科技成果转化，如果缺乏相应的技术人才，这样的一系列活动将无法开展，科技创新系统也无法发挥其效力。

第二节　西部生态脆弱贫困区创新系统建设

一　西部生态脆弱贫困区创新系统建设的思路

在西部生态脆弱贫困区创新系统研究过程中，需要重视西部生态脆弱贫困区创新系统作为区域创新系统的一种形式所具备的区域创新系统的基本特征，西部生态脆弱贫困区区域创新系统建设符合区域创新的一般理论。通过区域创新系统相关研究成果综述可以看出，任何区域创新系统都由主体要素、功能要素和环境要素构成，每个学者根据其侧重点，提出的系统结构不尽相同，但是其基本组成部门是相同的。因此，西部生态脆弱贫困区创新系统将主要涵盖区域创新系统中的主要组成部分。

但是，西部生态脆弱贫困区创新系统面临着上述的诸多问题，在建立创新系统时要考虑到西部生态脆弱贫困区的现实状况和区域创新系统建设的特殊性。目前有关区域创新系统建设的研究主要着重于经济发达地区，对经济发展落后地区，尤其是针对贫困地区区域创新系统建设的研究非常少，因此，在西部生态脆弱贫困区创新系统建设研究中，不能将其他区域的创新系统直接照搬照抄到西部生态脆弱贫困区，西部生态脆弱贫困区创新系统建设需要有符合西部生态脆弱贫困区特点的构建思路，受西部生态脆弱贫困区生态环境脆弱、市场机制不完善、政府在经济社会发展中起主导作用等因素影响，本书将构建一个以政府作为创新系统核心和主导的西部生态脆弱贫困区创新系统。

政府作为西部生态脆弱贫困区的主导要素的主要原因如下：

（1）西部生态脆弱贫困区内的市场系统还不成熟，资源配置还无法完全由市场进行。在这种情况下，地区经济发展及区域创新活力很大程度上仍要靠地方政府的力量来推动。地方政府一方面要凭借政府力量促进市场系统的发育和完善；另一方面，要凭借地方政府在宏观调控中无可替代的优势，推动企业、人才、研究机构和中介机构之间的合作，实现创新系统中各要素之间的良性互动和功能上的互补。地方政府不仅要直接资助公益性和基础性较强的研究项目，还要发挥在其他区域内制度创新和政策安排的功能，为区域创新系统中各要素之间的良性、高效互动和协调提供必要的制度和政策环境。

（2）为西部生态脆弱贫困区提供必要的制度供应，保证市场机制的良好运行。在西部生态脆弱贫困区创新系统中，虽然市场是配置创新资源的基础力量，但其配置行为会因为有限理性、信息机会主义和未来不确定性等因素使企业的创新活动面临着极高的交易费用。因此，一方面，推动区域创新活动得以正常运行的外部法律因素，如专利法、知识产权保护法及其他诸多法律等，都只能靠地方政府来明确、规范和贯彻执行。另一方面，地方政府可以通过诸如产权制度、激励制度、政府采购制度和风险投资制度等系列制度安排鼓励企业进行技术创新，从而营造良好的区域创新软环境。

（3）为西部生态脆弱贫困区提供创新基础设施和公共服务。区域创新活动的开展要建立在一定的物质文化基础之上，而基础设施和基础性较强的研究项目由于具有外部性，其投资周期长、回收慢，因此一般企业不愿意投资。此时，就需要地方政府直接进行基础设施投资，如投资建立良好的区域交通运输系统、信息通信网络系统、公共图书馆等，直接资助某些基础研究项目。由于西部生态脆弱贫困区缺少发达的金融系统支撑，创新系统需要地方政府的资金支持。此外，地方政府由于其特殊的地位，在创新信息的收集方面具有单个企业或其他创新机构无可比拟的优越性，凭借其在信息收集方面的优势，通过提供的公共信息服务，为其他创新单元提供政策指导，可以节约区域创新活动的成本，避免或减少单个企业因信息不对称导致的创新障碍。

（4）为西部生态脆弱贫困区创新系统提供畅通的信息。地方政府由于拥有和熟悉信息，便可节约构建创新系统的成本。地方政府作为地方政治、经济、文化等各方面的管理者，十分了解当地的资源状况、市场需求、人才结构以及区域内各企业的技术和经营水平。同时，政府拥有各类政治、经济专门机构，决定了政府对当地信息、资讯具有某种程度的垄断性，其信息收集成本与单个企业相比，具有无可比拟的优越性，而且能确保信息的及时完整，避免或减少因信息不对称而导致的创新活动障碍。

二 西部生态脆弱贫困区创新系统

借鉴区域创新系统的研究成果，结合西部生态脆弱贫困区的现实状况，西部生态脆弱贫困区创新系统的构建将遵循以政府作为创新系统的核心来构建的原则，该系统由政府、中介系统、产业系统、知识创新系统和科技转化系统五个子系统和创新基础环境共六部分组成，如图 8-1 所示。

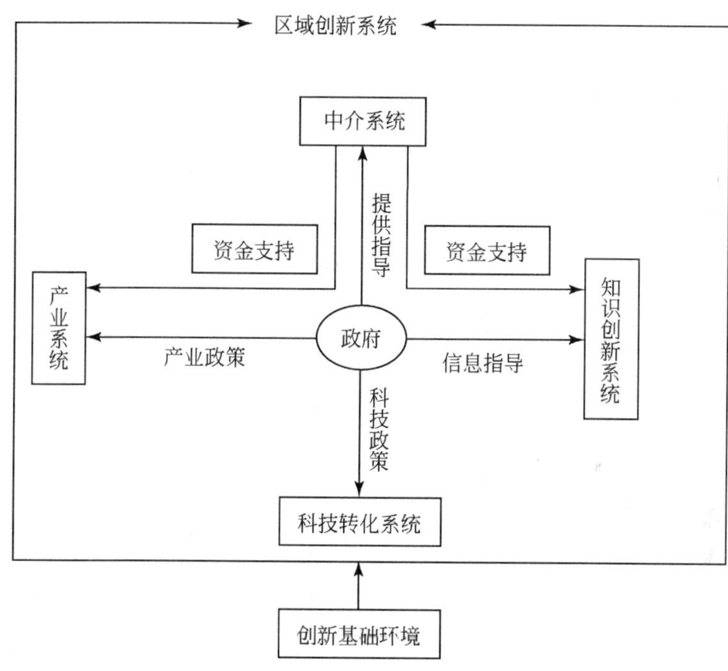

图 8-1　西部生态脆弱贫困区创新系统

西部生态脆弱贫困区创新系统中，政府在整个创新系统内居于核心主导地位。对于西部生态脆弱贫困区来说，地方政府应该是创新系统中的准创新主体，它不仅对创新系统的运作产生影响，而且和创新系统中的其他主体要素也存在一定联系：

（1）政府提供创新信息，引导知识创新体系做好基础研究和应用研究工作。研究与开发是创新的主要来源，其产生的成果在寻求应用过程中推动创新的完成。

（2）政府可以通过产业政策，扶持产业体系中的企业，使其实现开发与市场拓展的一体化，提高产业体系的生产效率以及竞争力。

(3) 创新系统涉及市场和非市场之间的联系，政府通过中介组织获取关于各种关系的信息，并通过中介组织反馈企业，(互动) 使区域创新系统充满动力，如果没有互动，系统就是静止的。系统中各主体之间的互动越多，则系统动力越强，发展越快。

(4) 政府推行有效的区域政策，可以对创新环境进行改善，使区域创新系统在一个良好的环境中发展。

(5) 政府制定相关的科技政策，促进科技转化体系中的各要素能更好更快地创新、研究、开发新技术，促进区域经济的发展。同时，各体系也对地方政府政策的实施，起到合作、调节、互补的作用。

三 西部生态脆弱贫困区创新系统子系统

下面我们分别对构成西部生态脆弱贫困区创新系统的六个部分进行论述。

(1) 中介系统。创新中介服务是由一系列服务机构和服务机制及政策组成的。政府、高等院校、科研机构、金融机构等创新要素之间的桥梁和纽带，完善的创新中介服务系统是创新系统良好运转的重要保证，大力发展科技中介机构也是创新系统建设的一项十分紧迫的任务。要围绕区域创新发展的需求，搭建推动区域发展的创新服务支撑平台，一个功能较完善、机构充分发展、服务质量较高的创新服务系统，是创新系统建设不可或缺的重要组成部分。

(2) 产业系统。创新系统的目的在于提升区域的创新能力及绩效水平，熊彼特关于创新的定义实际上是指一种新的满足市场需求的行为。在区域众多的组织机构中，只有企业是以满足市场需求为根本目的的组织，企业是创新系统的主体。区域内企业的创新能力及创新绩效直接决定了区域的创新能力及绩效。

从发达国家和地区的经验来看，企业是创新活动中最活跃的要素。而在西部生态脆弱贫困区，企业尚未成为创新活动的主体，针对这样的局面，一方面要提升企业的创新能力，另一方面要进一步加强政府政策的支持和指导，促进企业创新能力的培育和发展。

(3) 知识创新系统。西部生态脆弱贫困区由于缺乏区域内的高校、科研机构导致无法构建一个完整的知识创新系统，但是这并不意味着在这些区域内就没有知识创新系统。西部生态脆弱贫困区可以将区域外的高校和科研机构通过合作和联盟等方式引入该区域，通过科研院所和当地企业的合作，解决当地急需和重点需要解决的问题。专门从事知识创造的研究机构在西部生态脆弱贫困区创新系统中扮演了重要的角色，很多地区的优势产业培育过程就充分体现了产、学、研的有效结合，可以解决西部生态脆弱贫困区的产业培育问题。

（4）科技转化系统。该系统包括区域内的各类科技园区、孵化基地、开发区等。在西部贫困生态脆弱区，该子系统需要由政府来建立，并在必要时为科技成果的转化提供信息支持和政策扶持。这些科技转化机构可以成为企业和高校及其他科研机构之间的桥梁，成为科研成果转化的平台。高校也可以利用自己的科技成果创办高科技企业，或者将自己的成果向现有的高科技企业推荐，推动现有高科技企业的发展。这是区域创新系统中一个关键的子系统，所有的成果都需要通过该系统来实现。

（5）政府。政府在区域创新系统的运行中扮演了非常重要的角色，这与完善区域内市场机制是不矛盾的。政府和市场是资源配置的两种不同方式。市场机制有利于在企业和顾客之间建立快速、灵活的响应机制。而政府在市场失灵时，则可以取代市场来配置资源，促进区域内创新活动的开展。创新的高风险、高投入以及外部性等特点注定了在创新活动中不可避免地会存在市场失灵的情况，因此政府在区域创新系统中发挥重要作用是责无旁贷的。政府在区域创新系统中的作用主要体现在：政府应该为区域内企业创新活动提供支持，这种支持包括创新投入支持（如设立科技投入基金）、创新成果保护（如完善知识产权保护制度）、产业政策支持（如政府为促进区域内产业集群的形成所制定的优惠政策）、税收政策支持（如创新型企业所得税减免）以及金融政策支持（如疏通企业从事创新活动获取金融支持的渠道）等。

（6）创新基础环境。包括创新区域的经济、政治体制、基础设施、文化制度、市场发育程度、市场需求和有关资源保障等外生因素，这些因素通过作用于内部的各个要素来对创新系统发挥作用。

四 西部生态脆弱贫困区创新系统对优势产业培育的作用机制

为了进一步研究西部生态脆弱贫困区创新系统建设对优势产业培育的影响，我们选择了科技创新系统作为分析的对象，深入分析科技创新系统对优势产业培育各个关键要素之间的作用方式，从而分析西部生态脆弱贫困区创新系统建设的重要性。

西部生态脆弱贫困区发展的根本出路在科技进步。科技创新系统对产业和企业自主创新能力的提升，对政府和企业加大科技投入、建立科技创新基金，支持产业关键领域和核心技术的突破有重要的意义。图 8-2 反映出科技创新系统对优势产业培育的作用机制。

从图 8-2 中我们可以看出，科技创新系统直接作用到优势产业培育的四个关键要素，并通过改善和提升这些要素对优势产业培育起到正向强化作用。

（1）科技创新系统提升优势产业培育中的生产要素。作为优势产业培育的

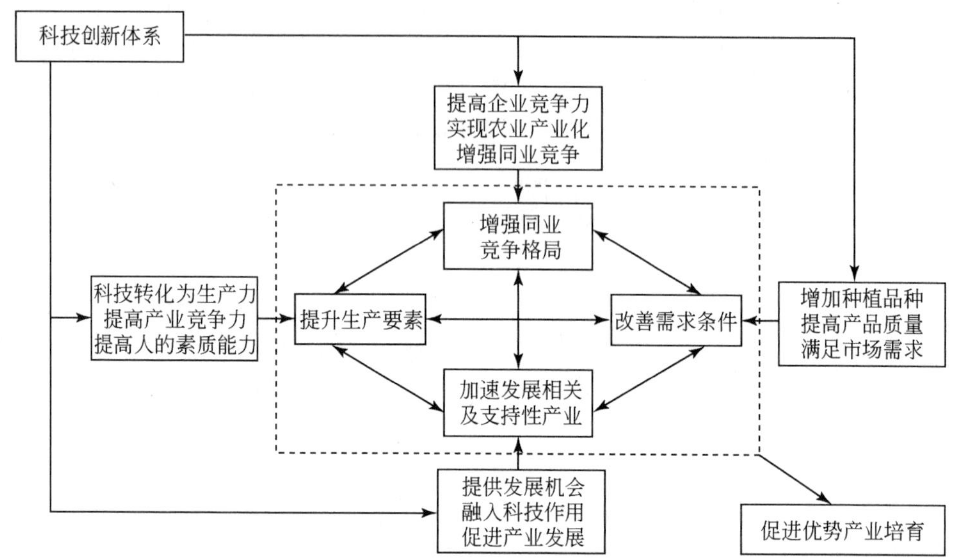

图 8-2　科技创新系统作用机制

关键要素之一的生产要素受科技创新系统的影响非常大，科技创新系统不仅可以通过技术创新、培育新品种、开发新技术来提升产业竞争力，而且可以对生产要素中最活跃的要素——人的素质、能力进行培训和提升，这样可以保证科技创新和科技转化的成效，而且为产业升级和人员增收提供保障。

（2）科技创新系统改善优势产业培育中的需求条件。通过科技创新，可以实现良种培育、丰产栽培、农业节水、产业节能、疫病防控和防灾减灾等领域的创新，为市场提供新技术和新品种，改善产品质量，满足高端市场的需求，拓宽产品的销售渠道，为农民增收提供保障。

（3）科技创新系统加速优势产业培育中的相关及支持性产业。随着生产要素的改进和需求条件的不断提升，为相关及支持性产业的发展提供了良好的机会。而这些产业的发展也需要加入科技的作用，建立与优势产业配套的高标准的产业。同时，随着产业的发展，相关的金融、保险等产业也将不断发展。

（4）科技创新系统增强优势产业培育中的同业竞争格局。科技创新系统通过政府的科技扶持政策和企业的科技创新，使越来越多的企业可以有能力参与到产品的深加工和规模种植中来，实现产业化发展，延伸产业链条，增加产业的附加值，获取更多的利润。这样会吸引越来越多的企业参与，通过同业竞争，确保企业的产品质量，提高市场竞争力。

由此可以发现，科技创新体系的建设会对优势产业培育体系中的各个要素的改进产生影响，从而实现要素之间的互动，提升产业的竞争力。

第三篇　产　业　篇

在本篇中，我们分别对内蒙古自治区、新疆维吾尔自治区、陕西省、甘肃省、宁夏回族自治区、青海省、云南省、广西壮族自治区、四川省、贵州省、重庆市共11个省（自治区、直辖市）的国家扶贫工作重点县（含县级的市、区）的产业发展状况和特点进行了研究。通过收集2003～2006年这些区域内国家扶贫工作重点县的人口、资源、生态、GDP、GDP增长率、人均GDP、三产产值、三次产业结构、农民人均纯收入等数据对当地产业发展情况进行分析和比较。在此基础上，通过对比11个省（自治区、直辖市）的GDP排名前20％和后20％的国家扶贫工作重点县的产业发展状况和特点，并通过对数据的交叉分析，得出不同区域的国家扶贫工作重点县的产业发展特点。

第九章 内蒙古自治区产业分析

第一节 内蒙古自治区的国家扶贫工作重点县概况

内蒙古自治区位于中国的北部边疆，全区总面积 118.3 万平方公里，占全国土地面积的 12.3%。内蒙古自治区现设呼和浩特、包头、乌海、赤峰、通辽、鄂尔多斯、呼伦贝尔、乌兰察布、巴彦淖尔 9 个市；兴安、阿拉善、锡林郭勒 3 个盟；另外有满洲里、二连浩特 2 个计划单列市；下辖 16 个县级市、17 个县，52 个旗，其中包括鄂伦春、鄂温克、莫力达瓦达斡尔 3 个少数民族自治旗。

内蒙古自治区中共有扶贫工作重点县 31 个，占内蒙古自治区总旗（县）市总数量的 36.45%，在西部 11 个省（自治区、直辖市）中扶贫工作重点县的数量位列第 6。内蒙古自治区国家扶贫工作重点县的名单，详见表 9-1。

表 9-1 内蒙古自治区国家扶贫工作重点县的名单

地区	国家扶贫工作重点县
呼和浩特市	托克托县、武川县、和林县、清水河县
包头市	固阳县、达尔罕茂明安联合旗
赤峰市	宁城县、林西县、喀喇沁旗、巴林左旗、敖汉旗、翁牛特旗、克什克腾旗、巴林右旗
通辽市	库伦旗、奈曼旗
鄂尔多斯市	准格尔旗、乌审旗、伊金霍洛旗、鄂托克前旗、杭锦旗
兴安盟	科右中旗、扎赉特旗
锡林郭勒盟	多伦县、太仆寺旗
乌兰察布市	商都县、化德县、察右前旗、察右中旗、察右后旗、四子王旗

一 内蒙古自治区的国家扶贫工作重点县分布状况

内蒙古自治区的扶贫工作重点县主要集中在内蒙古自治区的东南部，内蒙古自治区东北部的呼伦贝尔地区和西部的阿拉善盟地区、巴彦淖尔地区没有扶贫工作重点县，赤峰市和乌兰察布市的贫困县数量最多。内蒙古的贫困县呈现出两个集中区加一个联结盟的特点。其中，赤峰市和兴安盟、通辽市形成内蒙古自治区东部一个扶贫工作重点县集中区，乌兰察布市和呼和浩特市、包头市、鄂尔多斯市形成一个内蒙古自治区中部的扶贫工作重点县集中区，东部和中部地区的扶贫工作重点县的结合部位于锡林郭勒盟，这样共同构成了内蒙古自治区的 31 个扶贫工作重点县。

内蒙古自治区 31 个扶贫工作重点县呈现出地理集中度较高的特点。我们以扶贫工作重点县数量较多的赤峰市和乌兰察布市为例来进行分析。赤峰市全市总面积 9 万多平方公里，辖 3 区 7 旗 2 县，而赤峰地区的 9 个旗（县）中除了阿鲁科尔沁旗外，其他 8 个旗（县）都是扶贫工作重点县。乌兰察布市总面积 5.5 万平方公里，辖 1 区、1 市、4 旗、5 县，这 10 个旗（县）中就有 6 个扶贫工作重点县，占到总旗（县）数量的半数以上。

二 内蒙古自治区的国家扶贫工作重点县生态状况

内蒙古自治区 31 个扶贫工作重点县中共有 11 个旗（县）位于库布其沙漠、毛乌素沙漠、科尔沁沙地、浑善达克沙地周围或腹地，生态环境非常脆弱；同时，即使没有处于沙漠边缘和沙地周围旗（县）的生态环境也不容乐观，除了奈曼旗、巴林右旗、杭锦旗、克什克腾旗、察哈尔右翼前旗和托克托县等几个旗（县）拥有比较丰富的水资源外，其他旗（县）的水资源较为匮乏，部分旗（县）水土流失严重，土地沙化面积较大。例如，清水河县的水土流失面积占总面积的 96%；固阳县水土流失严重，面积达 4670 平方公里；察哈尔右翼前旗沙化面积 15 万亩，占总面积的 3.6%。

三 内蒙古自治区的国家扶贫工作重点县资源状况

内蒙古自治区的国家扶贫工作重点县资源丰富。内蒙古自治区 31 个扶贫工作重点县均拥有一定资源，资源类型包括矿产资源、耕地资源、草场资源、水资源、风力资源、旅游资源等。其中，矿产资源不仅种类丰富，包括煤炭、天然气、石灰石、高岭土、花岗岩、铝矾土、黄金、褐煤、铅锌矿、铁矿等，而且部分旗（县）矿产资源的储量也非常可观。例如，准格尔旗煤炭探明储量 544 亿吨；和林格尔县花岗岩探明储量 10 亿立方米；巴林左旗的白音诺尔特大铅锌矿床，已探明的金属储量达 250 多万吨，是我国长江以北最大的铅锌金属矿床；克什克腾旗黄岗梁铁锡矿探明的铁矿石储量 1.1 亿吨，锡金属量 44.7 万吨，是长江以北最大的铁锡多金属共生矿。从风力资源来看，共有 8 个旗（县）拥有丰富的风力资源，而且具有比较大的开发利用前景，如察哈尔右翼中旗的辉腾锡勒将成为亚洲最大的风力发电厂。从旅游资源来看，共有 8 个旗（县）拥有比较好的旅游资源，如巴林右旗的赛罕乌拉自然保护区晋升为世界生物圈保护区，巴林石矿顺利进入首批国家级矿山公园，四子王旗的格根塔拉草原被国家旅游局评定为4A级旅游景点。

四 内蒙古自治区的国家扶贫工作重点县经济发展状况

本书选取了2006年内蒙古自治区总体数据和国家扶贫工作重点县GDP、GDP增长率、人均GDP、三次产业结构和农民人均纯收入五类数据进行比较，详见表9-2。

表9-2 2006年内蒙古自治区国家扶贫工作重点县经济发展情况

	GDP/亿元	GDP增长率/%	人均GDP/元	三次产业结构	农民人均纯收入/元
内蒙古自治区	4 790	18	20 047	13.4∶48.6∶38	3 342
扶贫工作重点县	1 148.2 (占总量的24%)			17.8∶50.8∶31.5	
最高的县（旗）	准格尔旗 200.002 7	乌审旗 29.8	伊金霍洛旗 85 528		托克托县 5 513
最低的县（旗）	化德县 12.472 6	扎赉特旗 4	扎赉特旗 5 607		扎赉特旗 1 969

从表9-2中的数据可以看出，虽然内蒙古自治区国家扶贫工作重点县的经济总量还偏小，但其经济呈现快速发展的格局。其中，占内蒙古自治区总旗（县）市总数量36.45%的31个扶贫工作重点县的GDP总量为1148.2亿元，占内蒙古自治区GDP总量4790亿元的24%，扶贫工作重点县的三次产业结构为17.8∶50.8∶31.5，与内蒙古自治区的三次产业相比，第一产业和第二产业所占的比重更大，而第三产业的份额有待提高。

内蒙古自治区31个国家扶贫工作重点县中各个旗（县）的经济发展存在很大的不均衡性。从GDP增长率数据可以看出，排名最高的乌审旗的GDP增长率达到29.8%，高出内蒙古自治区平均值11.8个百分点，但排名最后的扎赉特旗的GDP增长率却只有4%，远远低于内蒙古自治区的平均数据。与此相同的情况也反映在人均GDP和农民人均纯收入的数据上，人均GDP排名第1的伊金霍洛旗的数据是内蒙古自治区人均GDP的4.27倍，但同时31个扶贫工作重点县人均GDP排名最后的扎赉特旗的数据却只有内蒙古自治区人均GDP的28%；托克托县农民人均纯收入达到5513元，高出内蒙古平均值2171元，但扎赉特旗的农民人均纯收入只有1969元，比内蒙古自治区平均值低1373元。

第二节　内蒙古自治区的国家扶贫工作重点县经济数据分析

我们选取2003～2006年内蒙古自治区31个国家扶贫工作重点县的经济数据对经济发展情况进行纵向比较，数据共包括八类，即GDP、GDP增长率、第一产业产值、第二产业产值、第三产业产值、三产比重、人均GDP和农民人均纯收入。本节我们重点对GDP相关数据和农民人均纯收入数据进行分析，对于产业数据下节将进行深入分析。

一 地区GDP相关数据分析

(一) GDP数据

2003～2006年，准格尔旗GDP连续四年位居内蒙古自治区31个扶贫工作重点县第1；伊金霍洛旗连续四年位居31个内蒙古自治区扶贫工作重点县中的第2；和林格尔县GDP 2003年排名第3，在2004～2006年排名降为第4；2003年排名第4的宁城县，2004年和2005年排名降为第7和第6，2006年排名继续下降到第9；奈曼旗GDP在2003年排名第5，而到2006年排名急速下滑到第10；2003年排名第6的托克托县，在2004～2006年排名跃升为第3；达尔罕茂明安联合旗在2003年排名第9，而2004～2006年排名跃升到第5。

排名最后的旗（县）在2003～2006年未发生很大变化，其中多伦县和化德县2004～2006年的GDP分别处于内蒙古自治区31个扶贫工作重点县的倒数第1和第2位，虽然在不同年份里，多伦县和化德县的排位有所不同。太仆寺旗地区在2003年排名第26，而2004～2006年排名下降到倒数第3。

进一步分析2003～2006年内蒙古自治区国家扶贫工作重点县GDP排名情况，可以看出，2003～2006年内蒙古自治区国家扶贫工作重点县各县之间的GDP差距越来越大，详见表9-3。

表9-3　内蒙古自治区国家扶贫工作重点县GDP最值表（单位：万元）

年份	2003	2004	2005	2006
最高值	准格尔旗 570 050	准格尔旗 950 100	准格尔旗 1 308 235	准格尔旗 2 000 027
最低值	四子王旗 122 877	多伦县 75 106	多伦县 92 736	化德县 124 726
最高最低比值	4.64	12.65	14.11	16.04

（二）GDP 增长率

与 GDP 排名较为稳定不同，2003～2006 年 GDP 增长率排名的变化较大。2003 年 GDP 增长率排名第 1 的和林格尔县，2004 年下降到第 5，2005 年第 4，2006 年排名继续下滑到第 8。2004 年 GDP 增长率排名第 1 的伊金霍洛旗，2005 年排名下降到第 7，2006 年上升到第 4。2005 年和 2006 年连续两年 GDP 增长率排名第 1 的乌审旗，在 2003 年的排名仅为第 26，2004 年的排名也只是第 10。

GDP 增长率排名靠后县的变化更为明显，2003 年清水河县排名倒数第 1，2004 年急速上升到第 8，2005 年排名第 27，2006 年排名第 28。科尔沁右翼中旗在 2003 年排名第 13，2004 年急速下滑到最后一名，2005 年再次回升到第 6，而 2006 年又再次下滑到倒数第 2。林西县在 2003 年排名第 15，2004 年下滑到第 20，2005 年继续下滑到最后一位，2006 年回升到第 21。扎赉特旗在 2003 年排名第 21，2004 年下降到倒数第 2，2005 年急速上升到第 15，而 2006 年却再次下滑到最后一位。

数据表明，31 个国家扶贫工作重点县的发展速度呈现越来越快的迹象，这其中既包括 GDP 排名靠前的县，如准格尔旗、伊金霍洛旗等，也包括一些经济总量排名靠后的旗，如喀喇沁旗和巴林右旗。

进一步分析 2003～2006 年内蒙古自治区国家扶贫工作重点县 GDP 增长率排名情况，可以看出，排名居前面的旗（县）与排名靠后的旗（县）之间的差距越来越小，详见表 9-4。

表 9-4　内蒙古自治区国家扶贫工作重点县 GDP 增长率最值表（单位：%）

年份	2003	2004	2005	2006
最高值	和林格尔县 70.1	伊金霍洛旗 77.9	乌审旗 49.9	乌审旗 29.8
最低值	多伦县 10.4	科尔沁右翼中旗 13.6	多伦县 10.3	扎赉特旗 4
最高最低比值	6.74	5.73	4.84	2.45

（三）人均 GDP

2003～2006 年内蒙古自治区国家扶贫工作重点县 31 个县人均 GDP 排在第 1 位到第 3 位的县的顺序没有发生变化，分别是伊金霍洛旗第 1，准格尔旗第 2，达尔罕茂明安联合旗第 3。乌审旗、托克托县、和林格尔县和鄂托克前旗 4 个县的人均 GDP 的数据分别排名在第 4～7，每年的排名稍有不同，但变化不大。

喀喇沁旗人均 GDP 在 2003～2005 年居内蒙古自治区国家扶贫工作重点县

中最后一位，但 2006 年跃升到第 27；扎赉特旗的人均 GDP 在 2003 年排名第 29，2004 年排名第 27，2005 年排名第 28，但 2006 年下滑到倒数第一；商都县在 2003～2006 年始终排名倒数第 2，虽然它的 GDP 数据在 31 个扶贫工作重点县中排名 20。

进一步分析 2003～2006 年内蒙古自治区国家扶贫工作重点县人均 GDP 排名情况，可以看出，2003～2006 年内蒙古自治区国家扶贫工作重点县各县之间的人均 GDP 差距越来越大，详见表 9-5。

表 9-5　内蒙古自治区国家扶贫工作重点县人均 GDP 最值表（单位：元）

年份	2003	2004	2005	2006
最高值	伊金霍洛旗 27 115	伊金霍洛旗 47 975	伊金霍洛旗 62 518	伊金霍洛旗 85 528
最低值	喀喇沁旗 2 861	喀喇沁旗 3 630	喀喇沁旗 4 427	扎赉特旗 5 607
最高最低比值	9.48	13.22	14.12	15.25

数据表明，2005 年内蒙古自治区国家扶贫工作重点县 GDP 排名中在最后一位的多伦县，其人均 GDP 的数据在 31 个国家扶贫工作重点县中排名第 11，主要原因是由于该县的人口较少，只有 10.47 万人；同样 GDP 排名靠后的化德县由于人口有 16 万人，导致化德县人均 GDP 的数据始终在第 20 位上下。

二 农民人均纯收入

2003 年内蒙古自治区 31 个国家扶贫工作重点县中人均纯收入排名第 1 的乌审旗，在 2003～2006 年的位次每年下滑一位，到 2006 年在 31 个国家扶贫工作重点县中排名第 4；2003 年内蒙古自治区 31 个国家扶贫工作重点县中人均纯收入排名第 2 的托克托县在经历 2004 年的一次下滑后，2005 年和 2006 年升至第 1；鄂托克前旗在 2003 年排名第 4，2004 年升至第 1，2005～2006 年为第 2。在 GDP 中排名第 1 的准格尔旗的农民人均纯收入在 2003 年和 2004 年排名第 6，2005 年和 2006 年排名上升一位，位居 31 个国家扶贫工作重点县的第 5。在 GDP 中排名第 2 的伊金霍洛旗的农民人均纯收入在 2003 年排名第 3，2004 年降到第 4，2005 年维持第 4，2006 年回升到第 3。

2003 年 31 个国家扶贫工作重点县中农民人均纯收入排名最后的敖汉旗，2004 年排名升至第 25，2005 年取得非常大的发展，农民人均纯收入的排名为第 18，2006 年排名第 20。但该旗的 GDP 数据却始终在第 6 或第 7 的位置上。这主要是因为总人口达到 58.3 万人，且该旗具备资源和农业基础。

2004 年 31 个国家扶贫工作重点县中农民人均纯收入排名最后的科尔沁右翼中旗，2003 年排名第 27，2005 和 2006 年排名倒数第 2。2005 年和 2006 年排名最后的扎赉特旗，在前两年的排名也较靠后。同时，在 GDP 排名表上的多伦县和化德县的农民人均纯收入的排名也比较靠后。

进一步分析 2003～2006 年内蒙古自治区国家扶贫工作重点县农民人均纯收入排名情况，可以看出，农民人均纯收入之间的差距也在逐步扩大，详见表 9-6。

表 9-6　内蒙古自治区国家扶贫工作重点县农民人均纯收入最值表　（单位：元）

年份	2003	2004	2005	2006
最高值	乌审旗 3 425	鄂托克前旗 4 135	托克托县 4 907	托克托县 5 513
最低值	敖汉旗 1 541	科尔沁右翼中旗 1 698	扎赉特旗 1 886	扎赉特旗 1 969
最高最低比值	2.23	2.44	2.60	2.80

第三节　内蒙古自治区的国家扶贫工作重点县产业分析

内蒙古自治区的 31 个国家扶贫工作重点县的产业主要以第一产业和第二产业为主。主要产业中都有与矿产资源相关的产业，这与当地丰富的矿产资源紧密相关。这些产业包括煤炭行业、煤电行业、煤化工行业、建材行业、矿产冶金等。与此同时，31 个国家扶贫工作重点县中除了准格尔旗和伊金霍洛旗外，其他 29 个旗（县）的种植业、养殖业，畜产品加工业，绿色食品加工业等产业依然是当地的重要产业。

以下我们对整体的产业数据进行分析。

一 三次产业的情况

通过比较内蒙古自治区 31 个国家扶贫工作重点县第一产业产值、第二产业产值、第三产业产值和三产比重的数据，可以概括出以下几点。

（一）第一产业产值

2003～2006 年，第一产业产值靠前的旗（县）的排名变化不大，其中敖汉旗和翁牛特旗始终处于第 1 和第 2 的位置。

排名靠后的旗（县）变化较大，其中 2003 年排名倒数第 1 的库伦旗在

2004～2006 年上升到第 27。2003 年排名倒数第 2 的喀喇沁旗，2004 年上升到第 25，2005 年第 22，2006 年第 21，上升速度较快。而 GDP 排名靠后的化德县和多伦县，在 2003～2006 年四年的时间里，排名出现下滑趋势。

数据进一步表明 2003～2006 年第一产业产值的增加速度在提高，不同旗（县）之间的差距被逐步拉大，详见表 9-7。

表 9-7　内蒙古自治区国家扶贫工作重点县第一产业产值最值表　（单位：万元）

年份	2003	2004	2005	2006
最高值	敖汉旗 106 020	敖汉旗 123 066	敖汉旗 141 910	敖汉旗 151 700
最低值	库伦旗 27 500	巴林右旗 31 034	清水河县 30 924	化德县 32 800
最高最低比值	3.86	3.97	4.59	4.63

（二）第二产业产值

2003～2006 年，第二产业产值排名靠前的旗（县）始终是准格尔旗、托克托县、和林格尔县和伊金霍洛旗，这几个旗（县）在排名和位次上均没有发生大的变化，准格尔旗始终处于第一的位置上。

排名靠后的旗（县）的变化较大，2003～2005 年连续三年在第二产业产值中排名最后一位的多伦县，在 2006 年排名上升到第 26，说明其第二产业有了比较大的发展。而 2006 年第二产业产值排名最后一位的扎赉特旗第二产业产值的排名始终靠后，说明该旗的第二产业发展滞后。与扎赉特旗相类似的还有察哈尔右翼中旗、科尔沁右翼中旗和太仆寺旗。

第二产业产值中，2003～2006 年不同旗（县）的第二产业产值之间的差距越来越大，具体如表 9-8 所示。第二产业产值之间的差距远远高于第一产业产值之间的差距，这也是造成不同旗（县）经济发展速度快慢不同的关键因素。

表 9-8　内蒙古自治区国家扶贫工作重点县第二产业产值最值表　（单位：万元）

年份	2003	2004	2005	2006
最高值	准格尔旗 359 932	准格尔旗 614 770	准格尔旗 815 294	准格尔旗 1 296 189
最低值	多伦县 13 810	多伦县 13 465	多伦县 22 104	扎赉特旗 29 539
最高最低比值	26.08	45.66	36.88	43.88

（三）第三产业产值

2003～2006年第三产业产值排名靠前的旗（县）变化也不大，始终是伊金霍洛旗、准格尔旗、奈曼旗、托克托县、和林格尔县。其中和林格尔县的上升速度较快，由2003年的排名第9上升到2006年的第3。

排名靠后的旗（县）变化不大，主要是巴林右旗、察哈尔右翼中旗、察哈尔右翼后旗、科尔沁右翼中旗、太仆寺旗、多伦县、化德县，主要都集中在乌兰察布盟、兴安盟和锡林郭勒盟这三个盟。

第三产业产值中，2003～2006年各旗（县）之间的差距同样呈现出连年扩大的趋势，如表9-9所示。

表9-9　内蒙古自治区国家扶贫工作重点县第三产业产值最值表　（单位：万元）

年份	2003	2004	2005	2006
最高值	准格尔旗 171 554	伊金霍洛旗 387 662	伊金霍洛旗 493 967	伊金霍洛旗 665 353
最低值	化德县 13 639	化德县 16 854	化德县 20 301	化德县 26 476
最高最低比值	12.58	23.00	24.33	25.13

（四）三次产业结构

从2003～2006年三次产业结构数据可以看出，准格尔旗、伊金霍洛旗、托克托县、达尔罕茂明安联合旗、乌审旗和和林格尔县是第一产业所占比重最低的几个旗（县）。察看第二产业的比重，这几个旗（县）却是第二产业所占比重最高的几个旗（县），而且伊金霍洛旗同时还是第三产业比重排位第1的旗。

扎赉特旗、科尔沁右翼中旗、翁牛特旗、敖汉旗、太仆寺旗、察哈尔右翼中旗等几个旗是第一产业所占比重最高的几个旗（县），在第二产业所占比重中，除了翁牛特旗和敖汉旗外，其他几个旗（县）都是排在最后几位的旗（县）。

在第三产业所占比重的排名中，除了伊金霍洛旗排名第1外，排名靠前的有鄂托克前旗、奈曼旗、清水河县、临西县、库伦旗、察哈尔右翼中旗、扎赉特旗、科尔沁右翼中旗、太仆寺旗和准格尔旗等，这几个旗中扎赉特旗、科尔沁右翼中旗、太仆寺旗、察哈尔右翼中旗同时也是第一产业比重较大的旗（县）。

二 排名前20%的国家扶贫工作重点县优势产业分析

内蒙古自治区2006年GDP排名前20%的国家扶贫工作重点县是准格尔旗、伊金霍洛旗、托克托县、和林格尔县、达尔罕茂明安联合旗和乌审旗，这六个旗（县）2006年GDP的总和586.06亿元，占内蒙古自治区31个国家扶贫工作重点县GDP总和1148.2亿元的51.04%。因此，我们选择对GDP排名前20%的旗（县）的产业状况进行深入分析。

（一）GDP排名前20%的旗（县）三次产业结构分析

我们选择了2006年GDP排名前20%的旗（县）2003～2006年的三次产业数据来进行分析，详见表9-10。

表9-10 2003～2006年GDP排名前20%的旗（县）三次产业状况

年份	准格尔旗	伊金霍洛旗	托克托县	和林格尔县	达尔罕茂名安联合旗	乌审旗
2003	6.8∶63.1∶30.1	8.9∶61.1∶30.0	18.8∶55.5∶25.7	21.8∶62.6∶15.6	22.1∶44.3∶33.6	30.2∶44.7∶25.1
2004	5.4∶64.7∶29.9	5.0∶38.2∶56.8	11.9∶68.7∶19.4	17.7∶59.9∶22.4	15.5∶56.3∶28.2	25.1∶55.6∶19.3
2005	3.4∶62.3∶34.3	4.2∶40.7∶55.1	10.4∶72.1∶17.5	15.7∶66.8∶17.4	12.4∶61.5∶26.0	17.0∶65.1∶17.9
2006	2.3∶64.8∶32.9	2.9∶45.9∶51.2	9.3∶73.1∶17.7	12.5∶67.4∶20.1	10.4∶65.7∶23.9	11.7∶72.1∶16.2

表9-10反映出，2006年排名前20%的旗（县），准格尔旗、伊金霍洛旗、托克托县、和林格尔县、达尔罕茂明安联合旗和乌审旗的第二产业产值在GDP中所占比重较高，是31个国家扶贫工作重点县中最高的，但这几个旗（县）的第一产业在GDP中所占的比重非常低，是31个国家扶贫工作重点县中最低的。同时可以看出，准格尔旗和伊金霍洛旗的第一产业所占的比重逐年下降，到2006年两个旗的第一产业所占的比重不到3%。第三产业在GDP中所占的比重随各个旗（县）的产业状况而有所不同。其中伊金霍洛旗的第三产业在GDP中所占比重是31个国家扶贫工作重点县中的首位。

从表9-10中还可以看出，随着乌审旗的第二产业所占比重的不断增加，乌审旗在31个旗（县）的GDP排名中位次不断上升。

（二）GDP排名前20%的旗（县）的优势产业状况

我们进一步分析GDP排名前20%的旗（县）的资源和优势产业状况，可以看出这几个旗（县）的优势产业中都有能源产业，如煤炭产业、石油产业和天然气产业，部分旗（县）还有矿产加工产业，这样的产业状况主要是依托当地丰富的资源而发展起来的。

(三) GDP 排名前 20%的旗（县）产业与农民人均纯收入分析

我们将 GDP 排名前 20%旗（县）的农民人均纯收入数据进行分析，详见表 9-11。

表 9-11 GDP 排名前 20%的旗（县）农民人均纯收入排名

排名	2003 年	2004 年	2005 年	2006 年
1	乌审旗	鄂托克前旗	托克托县	托克托县
2	托克托县	乌审旗	鄂托克前旗	鄂托克前旗
3	伊金霍洛旗	托克托县	乌审旗	伊金霍洛旗
4	鄂托克前旗	伊金霍洛旗	伊金霍洛旗	乌审旗
5	达尔罕茂名安联合旗	达尔罕茂名安联合旗	准格尔旗	准格尔旗
6	准格尔旗	准格尔旗	和林格尔县	和林格尔县
7	杭锦旗	杭锦旗	杭锦旗	杭锦旗
8	和林格尔县	和林格尔县	达尔罕茂名安联合旗	达尔罕茂名安联合旗

从表 9-11 可以看出，经济发展较好的几个旗（县）的农民人均纯收入也较高，说明当地的优势产业会带动经济发展，同时也会带动农民增收。

三 排名后 20%的国家扶贫工作重点县优势产业分析

内蒙古自治区 2006 年 GDP 排名后 20%的国家扶贫工作重点县是科尔沁右翼中旗、库伦旗、察哈尔右翼中旗、太仆寺旗、多伦县和排名最后一位的化德县，这 6 个旗（县）2006 年 GDP 的总和只有 83.79 亿元，占到内蒙古自治区 31 个国家扶贫工作重点县 GDP 总和 1148.2 亿元的 7.3%。同时，这 6 个旗（县）的农民人均纯收入也是在内蒙古自治区的国家扶贫工作重点县中排名靠后的旗（县）。因此，我们选择对 GDP 排名后 20%的旗（县）的产业状况进行深入分析。

(一) GDP 排名后 20%的旗（县）三次产业结构分析

我们选择了 2006 年排名后 20%的旗（县）2003～2006 年的三次产业数据来进行分析，详见表 9-12。

表 9-12　2003～2006 年 GDP 排名后 20%的旗（县）三次产业状况

年份	科尔沁右翼中旗	库伦旗	察哈尔右翼中旗	太仆寺旗	多伦县	化德县
2003	38.0∶30.3∶31.7	32.7∶27.4∶39.9	63.1∶19.0∶17.9	39.1∶31.5∶29.5	47.1∶22.5∶30.4	43.8∶37.3∶19.0
2004	41.1∶19.1∶39.9	35.1∶25.2∶39.6	51.6∶16.0∶32.4	45.3∶25.0∶29.7	49.6∶17.9∶32.4	43.2∶36.7∶20.1
2005	46.3∶19.2∶34.5	32.7∶28.1∶39.1	43.5∶24.0∶32.5	41.7∶25.8∶32.5	42.2∶23.8∶34.0	33.7∶47.0∶19.3
2006	45.3∶20.2∶34.5	28.1∶33.5∶38.3	35.3∶26.4∶38.3	38.0∶28.6∶33.4	29.1∶44.1∶26.8	26.3∶52.5∶21.2

表 9-12 反映出，2006 年排名后 6 位的旗（县），化德县、多伦县、太仆寺旗、察哈尔右翼中旗、库伦旗和科尔沁右翼中旗的第一产业产值在 GDP 中所占比重较高，但随着时间推移，这些县的第二产业和第三产业在经济中所占的比重日益提高。

（二）GDP 排名后 20%的旗（县）的优势产业状况

我们进一步察看 GDP 排名后 20%的旗（县）资源和优势产业状况，可以看出这几个旗（县）的优势产业中主要以畜牧业和农业为主，部分旗（县）有矿产加工产业，这些旗（县）的产业具备良好的发展前景，如察哈尔右翼中旗的风力发电产业。由于风力发电是绿色可再生能源，受到国家的重视，国家颁布了一系列的产业政策来扶持风力发电产业的发展，受惠于国家政策的支持，很多地区的风力发电产业得到了较快的发展，如察哈尔右翼中旗的辉腾锡勒将成为亚洲最大的风力发电场。因此，这些地区的未来发展是有良好基础的，但目前受产业规模的限制，大部分产业处于缓慢增长的状态。未来，这些产业的快速发展将带动这些地区的经济和社会发展，解决这些地区的贫困问题。

（三）GDP 排名后 20%的旗（县）产业与农民人均纯收入分析

我们将 GDP 排名后 20%旗（县）的农民人均纯收入数据进行分析，详见表 9-13。

表 9-13　GDP 排名后 20%的旗（县）农民人均纯收入排名

排名	2003 年	2004 年	2005 年	2006 年
24	翁牛特旗	翁牛特旗	察哈尔右翼中旗	库伦旗
25	太仆寺旗	敖汉旗	商都县	多伦县
26	库伦旗	库伦旗	武川县	太仆寺旗
27	科尔沁右翼中旗	喀喇沁旗	化德县	察哈尔右翼中旗
28	扎赉特旗	多伦县	太仆寺旗	化德县

续表

排名	2003年	2004年	2005年	2006年
29	多伦县	太仆寺旗	多伦县	商都县
30	喀喇沁旗	扎赉特旗	科尔沁右翼中旗	科尔沁右翼中旗
31	敖汉旗	科尔沁右翼中旗	扎赉特旗	扎赉特旗

通过表9-13可以看出，经济发展较落后的几个旗（县）的农民人均纯收入也较低，说明当地的优势产业发展不好不仅会影响经济发展，同时也会影响农民增收问题。

第四节　内蒙古自治区的国家扶贫工作重点县经济数据交叉分析及产业特点

一　经济数据交叉分析

（一）GDP、GDP增长率、人均GDP数据交叉分析

通过分析GDP、GDP增长率和人均GDP的数据可知：

(1) 31个国家扶贫工作重点县的GDP和GDP增长率的排名存在很强的一致性，但由于各个旗（县）的人口数量差异较大，导致各县人均GDP排名与GDP和GDP增长率排名存在一定的差异性。例如，GDP排名第1的准格尔旗的人口数量几乎是GDP排名第2的伊金霍洛旗人口数量的两倍，导致准格尔旗的人均GDP排名落在伊金霍洛旗的后面。

(2) 2003～2006年内蒙古自治区国家扶贫工作重点县各县之间的GDP和人均GDP差距越来越大，位居前列的各县这两项的数据与排名靠后的各县的这两项数据增速不同，导致在2006年处于平均值之上的旗（县）的数量较2005年还有所下降。

(3) 在GDP、GDP增长率和人均GDP三项数据中排名靠前的旗排名上没有大幅度的变化，经济发展处于稳定上升状态。其中准格尔旗、伊金霍洛旗、托克托县、达尔罕茂明安联合旗、乌审旗等几个旗的经济发展状况均高于内蒙古自治区的平均发展情况。这几个旗在经济增长方面处于高速发展阶段。

(4) GDP、GDP增长率和人均GDP三项排名靠后的几个旗（县）中，发展变化的幅度较大。这反映出既有增长速度较快的旗（县），也有经济发展较为缓慢的旗（县），例如，GDP增长率增长速度较快的多伦县，2005年GDP排名最后一位，由于其2006年GDP增长率排名第3，致使其在2006年GDP和人均

GDP 都上升一位。但由于其经济总量较小，导致其仍处于 GDP 排名倒数第 2，而其人均 GDP 却在 31 个国家扶贫工作重点县中排名第 10，因此，这些数据可以反映出多伦县的经济处于增速阶段。与此同时，我们看到 2005 年 GDP 排名第 15 的扎赉特旗在 2006 年 GDP 增长率和人均 GDP 上排名倒数第 1，说明其经济发展存在一定的问题。

（二）GDP 相关数据与产业相关数据联合分析

综合考虑 GDP 的相关数据和产业相关数据，可以看出：

(1) 2003～2006 年，第二产业产值排名靠前的旗（县）始终是准格尔旗、托克托县、和林格尔县和伊金霍洛旗，而这几个旗（县）也是 GDP、GDP 增长率、人均 GDP 排名靠前的旗（县），因此，可以看出第二产业的发展对经济增长的作用非常大。同时，2006 年准格尔旗第二产业产值1 296 189万元是排名最后的扎赉特旗29 539万元的 43.88 倍，而 2006 年敖汉旗第一产业产值为151 700万元，是排名最后一位的化德县32 800万元的 4.63 倍。这说明第二产业产值之间的差距远远高于第一产业产值之间的差距，同样说明第二产业发展快慢是造成不同旗（县）经济发展速度快慢的关键因素。

(2) 受产业规模大小的影响，三次产业结构反映出来的情况与实际产业发展情况有一定的出入。例如，第三产业所占比重较高的旗（县）中，有几个旗也是第一产业比重较高的旗（县），但它们的第三产业比重较高的一个主要原因是因为每个产业的产值都不高，导致它们在第三产业比重中排名靠前，以太仆寺旗为例，其 2006 年第三产业产值为 4.66 亿元，但它在产业结构中的第三产业所占比重为 33.4%，在排名表中位列第 13。而托克托县由于总体产业规模较大，其 2006 年第三产业产值虽然达到了 14.69 亿元，但其第三产业所占的比重仅为 17.7%，排名位列第 30。

(3) 经济发展与产业结构、产业规模紧密相连。在 GDP 排名表中靠前的几个旗（县），准格尔旗、伊金霍洛旗的第一产业的比重不到 3%，伊金霍洛旗和准格尔旗主要是靠第二产业和第三产业来带动整个经济发展的，取得了比较好的效果，分别占据了 2006 年 GDP 排名的前两位。在一定的产业规模的情况下，依托第一产业、第二产业和第三产业协调带动整个经济发展同样可以取得较好的成果。以奈曼旗 2006 年数据为例，奈曼旗的第一产业比重排名第 10，第二产业比重排名倒数第 3，第三产业比重排名第 3，但第一产业的产值为 10.6 亿元，第二产业的产值为 7.76 亿元，第三产业的产值为 15.33 亿元，同时奈曼旗 2006 年 GDP 达到336 998万元，GDP 增长率达到 21.9%，其 GDP 排名第 10，GDP 增长率排名第 7，奈曼旗的经济发展主要依靠第三产业，第一产业和第二产业协调发展，经济发展也取得了较大的成功。

(4) 如果产业规模过小，即使拥有相同的三次产业结构，经济发展同样不能达到较好的水平。与奈曼旗产业结构类似的清水河县、林西县、库伦旗、扎赉特旗、科尔沁右翼中旗和太仆寺旗的经济发展情况就不太乐观。以奈曼旗和清水河县为例，2006 年奈曼旗的 GDP 为 336 998 万元，GDP 增长率为 21.9%，三次产业结构为 31.5∶23.0∶45.5；清水河县的 GDP 为 160 008 万元，GDP 增长率为 10.4%，三次产业结构为 26.1∶29.2∶44.7。由于清水河县的 GDP 数据和 GDP 增长率数据仅为奈曼旗的一半，其 GDP 排名在 31 个国家扶贫工作重点县中仅位列第 24，而奈曼旗的 GDP 排名是第 10。这些数据表明产业规模是决定经济发展速度的一个非常关键的因素，因此，经济发展必须同时重视产业规模和产业结构。

(三) GDP 相关数据、产业相关数据与农民人均纯收入数据联合分析

农民人均纯收入与 GDP 数据呈现出四种不同的对应关系：①GDP 数据较高、农民人均纯收入较高的旗（县）；②GDP 数据较高、农民人均纯收入较低的旗（县）；③GDP 数据较低、农民人均纯收入较高的旗（县）；④GDP 数据较低、农民人均纯收入较低的旗（县）。为了有效地解释农民人均纯收入与 GDP 数据之间存在的不同对应关系，我们加入产业数据作进一步分析。

(1) GDP 数据较高、农民人均纯收入较高的旗（县）。我们以 2006 年 GDP 排名第 3、农民人均纯收入排名第 1 的托克托县为例来进行分析。托克托县 2006 年的 GDP 达到 83.09 亿元，居 31 个扶贫工作重点县的第 3 位，第一产业产值达到 7.7 亿元，在第一产业产值排名中位居第 8，第二产业的产值达到 60.7 亿元，在第二产业产值排名中位居第 2，第三产业产值为 14.688 亿元，在第三产业产值排名中位居第 5，三次产业的结构为 9.3∶73.1∶17.7，主要产业为火电、生物制药、农业、畜牧业。进一步研究托克托县的产业链条，可以看到在托克托县三个产业的链条中，有一个农产品（玉米）—深加工（发酵）—食品药品产业链，同时围绕这个链条建立了专业批发市场和物流园区，这样各个产业之间相互联系，有机结合，相互促进，共同发展，从而实现第一产业、第二产业和第三产业协调有效地带动经济发展与农民增收，从而实现经济发展和农民增收的同步协调发展。

(2) GDP 数据较高、农民人均纯收入较低的旗（县）。我们以 2006 年 GDP 排名第 7、人均纯收入排名第 19 的敖汉旗为例进行分析。2006 年敖汉旗的 GDP 达到 38.64 亿元，位居 31 个国家扶贫工作重点县第 7，其中第一产业产值 15.17 亿元，排名第 1，第二产业产值 12.46 亿元，排名第 12，第三产业产值 11.01 亿元，排名第 8。其主要产业为黄金、建材、饮品、农畜产品加工。虽然，敖汉旗的农业产业规模是 31 个国家扶贫工作重点县中最大的，但其农民人均纯收入却

仅排名第 19。究其原因，可以看出，敖汉旗的第二产业和第三产业规模较小，对农业产业的支持力度有限，无法使农业产业链条进一步延伸，反而使该旗的农民人均纯收入远比不上农业产值排名第 8 的托克托县的农民人均纯收入。

（3）GDP 数据较低、农民人均纯收入较高的旗（县）。我们以 2006 年 GDP 排名第 25、农民人均纯收入排名第 2 的鄂托克前旗为例进行分析。2006 年鄂托克前旗的 GDP 为 16.82 亿元，位居 31 个国家扶贫工作重点县的第 23。其中第一产业产值 4.19 亿元，排名第 25，第二产业产值 4.05 亿元，排名第 27，第三产业产值 8.58 亿元，排名第 11。其主要产业为农业、畜牧业、煤化工、旅游业，其拥有比较充足的旅游资源，如鄂尔多斯沙漠大峡谷、大汗行宫等，旅游业发展迅速，2007 年被确定为内蒙古自治区旅游重点旗，2007 年旅游收入达到 4.5 亿元。旅游业的发展使当地农民有机会参与到旅游产业中，增加了农民的人均纯收入。

（4）GDP 数据较低、农民人均纯收入较低的旗（县）。我们以 2006 年 GDP 排名第 26、人均纯收入排名倒数第 2 的科尔沁右翼中旗为例进行分析。2006 年的科尔沁右翼中旗 GDP 为 14.656 亿元，居 31 个国家扶贫工作县倒数第 6 位，其中，第一产业产值 6.63 亿元，排名第 9，第二产业产值 2.96 亿元，排名倒数第 1，第三产业产值 5.05 亿元，排名倒数第 4。其主要产业是电力、煤化工、高载能、冶金、建材、采矿、农畜产品加工七大产业，由于第二产业和第三产业的规模太小，对第一产业的支持力度有限，不同产业之间的关联度较低，对农民人均纯收入的增加带动效应很小，农民人均纯收入排名靠后。

因此，促使各个产业之间实现协调发展，共同做大产业规模，是带动当地经济发展和农民脱贫的必然选择。

二 产业发展特点

（一）各个旗（县）的产业发展都与自身的资源情况紧密相关

从 31 个国家扶贫工作重点县的产业中可以找到与矿产资源相关的产业，这些产业包括煤炭行业、煤电行业、煤化工行业、建材行业、矿产冶金等产业。同时，除了准格尔旗和伊金霍洛旗外，其他 29 个旗（县）都在大力发展种植业、养殖业、畜产品加工业、绿色食品加工产业。这些产业发展的前提和客观条件是 31 个国家扶贫工作重点县现有的资源基础。由于 31 个国家扶贫工作县都拥有比较丰富的资源，这些资源包括矿产资源、风力资源、旅游资源、农牧业资源等，这样的资源情况很大程度上决定相关产业的发展。

（二）经济发展较快的几个旗（县）主要产业是能源产业和矿产产业，而经济发展较慢的几个旗（县）的主要产业是第一产业中的农业和畜牧业，其他一些有优势的资源还有待进一步开发利用形成当地的优势产业

31个国家扶贫工作重点县中，经济发展较快的旗（县）的主要产业中都有能源产业，如煤炭产业、石油产业和天然气产业，部分旗（县）还有矿产加工产业，这样的产业状况主要是依托当地丰富的资源发展起来的。而经济较为落后的几个旗（县）的产业主要以畜牧业和农业为主，部分旗（县）有矿产加工产业，虽然这些旗（县）中也有部分旗（县）有良好的自然资源，如察哈尔右翼中旗的风能，但目前还没有形成产业规模。由于风力发电是绿色可再生能源受到国家的重视，国家颁布了一系列的产业政策来扶持风力发电产业的发展，受惠于国家政策的支持很多地区的风力发电产业得到了较快的发展。察哈尔右翼中旗的辉腾锡勒将成为亚洲最大的风力发电场，因此，这些地区的未来发展是有良好的基础的，但目前受产业规模的限制，大部分产业处于缓慢增长的状态。未来，在这些资源的基础上形成当地的优势产业不仅可以解决当地经济发展问题，而且可以解决这些地区的贫困问题，使这些地区实现和谐发展。

（三）GDP数据与产业数据比较一致，但与农民人均纯收入有一定的差异性

在31个国家扶贫工作重点县中，GDP相关数据与产业数据之间的一致性较好，处于GDP排名靠前的旗（县）的产业发展状况也较好，基本上在产业排名上也可以处于前列。但GDP数据与农民人均纯收入之间却存在一定的差异性，反映出四种不同的对应关系：GDP数据较高、农民人均纯收入较高的旗（县）；GDP数据较高、农民人均纯收入较低的旗（县）；GDP数据较低、农民人均纯收入较高的旗（县）；GDP数据较低、农民人均纯收入较低的旗（县）。

（四）经济发展较好的旗（县）的产业规模较大，产业结构都较为合理

GDP排名表中靠前的几个旗（县），准格尔旗、伊金霍洛旗、托克托县和和林格尔县的产业规模都比较大。以排名第4的和林格尔县2006年的数据为例，其第一产业的产值为9.87亿元，第二产业的产值为53.14亿元，第三产业的产值为15.82亿元。该县每个产业的数据都比排名靠后的旗（县）的数据高很多。同时，产业结构也在发生比较大的变化，由原来的单独依靠第二产业带动经济发展，向第一产业、第二产业和第三产业协调带动发展。

（五）各旗（县）的经济实力差距越来越大

2003～2006年，内蒙古自治区扶贫工作重点县各县之间的GDP相关数据、产业相关数据和农民人均纯收入共八类数据，一致反映出排名靠前的旗（县）的数据与排名靠后的旗（县）的数据之间的差距越来越大，第一名和最后一名之间的倍数越来越大。主要原因是排名靠前的旗（县）的发展速度比排名靠后的旗（县）的发展速度快，造成两者之间的差距越来越大。在八类数据中，第一产业的产值第一名的数据和最后一名的数据之间的差距在5倍以下，农民人均纯收入第一名的数据和最后一名的数据之间的差距在3倍以下，剩下六类数据中第一名的数据和最后一名的数据之间的差距都在两位数以上，尤其是第二产业产值的数据中，第一名和最后一名数据之间的差距在2006年达到了43.88倍，第三产业产值的数据中，第一名和最后一名数据之间的差距在2006年达到了25.13倍，产业数据说明第二产业和第三产业发展快慢是造成31个旗（县）经济发展速度快慢的关键因素。

（六）靠近中心城市或边贸口岸的旗（县）经济发展较快

近年来，呼和浩特、包头和鄂尔多斯市快速发展，在三个城市周围形成了一个经济快速发展的三角地带。地处这三个城市周围的扶贫工作重点县，由于基础设施完备，交通便利，外部市场需求较大，其产业链条便于延伸，从而经济得到了快速发展。2006年排名前6位的旗（县）都处于这个区域内。同时，一些旗（县）由于靠近边境口岸，便于开展边境贸易，经济发展也得到很大的提升，如GDP排名第5的达尔罕茂明安联合旗与蒙古国接壤，靠近满都拉口岸，边境贸易促进了一些对外贸易产业的快速发展。

第十章 新疆维吾尔自治区产业分析

第一节 新疆维吾尔自治区的国家扶贫工作重点县概况

新疆维吾尔自治区，总面积166.49万平方公里，周边与俄罗斯、哈萨克斯坦、吉尔吉斯斯坦、塔吉克斯坦、巴基斯坦、蒙古、印度、阿富汗等8个国家接壤，是中国面积最大、陆地边境线最长、毗邻国家最多的省区。截至2006年末，新疆总人口为2050万人，其中少数民族人口约占60.4%。新疆现有14个地、州、市，包括5个自治州、7个地区、2个地级市；88个县（市），包括33个边境县（市）、6个民族自治县；853个乡镇，包括43个民族乡。新疆生产建设兵团是新疆的重要组成部分，有14个师，175个农牧团场，总人口258万人。

新疆维吾尔自治区中共有国家扶贫工作重点县27个，占新疆维吾尔自治区县市总数量的30.68%，在西部11个省（自治区、直辖市）中，扶贫工作重点县的数量居于云南省、贵州省、陕西省、甘肃省、四川省、内蒙古自治区和广西壮族自治区7个省（自治区）之后，位列第8。新疆维吾尔自治区国家扶贫工作重点县的名单详见表10-1。

表10-1 新疆维吾尔自治区国家扶贫工作重点县

地区	国家扶贫工作重点县
喀什地区	塔什库尔干县、岳普湖县、疏附县、疏勒县、叶城县、英吉沙县、伽师县、莎车县
阿克苏地区	柯坪县、乌什县
和田地区	和田县、洛浦县、墨玉县、皮山县、策勒县、于田县、民丰县
哈密地区	巴里坤县
克孜勒苏州	阿合奇县、乌恰县、阿克陶县、阿图什市
伊犁州	尼勒克县、察布查尔县
塔城地区	托里县
阿勒泰地区	青河县、吉木乃县

一 新疆维吾尔自治区的国家扶贫工作重点县分布状况

新疆维吾尔自治区的扶贫工作重点县集中程度较高，主要集中在喀什地区、阿克苏地区、和田地区、哈密地区、克孜勒苏柯尔克孜自治州、伊犁哈萨克自治州、塔城地区和阿勒泰地区共 8 个地区，而乌鲁木齐市、克拉玛依市、吐鲁番地区、巴音郭楞蒙古自治州、昌吉回族自治州、博尔塔拉蒙古自治州这几个市和地区没有国家扶贫工作重点县。

新疆维吾尔自治区 27 个国家扶贫工作重点县呈现出地理集中度较高的特点。国家扶贫工作重点县主要集中在和田地区、喀什地区、阿克苏地区和克孜勒苏柯尔克孜自治州。这几个地区的国家扶贫工作重点县形成新疆维吾尔自治区南部扶贫工作重点县集中区。其中，克孜勒苏柯尔克孜自治州的 4 个县市都是国家扶贫工作重点县，和田地区的 8 个县中 7 个县都是国家扶贫工作重点县。

二 新疆维吾尔自治区的国家扶贫工作重点县生态状况

新疆维吾尔自治区 27 个国家扶贫工作重点县生态环境较为脆弱。例如，英吉沙县自然条件比较差，各种自然灾害频发，人多地少，地表水资源极为匮乏。阿图什市境内土地资源以土地、戈壁、荒滩为主，耕地少。全市总面积 1.61 万平方公里，其中，山地面积 0.97 万平方公里，约占总面积的 65%；戈壁、荒漠面积 0.28 万平方公里，占总面积的 18.7%；绿洲面积 0.23 万平方公里，占总面积的 15.6%。

三 新疆维吾尔自治区的国家扶贫工作重点县资源状况

新疆维吾尔自治区 27 个国家扶贫工作重点县均拥有一定资源，资源类型包括矿产资源、耕地资源、草场资源、水资源、风力资源、旅游资源。疏勒县农副土特产丰富，盛产小麦、水稻、玉米、棉花、瓜果、蔬菜等，养殖牛、羊、鸡、鸽子等，是全国重要的粮、棉、果、畜、菜生产基地。杏、石榴、葡萄等果品获国家绿色食品发展中心绿色食品证书。伽师县盛产棉花、小麦、玉米、安西茴香以及伽师瓜、杏、葡萄、酸梅等农产品，是全国粮棉生产基地和稀有果品生产基地。疏勒县胡杨风光秀美独特，民俗风情文化源远流长。莎车县农副土特产丰富，主要有棉花、巴旦木、核桃、畜禽等，是中国最大的巴旦木生产基地。乌什县是一个以农业为主、农牧业结合的山区农业县，主产小麦、水稻、玉米、黄豆（大豆）、棉花、胡麻等，是国家及新疆维吾尔自治区粮食基地县和桃豆基地县，是新疆三大水稻产地之一。和田县是世界三大玉石产地之一，也是世界羊脂玉和仔玉的少量产地之一。和田县玉石产量大，质量好，品种繁多，据玉石矿几年来对玉的初步勘察，和田县辖属朗如、喀什塔什、吐沙拉等乡，有 22 条产玉带，其中含最精华、最有价值的羊脂玉和高档白玉矿化带 3 条，预测年产玉 3500 吨左右。托里县现已探明铬矿储量 250 万吨，居全国首位。

四 新疆维吾尔自治区的国家扶贫工作重点县经济发展状况

为了从整体上把握新疆维吾尔自治区国家扶贫工作重点县的经济发展情况，我们选取了 2006 年新疆维吾尔自治区总体数据和国家扶贫工作重点县的 GDP、人均 GDP、三次产业结构和农民人均纯收入四类数据进行比较（由于 GDP 增长率的数据的缺失，我们在比较中只选取四组数据进行分析），详见表 10-2。

表 10-2　2006 年新疆维吾尔自治区国家扶贫工作重点县经济发展情况

	GDP/亿元	人均 GDP/元	三次产业结构	农民人均纯收入/元
新疆维吾尔自治区	3 018.98	14 871	17.3∶48.0∶34.7	2 742
扶贫工作重点县	201.71（占总量的 6.7%）		46.2∶20.0∶33.8	
最高的旗（县）	莎车县 20.80	托里县 9 370		青河县 3 182
最低的旗（县）	阿合奇县 1.73	皮山县 2 331		阿合奇县 1 159

从表 10-2 中的数据可以看出，新疆维吾尔自治区国家扶贫工作重点县在全省的经济总量中所占的比重非常小，2006 年占新疆维吾尔自治区总县市总数量的 30.68%的 27 个国家扶贫工作重点县的 GDP 总量仅达到 201.71 亿元，仅为新疆维吾尔自治区 GDP 总量 3018.98 亿元的 6.7%。27 个国家扶贫工作重点县的三次产业结构为 46.2∶20.0∶33.8，与新疆维吾尔自治区的 17.3∶48.0∶34.7 相比有很大的差别，主要反映在新疆维吾尔自治区 27 个扶贫工作重点县的第一产业和第三产业产值在 GDP 中所占的比重较大，第二产业产值所占的比重较小；而新疆维吾尔自治区的第二产业产值和第三产业产值在 GDP 中所占的比重较大，第一产业所占的比重较小。27 个国家扶贫工作重点县第一产业的产值所占比重比新疆维吾尔自治区整体数据高出 28.9 个百分点，但第二产业的产值所占比重比新疆维吾尔自治区的整体数据低了 27 个百分点，而第三产业产值所占的比重与新疆维吾尔自治区总体数据相比差距较小。

数据还表明，在 27 个国家扶贫工作重点县中各个县的经济发展存在不均衡性。GDP 排名第 1 的莎车县的数据是排名最后一位的阿合奇县 GDP 数据的 12.02 倍。同时，27 个国家扶贫工作重点县的人均 GDP 比起全自治区 14 871 元的人均 GDP 数据有很大差别。托里县是人均 GDP 最高的国家扶贫工作重点县，达到了 9370 元，该数字仅是全自治区人均 GDP 的 65.4%。而人均 GDP 最低的国家扶贫工作重点县皮山县的数据仅有 2331 元，只有全自治区人均 GDP 的 15.7%。农民人均纯收入排名第 1 的清河县的数据为 3182 元，高出全自治区的农民人均纯收入的平均值 2742 元。农民人均纯收入排名最后的阿合奇县的农民人均纯收入为 1159 元，只有新疆维吾尔自治区农民人均纯收入平均值的 42.3%。

第二节　新疆维吾尔自治区的国家扶贫工作重点县经济数据分析

我们选取 2003～2006 年新疆维吾尔自治区内 27 个国家扶贫工作重点县的经济数据对经济发展情况进行纵向比较，数据共包括 27 个国家扶贫工作重点县的七类数据，即 GDP、第一产业产值、第二产业产值、第三产业产值、三产比重、人均 GDP 和农民人均纯收入（新疆维吾尔自治区 GDP 增长率的相关数据缺失）。

本节我们重点对 GDP 相关数据和农民人均纯收入数据进行分析，对于产业数据，下节将进行深入分析。

一　地区 GDP 相关数据分析

（一）GDP 数据

莎车县、伽师县和叶城县 GDP 连续四年位居新疆维吾尔自治区 27 个国家扶贫工作重点县的前三名；疏附县在 2003～2004 年排名第 4，2005 年下滑到第 3；大化县 2003 年和 2004 年排名第 3，2005 年排名第 5，2006 年排名下滑到第 8，2006 年排名第 7；墨玉县 2003 年、2004 年和 2006 年排名第 5，2005 年排名上升到第 4。

排名最后的县在 2003～2006 年有一定的变化，其中阿合奇县 2003 年排名第 25，在 27 个县中位居倒数第 3，2004～2006 年排名下滑到最后一位；2003 年、2004 年和 2006 年位居倒数第 2 的柯坪县，2005 年排名上升两位；2003 年排名最后一位的民丰县，2004 年上升两位到达第 25，2005 年第 26，2006 年回到第 25；塔什库尔干县 2003 年和 2004 年排名第 24，2005 年排名第 25，2006 年排名上升到第 22。

进一步分析 2003～2006 年新疆维吾尔自治区国家扶贫工作重点县 GDP 排名情况，可以看出，2003～2006 年新疆维吾尔自治区国家扶贫工作重点县中位居前列的县和位居后面的县的 GDP 之间差距变化不大，详见表 10-3。

表 10-3 新疆维吾尔自治区国家扶贫工作重点县 GDP 最值表 （单位：万元）

年份	2003	2004	2005	2006
最高值	莎车县 110 827	莎车县 144 222	莎车县 167 970	莎车县 207 978
最低值	民丰县 9 445	阿合奇县 13 054	阿合奇县 15 407	阿合奇县 17 311
最低最高比值	11.73	11.05	10.90	12.01

（二）人均 GDP

新疆维吾尔自治区国家扶贫工作重点县的人均 GDP 排名有一定变化。2003 年人均 GDP 排名第 1 的吉木乃县，2004 年和 2005 年排名下滑到第 4，2006 年排名第 5；青河县的人均 GDP 2003 年、2005 年和 2006 年排名第 2，2004 年排名居 27 个县的第 1；2003～2005 年人均 GDP 排名第 3 的巴里坤县，2006 年排名第 4；2003～2005 年人均 GDP 排名第 5 的塔什库尔干县，2006 年人均 GDP 排名上升到第 3。

人均 GDP 排名靠后的县也有一定的变化，其中 2003 年阿合奇县的人均 GDP 排名最后一位，2004 年上升到第 10 位，2005～2006 年排名第 12；2003 年排名第 25 的墨玉县的人均 GDP 在 2004～2005 年处于 27 个县的最后一位，2006 年排名倒数第 2；2003～2005 年排名倒数第 2 的皮山县，2006 年下滑到最后一位。2003～2005 年阿克陶县排名第 24，2006 年下滑到第 25。

进一步分析 2003～2006 年新疆维吾尔自治区国家扶贫工作重点县人均 GDP 排名情况，可以看出，2003～2006 年新疆维吾尔自治区国家扶贫工作重点县各县之间的人均 GDP 的变化没有太大的规律性。详见表 10-4。

表 10-4 新疆维吾尔自治区国家扶贫工作重点县人均 GDP 最值表 （单位：元）

年份	2003	2004	2005	2006
最高值	吉木乃县 7 809	青河县 6 274	托里县 7 123	托里县 9 370
最低值	阿合奇县 637	墨玉县 1 923	墨玉县 2 018	皮山县 2 331
最高最低比值	12.26	3.26	3.53	4.02

二 农民人均纯收入

2003～2006 年新疆维吾尔自治区 27 个国家扶贫工作重点县中农民人均纯收

入排名前列的县变化较小，青河县的农民人均纯收入在2003～2006年4年时间里始终位居27个县的首位；2003年农民人均纯收入排名第2的尼勒克县，2004年排名第3，2005～2006年排名下滑到第4；2003年农民人均纯收入排名第3的吉木乃县，2004年排名第5，2005年排名回到第3，2006年排名下滑到第5；2003年察布查尔县的农民人均纯收入位居27个县中的第4，2004～2006年排名上升到第2的位置。

处于农民人均纯收入靠后的县的排名也有一定变化。2003年农民人均纯收入排名最后一位的策勒县，2004年排名上升到第25，2005年排名第24，2006年排名上升到第22；2003年农民人均纯收入排名第25的塔什库尔干县，2004年和2005年排名下滑到最后一位，2006年排名上升到第24；墨玉县的农民人均纯收入的排名较为稳定，2003～2006年的排名始终是第26，位居27个县的倒数第2的位置；2003～2004年农民人均纯收入排名第24的于田县，2005年排名上升到第22，2006年排名继续上升到第21；而2003年农民人均纯收入排名第18的阿克陶县，2004年排名第21，2005年排名第23，2006年排名下滑到第25，处于27个县的倒数第3。

进一步分析2003～2006年新疆维吾尔自治区国家扶贫工作重点县农民人均纯收入排名情况，可以看出，农民人均纯收入之间的差距变化较小，详见表10-5。

表10-5 新疆维吾尔自治区国家扶贫工作重点县农民人均纯收入最值表（单位：元）

年份	2003	2004	2005	2006
最高值	青河县 2 480	青河县 3 072	青河县 2 979	青河县 3 182
最低值	策勒县 905	塔什库尔干县 1 030	塔什库尔干县 1 150	阿合奇县 1 159
最高最低比值	2.74	2.98	2.59	2.75

第三节 新疆维吾尔自治区的国家扶贫工作重点县产业分析

新疆维吾尔自治区的各个国家扶贫工作重点县的主要产业是第一产业和第三产业。27个扶贫工作重点县的主要产业中都有畜牧业和种植业，这与当地丰富的资源紧密相关。与此同时，27个扶贫工作重点县还有部分县有旅游业、矿产加工业、水电行业等产业。

下面我们对整体的产业数据进行分析。

一 三次产业的情况

通过比较新疆维吾尔自治区27个国家扶贫工作重点县第一产业产值、第二产业产值、第三产业产值和三产比重的数据，可以作以下分析。

(一) 第一产业产值

2003～2006年，第一产业产值靠前的县的排名变化较小，其中莎车县、伽师县和叶城县的第一产业产值在27个县中的排名始终处于前3的位置；2003年和2005年墨玉县的第一产业的产值的排名处于第4的位置，2004年排名第5，2006年排名下降到第6的位置；疏附县的第一产业的产值在27个县中的排名除了2004年第4外，其他年份的排名均为第5。排名靠后的县的变化更小，塔什库尔干县的第一产业的产值在2003～2005年排名最后一位，2006年排名上升一位，位居第26；2003年第一产业产值排名倒数第2的柯坪县，2004～2006年的排名为第24；阿合奇县的第一产业产值2003年排名第25，2004～2005年排名第26，2006年排名下滑到最后一位。

2003～2006年第一产业产值数据进一步表明，2003～2006年第一产业产值的变化幅度很小，不同县之间的差距保持一个相对稳定的状况，详见表10-6。

表10-6 新疆维吾尔自治区国家扶贫工作重点县第一产业产值最值表（单位：万元）

年份	2003	2004	2005	2006
最高值	莎车县 70 386	莎车县 84 548	莎车县 93 939	莎车县 117 153
最低值	塔什库尔干县 2 328	塔什库尔干县 3 118	塔什库尔干县 3 211	阿合奇县 3 691
最高最低比值	30.23	27.12	29.26	31.74

(二) 第二产业产值

2003年、2005年和2006年托里县的第二产业产值排名始终处于第1，2004年排名下降到第2的位置；2003年察布查尔县的第二产业产值排名第2，2004～2005年排名下降到第4，2006年排名下降一位到达第5；巴里坤县2003～2004年第二产业产值排名第3，2005～2006年排名下降到第6的位置；尼勒克县第二产业产值2003年排名第3，2004年排名上升到第1的位置，2005年排名第3，2006年排名第2；莎车县第二产业产值2003年排名第5，2004年排名第6，

2005 年排名上升到第 2，2006 年排名第 3。

排名靠后的县有一定变化，其中柯坪县第二产业产值 2003 年和 2004 年排名最后一位，2005～2006 年排名倒数第 2；2003 年第二产业产值排名倒数第 2 的民丰县，2004 年上升到第 25，2005 年排名第 22，2006 年排名继续上升到第 20；阿合奇县第二产业产值 2003 年排名倒数第 3，2004 年排名下滑到倒数第 2 的位置，2005 年和 2006 年排名处于最后一位；策勒县的第二产业产值在 2003 年、2004 年和 2006 年的排名始终处于第 24，2005 年排名第 25；阿克陶县第二产业产值位居第 23，2004 年排名上升到第 18，2005 年排名继续上升到第 16，2006 年排名第 17。

第二产业产值中，2003～2006 年不同县的第二产业产值之间的差距呈现逐步扩大的趋势，具体见表 10-7。

表 10-7　新疆维吾尔自治区国家扶贫工作重点县第二产业产值最值表（单位：万元）

年份	2003	2004	2005	2006
最高值	托里县 13 240	尼勒克县 20 974	托里县 30 241	托里县 44 135
最低值	柯坪县 902	柯坪县 1 940	阿合奇县 1 374	阿合奇县 1 560
最高最低比值	14.68	10.81	22.01	28.29

（三）第三产业产值

2003～2006 年第三产业产值排名靠前的县有一定变化。莎车县的第三产业产值在 2003 年、2004 年和 2006 年排名第 1，2005 年排名第 2；阿图什市的第三产业产值 2003 年、2004 年和 2006 年的排名始终是第 2，2005 年排名达到第 1；2003 年和 2004 年伽师县的第三产业产值排名为第 3，2005 年和 2006 年排名下滑到第 6；2003 年第三产业产值排名第 4 的疏附县，2004 年排名下降到第 6，2005 年和 2006 年排名继续下滑到第 10。墨玉县 2003～2005 年的第三产业产值排名为第 5，2006 年排名上升到第 4。

排名靠后的县中，2003～2006 年民丰县和塔什库尔干县的第三产业产值排名始终是最后两位；2003 年和 2004 年排名倒数第 3 的柯坪县的增长速度较快，2005 年和 2006 年柯坪县的排名上升到第 22；2003～2005 年排名第 24 的阿合奇县，2006 年排名上升到第 23。

第三产业产值中，2003～2006 年各县之间的差距较为稳定，详见表 10-8。

表 10-8 新疆维吾尔自治区国家扶贫工作重点县第三产业产值最值表（单位：万元）

年份	2003	2004	2005	2006
最高值	莎车县 30 930	莎车县 45 628	阿图什市 53 035	莎车县 59 022
最低值	民丰县 3 229	民丰县 4 590	民丰县 5 160	民丰县 6 738
最高最低比值	9.58	9.94	10.28	8.76

（四）三次产业结构

从 2003～2006 年三次产业结构数据可以看出，2003～2006 年，伽师县、叶城县、莎车县、英吉沙县、和田县和疏附县是第一产业所占的比重最高的几个县；这几个县中除了和田县的第二产业产值所占比重排名第 10，处于 27 个县中较为靠前的位置外，其他几个县的第二产业产值所占比重都处于中间靠后的位置；这几个县的第三产业产值所占比重排名处于 27 个县的靠后的位置，如和田县 2006 年第一产业产值所占比重的排名为第 5，2006 年第三产业产值所占比重排名最后一位。

2003～2006 年托里县、塔什库尔干县、巴里坤县和尼勒克县是第二产业产值所占比重最高的几个县，这几个县的第一产业产值所占的比重在排名中都处于最后的位置。同时，除了巴里坤县的第三产业产值所占比重在 27 个县中排名第 9 外，其他几个县的第三产业产值所占比重也在 27 个县中排名中间靠后。

2003～2006 年，阿合奇县、阿图什市、柯坪县和乌恰县是第三产业产值所占比重较高的几个县。这几个县的第一产业的产值在总产值中所占比重的排名都处于比较靠后的位置；同时，这几个县的第二产业产值所占比重除了乌恰县排名靠前外，其他几个县的排名都在 27 个县中居于靠后的位置。

二 排名前 20%的国家扶贫工作重点县优势产业分析

新疆维吾尔自治区 2006 年 GDP 排名前 20%的国家扶贫工作重点县是莎车县、伽师县、叶城县、疏勒县和墨玉县，这 5 个县 2006 年 GDP 的总和达到了 70.67 亿元，占到新疆维吾尔自治区 27 个国家扶贫工作重点县 GDP 总和 201.71 亿元的 35.04%。

（一）GDP 排名前 20%的县三次产业结构分析

我们选择了 2006 年 GDP 排名前 20%的县 2003～2006 年的三次产业数据来进行分析，详见表 10-9。

表 10-9　2003～2006 年 GDP 排名前 20%的县三次产业状况

年份	莎车县	伽师县	叶城县	疏勒县	墨玉县
2003	63.5∶8.6∶27.9	63.8∶7.0∶29.2	67.0∶8.5∶24.4	62.3∶9.2∶28.5	66.1∶6.2∶27.8
2004	58.6∶9.7∶31.6	61.7∶7.3∶31.0	64.5∶7.6∶32.1	55.3∶10.7∶34.0	55.7∶12.7∶31.6
2005	55.9∶14.3∶29.8	65.8∶8.2∶26.0	62.7∶8.6∶28.7	55.0∶13.7∶36.1	55.1∶12.8∶32.1
2006	56.3∶15.3∶28.4	63.1∶11.8∶25.1	59.1∶12.1∶28.8	49.6∶22.0∶28.5	52.2∶13.2∶34.6

表 10-9 反映出，2006 年排名前 20%的莎车县、伽师县、叶城县、疏勒县和墨玉县的第一产业产值在 GDP 中所占比重最高，随着时间的推移第一产业所占比重在不断下降；第二产业的产值是三个产业中最低的，但随着时间的推移，第二产业在 GDP 中所占的比重日渐提高，到 2006 年这 5 个县的第二产业产值所占比重均达到了两位数。

（二）GDP 排名前 20%的县的优势产业状况

我们进一步察看一下 GDP 排名前 20%县的资源和优势产业状况，可以看出这几个县的优势产业主要以种植业、畜牧业为主，其中部分县有电力产业和矿产加工产业，这样的产业状况主要是依托当地丰富的资源发展起来。

（三）GDP 排名前 20%的县产业与农民人均纯收入分析

我们将 GDP 排名前 20%的 5 个县的产业与农民人均纯收入数据进行分析，可以看到，经济发展较好县的农民人均纯收入状况有很大差别。新疆维吾尔自治区的 GDP 排名前五位的国家扶贫工作重点县的农民人均纯收入都不是很高，在 27 个国家扶贫工作重点县中，排名最高的是莎车县，2006 年排名第 9，墨玉县 2006 年的农民人均纯收入仅排名倒数第 2。这说明经济发展较好的县现有的优势产业对经济发展的影响和对农民人均纯收入的影响不同，如何增加现有产业对当地农民的增收的作用需要进一步深入研究。

三　排名后 20%的国家扶贫工作重点县优势产业分析

新疆维吾尔自治区 2006 年 GDP 排名后 20%的国家扶贫工作重点县是吉木乃县、乌恰县、民丰县、柯坪县和排名最后一位的阿合奇县，这 5 个县 2006 年 GDP 的总和只有 11.52 亿元，占新疆维吾尔自治区 27 个国家扶贫工作重点县 GDP 总和 201.71 亿元的 5.71%。

（一）GDP 排名后 20%的县三次产业结构分析

我们选择了 2006 年排名后 20%的县 2003～2006 年的三次产业数据来进行

分析，详见表10-10。

表10-10　2003～2006年GDP排名后20%的县三次产业状况

年份	吉木乃县	乌恰县	民丰县	柯坪县	阿合奇县
2003	28.6∶23.4∶48.0	26.2∶25.8∶48.0	56.1∶9.7∶34.2	36.3∶9.5∶54.1	32.7∶15.8∶51.5
2004	35.7∶25.9∶38.3	24.0∶24.7∶51.3	45.5∶24.9∶29.6	35.8∶14.7∶49.4	30.8∶16.6∶52.6
2005	34.9∶29.6∶35.5	23.8∶27.0∶49.2	37.2∶35.9∶26.9	26.9∶17.0∶56.1	30.1∶8.9∶61.0
2006	36.9∶23.8∶39.4	22.9∶29.6∶47.4	36.2∶35.4∶28.4	27.6∶13.2∶59.2	21.3∶9.0∶69.7

表10-10反映出，2006年排名后20%的5个县的三次产业结构有很大的不同，其中吉木乃县和民丰县的三次产业在GDP中所占的比重差别不大，但乌恰县、柯坪县和阿合奇县的第三产业在GDP中所占的比重非常高。

（二）GDP排名后20%的县的优势产业状况

我们进一步察看一下GDP排名后20%县的资源和优势产业状况，可以看出这几个县的主要优势产业为畜牧业和种植业，虽然各县都有一定的矿产资源，但目前还处于未开发或刚开发状态，所以部分县的矿产加工产业规模还比较小。同时，还有部分县有旅游产业和边贸产业，这些产业具备良好的发展前景。

（三）GDP排名后20%的县产业与农民人均纯收入分析

我们将GDP排名后20%的5个县的产业与农民人均纯收入数据进行分析，可以看到，在经济发展较为缓慢的5个县中，只有阿合奇县和乌恰县的农民人均纯收入较低，吉木乃县、柯坪县和民丰县的农民人均纯收入排名较为靠前，其中吉木乃县2006年的农民人均纯收入在27个县中排名第5。这说明经济发展较慢的区县现有的产业对经济发展农民人均纯收入的影响不同，那些GDP排名靠后但是农民人均纯收入靠前的县的发展值得进一步关注。

第四节　新疆维吾尔自治区的国家扶贫工作重点县经济数据交叉分析及产业特点

一　经济数据交叉分析

（一）GDP和人均GDP数据交叉分析

对GDP和人均GDP数据的分析表明：

(1) 由于新疆维吾尔自治区 27 个县的人口数量差距非常大，受各县人口数量差异的影响，人均 GDP 的排名与 GDP 的排名也有非常大的差距，例如塔什库尔干县的总人口只有 3.32 万人（2004 年），虽然 2006 年塔什库尔干县的 GDP 排名为第 22，但人均 GDP 排名为第 3。同样由于莎车县人口达到了 64.43 万人，虽然 2006 年莎车县的 GDP 排名为第 1，但众多的人口导致其 2006 年人均 GDP 排名第 20。

(2) 2003～2006 年新疆维吾尔自治区扶贫工作重点县各县之间的 GDP 数据差距变化较小，深入分析可以看到，虽然第二产业产值之间的差距呈现扩大的趋势，但由于第二产业在 GDP 中所占比重较小，对各县 GDP 差距的影响较小；此外，第一产业和第三产业产值之间的差距变化较小，造成新疆维吾尔自治区扶贫工作重点县之间的 GDP 数据差距呈现稳定状态。

（二）GDP 相关数据与产业相关数据联合分析

综合考虑 GDP 相关数据和产业相关数据，可以看出：

(1) 三次产业对经济发展都具有重要的影响。2003～2006 年，第一产业、第二产业和第三产业产值排名靠前的县，如莎车县和叶城县，其 GDP 数据排名也处于前列，可以看出这三个产业对经济增长的作用都非常大。

(2) 受产业规模大小的影响，三次产业结构反映出来的情况与实际产业发展情况有一定的出入。如第一产业所占比重靠前的县产业规模并不一定很大，其第一产业所占比重较高的一个主要原因是其每个产业的产值都不高，从而使其能够在第一产业所占比重中排名靠前。以皮山县为例，2006 年第一产业产值为 2.74 亿元，但其产业结构中的第一产业产值所占比重为 49.7%，在排名中位列第 7。而墨玉县由于总体产业规模较大，其 2006 年第一产业产值达到了 5.49 亿元，第一产业产值所占比重为 52.2%，排名仅高出皮山县一个位置，位列第一产值比重排名的第 6。

(3) 经济发展与产业结构、产业规模紧密相连。经济发展需要做大做强产业，由于具备一定的产业规模和较好的产业结构，从而当地的经济发展取得较好的成果。例如，2006 年 GDP 排名第 1 的莎车县的第一产业、第二产业和第三产业的产业规模和产业发展速度都较快，才使莎车县的 GDP 处于 27 个县的首位。新疆维吾尔自治区的 27 个县中经济发展较慢的县的三次产业结构与经济发展较快的县的三次产业结构存在较大的差别，经济发展较快县的三次产业结构中，第一产业所占的比重都非常大，第一产业的发展对这些县的经济发展有非常重要的影响。

（三）GDP 相关数据、产业相关数据与农民人均纯收入数据联合分析

农民人均纯收入与 GDP 数据呈现出三种不同的对应关系：①GDP 数据较

高、农民人均纯收入较低的县；②GDP 数据较低、农民人均纯收入较高的县；③GDP 数据较低、农民人均纯收入较低的县。为了有效地解释农民人均纯收入与 GDP 数据之间存在的不同对应关系，我们加入产业数据进行进一步分析。

(1) GDP 数据较高、农民人均纯收入较低的县。我们以 2006 年 GDP 排名第 5、农民人均纯收入倒数第 2 的墨玉县为例进行分析。墨玉县 2006 年的 GDP 达到 10.51 亿元，居 27 个国家扶贫工作重点县的第 5 位，第一产业产值达到 5.49 亿元，在第一产业产值排名中位居第 6，第二产业的产值达到 1.39 亿元，在第二产业产值排名中位居第 13，第三产业产值为 3.64 亿元，在第三产业产值排名中位居第 4，三次产业的结构为 52.2∶13.2∶34.6，由于墨玉县的第二产业规模有限，对第一产业的支持力度较小，特色种植业和农产品的深加工程度低，农产品的附加值较低导致农民人均纯收入排名较为落后。

(2) GDP 数据较低、农民人均纯收入较高的县。我们以 2006 年 GDP 排名第 20、农民人均纯收入排名第 1 的青河县为例进行分析。青河县 2006 年的 GDP 为 4.32 亿元，居 27 个国家扶贫工作重点县的第 20；第一产业产值为 1.56 亿元，在第一产业产值排名中位居第 20；第二产业的产值达到 0.84 亿元，在第二产业产值排名中位居第 21；第三产业产值为 1.92 亿元，在第三产业产值排名中位居第 18；三次产业的结构为 36.2∶19.4∶44.4。青河县依托资源优势，围绕农牧民增收，积极采取有效措施，做优绒山羊产业、做精小麦产业、做强阿魏菇产业、做大沙棘产业四个特色产业，加上边境贸易的不断扩大，实现了产业发展和农民增收同步。

(3) GDP 数据较低、农民人均纯收入较低的县。我们以 2006 年 GDP 排名最后一位、人均纯收入排名最后一位的阿合奇县为例进行分析。2006 年阿合奇县的 GDP 为 1.73 亿元，居 27 个扶贫工作县的最后一位，其中第一产业产值 0.37 亿元，排名最后一位，第二产业产值 0.16 亿元，排名最后一位，第三产业产值 1.21 亿元，排名第 23，三次产业结构为 21.3∶9.0∶69.7。由于所有产业的规模都比较小，对农民人均纯收入的增加影响较小，农民人均纯收入排名倒数第 1。

二 产业发展特点

(一) 各个县的产业发展都与自身的资源情况紧密相关

在 27 个国家扶贫工作重点县中，各县的主要产业是第一产业和第三产业。27 个扶贫工作重点县的主要产业中有畜牧业、种植业、旅游业、矿产加工业、水电行业等产业，这与当地丰富的资源紧密相关。

（二）经济发展较快地区的第一产业规模较大，第二产业所占比重较小，对第一产业的产业链延伸作用较小

占新疆维吾尔自治区27个国家扶贫工作重点县前20%的5个县，2006年GDP的总和达到了70.67亿元，占新疆维吾尔自治区27个国家扶贫工作重点县GDP总和201.71亿元的35.04%。而占新疆维吾尔自治区27个国家扶贫工作重点县后20%的5个县2006年GDP的总和只有11.52亿元，占新疆维吾尔自治区27个国家扶贫工作重点县GDP总和201.71亿元的5.71%。但是，新疆维吾尔自治区内经济发展较快的县的农民人均纯收入较低，主要原因是第一产业的产业链条较短。

（三）GDP数据与产业数据和农民人均纯收入数据比较一致

在27个国家扶贫工作重点县中，GDP相关数据与产业数据之间的一致性较好，GDP排名靠前的县的产业发展状况也较好，基本上在产业排名上处于前列。但GDP数据与农民人均纯收入之间却存在一定的差异性，反映出三种不同的对应关系：GDP数据较高、但农民人均纯收入较低的县；GDP数据较低、农民人均纯收入较高的县；GDP数据较低、农民人均纯收入较低的县。

（四）经济发展较好的县的产业规模较大，但产业结构需要进一步改善

在GDP排名表中靠前的几个县，如莎车县、伽师县、舒勒县和叶城县的产业规模都比较大。以排名第1的莎车县2006年的数据为例，莎车县2006年的GDP达到20.80亿元，居27个国家扶贫工作重点县的第1位；第一产业产值达到11.72亿元，在第一产业产值排名中居第1；第二产业的产值达到3.18亿元，在第二产业产值排名中居第3；第三产业产值为5.90亿元，在第三产业产值排名中居第1；三次产业的结构为56.3∶15.3∶28.4，可以看出莎车县的经济发展很大程度上依赖第一产业的发展，其他两个产业发展速度较慢。

（五）各县的经济实力差距呈现稳定的状态

2003～2006年，新疆维吾尔自治区扶贫工作重点县各县经济发展的差距变化较小，GDP相关数据、产业相关数据和农民人均纯收入等七类数据，除了第二产业产值之间的差距呈现扩大的趋势外，其他数据均反映出排名靠前县的数据与排名靠后县的数据之间的差距呈稳定状态。

（六）靠近中心城市的县和边境口岸的县经济发展较快

近年来，随着新疆维吾尔自治区边境贸易的快速发展，作为新疆的中心城市和边境口岸城市，喀什市基础设施完备，交通便利，由于靠近喀什市，伽师县、莎车县、叶城县和疏勒县等几个扶贫工作重点县的经济得到了较快发展，在27个国家扶贫工作重点县中居前几位，同时形成了一个经济发展较快的区域。

第十一章 青海省产业分析

第一节 青海省的国家扶贫工作重点县概况

青海省位于青藏高原东北部，全省总面积 72.23 万平方公里，约占全国面积的 7.5%。截至 2007 年末，全省总人口有 551.6 万人，青海省现辖西宁市、海东地区，以及海南、海北、黄南、玉树、果洛 5 个藏族自治州和海西蒙古族藏族自治州等 8 个市、地、州，及 4 个市辖区、2 个县级市、30 个县、7 个自治县。青海省共有国家扶贫工作重点县 15 个，占青海省县市总数量的 34.9%。青海省国家扶贫工作重点县的名单详见表 11-1。

表 11-1 青海省国家扶贫工作重点县名单

地区	国家扶贫工作重点县
西宁市	大通县、湟中县
海东地区	平安县、乐都县、民和县、循化县、化隆县
黄南藏族自治州	尖扎县、泽库县
果洛藏族自治州	达日县、甘德县
玉树藏族自治州	玉树县、囊谦县、杂多县、治多县

一 青海省的国家扶贫工作重点县分布状况

青海省的 15 个国家扶贫工作重点县分布较为集中，主要分布在青海省的 1 个地级市、1 个地区和 3 个自治州，这些县都分布在青海省的东部。海南藏族自治州、海西蒙古族藏族自治州和海北藏族自治州没有国家扶贫工作重点县。

青海省 15 个国家扶贫工作重点县呈现出地理集中度较高的特点。我们以国家扶贫工作重点县数量较多的海东地区和玉树藏族自治州为例。海东地区辖 2 个县和 4 个自治县，这 6 个县中除了互助土族自治县外，其他 5 个县都是国家扶贫工作重点县；玉树藏族自治州辖 6 个县，6 个县中除了称多县和曲麻莱县外，其他 4 个县都是国家扶贫工作重点县。

二 青海省的国家扶贫工作重点县生态状况

青海省的国家扶贫工作重点县生态环境较为脆弱，如三江源地区作为青藏高原的核心区域，是长江、黄河、澜沧江的发源地，被誉为“中华水塔”，对全国而言，其生态意义重大。近年来，由于受全球变暖、超载放牧等影响，生态环境日趋恶化，该地区成为发展生产与保护环境矛盾最尖锐的地区之一。

三 青海省的国家扶贫工作重点县资源状况

青海省 15 个国家扶贫工作重点县均拥有一定资源，资源类型包括林地资源、水资源、矿产资源和旅游资源。青海省 15 个国家扶贫工作重点县的资源主要是草场资源、旅游资源、中草药资源、畜牧资源、水资源和矿产资源，如治多县植被的主体是得天独厚的草甸草场。在水草丰美的草原上分布有著名的江荣滩、查荣滩、邦荣滩、雅荣滩和巴荣滩六大草滩，其中仅巴荣滩面积就近 1 万平方公里；循化县有风光秀丽的自然景观和底蕴深厚的人文景观，如被誉为“青海高原的西双版纳”的孟达国家级自然保护区、“天下黄河循化美”的积石峡谷、青海第二大清真寺——街子清真寺、撒拉族先民携带至此的珍贵手抄本《古兰经》以及撒拉族先民“尕勒莽、阿合莽”陵墓。

四 青海省的国家扶贫工作重点县经济发展状况

为了从整体上把握青海省国家扶贫工作重点县的经济发展情况，我们选取了 2006 年青海省总体数据和国家扶贫工作重点县的 GDP、人均 GDP、三次产业结构和农民人均纯收入五类数据进行比较（由于 GDP 增长率的数据的缺失，我们在比较中，只选取四组数据进行分析），详见表 11-2。

表 11-2　2006 年青海省国家扶贫工作重点县经济发展情况

	GDP/亿元	人均 GDP/元	三次产业结构	农民人均纯收入/元
青海省	641.05	11 753	10.9∶51.6∶37.5	2 358
扶贫工作重点县	177.24 （占总量的 27.6%）		17.5∶56.9∶25.6	
最高值	大通县 58.19	尖扎县 18 988		大通县 2 843
最低值	甘德县 0.83	囊谦县 3 210		达日县 1 448

从表 11-2 中的数据可以看出，青海省国家扶贫工作重点县在全省的经济总量中所占的比重是比较小的，2006 年占青海省县市总数量 34.9%的 15 个国家扶贫工作重点县的 GDP 总量为 177.24 亿元，是青海省 GDP 总量 641.05 亿元的 27.6%。15 个国家扶贫工作重点县的三次产业结构为 17.5∶56.9∶25.6，与青海省的 10.9∶51.6∶37.5 相比，贫困县第一产业的产值所占比重比青海省整体数据高出 6.6 个百分点，第二产业的产值所占比重与青海省的整体数据相比较，高了 5.3 个百分点，而第三产业产值所占的比重与青海省总体数据相比低了 11.9 个百分点。

地区 GDP、人均 GDP 和农民人均纯收入的数据都反映出 15 个国家扶贫工作重点县中各个县的经济发展差别很大。GDP 排名第 1 的大通县的数据是排名最后一位的甘德县 GDP 数据的 70.11 倍，人均 GDP 排名第 1 的尖扎县的 18 988 元是人均 GDP 排名最后一位的囊谦县 3210 元的 5.92 倍；15 个国家扶贫工作重点县农民人均纯收入排名第 1 的大通县的数据为 2843 元，是排名最后一位的达日县农民人均纯收入 1448 元的 1.96 倍，达日县的农民人均纯收入只有青海省农民人均纯收入的 61.4%。

第二节　青海省的国家扶贫工作重点县经济数据分析

我们选取 2003～2006 年青海省内 15 个国家扶贫工作重点县的经济数据对经济发展情况进行纵向比较，数据共包括 15 个国家扶贫工作重点县的七类数据，即 GDP、第一产业产值、第二产业产值、第三产业产值、三产比重、人均 GDP 和农民人均纯收入（青海省 15 个国家扶贫工作重点县的 GDP 增长率数据缺失）。

本节我们重点对 GDP 相关数据和农民人均纯收入数据进行分析，对于产业数据下节将进行深入分析。

一　地区 GDP 相关数据分析

（一）GDP 数据

大通县和湟中县 2003～2006 年的 GDP 数据在 15 个县中始终排名第 1 和第 2；2003 年和 2004 年民和县的 GDP 位居青海省国家扶贫工作重点县 15 个县中的第 3，2005 年和 2006 年排名第 4；2003 年和 2004 年乐都县排名第 4，2005 年和 2006 年排名上升到第 3；平安县在 2003～2006 年始终排名第 5。

排名最后的县在 2003～2006 年未发生很大变化，甘德县、达日县、治多县和囊谦县的 GDP 始终位于青海省 15 个国家扶贫工作重点县中的最后 4 位。

进一步分析2003～2006年青海省国家扶贫工作重点县GDP排名情况，可以看出，2003～2006年青海省国家扶贫工作重点县中位居前列的县和排名靠后的县的GDP之间差距呈现越来越大的趋势，详见表11-3。

表11-3 青海省国家扶贫工作重点县GDP最值表 （单位：万元）

年份	2003	2004	2005	2006
最高值	大通县 284 225	大通县 359 983	大通县 436 997	大通县 581 862
最低值	甘德县 7 096	甘德县 7 762	达日县 8 068	甘德县 8 284
最高最低比值	40.05	46.38	54.04	70.24

（二）人均GDP

受各县的总人口数量差别较大的影响，GDP排名靠后的一些县的人均GDP排名靠前。2003～2006年青海省15个国家扶贫工作重点县中人均GDP排名第1的是尖扎县；2003年平安县的人均GDP排名第2，2004～2006年排名下降到第3；大通县2003年人均GDP排名第3，2004～2006年上升到第2；2003～2005年排名第4的治多县，2006年下降到第5。

人均GDP排名靠后的县排名变化较大，化隆县的人均GDP在2003年是青海省国家扶贫工作重点县中最后一位，2004年排名倒数第3，2005年和2006年排名上升到第10；囊谦县的人均GDP在2003～2005年排名倒数第2，2006年排在最后一位；2003年排名第10的玉树县，2004和2005年排名下降为最后一位，2006年排名上升到第11；美姑县2003～2005年连续排名倒数第5，但2006年下滑到最后一位。

进一步分析2003～2006年青海省国家扶贫工作重点县人均GDP排名情况，可以看出，2003～2006年青海省国家扶贫工作重点县各县之间的人均GDP差距变化不大，详见表11-4。

表11-4 青海省国家扶贫工作重点县人均GDP最值表 （单位：元）

年份	2003	2004	2005	2006
最高值	尖扎县 13 147	尖扎县 17 637	尖扎县 21 279	尖扎县 18 988
最低值	化隆县 2 405	玉树县 2 278	玉树县 2 834	囊谦县 3 210
最高最低比值	5.47	7.74	7.51	5.92

二 农民人均纯收入

2003～2006 年青海省 15 个国家扶贫工作重点县中，农民人均纯收入排名前 3 的始终是大通县、平安县和湟中县。

农民人均纯收入靠后的县的排名变化较大，囊谦县 2003 年农民人均纯收入在 15 个县中排在最后一位，2004 年和 2005 年排名上升到第 13，2006 年下降到第 14；达日县的农民人均纯收入 2003 年和 2004 年排名倒数第 2，2005 年和 2006 年排名下降到最后一位；泽库县 2003 年的农民人均纯收入排名倒数第 3，2004 年下降到最后一位，2005 年排名倒数第 2，2006 年排名回到倒数第 3 的位置。

进一步分析 2003～2006 年青海省国家扶贫工作重点县农民人均纯收入排名情况，可以看出，农民人均纯收入之间的差距呈现越来越大的趋势，详见表 11-5。

表 11-5　青海省国家扶贫工作重点县农民人均纯收入最值表（单位：元）

年份	2003	2004	2005	2006
最高值	大通县 2 014	大通县 2 250	大通县 2 514	大通县 2 843
最低值	囊谦县 1 146	泽库县 1 264	达日县 1 359	达日县 1 448
最高最低比值	1.76	1.78	1.85	1.96

第三节　青海省的国家扶贫工作重点县产业分析

青海省的 15 个国家扶贫工作重点县的主要产业有特色农产品加工业、畜产品加工业、水电产业、冶金、化工产业、有色金属和旅游业，但第二产业对 15 个县的经济发展的作用较大，这些都是与当地的自然资源紧密相关的。

下面我们对整体的产业数据进行分析。

一 三次产业的情况

通过比较青海省 15 个国家扶贫工作重点县第一产业产值、第二产业产值、第三产业产值和三产比重的数据，可以概括出如下方面。

（一）第一产业产值

2003～2006 年，第一产业产值排名比较稳定，变化较小。其中，湟中县和大通县始终处于 15 个县的前两名的位置，甘德县、达日县和尖扎县始终处于倒数第 1 至倒数第 3 的位置。

数据进一步表明各县 2003～2006 年第一产业产值的差距之间呈现出越来越大的趋势，详见表 11-6。

表 11-6 青海省国家扶贫工作重点县第一产业产值最值表（单位：万元）

年份	2003	2004	2005	2006
最高值	湟中县 36 413	湟中县 43 611	湟中县 46 723	湟中县 50 156
最低值	甘德县 3 818	甘德县 3 989	甘德县 4 038	甘德县 4 213
最高最低比值	9.54	10.93	11.57	11.91

（二）第二产业产值

2003～2006 年，第二产业产值排名前两位的县始终是大通县和湟中县，这两个县在排名上均没有发生变化。在排名靠前的县中，化隆县的增长是比较明显的，2003 年化隆县的第二产业产值排名第 7，2004 年排名第 6，2005 年排名上升到第 4，2006 年排名继续上升到第 3。达日县和甘德县的第二产业产值始终是 15 个县中的最后两位，其他排名靠后的县在排名上也只有微小的变化。

第二产业产值中，2003～2006 年不同县的第二产业产值之间的差距越来越小，具体见表 11-7。

表 11-7 青海省国家扶贫工作重点县第二产业产值最值表（单位：万元）

年份	2003	2004	2005	2006
最高值	大通县 205 808	大通县 274 353	大通县 343 885	大通县 479 289
最低值	达日县 247	达日县 407	达日县 432	达日县 1 198
最高最低比值	833.2	674.1	796.0	400.1

（三）第三产业产值

2003～2006 年，15 个县的第三产业产值排名变化不大，其中乐都县的第三产业产值始终是15个县中的第1名，湟中县、平安县、民和县和大通县始终是排名前5位的县，只是不同年份的排名稍有变化。达日县、甘德县、杂多县、囊谦县和治多县的第三产业产值始终是排名最后几位的县。

第三产业产值中，2003～2006年各县之间的差距同样呈现出连年扩大的趋势，如表11-8所示。

表11-8 青海省国家扶贫工作重点县第三产业产值最值表（单位：万元）

年份	2003	2004	2005	2006
最高值	乐都县 49 482	乐都县 54 966	乐都县 67 899	乐都县 84 796
最低值	杂多县 2 124	杂多县 2 341	达日县 2 301	达日县 2 764
最高最低比值	23.30	23.48	29.51	30.68

（四）三次产业结构

从2003～2006年三次产业结构数据可以看出，杂多县、囊谦县、治多县、泽库县和达日县是第一产业产值所占比重最高的5个县。这几个县的第二产业产值所占比重处于15个县中最后的几位，同时，在这几个县第三产业产值所占的比重排名中，除了达日县和泽库县的排名处于中间位置外，其他几个县的排名均处于最后几位。

大通县、尖扎县、化隆县和湟中县是第二产业产值所占比重最高的几个县，这几个县的第一产业产值所占的比重都排名最后几位，这几个县的第三产业产值所占比重的排名中，除了湟中县和化隆县的排名处于中间位置外，大通县和尖扎县的第三产业产值所占比重的排名处于最后两位。

乐都县、平安县、民和县和玉树县是第三产业产值所占比重较高的几个县。这几个县的第一产业的产值在总产值中所占比重，除了平安县的排名较为靠后外，其他几个县的排名处于中间位置，同时这几个县第二产业产值所占比重的排名基本上处于中间的位置。

二 排名前20%和后20%的国家扶贫工作重点县优势产业分析

由于青海省的国家扶贫工作重点县的数量较少，因此，我们将青海省2006年GDP排名前20%和后20%的国家扶贫工作重点县一起进行分析。2006年GDP排名前20%的国家扶贫工作重点县是大通县、湟中县和乐都县，这三个县2006年GDP的总和达到了102.56亿元，占青海省15个国家扶贫工作重点县

GDP总和177.24亿元的57.87%。2006年GDP排名后20%的国家扶贫工作重点县是治多县、达日县和甘德县，这三个县2006年GDP的总和只有3.68亿元，占青海省15个国家扶贫工作重点县GDP总和177.24亿元的2.08%。

(一) GDP排名前20%和后20%的县三次产业结构分析

我们选择了2006年GDP排名前20%和后20%的县2003～2006年的三次产业数据进行分析，详见表11-9，括号内的数字是该县在2006年的GDP排名。

表11-9　2003～2006年GDP排名前20%和后20%的县三次产业状况

年份	大通县（1）	湟中县（2）	乐都县（3）
2003	10.6∶72.4∶17.0	26.3∶42.4∶31.3	19.6∶36.1∶44.3
2004	9.2∶76.2∶14.6	24.1∶49.6∶26.3	19.5∶36.8∶43.8
2005	8.3∶78.7∶13.0	21.0∶52.7∶26.2	21.2∶30.8∶48.0
2006	6.8∶82.4∶10.8	17.9∶57.7∶24.3	19.6∶28.6∶51.8
年份	治多县（13）	达日县（14）	甘德县（15）
2003	74.9∶10.5∶14.7	65.3∶03.5∶31.2	53.8∶13.4∶32.8
2004	70.4∶10.3∶19.3	63.5∶05.2∶31.3	51.4∶11.9∶36.7
2005	68.0∶10.8∶21.2	66.1∶05.4∶28.5	46.6∶12.4∶41.0
2006	67.4∶10.9∶21.6	58.4∶12.6∶29.0	50.9∶14.5∶34.7

表11-9反映出，青海省2006年排名前20%的县和后20%的县的三次产业结构差别较大。其中经济发展较好的三个县中，大通县和湟中县的产业主要是第二产业占的比重较高，乐都县的产业主要以第二产业和第三产业为主；经济发展较为缓慢的三个县的主要产业都是第一产业。

(二) GDP排名前20%和后20%的县的优势产业状况

我们进一步察看一下GDP排名前20%和后20%的县的资源和优势产业状况，可以看出GDP排名靠前的县的主要产业是矿产加工业、煤炭产业、种植业和畜牧业，但GDP排名靠后的县的主要产业是畜牧业和种植业以及畜产品加工业。经济发展较快地区和较慢地区的产业差别较大。

(三) GDP排名前20%和后20%的县的产业与农民人均纯收入分析

我们将GDP排名前20%和后20%的县的农民人均纯收入数据进行分析，可以看到GDP排名前20%的县的农民人均纯收入也较高，说明产业发展对经济增长和农民人均纯收入的增加作用都较大。而经济发展落后的地区中，2006年治多县的农民人均纯收入较高，位居15个县的第7，其他两个县的农民人均纯收人排名与经济发展排名一样较为落后。这说明青海省经济落后地区的产业发展状况对经济的影响与对农民人均纯收入的影响有一致性。

第四节　青海省的国家扶贫工作重点县经济数据交叉分析及产业特点

一 经济数据交叉分析

（一）GDP 和人均 GDP 数据交叉分析

通过分析 GDP 和人均 GDP 的数据可知：

（1）由于青海省 15 个县的人口数量差距非常大，受各县人口数量差异的影响，人均 GDP 的排名与 GDP 的排名也有非常大的差距。例如，尖扎县的总人口只有 5 万人，虽然 2006 年的 GDP 排名为第 7，但人均 GDP 排名为第 1。同样，由于湟中县人口达到了 45.58 万人，虽然 2006 年的 GDP 排名为第 2，但众多的人口导致其 2006 年人均 GDP 排名第 6。

（2）2003～2006 年青海省国家扶贫工作重点县各县之间的 GDP 数据呈现出越来越大的差距，主要原因是由于各县的第一产业产值和第三产业产值之间的差距都呈现出越来越大的变化趋势，虽然第二产业产值之间的差距呈现出越来越小的趋势，但造成这种情况的主要原因是经济落后的县的第二产业产值的基础数据过小。

（二）GDP 相关数据与产业相关数据联合分析

综合考虑 GDP 相关数据和产业相关数据，可以看出：

（1）三次产业对经济发展都具有重要的影响。2003～2006 年，第一产业、第二产业和第三产业产值排名靠前的县，如大通县和湟中县，其 GDP 数据和人均 GDP 数据排名也处于前列，可以看出这三个产业对经济增长的作用都非常大。

（2）受产业规模大小的影响，三次产业结构反映出来的情况与实际产业发展情况有一定的出入。例如，第一产业所占比重靠前的县产业规模并不一定很大，其第一产业所占比重较高的一个主要原因是因为其每个产业的产值都不高，从而使其能够在第一产业所占比重中排名靠前。以达日县为例，2006 年第一产业产值为 0.56 亿元，但它在产业结构中的第一产业产值所占比重为 58.4%，在排名表中位列第 5。而大通县由于总体产业规模较大，其 2006 年第一产业产值虽然达到了 3.95 亿元，但第一产业产值所占比重仅为 6.8%，排名最后一位。

（3）经济发展与产业结构、产业规模紧密相连。经济发展需要做大做强产业，具备一定的产业规模和较好的产业结构，从而使当地的经济发展取得较好的成果。例如，2006 年 GDP 排名第 1 的大通县的第一产业、第二产业和第三产业的产业规模和产业发展速度都较快，才使大通县的 GDP 处于 15 个县的首位。青海省的 15 个县中经济发展较慢的县的三次产业结构与经济发展较快的县的三次产业结构存在较大的差别，经济发展较慢的县的三次产业规模较小，同时三次产业结构中，第一产业所占的比重都非常大，第二产业的比重非常小，这说明这些县的经济发展主要是依靠第一产业带动。

（三）GDP 相关数据、产业相关数据与农民人均纯收入数据联合分析

农民人均纯收入与 GDP 数据呈现出四种不同的对应关系：①GDP 数据较高、农民人均纯收入较高的县；②GDP 数据较高、农民人均纯收入较低的县；③GDP 数据较低、农民人均纯收入较高的县；④GDP 数据较低、农民人均纯收入较低的县。为了有效地解释农民人均纯收入与 GDP 数据之间存在的不同对应关系，我们加入产业数据进行进一步分析。

（1）GDP 数据较高、农民人均纯收入较高的县。我们以 2006 年位居 GDP 排名和农民人均纯收入排名均为第 1 的大通县为例来进行分析。大通县 2006 年的 GDP 达到 58.19 亿元，居 15 个国家扶贫工作重点县的第 1 位，第一产业产值达到 3.95 亿元，在第一产业产值排名中位居第 2，第二产业的产值达到 47.93 亿元，在第二产业产值排名中位居第 1，第三产业产值为 6.31 亿元，在第三产业产值排名中位居第 5，三次产业的结构为 6.8∶82.4∶10.8，主要产业是电力、化工、建材、机械制造、铝锭、农副产品加工和畜牧业。广安区重视工业带动农业产业化发展，实现了农业产业产值增加和农民人均纯收入增收的同步发展。同时，劳务经济已成为大通县农村经济的支柱产业，成为农民增收的新亮点。

（2）GDP 数据较高、农民人均纯收入较低的县。我们以 2006 年 GDP 排名第 7、农民人均纯收入第 11 的尖扎县为例进行分析。尖扎县 2006 年的 GDP 达到 9.95 亿元，居 15 个国家扶贫工作重点县的第 1 位，第一产业产值达到 0.77 亿元，在第一产业产值排名中居第 13，第二产业的产值达到 7.99 亿元，在第二产业产值排名中位居第 4，第三产业产值为 1.19 亿元，在第三产业产值排名中位居第 9，三次产业的结构为 7.7∶80.3∶12.0，由于尖扎县第一产业的产值较低，仅居 15 个县中的倒数第 3 位，排名较为靠后，导致其对农民人均纯收入提高的作用有限，影响了农民人均纯收入的提高。

（3）GDP 数据较低、农民人均纯收入较高的县。我们以 2006 年 GDP 排名倒数第 3、农民人均纯收入排名第 7 的治多县为例进行分析。治多县 2006 年的 GDP 为 1.89 亿元，居 15 个国家扶贫工作重点县的倒数第 3 位，第一产业产值

为1.28亿元，在第一产业产值排名中位居第10，第二产业的产值达到0.21亿元，在第二产业产值排名中居第12，第三产业产值为0.41亿元，在第三产业产值排名中位居第11，三次产业的结构为67.4∶10.9∶21.6。治多县是青海省主要畜产品生产基地，畜牧业是全县国民经济的支柱产业。截至2005年年底全县牲畜存栏数达56万头（只），具有十分丰富的畜产品资源。治多县围绕优质肉食品、中藏药材、特种养殖等牧业工程，增加畜产品的加工改造，优化和调整牧业产业及产品结构，大力发展生态后续产业，实现了产业发展和农民增收同步；同时，加大牧民培训工程实施力度，有针对性地开展实用和职业技术培训，提高牧民的就业竞争力和自主创业能力，加强对劳务输出的信息服务和就业指导，有针对性地组织外出务工，加快牧区富余劳动力转移，实现了农民人均纯收入的提高。

（4）GDP数据较低、农民人均纯收入较低的县。我们以2006年GDP排名倒数第2、人均纯收入排名最后一位的达日县为例进行分析，2006年的达日县GDP为0.95亿元，居15个扶贫工作县的倒数第2位，其中第一产业产值0.56亿元，排名倒数第2，第二产业产值0.12亿元，排在最后一位，第三产业产值0.28亿元，排在最后一位，三次产业结构为58.4∶12.6∶29.0，由于所有产业的规模都比较小，对农民人均纯收入的增加影响较小，农民人均纯收入排名倒数第1。

二　产业发展特点

（一）各个县的产业发展都与自身的资源情况紧密相关

在15个国家扶贫工作重点县中，各县的主要产业是农副产业、特色种植业、水电产业、矿产冶金、旅游产业、林业和畜牧业等，这些产业的发展主要得益于当地丰富的水资源、矿产资源、特色农业资源和旅游资源等，这样的资源情况决定了相关产业的发展。

（二）经济发展较快地区的产业规模在青海省所占比重较高，其发展不仅会带动经济发展也会促进农民增收，但经济发展较慢地区的产业规模太小，对经济发展和农民增收作用有限

2006年，青海省15个国家扶贫工作重点县前20%的3个县的GDP总量占15个国家扶贫工作重点县GDP总和的57.87%，同时，经济发展较快的县的农民人均纯收入也较高。但占青海省15个国家扶贫工作重点县后20%的3个县2006年GDP的总和只有3.68亿元，占青海省15个国家扶贫工作重点县GDP

总和 177.24 亿元的 2.08%。这样的比例说明这 3 个县的经济发展处于非常落后的状态，同时，这 3 个县中 2 个县的农民人均纯收入也较低，产业发展较为缓慢，对经济和农民增收的作用非常小。

（三）GDP 数据与产业数据和农民人均纯收入数据比较一致

在 15 个国家扶贫工作重点县中，GDP 相关数据与产业数据之间的一致性较好，处于 GDP 排名靠前的县的产业发展状况也较好，基本上产业排名处于前列。但 GDP 数据与农民人均纯收入之间却存在一定的差异性，反映出四种不同的对应关系、GDP 数据较高、农民人均纯收入较高的县；GDP 数据较高、农民人均纯收入较低的县；GDP 数据较低、农民人均纯收入较高的县；GDP 数据较低、农民人均纯收入较低的县。

（四）经济发展较好的县的产业规模较大，产业结构都较为合理

GDP 排名靠前的几个县，如大通县、湟中县、乐都县和民和县的产业规模都比较大，以排名第 1 的大通县 2006 年数据为例，大通县 2006 年的 GDP 达到 58.19 亿元，居 15 个国家扶贫工作重点县的第 1 位；第一产业产值达到 3.95 亿元，在第一产业产值排名中位居第 2；第二产业的产值达到 47.93 亿元，在第二产业产值排名中位居第 1；第三产业产值为 6.31 亿元，在第三产业产值排名中位居第 5；三次产业的结构为 6.8∶82.4∶10.8，其每个产业的数据都比排名靠后的县的数据高很多。

（五）各县的经济实力差距呈现扩大的趋势

2003～2006 年，青海省国家扶贫工作重点县各县经济发展的差距呈现出越来越大的趋势，GDP 相关数据、产业相关数据和农民人均纯收入等 7 类数据，一致反映出排名靠前县的数据与排名靠后县的数据之间的差距呈越来越大的趋势。

（六）靠近中心城市的县经济发展较快

近年来，随着西宁市和海东地区的快速发展，基础设施完备，交通便利，得力于靠近这几个中心城市，大通县、湟中县、乐都县、民和县等几个国家扶贫工作重点县的经济取得了较快发展，在 15 个国家扶贫工作重点县中居前几位，同时形成了一个经济发展较快的区域。

第十二章 甘肃省产业分析

第一节 甘肃省的国家扶贫工作重点县概况

甘肃地处中国东中部地区与西部地区的结合部，全省总土地面积 42.58 万平方公里，是西部地区连接亚太地区和亚欧地区乃至大西洋地区的重要通道。

2007 年末，甘肃省常住人口为 2617.16 万人，行政区划为 12 个地级市、2 个自治州、86 个县，甘肃省共有国家扶贫工作重点县 43 个，占甘肃省 86 个县市数量的 50%，在西部 11 个省（自治区、直辖市）中国家扶贫工作重点县的数量仅次于云南省、贵州省和陕西省国家，位居第 4。甘肃省国家扶贫工作重点县的名单详见表 12-1。

表 12-1 甘肃省国家扶贫工作重点县名单

地区	国家扶贫工作重点县
兰州市	榆中县
白银市	会宁县
天水市	武山县、清水县、甘谷县、张家川县、秦安县、麦积区
武威市	天祝县、古浪县
庆阳市	华池县、环县、合水县、宁县、镇原县
平凉市	庄浪县、静宁县
定西市	安定区、通渭县、临洮县、陇西县、渭源县、漳县、岷县
陇南市	武都县、宕昌县、礼县、西和县、文县、康县、两当县
临夏州	临夏县、和政县、积石山县、东乡县、广河县、康乐县、永靖县
甘南州	临潭县、舟曲县、卓尼县、夏河县、合作市

一 甘肃省的国家扶贫工作重点县分布状况

甘肃省的国家扶贫工作重点县数量分布较广，除了嘉峪关市、金昌市、张掖市和酒泉市没有国家扶贫工作重点县外，其他 10 个地级市和自治州都有国家扶贫工作重点县。

甘肃省 43 个国家扶贫工作重点县呈现出地理集中度较高的特点。我们以国家扶贫工作重点县数量较多的定西市、天水市和临夏回族自治州为例来进行分析。定西市共辖1区6县，这7个区县都是国家扶贫工作重点县；天水市辖2区5县，7个区县中除了秦州区外，其他6个区县都是国家扶贫工作重点县；临夏回族自治州辖1市7县，而8个县市中除了临夏市外，其他7个县都是国家扶贫工作重点县。

二 甘肃省的国家扶贫工作重点县生态状况

甘肃省的43个国家扶贫工作重点县的生态环境较为脆弱，如秦安县位于甘肃省东南部，天水市北部，渭河支流葫芦河下游，属陇中黄土高原西部梁峁沟壑区，山多川少，梁峁起伏，沟壑纵横，是全省18个干旱县之一；古浪县地处河西走廊东段，北部毗邻腾格里大沙漠，全县1/3的面积被沙漠覆盖，沙漠化总面积247.3万亩，风沙线长达132公里，干旱少雨，风沙灾害频繁，生态环境非常脆弱。

三 甘肃省的国家扶贫工作重点县资源状况

甘肃省43个国家扶贫工作重点县中部分县的矿产资源比较丰富，如武山县蛇纹岩储藏量达3.2亿立方米，居世界第2位；华池县石油资源丰富，已探明储油面积达2200平方公里，储量6000多万吨，是长庆油田陇东主产区之一。此外很多县都拥有丰富的旅游资源、药材资源、林木资源和草畜资源等，如甘谷县的月季花资源，礼县的“双鹿牌”大黄远销海内外，年出口量约占全国的一半。

四 甘肃省的国家扶贫工作重点县经济发展状况

为了从整体上把握甘肃省国家扶贫工作重点县的经济发展情况，我们选取了2006年甘肃省总体数据和国家扶贫工作重点县的GDP、GDP增长率、人均GDP、三次产业结构和农民人均纯收入五类数据进行比较，详见表12-2。

表12-2 2006年甘肃省国家扶贫工作重点县经济发展情况

	GDP/亿元	GDP增长率/%	人均GDP/元	三次产业结构	农民人均纯收入/元
甘肃省	2 275	11.4	8 749	14.6∶46.1∶39.3	2 134
扶贫工作重点县	474.56 (占总量的20.9%)			29.1∶31.7∶39.3	
最高的县	麦积区 43.95	环县 18.9	华池县 21 132		榆中县 1 965
最低的县	两当县 2.31	漳县 7.8	礼县 1 701		宕昌县 1 083

从表 12-2 的数据可以看出，甘肃省国家扶贫工作重点县在全省的经济总量中所占的比重还比较小，2006 年占甘肃省县市总数量的 50%的 43 个国家扶贫工作重点县的 GDP 总量仅达到 474.56 亿元，是甘肃省 GDP 总量 2275 亿元的 20.9%。43 个国家扶贫工作重点县的三次产业结构为 29.1∶31.7∶39.3，与甘肃省的 14.6∶46.1∶39.3 相比，贫困县第一产业的产值所占比重与甘肃省整体数据相比较大，第二产业的产值所占比重与甘肃省的整体数据相比较小，而第三产业产值所占的比重与甘肃省总体数据相比一致。

在总体增长较快的情况下，可以看出 43 个国家扶贫工作重点县中各个县的经济发展存在很大的不均衡性。从 GDP 增长率数据可见，排名最高的环县的 GDP 增长率为 18.9%，高出甘肃省平均值 7.5 个百分点，但排名最后的漳县的 GDP 增长率为 7.8%，低于甘肃省的平均值数据。与此相同的情况反映在 GDP、人均 GDP 和农民人均纯收入的数据上，GDP 排名第 1 的麦积区的数据是排名最后的两当县 GDP 数据的 19.02 倍；人均 GDP 最高的国家扶贫工作重点县华池县的数据达到 21 132元，高出全省数据 8749 元的 2.4 倍，而人均 GDP 最低的国家扶贫工作重点县礼县的数据仅有 1701 元，该数据仅是全省数据 8749 元的 19.4%，华池县数据的 8.0%；农民人均纯收入排名第 1 的榆中县的数据为 1965 元，与全省的农民人均纯收入的平均值 2134 元有 169 元的差距，排名最后的宕昌县的农民人均纯收入仅有 1083 元，只有甘肃省农民人均纯收入平均值的 51%。

第二节　甘肃省国家扶贫工作重点县的经济数据分析

我们选取 2003～2006 年甘肃省 43 个国家扶贫工作重点县的经济数据对经济发展情况进行纵向比较，包括 43 个国家扶贫工作重点县的八类数据，即 GDP、GDP 增长率、第一产业产值、第二产业产值、第三产业产值、三产比重、人均 GDP 和农民人均纯收入。

本节我们重点对 GDP 相关数据和农民人均纯收入数据进行分析，对于产业数据下节将进行深入分析。

一　地区 GDP 相关数据分析

（一）GDP 数据

麦积区 GDP 连续 4 年位居甘肃省 43 个国家扶贫工作重点县中第 1；2003 年排名第 2 的安定区，2004～2006 年的排名始终是第 4；临洮县 2003 年排名第 3，2004 年排名第 6，2005～2006 年排名下滑到第 11。2003 年排名第 8 的华池县上升速度较快，2004年排名第9，2005～2006年华池县的GDP在43个县中排名第2。2003年榆中县在43个县中排名第5，2004年上升到第2，2005～2006年维持在第3。

排名最后的县在2003～2006年未发生很大变化，其中两当县、卓尼县、舟曲县和夏河县的GDP始终处于甘肃省43个国家扶贫工作重点县中的最后4位。

进一步分析2003～2006年甘肃省国家扶贫工作重点县GDP排名情况，可以看出，2003～2006年甘肃省国家扶贫工作重点县中位居前列的县和位居后面的县的GDP之间差距变化不大，详见表12-3。

表12-3 甘肃省国家扶贫工作重点县GDP最值表 （单位：万元）

年份	2003	2004	2005	2006
GDP平均值	68 457	80 383	95 667	110 363
最高值	麦积区 275 930	麦积区 334 710	麦积区 385 530	麦积区 439 481
最低值	两当县 14 562	两当县 16 719	两当县 19 990	两当县 23 106
最高最低比值	18.95	20.02	19.29	19.02

（二）GDP增长率

与GDP排名较为稳定不同，2003～2006年GDP增长率排名的变化非常大。2003年GDP增长率排名第1的天祝县，2004年下降到第4，2005年排名第7，2006年排名继续下滑到第14；2004年GDP增长率排名第1的榆中县，2003年位列第25，2005年下降到第27，2006年排名上升到第11；2003年GDP增长率排名第33，2004年GDP增长率排名第35的卓尼县，2005年GDP增长率排名第1，2006年的排名为第2；环县2003年GDP增长率位居第41，2004年排名第11，2005年排名第20，到2006年GDP增长率排名处于第1的位置。

GDP增长率排名靠后县的变化更为明显，数据显示2003年永靖县排名倒数第1，2004年急速上升到第19，2005年排名继续上升到第17，2006年排名下滑到第29；2004年排名最后一位的岷县，2005年排名第40，2006年上升到第34；2004年排名最后一位的安定区，2003年排名第21，2004年排名第41，2006年上升到第33。2006年排名最后一位的漳县，2003年排名在第40，2004年排名第36，2005年排名第41。

进一步分析2003～2006年甘肃省国家扶贫工作重点县GDP增长率排名情况，详见表12-4，数据表明甘肃省国家扶贫工作重点县的GDP增长速度的变化没有规律。

表 12-4　甘肃省国家扶贫工作重点县 GDP 增长率最值表　（单位:%）

年份	2003	2004	2005	2006
GDP 增长率	10.3	11.7	11.7	11.6
最高值	天祝县 17.8	榆中县 26.5	卓尼县 27.0	环县 18.9
最低值	永靖县 −9.4	岷县 8.0	安定区 6.3	漳县 7.8
最高最低比值	—	3.31	4.29	2.42

（三）人均 GDP

华池县是 2003～2006 年甘肃省国家扶贫工作重点县 43 个县中人均 GDP 排名第 1 的县；麦积区 2003 年和 2004 年人均 GDP 排名第 2，2005 年和 2006 年下滑一位排名第 3；合作市 2003 年和 2004 年人均 GDP 排名第 3，2005 年和 2006 年上升到排名第 2。合作市排名靠前的主要原因是因为人口较少，只有 8.1 万人。

人均 GDP 排名靠后的县变化较小，其中在 2003 年、2005 年和 2006 年的三年时间里，礼县始终处于排名的最后一位，2004 年排名倒数第 2；宕昌县 2004 年排在最后一位，其他年份排名处于倒数第 2 的位置；东乡县和积石山县始终处于倒数第 3 和第 4 的位置。

进一步分析 2003～2006 年甘肃省国家扶贫工作重点县人均 GDP 排名情况，可以看出，2003～2006 年，甘肃省国家扶贫工作重点县各县之间的人均 GDP 差距变化幅度较大，不同年份的情况有所不同。详见表 12-5。

表 12-5　甘肃省国家扶贫工作重点县人均 GDP 最值表　（单位：元）

年份	2003	2004	2005	2006
最高值	华池县 8 124	华池县 8 741	华池县 17 307	华池县 21 132
最低值	礼县 1 005	宕昌 县 1 209	礼县 1 405	礼县 1 701
最高最低比值	8.08	7.23	12.32	12.42

二　农民人均纯收入

2003～2006 年，甘肃省 43 个国家扶贫工作重点县中农民人均纯收入排名前列的县变化较小，榆中县、临洮县、宁县和陇西县始终是排名前 4 位的县。处于农民人均纯收入靠后的县的排名变化很小，宕昌县、东乡县、文县和积石山县的农民人均纯收入排名始终是43个县中的倒数第4。43个县的农民人均纯收入变化比较大的是合作市，2003年合作市农民人均纯收入的排名第12，2004年下降到第18，2005年继续下滑到第19，2006年下降到第24。但合作市的GDP是处于不断上升的阶段，从三次产业的产值，表明三产和二产的产值较高，但一产产值较低，说明经济增长对农民增收的作用不大。

进一步分析2003～2006年甘肃省国家扶贫工作重点县农民人均纯收入排名情况，可以看出，农民人均纯收入之间的差距呈现越来越小的趋势，详见表12-6。

表12-6 甘肃省国家扶贫工作重点县农民人均纯收入最值表（单位：元）

年份	2003	2004	2005	2006
最高值	榆中县 1 684	榆中县 1 776	榆中县 1 866	榆中县 1 965
最低值	宕昌县 798	宕昌县 902	宕昌县 993	宕昌县 1 083
最高最低比值	2.11	1.97	1.88	1.81

第三节 甘肃省的国家扶贫工作重点县产业分析

甘肃省的43个国家扶贫工作重点县的产业主要以第一产业和第二产业为主，包括与矿产资源、中草药资源、农业资源、林业资源、草畜资源和旅游资源等相关的产业，这主要与当地丰富的资源情况紧密相关，这些产业包括矿产冶金、旅游产业、中草药种植、林业和畜牧业等。

下面我们对整体的产业数据进行分析。

一 三次产业的情况

通过比较甘肃省43个国家扶贫工作重点县第一产业产值、第二产业产值、第三产业产值和三产比重的数据，可以概括出以下几个方面。

（一）第一产业产值

2003～2006年，第一产业产值靠前的县的排名变化较小，临洮县、安定区和会宁县的第一产业产值2003～2006年始终排名前3位，只是在不同年份中位次有所变化。2006年武山县排名第4，属于上升速度比较快的县，2003年武山县排名第 13，2004 年第 16，2005 年排名上升到第 7。镇原县和榆中县的第一产业产值在 2006 年排名第 5 和第 6，这两个县的排名较为稳定。

排名靠后的县变化较小，2003～2006 年，合作市、两当县和临潭县的第一产业产值始终是 43 个国家扶贫工作重点县中的最后 3 名。

数据进一步表明 2003～2006 年第一产业产值的增加速度变化较小，不同县之间的差距保持一个相对稳定的状况，详见表 12-7。

表 12-7 甘肃省国家扶贫工作重点县第一产业产值最值表 （单位：万元）

年份	2003	2004	2005	2006
最高值	安定区 42 825	会宁县 50 331	会宁县 55 242	临洮县 58 035
最低值	合作市 5 469	合作市 5 867	合作市 6 940	合作市 7 272
最高最低比值	7.83	8.58	7.96	7.98

（二）第二产业产值

2003～2004 年麦积区的第二产业产值排名第 1，2005～2006 年第二产业产值排名下降一位，排名第 2；华池县 2003 年第二产业产值排名第 2，2004 年下降到第 3，2005 年和 2006 年华池县第二产业产值处于 43 个县的首位；永靖县 2003 年第二产业产值排名第 3，2004 年排名第 4，2005 年排名第 3，2006 年排名第 4。

排名靠后的县的变化不大，其中舟曲县、卓尼县和两当县始终处于排名靠后的位置；发生变化最大的县是漳县，2003 年漳县第二产业产值排名第 33，2004 年下滑到第 38，2005 年继续下滑到倒数第 2，2006 年漳县的第二产业产值处于 43 个县的最后一名。

第二产业产值中，2003～2006 年不同县的第二产业产值之间的差距有越来越大的趋势，具体见表 12-8。

表 12-8 甘肃省国家扶贫工作重点县第二产业产值最值表 （单位：万元）

年份	2003	2004	2005	2006
最高值	麦积区 128 082	麦积区 157 527	华池县 192 486	华池县 239 893
最低值	舟曲县 2 100	舟曲县 2 269	舟曲县 2 058	漳县 2 868
最高最低比值	60.99	69.43	93.53	83.64

（三）第三产业产值

2003～2006 年第三产业产值排名靠前的县变化较小。排名第 1 的县始终是麦积区；2003 年和 2004 年第三产业产值排名第 2 的秦安县，2005 年和 2006 年排名下滑到第 4；2003 年和 2004 年第三产业产值排名第 3 的甘谷县，2005 年和 2006 年排名下滑到第 5；武都县虽然在 2003 年和 2004 年排名第 7，但 2005 年和 2006 年的排名迅速上升到第 2。

排名靠后的县变化不大，两当县、卓尼县和夏河县的第三产业产值在 2003～2006 年始终是 43 个国家扶贫工作重点县的最后 3 位。上升速度较快的是积石山县，2003 年和 2004 年第三产业产值排名倒数第 4，2005 年上升到第 33，2006 年排名第 34。

第三产业产值中，2003～2006 年各县之间的差距呈现出越来越小的趋势，详见表 12-9。

表 12-9　甘肃省国家扶贫工作重点县第三产业产值最值表　（单位：万元）

年份	2003	2004	2005	2006
最高值	麦积区 118 938	麦积区 144 005	麦积区 162 243	麦积区 192 367
最低值	两当县 5 026	两当县 5 643	两当县 8 231	两当县 9 834
最高最低比值	23.66	25.52	19.71	19.56

（四）三次产业结构

从 2003～2006 年三次产业结构数据可以看出，2003～2006 年，渭源县、漳县、通渭县、岷县和卓尼县是第一产业所占比重最高的几个县。察看第二产业的比重，除岷县外，其他几个县都是第二产业所占比重排名最后的几个县，其中 2006 年第一产业所占比重排名第 2 的漳县，2006 年第二产业产值所占比重的排名是最后一位。同时，这几个县除了卓尼县的第三产业产值在总产值中所占比重较高外，其他几个县的第三产业产值占总产值的比重排名都处于中等偏后的位置。

2003～2006 年华池县、麦积区、榆中县和永靖县是第二产业产值所占比重最高的几个县，这几个县的第一产业产值所占的比重在排名中都处于最后几位，2006 年第二产业产值所占比重最大的华池县的第一产业产值所占比重是 43 个县中最低的。这几个县中除了麦积区的第三产业产值所占比重在43个县中排名第13，排名比较靠前外，其他3个县第三产业产值所占比重排名是43个县中的最后3位。

2003～2006年，合作市、临潭县和武都县是第三产业产值所占比重较高的几个县。但这几个县的第一产业的产值在总产值中所占的比重较为靠后，其中合作市的第一产业产值所占比重位居43个县的倒数第3；同时，这几个县的第二产业产值所占比重在43个县中居于中间位置。

二 排名前20%的国家扶贫工作重点县产业数据分析

甘肃省2006年GDP排名前20%的国家扶贫工作重点县是麦积区、华池县、榆中县、安定区、甘谷县、武都县、会宁县、秦安县和古浪县。这9个县2006年的GDP的总和达到了196.28亿元，占甘肃省43个国家扶贫工作重点县GDP总和474.56亿元的41.36%。

(一) GDP排名前20%的县三次产业结构分析

我们选择了2006年排名前20%的县2003～2006年的三次产业数据进行分析，详见表12-10，括号内数字是GDP的排名。

表12-10 2003～2006年GDP排名前20%的县三次产业状况

年份	麦积区(1)	华池县(2)	榆中县(3)	安定区(4)	甘谷县(5)
2003	10.5∶46.4∶43.1	9.1∶77.0∶14.0	32.2∶41.1∶26.7	35.0∶27.5∶37.5	30.6∶26.6∶42.8
2004	9.9∶47.1∶43.0	11.2∶73.8∶15.0	25.8∶53.6∶20.6	34.5∶27.4∶38.0	28.7∶27.4∶43.8
2005	9.5∶48.4∶42.1	6.9∶83.8∶9.3	27.8∶41.4∶30.8	28.6∶18.9∶52.5	30.1∶29.2∶40.7
2006	9.1∶47.2∶43.8	6.1∶84.9∶9.0	23.9∶48.3∶27.8	30.3∶24.6∶45.1	27.5∶30.0∶42.6
年份	武都县(6)	会宁县(7)	秦安县(8)	古浪县(9)	
2003	36.1∶17.6∶46.3	36.7∶27.2∶36.1	25.6∶24.7∶49.7	35.1∶36.4∶28.4	
2004	35.1∶19.1∶45.8	38.4∶26.6∶35.0	26.4∶22.3∶51.3	34.7∶39.0∶26.3	
2005	27.5∶16.4∶56.2	36.5∶23.0∶40.5	29.1∶23.7∶47.2	28.3∶29.3∶42.5	
2006	28.4∶16.5∶55.2	32.4∶25.1∶42.5	29.7∶23.4∶46.9	27.0∶30.7∶42.3	

表12-10反映出，2006年排名前20%的县的三次产业结构差别较大。华池县和榆中县的第二产业产值在GDP中所占比重非常高，但华池县的第一产业和

第三产业产值所占比重非常小；麦积区和甘谷县的第二产业产值和第三产业产值所占比重较高，但第二产业产值和第三产业产值相差不大；安定区、武都县、秦安县、会宁县和古浪县的第三产业产值所占比重较高。

（二）GDP 排名前 20%的县的优势产业状况

我们进一步分析 GDP 排名前 20%的县的资源和产业状况，可以看出这几个县中除了华池县外，部分县如麦积区有旅游产业，产业差别不大。比较特殊的是华池县，该县的主要产业是石油产业，除此之外还有养殖业、畜牧业和种植业。

（三）GDP 排名前 20%的县产业与农民人均纯收入分析

我们将 GDP 排名前 20%的 9 个县的产业与农民人均纯收入数据进行分析，可以看到，经济发展较好县的农民人均纯收入状况有很大差别。既有经济发展好，农民人均纯收入高的县，如榆中县、华池县和古浪县的农民人均纯收入较高；也有经济发展好，但农民人均纯收入低的县，如武都县、甘谷县、秦安县和会宁县，尤其是武都县 2006 年 GDP 排名第 6，但当年的农民人均纯收入仅在 43 个县中排名第 33。这说明经济发展较好的区县现有的优势产业对经济发展的影响和对农民人均纯收入的影响不同，如何增强现有产业对当地农民的增收的作用需要进一步深入研究。

三 排名后 20%国家扶贫工作重点县产业数据分析

甘肃省 2006 年 GDP 排名后 20%的国家扶贫工作重点县是漳县、东乡县、和政县、积石山县、临潭县、夏河县、舟曲县、卓尼县和排在最后一位的两当县，这 9 个县 2006 年 GDP 的总和只有 34.84 亿元，占甘肃省 43 个国家扶贫工作重点县 GDP 总和 474.56 亿元的 7.34%。

（一）GDP 排名靠后 20%的县三次产业结构分析

我们选择了 2006 年排名后 20%县 2003～2006 年的三次产业数据进行分析。详见表 12-11，括号内数字是 GDP 排名。

表 12-11 反映出，2006 年排名后 20%的县产业结构比较一致，这 9 个县的三次产业所占比重中，都是第一产业和第三产业所占比重最高，只是不同县的第一产业产值和第三产业产值所占比重有所不同，如漳县的第一产业产值所占比重达到了 50%以上，而临潭县的第三产业产值所占比重达到了 50%以上。

表 12-11 2003～2006 年 GDP 排名后 20%的县三次产业状况

年份	漳县（35）	东乡县（36）	和政县（37）	积石山县（38）	临潭县（39）
2003	57.9∶15.4∶26.7	40.5∶18.5∶41.0	45.7∶18.2∶36.2	44.5∶21.6∶33.8	31.9∶14.9∶53.2
2004	57.3∶15.4∶27.3	40.4∶20.3∶39.2	46.2∶19.6∶34.2	45.0∶22.6∶32.5	31.1∶17.0∶51.9
2005	56.9∶4.8∶38.4	34.8∶21.9∶43.3	44.5∶11.9∶43.6	38.9∶14.2∶47.0	31.4∶14.9∶53.7
2006	52.9∶5.7∶41.4	33.5∶23.8∶42.8	42.8∶16.3∶43.1	37.6∶14.6∶47.8	29.8∶14.9∶55.2
年份	夏河县（40）	舟曲县（41）	卓尼县（42）	两当县（43）	
2003	48.2∶21.8∶30.0	45.7∶09.4∶44.9	55.0∶15.0∶30.1	42.0∶23.5∶34.5	
2004	44.5∶25.1∶30.4	44.6∶08.9∶46.5	52.7∶17.1∶30.2	42.3∶23.9∶33.8	
2005	44.4∶15.2∶40.4	45.0∶07.5∶47.5	47.4∶09.2∶43.4	38.9∶19.9∶41.2	
2006	41.1∶16.0∶42.9	41.5∶11.0∶47.5	44.6∶11.7∶43.7	37.1∶20.3∶42.6	

（二）GDP 排名后 20%的县三次产业分析

我们进一步分析 GDP 排名后 20%的县的资源和产业状况，可以看出这几个县的产业中主要以畜牧业、种植业、养殖业和旅游业为主，部分县有建材、水电产业和矿产加工产业，受资源状况的影响，9 个县的产业状况差别较大。

（三）GDP 排名后 20%的县产业与农民人均纯收入分析

我们将 GDP 排名后 20%的 9 个县的产业与农民人均纯收入数据进行分析，可以看到，在经济发展较为缓慢的 9 个县中，既有农民人均纯收入较低的县，如和政县、东乡县、舟曲县和临潭县；同时还有农民人均纯收入较高的县，如 2006 年 GDP 排名最后的两当县的农民人均纯收入在 43 个县中排名第 10，2006 年 GDP 排名倒数第 4 的夏河县的农民人均纯收入在 43 个县中排名第 13。这说明经济发展较慢的区县现有的产业对经济发展影响和对农民人均纯收入的影响不同，而那些 GDP 排名虽然靠后，但是农民人均纯收入靠前县的发展值得进一步关注。

第四节 甘肃省的国家扶贫工作重点县经济数据交叉分析及产业特点

一 经济数据交叉分析

（一）GDP、GDP 增长率、人均 GDP 数据交叉分析

通过分析 GDP、GDP 增长率和人均 GDP 的数据可知：

(1) 43 个国家扶贫工作重点县的 GDP 和 GDP 增长率的排名存在一定的差异性，其中 GDP 排名靠前的几个县中，有的县 GDP 增长率的排名处于前列，如 2006 年 GDP 排名第 1 的麦积区的 GDP 增长率排名第 5，但有的县的 GDP 增长率却比较靠后，如 2006 年 GDP 排名第 5 的甘谷县的 GDP 增长率仅排名倒数第 3。在 GDP 排名比较靠后的几个县的 GDP 增长率有的比较靠前，也有比较靠后的，如 2006 年 GDP 排名倒数第 2 的卓尼县的 GDP 增长率排名第 2；2006 年 GDP 排名第 35 的漳县的 GDP 增长率排名位于最后。

受各县人口数量差异的影响，人均 GDP 的排名与 GDP 的排名也有一定的差距，其中两当县由于人口数量较少，根据第五次人口普查数据：全县总人口 49 782人，造成 2006 年两当县的 GDP 排名为倒数第 1，但人均 GDP 排名为第 7 的状况。

(2) 2003～2006 年甘肃省国家扶贫工作重点县各县之间的 GDP 差距呈现出逐步缩小的趋势，主要原因是各县的 GDP 增长率不同造成的。GDP 排名靠后县的总体经济增长速度快于 GDP 排名靠前县的总体经济增长速度，导致各县之间差距越来越小。

(二) GDP 相关数据与产业相关数据联合分析

综合考虑 GDP 的相关数据和产业相关数据，可以看出：

(1) 三次产业对经济发展都具有重要的影响，但不同的县依据自身特色发展第一产业、第二产业或第三产业都可以获得较好的经济发展。数据表明，2003～2006 年，GDP 排名靠前的县的第一产业、第二产业和第三产业产值排名一般也比较靠前，如麦积区、榆中县、安定区和甘谷县。进一步研究这几个县的数据，可以看出甘肃省经济发展较好的几个县的三次产业结构中第一产业、第二产业和第三产业所占的比重各有特色，既有第二产业产值和比重都比较高的县，以 2006 年的数据为例，榆中县和麦积区的第二产业在 GDP 中所占的比重都达到 48%以上；但进一步查看榆中县和麦积区的三次产业比重，可以看到麦积区三次产业结构为 9.5∶48.4∶42.1，第二产业和第三产业在经济发展中所占的比重基本相同，第二产业并没有取得绝对性的优势地位，二者对经济发展所起的作用也基本相同，经济发展的快慢主要取决于第二产业和第三产业的发展速度；而榆中县的三次产业结构为 23.9∶48.3∶27.8，第一产业和第三产业在 GDP 中所占的份额差不多，第二产业占据绝对的优势地位，经济发展的好坏受第二产业发展快慢的影响较大。同时，我们看到 GDP 排名靠前的甘谷县的三次产业结构为 27.5∶30.0∶42.6，在 GDP 中第三产业所占的比重，这样的县的经济发展也取得较好的成果；2006 年 GDP 排名第 4 的安定区三次产业结构为 30.3∶24.6∶45.1，其经济发展受第一产业和第三产业影响较大。

（2）受产业规模大小的影响，三次产业结构反映出来的情况与实际产业发展情况有很大的出入。第一产业所占比重靠前的县产业规模并不一定很大。其第一产业所占比重较高的一个主要原因是其每个产业的产值都不高，从而使其能够在第一产业所占比重中排名靠前。以卓尼县为例，2006 年第一产业产值为 1.39 亿元，但它在产业结构中的第一产业比重为 44.6%，在排名表中位列第 5 位。而麦积区由于总体产业规模较大，其 2006 年第一产业产值虽然达到了 3.98 亿元，但第一产业所占比重仅为 9.1%，在第一产业占总产值比重的排名中位列倒数第 2。

（3）经济发展与产业结构、产业规模紧密相连。经济发展需要做大做强产业，由于具备一定的产业规模和较好的产业结构，当地的经济发展取得了较好的成果。如 2006 年 GDP 排名第 3 的榆中县的第一产业、第二产业和第三产业的产业规模和产业发展速度都较快，才使榆中县的 GDP 处于 43 个县的第 3 位。

在一定的产业规模情况下，依托第一产业、第二产业和第三产业协调带动整个经济发展可以取得较好的成果。但如果产业规模过小，即使拥有相同的三次产业结构，经济发展同样不能达到较好的水平。如 2006 年 GDP 排名倒数第 4 的夏河县的产业结构与庄浪县的产业结构相类似，但由于其产业规模过小，导致夏河县的经济发展情况并不乐观。2006 年夏河县的 GDP 为35 613万元，GDP 增长率为 11.1%，三次产业结构为 41.1∶16.0∶42.9；庄浪县的 GDP 为 104 443万元，GDP 增长率为 11.2%，三次产业结构为 41.7∶20.5∶37.9。由于夏河县的 GDP 数据与庄浪县的 GDP 数据有一定差距，在两个县 GDP 增长率基本相同的情况下，夏河县的 GDP 排名在 43 个国家扶贫工作重点县中位列倒数第 4，而庄浪县的 GDP 排名第 18。这些数据表明产业规模是决定经济发展速度的一个非常关键的因素，因此，经济发展必须同时重视产业规模和产业结构。

（三）GDP 相关数据、产业相关数据与农民人均纯收入数据联合分析

农民人均纯收入与 GDP 数据呈现出四种不同的对应关系：①GDP 数据较高、农民人均纯收入较高的县；②GDP 数据较高、农民人均纯收入较低的县；③GDP 数据较低、农民人均纯收入较高的县；④GDP 数据较低、农民人均纯收入较低的县。为了有效地解释农民人均纯收入与 GDP 数据之间存在的不同对应关系，我们加入产业数据进行进一步分析。

（1）GDP 数据较高、农民人均纯收入较高的县。我们以 2006 年位居 GDP 排名第 3、农民人均纯收入排名第 1 的榆中县为例来进行分析。榆中县 2006 年的 GDP 达到 21.02 亿元，居 43 个国家扶贫工作重点县的第 3 位，第一产业产值达到 5.02 亿元，在第一产业产值排名中位居第 6，第二产业的产值达到 10.16 亿元，在第二产业产值排名中位居第 3，第三产业产值为 5.84 亿元，在第三产

业产值排名中位居第10，三次产业的结构为23.9∶48.3∶27.8，其工业体系由新型钢铁、有色金属新材料和生物医药产业等产业构成，农业产业中特色农业发展迅速，榆中县南部二阴山区被确定为国家级冷凉型蔬菜出口创汇基地，同时，通过新型农民培育和劳务输出，注册“榆中兴陇运输”劳务品牌，全年输转劳动力9.9万人（次），创收2.5亿元，实现了农业产业产值增加和农民人均纯收入增收的同步发展。这样一系列的发展使榆中县的GDP和农民人均纯收入都得到了较快的发展。

（2）GDP数据较高、农民人均纯收入较低的县。我们以2006年GDP排名第13、农民人均纯收入排名第31的永靖县为例进行分析，2006年永靖县的GDP达到13.98亿元，居43个国家扶贫工作重点县第13位，其中第一产业产值2.13亿元，排名第27，第二产业产值8.95亿元，排名第4，第三产业产值2.90亿元，排名第27，农民人均纯收入为1433元，该数据在43个国家扶贫工作重点县中位居第31。主要产业是特色农业、渔业、水电产业、矿产加工业和旅游产业。但第一产业的规模过小，加上第三产业处于起步发展阶段，对农民增收的作用有限，导致整体经济发展与农民增收之间没有同步。

（3）GDP数据较低、农民人均纯收入较高的县。我们以2006年GDP排名第30、农民人均纯收入排名第8的合水县为例进行分析，2006年合水县的GDP为6.45亿元，位居43个国家扶贫工作重点县的第30。其中第一产业产值2.81亿元，排名第23；第二产业产值1.17亿元，排名第30，第三产业产值2.48亿元，排名第31；但其农民人均纯收入1785元，位列43个县的第8。究其原因，我们发现，合水县用抓工业的思路发展农业，实行项目化运作、产业化经营、市场化营销和社会化服务等项措施，形成了草畜、苹果、瓜菜三大特色产业，同时合水县的工业产业中有很大一部分企业是从事农业产品的深加工，这样促进了农民增收，但总体经济受工业产业和第三产业规模过小的影响而没有得到很好的发展。

（4）GDP数据较低、农民人均纯收入较低的县。我们以2006年GDP排名第38、人均纯收入排名倒数第4的积石山县为例进行分析，2006年的积石山县GDP为4.51亿元，居43个扶贫工作县第38位，其中第一产业产值1.70亿元，排名第35；第二产业产值0.66亿元，排名第36；第三产业产值2.16亿元，排名第34。由于三次产业的规模都比较小，对农民人均纯收入的增加影响较小，农民人均纯收入排名倒数第4。

因此，促使各个产业之间实现协调发展，共同做大产业规模，是带动当地经济实现脱贫和当地农民脱贫的必然选择。

二 产业发展特点

（一）各个县的产业发展都与自身的资源情况紧密相关

在43个国家扶贫工作重点县的产业中，部分县的产业包括与矿产资源相关的产业，这些产业包括石油产业、煤炭行业、煤电行业、煤化工行业、建材行业、矿产冶金等。同时，由于甘肃省各县的矿产资源与其他省份相比并不是非常丰富，所以很多县的主要产业还是以农业资源、林业资源、草畜资源和旅游资源为主，包括中草药种植业、特色农产品种植和加工、畜牧业、林业等产业。这些产业的发展的前提和客观条件是43个国家扶贫工作重点县中现有的资源基础，资源情况很大程度上决定相关产业的发展。

（二）GDP数据与产业数据比较一致，但与农民人均纯收入有一定的差异性

在43个国家扶贫工作重点县中，GDP相关数据与产业数据之间的一致性较好，处于GDP排名靠前的县的产业发展状况也较好，基本上在产业排名上也可以处于前列。但GDP数据与农民人均纯收入之间却存在一定的差异性，反映出四种不同的对应关系：GDP数据较高、农民人均纯收入较高的县；GDP数据较高、农民人均纯收入较低的县；GDP数据较低、农民人均纯收入较高的县；GDP数据较低、农民人均纯收入较低的县。

（三）经济发展较好的县的产业规模较大，产业结构都较为合理

GDP排名表中靠前的几个县，如麦积区、榆中县、安定区和甘谷县的产业规模都比较大。以排名第1的麦积区2006年数据为例，麦积区第一产业的产值为3.98亿元，第二产业的产值为20.73亿元，第三产业的产值为19.24亿元。其每个产业的数据都比排名靠后的县的数据高很多。同时，产业结构也在发生比较大的变化，三次产业结构为9.1∶47.2∶43.8，经济发展由原来的单独依靠第二产业带动经济发展，向第二产业和第三产业协调带动发展。

（四）各县的经济实力差距呈现稳定的趋势

2003～2006年，甘肃省国家扶贫工作重点县各县之间的GDP相关数据、产业相关数据和农民人均纯收入等八类数据中，只有第二产业产值的数据和人均GDP数据反映出排名靠前县的数据与排名靠后县的数据之间的差距呈现越来越大的趋势，同时，第三产业产值数据表明不同县之间的差距呈现缩小的趋势，

但各个年份的状况并不相同。其他数据表现出来各县的差距呈现较为稳定趋势，这就造成43个国家扶贫工作重点县之间差距出现较为稳定的状态。这样的状态导致甘肃省的国家扶贫工作重点县呈现出较为缓慢的发展状况，43个国家扶贫工作重点县的GDP增长率平均值只有16.1%。

（五）靠近中心城市的县经济发展较快

2006年甘肃省国家扶贫工作重点县GDP排名前5位的县都位于大城市周边，其中榆中县和安定区集中在甘肃省首府兰州市周边，甘谷县和麦积区集中在天水市周边。靠近中心城市，得益于基础设施完备，有机会承接产业梯度转移，因此这些县的经济发展较快。例如，榆中县的发展就得益于靠近兰州市比较近，榆中县县城距中川机场80公里、距兰州市38公里。2006年，兰州市第十一次党代会明确提出了东城区建设的构思，酒钢集团榆中钢厂、兰州金川科技园、奇正藏药公司、兰州大学、西北民族大学等一批大型企业和高等院校相继入驻榆中县，带动了榆中县经济社会的又好又快发展。

第十三章 宁夏回族自治区产业分析

第一节 宁夏回族自治区的国家扶贫工作重点县概况

宁夏回族自治区处在中国西部的黄河上游地区，是中国面积最小的省（自治区）之一，总面积为6.6万多平方公里。宁夏从西面、北面至东面，由腾格里沙漠、乌兰布和沙漠和毛乌素沙地相围，南面与黄土高原相连。

截至2006年末，全区总人口604万人，2004年宁夏回族自治区行政区划为5个地级市、10个市辖区、2个县级市、11个县，宁夏回族自治区共有国家扶贫工作重点县8个，占宁夏回族自治区共23个县市数量的34.8%，在西部12个省（自治区、直辖市）中国家扶贫工作重点县的数量最少。宁夏回族自治区国家扶贫工作重点县的名单，详见表13-1。

表13-1 宁夏回族自治区国家扶贫工作重点县名单

地区	国家扶贫工作重点县
中卫市	海原县
固原市	原州区（固原县）、隆德县、泾源县、彭阳县、西吉县
吴忠市	同心县、盐池县

一 宁夏回族自治区的国家扶贫工作重点县分布状况

宁夏回族自治区的国家扶贫工作重点县分布在中卫市、固原市和吴忠市这3个市，银川市和石嘴山市没有国家扶贫工作重点县。

宁夏回族自治区8个国家扶贫工作重点县主要集中在固原市，固原市的1区4个县都是国家扶贫工作重点县。

二 宁夏回族自治区的国家扶贫工作重点县生态状况

宁夏回族自治区8个国家扶贫工作重点县中很多县的生态环境还是比较脆弱，如海原县地处黄土高原西北部，属黄河中游黄土丘陵沟壑区。境内丘陵起伏，沟壑纵横，六盘山余脉（南华山、西华山、月亮山等）由南向北深入境内，形成西南高、东北低的特殊地形，中部为梁峁残塬地带，其间丘陵起伏，沟壑纵横交错，植被稀疏，水土流失严重。盐池县地势南高北低。南部为黄土丘陵，水土流失严重，北部为鄂尔多斯台地缓坡丘陵，沙漠化严重。

三 宁夏回族自治区的国家扶贫工作重点县资源状况

宁夏回族自治区8个国家扶贫工作重点县资源相对丰富，有丰富的农业产业资源，如马铃薯资源、中草药资源、草畜资源、特色种植资源，如枸杞、蔬菜等，西吉县2007年马铃薯种植面积达113.4万亩，比2006年净增40万亩，跃居全国马铃薯种植第一县；部分县有矿产资源，如原州区、德隆县和海原县等。

四 宁夏回族自治区的国家扶贫工作重点县经济发展状况

为了从整体上把握宁夏回族自治区国家扶贫工作重点县的经济发展情况，我们选取了2006年宁夏回族自治区总体数据和国家扶贫工作重点县的GDP、GDP增长率、人均GDP、三次产业结构和农民人均纯收入五类数据进行比较，详见表13-2。

表13-2 2006年宁夏回族自治区国家扶贫工作重点县经济发展情况

	GDP/亿元	GDP增长率/%	人均GDP/元	三次产业结构	农民人均纯收入/元
宁夏回族自治区	706.98	12.5	11 784	11.2∶49.2∶39.6	2 760
扶贫工作重点县	85.09（占总量的12%）			26.0∶23.7∶50.3	
最高的县	原州区 22.79	同心县 14.3	盐池县 7 098		盐池县 2 238
最低的县	泾源县 3.77	海原县 11.2	海原县 2 424		海原县 1 584

从表13-2中可以看出，宁夏回族自治区国家扶贫工作重点县在全自治区的经济总量中所占的比重较小，2006年，8个国家扶贫工作重点县的GDP总量仅达到85.09亿元，是宁夏回族自治区GDP总量706.98亿元的12%。8个国家扶贫工作重点县的三次产业结构为26.0∶23.7∶50.3，与宁夏回族自治区的11.2∶49.2∶39.6相比，8个国家扶贫工作重点县第一产业的产值所占比例平

均值与宁夏回族自治区总体数据相比高了 14.8 个百分点，第三产业的产值所占比重平均值与宁夏回族自治区总体数据相比高了 10.7 个百分点，这两个数据都高出宁夏回族自治区的整体数据，但第二产业产值所占的比重的平均数据只是宁夏回族自治区总体数据的 48.2%，说明 8 个国家扶贫工作重点县的三次产业结构与宁夏回族自治区的三次产业结构存在很大的差异性。

8 个国家扶贫工作重点县中各个县的经济发展存在一定的不均衡性。差距最小的数据是 GDP 增长率，8 个县中 GDP 增长率最高的同心县为 14.3%，比宁夏回族自治区平均值 12.5%高 1.8 个百分点，8 个县中 GDP 增长率最低的泾源县为 10.9%，比宁夏回族自治区的平均数据低了 1.6 个百分点。而在 GDP、人均 GDP 和农民人均纯收入的数据上排名靠前的县与排名靠后的县之间的差距非常大。GDP 排名第 1 的原州区的数据是排名最后的泾源县 GDP 数据的 6.11 倍；人均 GDP 排名第 1 的盐池县的数据是排名最后的海原县人均 GDP 的数据的 2.93 倍；8 个国家扶贫工作重点县农民人均纯收入排名第 1 的盐池县的数据达到 2238 元，比宁夏回族自治区农民人均纯收入的平均值低了 522 元，排名最后的海原县的农民人均纯收入只有 1584 元，只有宁夏回族自治区农民人均纯收入平均值的 57.4%。

第二节　宁夏回族自治区的国家扶贫工作重点县经济数据分析

我们选取 2003～2006 年宁夏回族自治区内 8 个国家扶贫工作重点县的经济数据对经济发展情况进行纵向比较，数据共包括八类，即 GDP、GDP 增长率、第一产业产值、第二产业产值、第三产业产值、三产比重、人均 GDP 和农民人均纯收入。

本节我们重点对 GDP 相关数据和农民人均纯收入数据进行分析，对十产业数据下节将进行深入分析。

一　地区 GDP 相关数据分析

（一）GDP 数据

根据 2003～2006 年宁夏回族自治区国家扶贫工作重点县 GDP 数据，绘制宁夏回族自治区国家扶贫工作重点县 GDP 排名图，详见图 13-1。盐池县 GDP 2003 年和 2004 年居宁夏回族自治区 8 个国家扶贫工作重点县中的第 1，2005 年盐池县的排名下降到第 3，2006 年排名继续卜滑到第 4；原州区 2003 年和 2004

年 GDP 排名第 2，2005 年和 2006 年上升到第 1；同心县在 2003 年、2004 年和 2006 年排名第 3，只有 2005 年下滑到第 4。

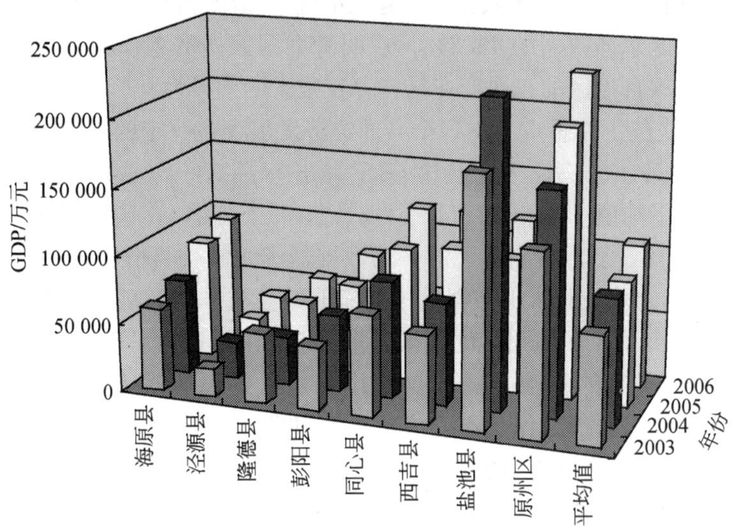

图 13-1　宁夏回族自治区国家扶贫工作重点县 GDP 排名

排名最后的县在 2003～2006 年未发生很大变化，其中泾源县、隆德县、彭阳县的 GDP 始终位于宁夏回族自治区 8 个国家扶贫工作重点县中的最后 3 位。

进一步分析 2003～2006 年宁夏回族自治区国家扶贫工作重点县 GDP 排名情况，可以看出，2003～2006 年宁夏回族自治区国家扶贫工作重点县中位居前列的县和位居后面的县的 GDP 之间差距呈现缩小的趋势，详见表 13-3。

表 13-3　宁夏回族自治区国家扶贫工作重点县 GDP 最值表　　（单位：万元）

年份	2003	2004	2005	2006
最高值	盐池县 181 210	盐池县 224 397	原州区 197 435	原州区 227 873
最低值	泾源县 20 416	泾源县 27 341	泾源县 32 623	泾源县 37 687
最高最低比值	8.88	8.21	6.05	6.05

（二）GDP 增长率

与 GDP 排名较为稳定不同，2003～2006 年 GDP 增长率排名的变化非常大。2003 年和 2004 年 GDP 增长率排名第 1 的原州区，2005 年下降到第 4，

2006 年排名下降到第 5；2003 年和 2004 年排名第 2 的泾源县，2005 年上升到第 1，而 2006 年又再次下滑到第 4；西吉县的 GDP 增长率 2003 年排名第 3，2004 年下降到第 5，2005 年排名第 3，2006 年下降到第 6；2003 年排名倒数第 1 的同心县，2004 年上升到第 6，2005 年排名第 7，2006 年排名上升到第 1；2003 年排名第 5 的盐池县，2004 年下降到第 7，2005 年排名第 6，2006 年上升到第 2。

GDP 增长率变化较小的县是海原县，2003 年海原县 GDP 增长率排名处于倒数第 2，从 2004～2006 年海原县的 GDP 增长率排名始终是最后一位。

进一步分析 2003～2006 年宁夏回族自治区国家扶贫工作重点县 GDP 增长率排名情况，详见表 13-4，数据表明宁夏回族自治区国家扶贫工作重点县的 GDP 增长速度的差距变化较大，不同年份的差距呈现出不同特点，并没有一个稳定的趋势。

表 13-4 宁夏回族自治区国家扶贫工作重点县 GDP 增长率最值表 （单位：%）

年份	2003	2004	2005	2006
最高值	原州区 14.3	原州区 13.8	泾源县 10.5	同心县 14.3
最低值	同心县 8.6	海原县 7.1	海原县 3.5	海原县 11.2
最高最低比值	1.66	1.94	3.00	1.28

（三）人均 GDP

盐池县和原州区始终是 2003～2006 年宁夏回族自治区国家扶贫工作重点县 8 个县中人均 GDP 排名第 1 和第 2 的县；隆德县 2003 年人均 GDP 排名第 3，2004 排名下降到第 6，2005 年排名第 5，2006 年排名回升到第 4。盐池县排名靠前主要原因是人口较少，总人口只有 14.7 万人，而 GDP 排名第 1 的原州区有 48.6 万人。

人均 GDP 排名靠后的县变化较小，其中 2003～2005 年三年时间里西吉县始终处于排名的最后一位，2006 年排名倒数第 2；海原县 2003～2005 年排名倒数第 2，2006 年排名与西吉县互换成为最后一位。

进一步分析 2003～2006 年宁夏回族自治区国家扶贫工作重点县人均 GDP 排名情况，可以看出，2003～2006 年宁夏回族自治区国家扶贫工作重点县各县之间的人均 GDP 差距呈现越来越小的趋势。详见表 13-5。

表 13-5 宁夏回族自治区国家扶贫工作重点县人均 GDP 最值表 （单位：元）

年份	2003	2004	2005	2006
最高值	盐池县 11 600	盐池县 14 082	盐池县 6 102	盐池县 7 098
最低值	西吉县 1 420	西吉县 1 635	西吉县 2 221	海原县 2 424
最高最低比值	8.17	8.61	2.75	2.93

二 农民人均纯收入

2003～2006 年宁夏回族自治区 8 个国家扶贫工作重点县中农民人均纯收入排名变化较小，其中盐池县的农民人均纯收入数据始终是 8 个国家扶贫工作重点县中的第 1 名；同心县的变化较大，2003 年和 2004 年农民人均纯收入排名第 2，2005 年同心县的排名下降到第 5，2006 年排名继续下降到第 6；原州区 2003 年和 2004 年的农民人均纯收入的排名为第 3，2005 年和 2006 年排名下降一位到第 4。

泾源县 2003 年和 2004 年的农民人均纯收入位居 8 个县的最后一位，2004 年和 2006 年排名上升一位，位居第 7；而海原县的排名与泾源县相比正好相反，2003 年和 2004 年海原县农民人均纯收入排名第 7，2005 年和 2006 年居最后一位。

进一步分析 2003～2006 年宁夏回族自治区国家扶贫工作重点县农民人均纯收入排名情况，可以看出，农民人均纯收入之间的差距变化较小，详见表 13-6。

表 13-6 宁夏回族自治区国家扶贫工作重点县农民人均纯收入最值表 （单位：元）

年份	2003	2004	2005	2006
最高值	盐池县 1 567	盐池县 1 762	盐池县 2 005	盐池县 2 238
最低值	泾源县 1 147	泾源县 1 306	海原县 1 446	海原县 1 584
最高最低比值	1.37	1.35	1.39	1.41

第三节 宁夏回族自治区的国家扶贫工作重点县产业分析

宁夏回族自治区的 8 个国家扶贫工作重点县的产业主要以第一产业、第二产业和第三产业为主。主要产业中有与马铃薯、中草药、草畜资源、矿产资源、特色农业资源和旅游资源等相关的产业，这主要与当地丰富的资源情况紧密相关，这些产业包括煤炭产业、旅游产业、种植业、林业和畜牧业等。与其他省份的国家扶贫工作重点县不同的是，宁夏的8个国家扶贫工作重点县中的一个主要产业是劳务输出产业，这项产业为当地的贫困人口脱贫提供了很大的支持。

下面我们对整体的产业数据进行分析。

一 三次产业的情况

通过比较宁夏回族自治区8个国家扶贫工作重点县第一产业产值、第二产业产值、第三产业产值和三产比重的数据，可以概括为以下几个方面。

（一）第一产业产值

2003～2006年，第一产业产值靠前的县的排名变化较小。原州区和西吉县的第一产业产值在2003～2006年始终排名前两位，海原县2003年和2004年排名第3，2005年和2006年排名下降到第4。排名变化较大的是彭阳县，2003年排名第5，2004年上升到第4，2005年继续上升到第3，2006年排名维持在第3。泾源县、隆德县和盐池县始终是第一产业产值排名中的最后3位。

数据进一步表明2003～2006年第一产业产值的增加速度变化较小，不同县之间的差距保持一个相对稳定的状况，详见表13-7。

表13-7　宁夏回族自治区国家扶贫工作重点县第一产业产值最值表　（单位：万元）

年份	2003	2004	2005	2006
最高值	原州区 28 810	原州区 37 156	原州区 41 609	原州区 44 795
最低值	泾源县 5 985	泾源县 8 912	泾源县 9 371	泾源县 10 699
最高最低比值	4.81	4.17	4.44	4.17

（二）第二产业产值

第二产业产值的排名较第一产业产值的排名变化较大，2003年和2004年排名第1的盐池县，2005年排名下降到第2，2006年又下降到第3；原州区从

2003年和2004年的第2，上升到2005年和2006年的第1；隆德县2003年第二产业产值排名第3，2004～2006年排名下降到第7，处于8个县中的倒数第2；2003年同心县的第二产业产值排名为第4，2004年和2005年上升到第3，2006年排名继续上升到第2。

泾源县2003～2006年的第二产业产值在8个县中始终处于倒数第1的位置；2003年排名第2的彭阳县上升速度较快，2004年排名第6，2005年和2006年排名第5。2003年排名第6的西吉县，2004年上升到第5，2005年和2006年排名继续上升到第4。

第二产业产值中，2003～2006年不同县的第二产业产值之间的差距有越来越小的趋势，具体见表13-8。

表13-8　宁夏回族自治区国家扶贫工作重点县第二产业产值最值表　（单位：万元）

年份	2003	2004	2005	2006
最高值	盐池县 144 133	盐池县 181 714	原州区 39 831	原州区 47 699
最低值	泾源县 5 287	泾源县 7 637	泾源县 7 690	泾源县 9 836
最高最低比值	27.26	23.79	5.06	4.85

（三）第三产业产值

2003～2006年第三产业产值排名第1的县始终是原州区；2003年和2004年第三产业产值排名第2的同心县，2005年和2006年排名下滑到第5；2003年和2004年第三产业产值排名第3的西吉县，2005年和2006年排名上升到第2。

2003～2006年第三产业产值排名最后一位的县始终是泾源县；彭阳县和隆德县的排名在2003年为倒数第2和倒数第3，该位次在2004～2006年发生互换，隆德县排名下降到第7，彭阳县排名上升到第6。

第三产业产值中，2003～2006年各县之间的差距呈现越来越大的趋势，详见表13-9。

表13-9　宁夏回族自治区国家扶贫工作重点县第三产业产值最值表　（单位：万元）

年份	2003	2004	2005	2006
最高值	原州区 64 373	原州区 72 723	原州区 115 995	原州区 135 379

续表

年份	2003	2004	2005	2006
最低值	泾源县 9 144	泾源县 10 792	泾源县 15 562	泾源县 17 151
最高最低比值	7.04	6.74	7.45	7.89

（四）三次产业结构

从 2003～2006 年三次产业结构数据可以看出，这一期间，彭阳县、海原县和西吉县是第一产业所占的比重最高的几个县。这几个县的第二产业的比重排名有所不同，其中海原县从 2003 年的排名第 3，下降到 2005 年和 2006 年的最后一位；而西吉县始终是 8 个县中的第 7；彭阳县的排名在第 5 和第 6 之间变化。同时，这几个县的第三产业产值在总产值中所占比重变化也不同，其中 2003 年和 2004 年彭阳县的第三产业所占比重在 8 个县中为倒数第 2，2005 年和 2006 年的彭阳县处于最后一位；而海原县的第三产业所占比重 2003 年在 8 个县中排名第 5，2004 年排名第 6，2005 年和 2006 年排名上升到第 2；西吉县的第三产业所占比重除 2004 年排名第 5 外，其他年份的排名为第 4。

2003～2006 年第二产业产值所占比重最高的几个县变化较大，盐池县 2003～2005 年的第二产业产值所占比重在 8 个县中排名第 1，2006 年排名第 2；而同心县 2003 年第二产业产值所占比重在 8 个县中排名第 4，2004 年后每年上升一位，2006 年排名第 1；2003 年第二产业产值所占比重居第 3 位的隆德县，2004 年排名跌至 8 个县的最后一位，2005 年回升到第 5，2006 年又下跌到第 6；原州区的第二产业产值所占的比重变化也较大，从 2003 年的最后一名上升到 2004 年的第 2，2005 年和 2006 年排名为第 4；2005 年和 2006 年第二产业产值所占比重排名第 3 的泾源县在 2003 年的排名为第 6，2004 年上升至第 5。同时，这几个县的第一产业产值所占比重在排名中都处于较后的位置，盐池县的第一产业产值所占比重是 8 个县中的倒数第 2。这几个县中除了盐池县的第三产业产值所占比重在 8 个县中排名较为靠后外，其他几个县第三产业产值所占比重排名在比较靠前的位置。

二　排名前 20%和后 20%的国家扶贫工作重点县优势产业分析

由于宁夏回族自治区的国家扶贫工作重点县的数量较少，因此，我们对宁夏回族自治区 2006 年 GDP 排名前 20%和后 20%的国家扶贫工作重点县一起进行分析。2006 年 GDP 排名前 20%的国家扶贫工作重点县是原州区和西吉县，这两个区县2006年GDP的总和达到了34.71亿元，占宁夏回族自治区8个国家扶贫工作重点县GDP总和85.09亿元的40.79%。2006年GDP排名后20%的国家扶贫工作重点县是隆德县和泾源县，这两个县2006年GDP的总和只有9.42亿元，占宁夏回族自治区8个国家扶贫工作重点县GDP总和85.09亿元的11.07%。

（一）GDP排名前20%和后20%的县三次产业结构分析

我们选择了2006年GDP排名前20%和后20%的县2003～2006年的三次产业数据来进行分析，详见表13-10，括号内的数字是该县在2006年的GDP的排名。

表13-10　2003～2006年GDP排名前20%和后20%的县三次产业状况

年份	原州区（1）	西吉县（2）	隆德县（7）	泾源县（8）
2003	21.8∶29.5∶48.7	36.0∶25.5∶38.4	21.5∶45.8∶32.8	29.3∶25.9∶44.8
2004	22.7∶32.8∶44.5	38.7∶22.5∶38.8	37.1∶22.2∶40.8	32.6∶27.9∶39.5
2005	21.1∶20.2∶58.8	33.1∶16.4∶50.4	29.8∶18.8∶51.5	28.7∶23.6∶47.7
2006	19.7∶20.9∶59.4	31.1∶19.4∶49.5	27.8∶19.7∶52.5	28.3∶26.1∶45.5

表13-10反映出，宁夏回族自治区2006年排名前20%的县和后20%的县的三次产业结构比较类似，第三产业在GDP中所占比重都是最高的。因此，单纯从三次产业结构上来分析，宁夏回族自治区经济发展快的县和经济发展慢的县几乎没有差别。

（二）GDP排名前20%和后20%的县的优势产业状况

我们进一步分析GDP排名前20%和后20%的县的资源和优势产业状况，可以看出，排名靠前和靠后的县的优势产业中均有马铃薯产业和劳务输出产业，除了原州区有能源资源产业（煤炭产业）外，其他县由于资源匮乏都没有这样的产业。这导致各个县的产业状况主要以劳务输出和种植业为主。

（三）GDP排名前20%和后20%的县产业与农民人均纯收入分析

我们将GDP排名前20%和后20%的县的农民人均纯收入数据进行分析，可以看到在GDP排名前20%的县中的西吉县的农民人均纯收入较低，而GDP排名位于后20%的两个县的农民人均纯收入却相对较高，说明宁夏回族自治区的产业发展状况对经济的影响与对农民人均纯收入的影响有一定的差异性。

第四节 宁夏回族自治区的国家扶贫工作重点县经济数据交叉分析及产业特点

一 经济数据交叉分析

（一）GDP、GDP 增长率、人均 GDP 数据交叉分析

通过分析 GDP、GDP 增长率和人均 GDP 的数据可知：

（1）8 个国家扶贫工作重点县的 GDP 和 GDP 增长率的排名存在一定的差异性，其中 GDP 排名靠前的几个县中，有的县 GDP 增长率的排名处于前列，如 2006 年 GDP 排名第 3 的同心县的 GDP 增长率排名第 1；但有的县的 GDP 增长率却比较靠后，如 2006 年 GDP 排名第 1 的原州区的 GDP 增长率仅排名第 5。GDP 排名比较靠后的几个县的 GDP 增长率有比较靠前的，也有比较靠后的，如 2006 年 GDP 排名最后一位的泾源县的 GDP 增长率排名位于 8 个县的第 4，2006 年 GDP 排名第 5 的海原县的 GDP 增长率排名最后一位。

受各县人口数量差异的影响，人均 GDP 的排名与 GDP 的排名也有一定的差距，其中盐池县由于人口数量较少，根据第五次人口普查数据，全县总人口为 14.7 万人，造成 2006 年盐池县的 GDP 排名为第 4，但人均 GDP 排名第 1 的状况。

（2）2003～2006 年宁夏回族自治区国家扶贫工作重点县中位居前列的县和位居后面的县的 GDP 之间的差距呈现缩小的趋势，主要原因是 GDP 排名靠后县的总体经济增长速度快于 GDP 排名靠前县的总体经济增长速度，导致各县之间差距越来越小。

（二）GDP 相关数据与产业相关数据联合分析

综合考虑 GDP 的相关数据和产业相关数据，可以看出：

（1）宁夏回族自治区 8 个国家扶贫工作重点县中的第三产业所占的比重都比较大。数据表明，2003～2006 年，GDP 排名前 4 的县的第三产业产值排名一般也比较靠前，如原州区和西吉县。这两个县的三次产业结构有所不同，以 2006 年的三次产业结构为例，原州区的三次产业结构为 19.7∶20.9∶59.4，西吉县的三次产业结构为 31.1∶19.4∶49.5，可以看出，宁夏回族自治区经济发展较好的这两个县的三次产业结构中第一产业、第二产业和第三产业所占的比重各有特色。原州区的第二产业和第一产业的规模相似，但第三产业的规模要高出很多，经济发展主要依靠第三产业的发展来带动；而西吉县的第一产业规

模比第二产业的规模高出很多，第三产业的规模占到GDP总值的一半，可以说当地的经济发展主要依靠第一产业和第三产业共同发展而带动。

（2）受产业规模大小的影响，三次产业结构反映出来的情况与实际产业发展情况有很大的出入。第三产业所占比例靠前的县产业规模并不一定很大。其第三产业所占比例较高的一个主要原因是其每个产业的产值都不高，从而使其能够在第三产业所占比值中排名靠前。以泾源县为例，2006年该县第三产业产值为1.72亿元，但在其产业结构中第三产业所占比重为45.5%，在排名表中位列第5。而同心县由于总体产业规模较大，其2006年第三产业产值虽然达到了4.86亿元，但第三产业所占比值仅为41.1%，在第三产业占总产值比重的排名中仅位列倒数第2。

（3）经济发展与产业结构、产业规模紧密相连。经济发展需要做大做强产业，由于具备一定的产业规模和较好的产业结构，从而当地的经济发展取得了较好的成果。例如，2006年GDP排名第1的原州区的第一产业、第二产业和第三产业的产业规模在8个县中都位列第1，同时产业发展速度较快，才使原州区的GDP处于8个县中的第1位。

在一定的产业规模情况下，依托第一产业、第二产业和第三产业协调带动整个经济发展可以取得较好的成果。但如果产业规模过小，即使拥有相同的三次产业结构，经济发展同样不能达到较好的水平。例如，2006年GDP排名倒数第2的隆德县的产业结构与排名第1的原州区的产业结构相类似，但由于其产业规模过小，导致隆德县的经济发展情况就不很乐观。2006年隆德县的GDP为5.65亿元，GDP增长率为12.6%，三次产业结构为27.8∶19.7∶52.5，原州区的GDP为22.79亿元，GDP增长率为11.7%，三次产业结构为19.7∶20.9∶59.4。由于隆德县的GDP数据与原州区的GDP数据有一定差距，在两个县GDP增长率基本相同的情况下，隆德县的GDP排名在8个国家扶贫工作重点县中位列第7，而原州区的GDP排名第1。这些数据表明产业规模是决定经济发展速度的一个非常关键的因素，因此，经济发展必须同时重视产业规模和产业结构。

（三）GDP相关数据、产业相关数据与农民人均纯收入数据联合分析

与其他省份不同，在宁夏回族自治区的8个国家扶贫工作重点县中，没有出现GDP数据高、农民人均纯收入高的县，宁夏回族自治区的农民人均纯收入与GDP数据呈现三种不同的对应关系：① GDP数据较高、农民人均纯收入较低的县；② GDP数据较低、农民人均纯收入较高的县；③ GDP数据较低、农民人均纯收入较低的县。为了有效地解释农民人均纯收入与GDP数据之间存在的不同对应关系，我们加入产业数据进行进一步分析。

（1）GDP数据较高、农民人均纯收入较低的县。我们以2006年GDP排名第1、农民人均纯收入排名第4的原州区为例进行分析，2006年原州区的GDP达到22.79亿元，位居8个国家扶贫工作重点县第1，其中第一产业产值4.48亿元，第二产业产值4.77亿元，第三产业产值13.54亿元，均排名第1，三次产业结构为19.7∶20.9∶59.4，农民人均纯收入为1940元，该数据在8个国家扶贫工作重点县中位居第4。第一产业主要是马铃薯、特色种植（枸杞、葵花和蔬菜）、养牛产业等。但第一产业的规模小，产业化程度低，抗灾能力弱，农民增收长效机制还不够完善，加上第三产业处于起步发展阶段，对农民增收的作用有限，导致整体经济发展与农民增收之间没有同步。

（2）GDP数据较低、农民人均纯收入较高的县。我们以2006年8个国家扶贫工作重点县中GDP排名第6、农民人均纯收入排名第2的彭阳县为例进行分析，2006年彭阳县的GDP为7.85亿元，位居8个国家扶贫工作重点县的第6。其中，第一产业产值3.23亿元，排名第3，第二产业产值1.55亿元，排名第5，第三产业产值3.07亿元，排名第6，三次产业数据是41.1∶19.7∶39.2，但其农民人均纯收入1978元，位列8个县的第2。究其原因，我们发现，彭阳县着力做强草畜、马铃薯蔬菜、劳务三大产业，培育饲草、马铃薯、冷凉型蔬菜、优质牛肉、生态鸡五个基地，通过大力发展农村经济，实现了农民增收。与此同时，彭阳县着力培育劳务产业，把劳务输出作为农民增收工程、培训工程、移民工程，推进劳务产业“321工程”，强化政府有组织输出，发展和规范劳务中介组织和劳务能人队伍，巩固扩大劳务基地，提高劳务输出的组织化水平。通过输出劳动力，实现农民收入的提高。但由于彭阳县的第二产业和第三产业的规模过小，当地的总体经济形势不理想。

（3）GDP数据较低、农民人均纯收入较低的县。我们以2006年GDP排名最后、人均纯收入排名倒数第2的泾源县为例进行分析。2006年的泾源县GDP为3.77亿元，居8个扶贫工作县的最后；其中第一产业产值1.07亿元，第二产业产值0.98亿元，第三产业产值1.72亿元，均排名最后。由于三次产业的规模都比较小，对农民人均纯收入的增加影响较小，农民人均纯收入排名倒数第2。

二　产业发展特点

（一）各个县的产业发展都与自身的资源情况紧密相关

宁夏回族自治区的8个国家扶贫工作重点县的经济发展主要依靠第一产业和第三产业的发展，主要产业中有与马铃薯、中草药、草畜资源、矿产资源、特色农业资源、旅游资源和劳务输出等相关的产业，这主要是与当地丰富的资源情况紧密相关。在宁夏的8个国家扶贫工作重点县中，大多数都将当地的人力资源作为该县发展产业的一个重要资源，因此，劳务产业是当地的特色产业和支柱产业，这项产业为当地的贫困人口脱贫提供了很大的支持。

（二）GDP数据与产业数据比较一致，但与农民人均纯收入有一定的差异性

在宁夏8个国家扶贫工作重点县中，GDP相关数据与产业数据之间的一致性较好，处于GDP排名靠前的县的产业发展状况也较好，基本上在产业排名上也处于前列。但GDP数据与农民人均纯收入之间却存在一定的差异性，反映出三种不同的对应关系：GDP数据较高，但农民人均纯收入较低的县；GDP数据较低、农民人均纯收入较高的县；GDP数据较低、农民人均纯收入较低的县。这样的对应关系，说明在宁夏8个国家扶贫工作重点县中，经济发展好的县的农民人均纯收入并没有实现与经济发展的同步增长。

（三）经济发展较好的县的产业规模较大，产业结构都较为合理

GDP排名表中靠前的几个县和排名靠后的几个县的三次产业结构差别不大，造成经济发展有较大差别的主要原因是产业规模。经济发展较快的原州区、西吉县和同心县的产业规模都比较大，产业对经济增长的作用较大。以排名第1的原州区为例，2006年原州区的GDP达到22.79亿元，位居8个国家扶贫工作重点县第1；其中，第一产业产值4.48亿元，第二产业产值4.77亿元，第三产业产值13.54亿元，均排名第1；三次产业结构为19.7∶20.9∶59.4，经济发展主要由第三产业带动发展。

（四）各县的经济实力差距呈现缩小的趋势

2003～2006年，宁夏回族自治区国家扶贫工作重点县各县之间的GDP相关数据、产业相关数据和农民人均纯收入等八类数据中，各个数据都反映出排名靠前县的数据与排名靠后县的数据之间的差距呈现越来越小的趋势，这造成8个国家扶贫工作重点县之间的差距出现越来越小的趋势。这样的变化趋势是由经济发展较为落后的县的发展速度比经济发展较好的县的速度较快导致的，但查看GDP排名靠后县的发展速度，我们看到它们的增速也很慢，这样的结果使宁夏回族自治区的国家扶贫工作重点县总体呈现发展较慢的状况，8个国家扶贫工作重点县的GDP增长率平均值只有12.5%。

（五）靠近中心城市和交通便利的县经济发展较快

宁夏回族自治区8个国家扶贫工作重点县中，经济发展较好的几个县，如

原州区、西吉县和同心县，都处于交通比较便利的地区。固原市原州区位于宁夏南部，六盘山东麓，既是西安、兰州、银川三省会城市的三角中心，也是固原市委、市政府所在地，因此其各项基础设施得到了很大的发展，101 省道、312 国道交会于此，福银高速公路、宝中电气化铁路纵贯南北，固原支线机场已开工建设，这样的基础条件为原州区的经济发展提供了基础保障。而经济发展较为落后的几个县都位于宁夏南部山区边陲，既不靠近中心城市，也没有较好的基础设施。

第十四章 陕西省产业分析

第一节 陕西省的国家扶贫工作重点县概况

陕西省位于中国内陆腹地，黄河中游，居于连接中国东、中部地区和西北、西南的重要位置。全省土地面积为20.58万平方公里。截至2007年末，全省常住人口为3 748万人。全省设10个地级市，有3个县级市、80个县和24个市辖区。

陕西省共有国家扶贫工作重点县50个，占陕西省县市总数的46.7%。陕西省国家扶贫工作重点县的名单，详见表14-1。

表14-1 陕西省国家扶贫工作重点县名单

地区	国家扶贫工作重点县
延安市	子长县、安塞县、延长县、延川县、吴起县、宜川县
铜川市	宜君县、印台区、耀县
渭南市	合阳县、蒲城县、白水县
咸阳市	永寿县、长武县、旬邑县、淳化县、彬县
宝鸡市	麟游县、太白县、陇县
汉中市	西乡县、宁强县、略阳县、镇巴县、洋县
榆林市	清涧县、子洲县、绥德县、米脂县、佳县、吴堡县、横山县、靖边县、定边县、府谷县
安康市	汉滨区、汉阴县、宁陕县、紫阳县、岚皋县、镇坪县、旬阳县、白河县
商洛市	商州区、洛南县、丹凤县、商南县、山阳县、镇安县、柞水县

一 陕西省的国家扶贫工作重点县分布状况

陕西省的50个国家扶贫工作重点县分布较为广泛，除了西安市没有国家扶贫工作重点县外，在陕南、陕北和关中地区的其他9个地级市都有国家扶贫工作重点县。由于陕西省地处中国的中间地带，其国家扶贫工作重点县的分布与其他省份有所不同，陕西省的国家扶贫工作重点县有很多县都处于与其他省份的交界之处，如榆林市的佳县、府谷县和吴堡县位于陕西省和山西省的交界处；商洛市的商南县位于陕西省和河南省的交界处；延安市的吴起县、咸阳市的长武县和宝鸡市的陇县位于陕西省和甘肃省的交界处；榆林市的靖边县与内蒙古自治区的乌审旗、鄂托克前旗接壤；榆林市的定边县南至西南与甘肃省的华池县、环县相接，西与宁夏回族自治区盐池县毗邻，北至东北与内蒙古的鄂托克前旗、乌审旗相邻，系陕、甘、宁、蒙四省（自治区）交界地。

陕西省 50 个国家扶贫工作重点县的总体分布较为平均，只是在榆林市、铜川市和商洛市这三个市的分布较为集中。例如，榆林市辖 1 个市辖区和 11 个县，但该市共有 10 个国家扶贫工作重点县；铜川市辖 3 个市辖区和 1 个县，该市共有 3 个国家扶贫工作重点县；商洛市辖 1 个市辖区和 6 个县，而这 7 个（区）县均是国家扶贫工作重点县。

二 陕西省的国家扶贫工作重点县生态状况

在陕西省的国家扶贫工作重点县中，有很多县的生态环境还是比较脆弱的，尤其是陕北黄土高原地区的很多县的生态环境都很脆弱，如横山县地处陕西省北部，陕北黄土高原区，毛乌素沙漠南缘；绥德县地貌为典型的黄土高原峁梁状丘陵沟壑区和川道区，其中无定河、大理河流域为川道区，其他区域为黄土高原峁梁状丘陵沟壑区，占总土地面积的 78.8%。地貌结构基本是“三个为主”，即土地以峁梁沟坡地为主，占 63%；在峁梁沟坡地中以坡地为主，占 85.4%；在坡地中以 25°以上的陡坡地为主，占 51.24%；全县沟壑密度平均为每平方公里5～6 公里，地面裂度 42%，1 公里以上的沟道有 565 条，支毛沟 5.54 万条，峁梁起伏，沟壑纵横，水土流失严重，生态环境恶化，干旱、冰雹、大风等自然灾害频繁，其中干旱最为严重。

三 陕西省的国家扶贫工作重点县资源状况

陕西省 50 个国家扶贫工作重点县拥有较为丰富的资源，资源类型包括矿产资源、土地资源、中草药资源、林果资源、水资源和旅游资源。陕西省 50 个扶贫工作重点县拥有比较丰富的石油、天然气、煤炭资源和其他矿产资源，如石灰石、铁矿、坩土矿、高岭土矿、油页岩矿、黏土矿、电石和天然气等。其中，彬县和长武县的彬长煤田是陕西省第二大煤田；横山县的煤炭、天然气、石油、钠盐、高岭土四种资源极为丰富，具有重大开发价值，现已发现 8 大类 40 多种矿产资源，被国家列为晋陕蒙能源重化工基地建设区，属神府榆横煤田的重要组成部分，煤炭预测储量500亿吨，已探明储量106亿吨，是典型的可不经洗选的优质动力煤；属陕甘宁盆地大气田的中心腹地，天然气储量1.56万亿立方米，石油储量500万吨，高岭土储量达10多亿立方米，岩盐系榆林特大盐矿的主储区。此外此地还拥有其他矿产资源和丰富的中草药资源和旅游资源等，如宜川县的国家重点风景名胜区黄河壶口瀑布、安塞县的腰鼓和剪纸艺术等。

四 陕西省的国家扶贫工作重点县经济发展状况

本书选取了2006年陕西省总体数据和国家扶贫工作重点县的GDP、GDP增长率、人均GDP、三次产业结构和农民人均纯收入五类数据进行比较，详见表14-2。

表14-2 2006年陕西省国家扶贫工作重点县经济发展情况

	GDP/亿元	GDP增长率/%	人均GDP/元	三次产业结构	农民人均纯收入/元
陕西省	4 383.91	12.7	11 762	11.1∶52.9∶36.0	2 260
扶贫工作重点县	970.48（占总量的22.14%）			18.8∶51.8∶29.5	
最高的县	靖边县 127.26	延川县 24.4	延川县 56 850		安塞县 2 609
最低的县	镇坪县 3.09	子长县 7.6	佳县 2 350		西乡县 1 427

从表14-2中的数据可以看出，陕西省国家扶贫工作重点县在全省的经济总量中所占的比重还是比较小的，2006年占陕西省总县市数量的46.7%的50个国家扶贫工作重点县的GDP总量达到了970.48亿元，是陕西省GDP总量4383.91亿元的22.14%。50个国家扶贫工作重点县的三次产业结构为18.8∶51.8∶29.5，与陕西省的11.1∶52.9∶36.0相比，贫困县第一产业的产值所占比重比陕西省整体数据高出7.7个百分点，第二产业的产值所占比重与陕西省的整体数据相比相差较少，仅低了1.1个百分点，而第三产业产值所占的比重与陕西省总体数据相比低了6.5个百分点。

在总体增长较快的情况下，我们同样可以看出50个国家扶贫工作重点县中各个县的经济发展存在很大的不均衡性。GDP增长率数据排名最高的延川县达到24.4%，是陕西省平均值12.7%的1.92倍，但排名最后的子长县的GDP增长率只有7.6%，低于陕西省的数据。与此相同的情况还反映在GDP、人均GDP和农民人均纯收入的数据上。GDP排名第1的靖边县的数据是排名最后一位的镇坪县GDP数据的41.24倍，人均GDP排名第1的延川县的数据是排名最后一位的佳县的24.19倍；50个国家扶贫工作重点县农民人均纯收入排名第1的安塞县的数据为2609元，而排名最后的西乡县的农民人均纯收入只有1427元，是陕西省农民人均纯收入的63.14%。

第二节　陕西省的国家扶贫工作重点县经济数据分析

我们选取2003～2006年陕西省50个国家扶贫工作重点县的经济数据对经济发展情况进行纵向比较，共包括八类数据，即GDP、GDP增长率、第一产业产值、第二产业产值、第三产业产值、三产比重、人均GDP和农民人均纯收入。

本节我们重点对GDP相关数据和农民人均纯收入数据进行分析，对于产业数据下节将进行深入分析。

一　地区GDP相关数据分析

（一）GDP数据

2003～2006年靖边县GDP位居陕西省50个国家扶贫工作重点县中第1；2003年汉滨区GDP排名第2，2004～2006年汉滨区排名下降到第3；而2003年排名第3的延川县在2004～2006年的排名上升到第3；蒲城县、定边县和府谷县的GDP在2003～2006年始终处于50个县中的第4到第6位。

排名靠后的县在2003～2006年未发生较大变化，吴堡县和镇坪县的GDP始终位于陕西省国家扶贫工作重点县50个县中的最后两位，太白县、宜川县、宜君县和宁陕县的排名也一直处于后几位，只是在不同年份排名稍有变化。

进一步分析2003～2006年陕西省国家扶贫工作重点县GDP排名情况，可以看出，2003～2006年陕西省国家扶贫工作重点县中位居前列的县和后面的县的GDP之间的差距变化呈现扩大的趋势，详见表14-3。

表14-3　陕西省国家扶贫工作重点县GDP最值表　（单位：万元）

年份	2003	2004	2005	2006
最高值	靖边县 367 900	靖边县 798 100	靖边县 1 006 618	靖边县 1 272 610
最低值	吴堡县 13 700	镇坪县 22 334	吴堡县 25 400	镇坪县 30 880
最高最低比值	26.85	35.73	39.63	41.21

（二）GDP 增长率

与 GDP 排名较为稳定不同，2003～2006 年 GDP 增长率排名变化较大。GDP 增长率排名靠前的县中，2003 年 GDP 增长率排名第 1 的子洲县，2004 年下降到第 11，2005 年和 2006 年排名继续下滑到第 21 和第 22；2003 年 GDP 增长率排名第 2 的府谷县，2004 年排名下降到第 8，2005 年下降到第 33，2006 年排名为第 23；2003 年 GDP 增长率排名第 3 的定边县，2004 年排名上升到第 1，2005 年和 2006 年的排名为第 11；2005 年 GDP 增长率排名第 1 的吴起县，2003 年和 2004 年的排名仅为第 9 和第 10 位，2006 年吴起县的 GDP 增长率排名为第 2；2006 年延川县的 GDP 增长率位居 50 个县的首位，2003～2005 年延川县的排名分别为第 5、第 9 和第 15。

GDP 增长率排名靠后县的变化也较为明显，佳县 2003 年 GDP 增长率排名倒数第 1，2004 年排名上升到第 5，2005 年排名重新回落到最后，2006 年排名上升到第 8；商南县 2004 年排名最后，2003 年排名第 34，2005 年和 2006 年排名第 42；子长县 2006 年排名最后，2003 年排名第 6，2004 年排名第 16，2005 年排名第 9。

进一步分析 2003～2006 年陕西省国家扶贫工作重点县 GDP 增长率排名情况，详见表 14-4。

表 14-4 陕西省国家扶贫工作重点县 GDP 增长率最值表 （单位：%）

年份	2003	2004	2005	2006
最高值	子洲县 22.4	定边县 65.2	吴起县 33.1	延川县 24.4
最低值	佳县 −5.0	商南县 8.1	佳县 1.9	子长县 7.6
最高最低比值		8.05	17.42	3.21

（三）人均 GDP

在 2003 年、2005 年和 2006 年陕西省 50 个国家扶贫工作重点县中，人均 GDP 排名第 1 的是延川县，2004 年延川县排名第 2；靖边县在 2004 年人均 GDP 的排名第 1，其他年份的排名为第 2；2003 年和 2004 年府谷县的人均 GDP 排名为第 3，2005 年排名下降到第 5，2006 年排名第 4；2003～2005 年排名第 4 的定边县，2006 年下降到第 5。

在人均 GDP 排名靠后的县中，子洲县的人均 GDP 在 2003 年和 2004 年是陕西省国家扶贫工作重点县中最后一位，2005 年和 2006 年排名倒数第 2；佳县 2003 年和 2004 年排名倒数第 2，2005 年和 2006 年排名最后；2003 年人均 GDP 排名倒数第 3 的清涧县，2004 年排名第 43，2005 年排名第 45，2006 年排名回到第 43；2003 年排名倒数第 4 的绥德县，2004 年排名倒数第 3，2005 年排名为倒数第 4，2006 年排名倒数第 5。

进一步分析 2003～2006 年陕西省国家扶贫工作重点县人均 GDP 排名情况，可以看出，2003～2006 年陕西省国家扶贫工作重点县各县之间的人均 GDP 差距呈现扩大的趋势，详见表 14-5。

表 14-5　陕西省国家扶贫工作重点县人均 GDP 最值表　（单位：元）

年份	2003	2004	2005	2006
最高值	延川县 18 417	靖边县 28 333	延川县 43 477	延川县 56 850
最低值	子洲县 1 147	子洲县 1 437	佳县 1 760	佳县 2 350
最高最低比值	16.06	19.72	24.70	24.19

二 农民人均纯收入

2003～2006 年陕西省 50 个国家扶贫工作重点县中农民人均纯收入排名第 1 的始终是安塞县；耀洲区 2003 年排名第 2，2004～2006 年保持排名第 3 的位置；吴起县在 2003 年排名第 3，2004～2006 年，农民人均纯收入排名第 2。

农民人均纯收入靠后的县的排名有较大的变化，其中，2003 年农民人均纯收入排名最后的米脂县，2004 年排名第 41，2005 年排名第 37，2006 年排名迅速上升到第 19；2003 年排名第 42 的太白县，2004 年下降到最后，2005 年排名上升到第 40，2006 年排名回到第 42；2003 年农民人均纯收入排名第 38 的西乡县，2004 年排名第 48，位居倒数第 3，2005 年和 2006 年下滑到最后。

进一步分析 2003～2006 年陕西省国家扶贫工作重点县农民人均纯收入排名情况，可以看出，农民人均纯收入之间的差距呈现越来越小的趋势，详见表 14-6。

表 14-6 陕西省国家扶贫工作重点县农民人均纯收入最值表 （单位：元）

年份	2003	2004	2005	2006
最高值	安塞县 1 966	安塞县 2 196	安塞县 2 399	安塞县 2 609
最低值	米脂县 872	太白县 1100	西乡县 1 289	西乡县 1 427
最高最低比值	2.25	2.00	1.86	1.83

第三节 陕西省的国家扶贫工作重点县产业分析

陕西省的 50 个国家扶贫工作重点县的主要产业有石油产业、煤炭产业、林果业、畜牧业、中草药的种植等产业，还有水电行业、矿产冶金和旅游产业等，这些都与当地的自然资源紧密相关。

下面我们对整体的产业数据进行分析。

一 三次产业的情况

通过比较陕西省 50 个国家扶贫工作重点县第一产业产值、第二产业产值、第三产业产值和三产比重的数据，可以概括出以下几个方面。

（一）第一产业产值

2003～2006 年，第一产业产值排名有一定的变化。其中，蒲城县和汉滨区的第一产业的产值始终排名前两位；2003 年和 2004 年第一产值排名第 3 的洛南县，2005 年和 2006 年的排名下降到第 7；2003 年和 2004 年排名第 4 的旬阳县，2005 年的排名为第 9，2006 年的排名为第 10；2003 年第一产业产值排名第 5 的洋县，2004 年排名第 6，2005 年排名重新回到第 5，2006 年排名上升到第 3。

在排名靠后的县中，吴堡县 2003～2006 年始终是第一产业产值排名最后的县；2003 年镇坪县的第一产业产值排名倒数第 2，2004 年排名倒数第 3，2005 年排名倒数第 4，2006 年排名重新回到倒数第 3；印台区 2003 年的排名为倒数第 3，2004 年排名倒数第 2，2005 年排名倒数第 5，2006 年排名倒数第 4。2005 年和 2006 年排名倒数第 2 的府谷县，2003 年排名第 40，2004 年下降到第 47。

数据进一步表明各县 2003～2006 年第一产业产值的差距之间呈现缩小的趋势，详见表 14-7。

表 14-7　陕西省国家扶贫工作重点县第一产业产值最值表　（单位：万元）

年份	2003	2004	2005	2006
最高值	蒲城县 64 530	汉滨区 76 579	汉滨区 84 013	汉滨区 97 980
最低值	吴堡县 1 400	吴堡县 5 600	吴堡县 3 545	吴堡县 7 100
最高最低比值	46.09	13.67	23.70	13.80

（二）第二产业产值

2003～2006 年，第二产业产值排名第 1 和第 2 的县始终是靖边县和延川县；2003 年蒲城县第二产业产值排名第 3，2004 年排名第 4，2005 年排名第 5，2006 年排名第 6；2003 年排名第 4 的定边县，2004～2006 年排名上升到第 3；2006 年排名第 4 的吴起县，2003 年排名仅位列第 17，2004 年排名第 16，2005 年排名上升到第 6。

靠后的县有一定的变化，佳县 2003～2006 年的第二产业产值排名最后；2003 年第二产业产值排名倒数第 2 的宜川县，2004 年排名倒数第 4，2005 年和 2006 年的排名为倒数第 3；2003 年和 2004 年排名倒数第 3 的吴堡县，2005 年和 2006 年的排名为倒数第 2；子洲县 2003 年的排名为倒数第 4，2004 年下降到倒数第 2，2005 年排名倒数第 4，2006 年排名倒数第 5。

第二产业产值中，2003～2006 年不同县的第二产业产值之间的差距越来越大，具体见表 14-8。但第二产业产值之间的差距远远高于第一产业产值之间的差距，这是造成不同县经济发展速度快慢不同的一个主要因素。

表 14-8　陕西省国家扶贫工作重点县第二产业产值最值表　（单位：万元）

年份	2003	2004	2005	2006
最高值	靖边县 300 800	靖边县 694 300	靖边县 889 947	靖边县 1 136 450
最低值	佳县 2 100	佳县 2 400	佳县 2 603	佳县 1 480
最高最低比值	143.24	289.29	341.89	767.87

（三）第三产业产值

2003～2006 年，50 个县的第三产业产值排名变化不大，其中汉滨区、蒲城县和府谷县始终是排名第 1 至第 3。2003 年第三产业产值排名第 4 的商洲区，

2004～2006 年排名第 5。宜君县、太白县和镇坪县的第三产业产值始终排名最后 3 位，只是在不同年份中的位次稍有变化。

第三产业产值中，2003～2006 年各县之间的差距变化较小，呈现一个较为稳定的状态，详见表 14-9。

表 14-9　陕西省国家扶贫工作重点县第三产业产值最值表　（单位：万元）

年份	2003	2004	2005	2006
最高值	汉滨区 182 100	汉滨区 204 296	汉滨区 281 512	汉滨区 316 640
最低值	宜君县 5 841	宜君县 5 980	太白县 9 236	太白县 8 041
最高最低比值	31.18	34.16	30.48	39.38

（四）三次产业结构

陕西省 50 个国家扶贫工作重点县的三次产业结构变化规律不太明显，三次产业结构的排名变化较大，同时不同产业比重的排名变化也较为明显。例如，第一产业所占比重，佳县从 2003 年的排名第 15，一跃升为 2006 年的第 2。

从 2003～2006 年三次产业结构数据可以看出，淳化县、紫阳县和旬邑县的第一产业所占的比重始终是靠前的县，察看二产的比重，除了旬邑县排名处于 30 位左右的位置外，紫阳县和淳化县的排名处于 50 个县中较为靠后的位置，其中 2006 年第一产业所占比重排名第 1 的淳化县的第二产业产值所占比重的排名中排第 41。同时，这几个县在第三产业产值所占的比重排名中紫阳县排名靠前位居第 18，旬邑县和淳化县的排名处于靠后的位置。

处于陕北的延川县、靖边县、吴起县和定边县是第二产业产值所占比重最高的几个县，这几个县依靠自然资源优势发展了第二产业。但这几个县的第一产业产值所占的比重和第三产业产值所占比重都是陕西省 50 个国家扶贫工作重点县中最低的。2006 年第二产业产值排名第 1 的延川县的第一产业产值排名位于最后一位，延川县第三产业产值所占比重的排名也处于最后一位。

吴堡县、米脂县、绥德县和子洲县是第三产业产值所占比重最高的几个县。这几个县的第一产业的产值在总产值中所占比重的排名中处于中间位置，同时这几个县第二产业产值所占比重的排名中处于较后的位置。

二　排名前 20%的国家扶贫工作重点县产业数据分析

陕西省 2006 年 GDP 排名前 20%的国家扶贫工作重点县是靖边县、延川县、汉滨区、蒲城县、定边县、府谷县、吴起县、旬阳县、商州区和洋县。这 10 个县 2006 年的 GDP 的总和达到了 507.75 亿元，占陕西省 50 个国家扶贫工作重点县 GDP 总和 970.48 亿元的 52.32%。

(一) GDP 排名前 20%的县三次产业结构分析

我们选择了 2006 年排名前 20%的县 2003～2006 年的三次产业数据来进行分析，详见表 14-10，括号内数字是 GDP 的排名。

表 14-10 2003～2006 年 GDP 排名前 20%的县三次产业状况

年份	靖边县（1）	延川县（2）	汉滨区（3）	蒲城县（4）	定边县（5）
2003	6.7∶81.8∶11.5	2.9∶89.5∶7.6	17.2∶32.1∶50.7	21.0∶42.5∶36.6	15.5∶64.1∶20.4
2004	3.5∶87.0∶09.5	2.9∶91.8∶5.2	18.7∶31.4∶49.9	21.8∶44.6∶33.7	13.2∶67.6∶19.2
2005	3.4∶88.4∶08.2	1.8∶93.1∶5.2	15.7∶31.5∶52.7	19.4∶41.7∶38.9	12.0∶68.6∶19.4
2006	3.0∶89.3∶07.6	1.5∶94.1∶4.3	16.5∶29.9∶53.3	18.4∶43.1∶38.5	9.7∶74.0∶16.3
年份	府谷县（6）	吴起县（7）	旬阳县（8）	商州区（9）	洋县（10）
2003	6.3∶44.1∶49.6	21.6∶46.3∶32.1	24.5∶42.2∶33.4	22.9∶36.7∶40.4	24.8∶42.9∶32.3
2004	4.9∶48.8∶46.3	19.9∶53.7∶26.4	26.0∶42.4∶31.6	22.4∶38.2∶39.4	26.0∶43.7∶30.0
2005	4.3∶41.3∶54.4	11.2∶72.2∶16.6	21.4∶35.0∶43.6	17.1∶43.2∶39.7	25.6∶40.4∶34.0
2006	3.1∶61.6∶35.3	9.3∶76.4∶14.3	20.7∶37.2∶42.2	18.4∶42.2∶39.4	28.1∶38.9∶33.0

表 14-10 反映出，在 2006 年排名前 20%的县中，靖边县、延川县、定边县和吴起县的第二产业产值在 GDP 中所占比重非常高，汉滨区、蒲城县、府谷县、旬阳县、商州区和洋县的第二产业产值和第三产业产值所占比重较高，第二产业产值和第三产业产值相差不大。但这几个县的第一产业产值所占比重非常小，其中靖边县、延川县和府谷县的第一产业产值所占比重不到 10%，定边县的第一产业产值比重也逐年下降，2006 年第一产业比重下降到 9.7%。

(二) GDP 排名前 20%的县的优势产业状况

我们进一步分析 GDP 排名前 20%的县的资源和产业状况，可以看出，除了汉滨区外，其他几个县的主要产业中都有能源产业，如煤炭产业、石油产业、天然气产业、水电产业及矿产挖掘和加工产业。但汉滨区的产业与它们有比较大的差别，除了资源限制外，汉滨区由于靠近安康市，道路交通非常方便，其旅游业发展较快。这样的产业状况主要是依托当地丰富的资源和良好的基础设施而发展起来的。

（三）GDP排名前20%的县产业与农民人均纯收入分析

我们对GDP排名前20%的10个县的产业与农民人均纯收入数据进行分析，可以看到，经济发展较好的几个县的农民人均纯收入并不是最好的，其中2006年GDP排名第5的定边县的农民人均纯收入仅在50个县中排名第39。这说明经济发展较好的区县现有的优势产业对经济发展的影响和对农民人均纯收入的影响不同，现有产业对当地农民的增收作用较小。

三 排名后20%的国家扶贫工作重点县产业数据分析

陕西省2006年GDP排名后20%的国家扶贫工作重点县是子洲县、清涧县、佳县、麟游县、宁陕县、宜君县、宜川县、太白县、吴堡县和排在最后一位的镇坪县，这10个县2006年GDP的总和只有49.05亿元，占到陕西省50个国家扶贫工作重点县GDP总和970.48亿元的5.05%。

（一）GDP排名靠后20%的县三次产业结构分析

我们选择了2006年排名后20%的县2003～2006年的三次产业数据来进行分析，详见表14-11，括号内数字是GDP排名。

表14-11　2003～2006年GDP排名后20%的县三次产业状况

年份	子洲县（41）	清涧县（42）	佳县（43）	麟游县（44）	宁陕县（45）
2003	31.8∶12.6∶55.6	27.1∶20.0∶52.9	38.8∶06.2∶55.0	40.5∶25.5∶34.0	35.1∶24.4∶40.6
2004	40.5∶07.1∶52.4	37.4∶16.5∶46.1	44.3∶06.0∶49.8	42.8∶24.7∶32.4	33.7∶27.8∶38.5
2005	31.0∶11.8∶57.2	31.3∶20.7∶48.0	38.6∶06.0∶55.4	39.6∶26.3∶34.1	32.9∶31.9∶35.2
2006	30.6∶11.9∶57.5	45.0∶15.6∶39.4	52.0∶02.6∶45.4	38.5∶28.5∶32.9	32.6∶33.9∶33.6
年份	宜君县（46）	宜川县（47）	太白县（48）	吴堡县（49）	镇坪县（50）
2003	43.5∶29.8∶26.7	33.2∶11.8∶55.0	39.0∶37.9∶23.1	10.2∶23.4∶66.4	34.0∶27.1∶38.9
2004	47.6∶30.7∶21.8	35.7∶12.2∶52.1	36.4∶38.1∶25.5	22.7∶13.0∶64.4	39.8∶27.1∶33.1
2005	35.7∶36.9∶27.4	38.7∶11.7∶49.5	36.4∶41.0∶24.4	14.0∶15.1∶71.0	38.5∶22.6∶38.8
2006	33.7∶39.5∶26.8	42.6∶12.4∶45.1	38.0∶41.9∶20.1	22.2∶16.4∶61.4	37.2∶22.8∶40.0

表14-11反映出，2006年排名后20%的县产业结构并不是一致的，其中，宁陕县、宜君县、太白县和镇坪县的三次产业在GDP中所占的比重差别较小，但子洲县、清涧县、佳县、麟游县、宜川县和吴堡县的产业主要以第一产业和

第三产业为主。

（二）GDP 排名后 20% 的县三次产业分析

我们进一步分析 GDP 排名后 20% 的县的资源和产业状况，可以看出这几个县的产业以林果业、农业和畜牧业为主，部分县有煤炭产业、矿产加工产业、旅游产业和中药产业，但产业规模较小，受资源状况的影响，10 个县的产业状况差别较大。

（三）GDP 排名后 20% 的县产业与农民人均纯收入分析

我们将 GDP 排名后 20% 的县产业与农民人均纯收入进行分析，可以看到，经济发展较慢的 10 个县的农民人均纯收入并不是很少，其中宜川县 2006 年农民人均纯收入位居第 12，这说明陕西省的产业对经济发展的影响和对农民人均纯收入的影响不同，有的产业可以较大幅度地带动经济发展，但对于当地农民的增收作用较小；有的产业对经济发展的带动作用有限，但对农民增收的影响较大。

第四节　陕西省的国家扶贫工作重点县经济数据交叉分析及产业特点

一　经济数据交叉分析

（一）GDP、GDP 增长率、人均 GDP 数据交叉分析

通过分析 GDP、GDP 增长率和人均 GDP 的数据可知：

(1) 50 个国家扶贫工作重点县的 GDP 和 GDP 增长率的排名存在一定的一致性，其中 GDP 排名靠前的几个县中，GDP 增长率的排名也处于靠前的位置，以 2006 年 GDP 排名第 2 的延川县为例，2006 年延川县的 GDP 增长率的数据排名 50 个县中的第 1。但 GDP 排名靠后的几个县中，GDP 增长率有的处于比较靠前的位置，有的处于靠后的位置。2006 年 GDP 排名最后一位的镇坪县的 GDP 增长率排名倒数第 2，2006 年 GDP 排名倒数第 2 的吴堡县的 GDP 增长率排名 50 个县中的第 9。

由于陕西省 50 个县的人口数量差异非常大，受各县人口数量差异的影响，人均 GDP 的排名与 GDP 的排名也有较大的差距，例如，太白县由于人口数量较少，全县总人口只有 5.19 万人，虽然 2006 年太白县的 GDP 排名为倒数第 3，但人均 GDP 排名为第 10。同样，由于山阳县人口达到 42 万人，虽然 2006 年的

GDP 排名为第 23，但众多的人口导致其 2006 年人均 GDP 排名位列第 45。

（2）2003～2006 年陕西省国家扶贫工作重点县各县之间的 GDP 和人均 GDP 差距变化呈现扩大的趋势，主要原因是各县的第二产业和第三产业的规模差距较大，导致 2003～2006 年陕西省国家扶贫工作重点县中位居前列的县和位居后面的县的 GDP 之间差距变化呈现扩大的趋势。

（二）GDP 相关数据与产业相关数据联合分析

综合考虑 GDP 的相关数据和产业相关数据，可以看出：

（1）第一产业、第二产业和第三产业对经济发展都有影响，但第二产业和第三产业的影响更大。2003～2006 年，第一产业排名靠前的汉滨区、蒲城县和洋县的第二产业产值和第三产业产值排名都比较靠前，导致这几个县的 GDP 和人均 GDP 处于 50 个县的前列，说明第一产业、第二产业和第三产业对这几个县的发展都起到了作用。与此同时，虽然靖边县、延川县、定边县和吴起县的第一产业产值排名处于中等靠后的位置，但由于第二产业产值排名靠前，同时这几个县的第三产业数据处于中等靠前的位置，因此这几个县的 GDP 数据和人均 GDP 数据排名处于前列，可以看出这几个县的第二产业和第三产业对经济增长的作用非常大。

（2）受产业规模大小的影响，三次产业结构反映出来的情况与实际产业发展情况有一定的出入。如第一产业所占比重靠前的县产业规模并不一定很大，其第一产业所占比重较高的主要原因是其每个产业的产值都不高，从而使其能够在第一产业所占比重中排名靠前。以太白县为例，2006 年第一产业产值为 1.52 亿元，但它在产业结构中的第一产业产值所占比重为 38.0%，在第一产业所占比重中排名位列第 13。而靖边县由于总体产业规模较大，其 2006 年第一产业产值为 3.88 亿元，但第一产业产值所占比重仅为 3.0%，排名倒数第 2。

（3）经济发展与产业结构、产业规模紧密相连。经济发展需要做大做强产业，由于具备一定的产业规模和较好的产业结构，从而当地的经济发展取得了较好的成果。例如，2006 年 GDP 排名第 4 的蒲城县的第一产业、第二产业和第三产业的产业规模和产业发展速度都较快，才使蒲城县的 GDP 处于 50 个县中的第 4。陕西省的 50 个县中经济发展较慢的县的三次产业结构与经济发展较快的县的三次产业结构存在较大的差别，经济发展较慢的县的三次产业规模较小。

（三）GDP 相关数据、产业相关数据与农民人均纯收入数据联合分析

农民人均纯收入与 GDP 数据呈现出四种不同的对应关系：① GDP 数据较

高、农民人均纯收入较高的县；② GDP 数据较高、农民人均纯收入较低的县；③ GDP 数据较低、农民人均纯收入较高的县；④ GDP 数据较低、农民人均纯收入较低的县。为了有效地解释农民人均纯收入与 GDP 数据之间存在的不同对应关系，我们加入产业数据进行进一步分析。

（1）GDP 数据较高、农民人均纯收入较高的县。我们以 2006 年位居 GDP 第 7、农民人均纯收入排名第 2 的吴起县为例来进行分析。吴起县 2006 年的 GDP 达到 28.31 亿元，居 50 个国家扶贫工作重点县的第 7 位；第一产业产值达到 2.63 亿元，在第一产业产值中居第 34 位；第二产业的产值达到 21.64 亿元，在第二产业产值排名中位居第 4；第三产业产值为 4.04 亿元，在第三产业产值中位居第 31；三次产业的结构为 9.3∶76.4∶14.3，主要产业是石油产业、畜牧业、林果业和蔬菜产业等。由于针对农业产业采取规模化生产、产业化经营、企业化运作、优质化产品的方向，吴起县实行“支部＋协会＋农户”模式和能人、大户“双带”办法，积极开展农业机械化和水利化的试点示范，大力发展村围经济和庭院经济，加快发展现代农业，促进农民增收致富。

（2）GDP 数据较高、农民人均纯收入较低的县。我们以 2006 年 GDP 排名第 5、农民人均纯收入排名第 39 的定边县为例进行分析。2006 年定边县的 GDP 达到 38.13 亿元，居 50 个扶贫工作重点县的第 5 位；其中第一产业产值 3.71 亿元，排名第 22；第二产业产值 28.22 亿元，排名第 3；第三产业产值 6.20 亿元，排名第 17；农民人均纯收入为 1621 元，该数据在 50 个国家扶贫工作重点县中位居第 39。究其原因，可以看出定边县由于第一产业的生产方式和生产工具的落后，决定了定边农业产业化水平比较低，规模较小，无法为农民增收提供有效支持。

（3）GDP 数据较低、农民人均纯收入较高的县。我们以 2006 年 GDP 排名第 19、农民人均纯收入排名第 1 的安塞县为例进行分析。2006 年安塞县的 GDP 为 16.93 亿元，居 50 个国家扶贫工作重点县的第 19 位；其中第一产业产值 2.60 亿元，排名第 35；第二产业产值 10.50 亿元，排名第 11；第三产业产值 3.84 亿元，排名第 32；但其农民人均纯收入位列 50 个县的第 1，达到了 2609 元。安塞县的产业有以菜、果、畜为主的绿色产业，以石油为主的工业产业和以黄土风情文化为主的文化旅游产业。围绕绿色优势产业培育，安塞县通过技术培训、建立专业合作组织、拓宽营销渠道、政府支持和财政支持等多项措施，提高农民的收入；同时，加强职业技能培训，扩大对外劳务协作，大力发展劳务经济。以上一些举措使农民人均纯收入得到提高。

（4）GDP 数据较低、农民人均纯收入较低的县。我们以 2006 年 GDP 排名倒数第 3、人均纯收入排名第 42 的太白县为例进行分析，2006 年的太白县 GDP 为 4.0 亿元，居 50 个国家扶贫工作县的第 48 位，其中第一产业产值 1.52 亿元，排名第46，第二产业产值1.68亿元，排名第40，第三产业产值0.8亿元，排名最后，由于第一产业和第三产业的规模太小，对农民人均纯收入的增加影响较小，农民人均纯收入排名倒数第3。

二 产业发展特点

（一）各个县的产业发展都与自身的资源情况紧密相关

在50个国家国家扶贫工作重点县中，各县的主要产业是林果业、畜牧业、中草药产业、水电产业、矿产冶金、旅游产业、煤炭产业、石油产业等，这些产业的发展主要得益于当地丰富的水资源、矿产资源、特色农业资源和旅游资源等，这样的资源情况决定了相关产业的发展水平。

（二）受资源情况制约，各个县的产业情况变化较大

经济发展较快的几个县主要产业是能源产业和矿产产业，而经济发展较慢的几个县的主要产业是林果业、农业、畜牧业、中草药产业和旅游产业，现有的资源并没有形成当地的优势产业。

50个国家扶贫工作重点县的主要产业有石油产业、煤炭产业、林果业，畜牧业、中草药的种植等，还有水电行业、矿产冶金和旅游产业等产业，这些都与当地的自然资源紧密相关。第一产业、第二产业和第三产业都对50个国家扶贫工作重点县的经济发展起到一定的作用，但第二产业所占的比重相对更大一些。

50个国家扶贫工作重点县的产业状况差别较大，经济发展较快的县的主要产业中都有能源产业，如煤炭产业、石油产业和天然气产业，部分县还有矿产加工产业。近年来，随着陕北地区的石油资源、煤炭资源和天然气资源的开发利用，该区域内的贫困县的经济飞速发展，从2006年的数据可以看出，在陕西省50个国家扶贫工作重点县中，GDP排名前10位的县中有5个县都处于该区域内。这样的产业对于经济发展的作用非常大，但是对于农民增收的作用有限，未来需要从培育其他优势产业入手，不仅解决石油产业资源有限的问题，而且解决当地农民收入增加的问题。

而经济较为落后的几个县的产业中主要以林果业、畜牧业、农业、中草药和旅游产业为主，虽然这些县中也有部分县有良好的自然资源，如宜川县的黄河壶口旅游资源，但受资金、管理和人才等因素影响，发展速度和发展规模都有很大的局限性。但旅游产业的不断发展不仅会使该产业做大形成优势产业，而且可以和其他产业，如林果业相互联动，带动林果业发展成为优势产业，从

而解决目前经济发展较为缓慢地区的经济发展增速问题和农民增收问题。

（三）GDP数据与产业数据和农民人均纯收入数据存在一定的差异性

在50个国家扶贫工作重点县中，GDP相关数据与产业数据存在一定的差异性。在GDP排名靠前的县中，既有依靠第一产业、第二产业和第三产业共同来发展的县，也有依靠第二产业和第三产业来发展经济的县；同时，GDP相关数据和农民人均纯收入之间也存在一定的差异性，反映出四种不同的对应关系：GDP数据较高、农民人均纯收入较高的县；GDP数据较高，但农民人均纯收入较低的县；GDP数据较低、农民人均纯收入较高的县；GDP数据较低、农民人均纯收入较低的县。

（四）经济发展较好的县的产业规模较大，产业结构都较为合理

GDP排名表中靠前的几个县，如广安区、南部县、宣汉县和阆中市的产业规模都比较大。以排名第1的广安区2006年的数据为例，第一产业的产值为16.0亿元，第二产业的产值为33.34亿元，第三产业的产值为31.61亿元。其每个产业的数据都比排名靠后的县的数据高很多。

（五）受第二产业和第三产业发展速度的影响，各县的经济实力差距呈现扩大的趋势

2003～2006年陕西省国家扶贫工作重点县各县之间的GDP和人均GDP差距变化呈现扩大的趋势，主要是由于发展较快的县的第二产业和第三产业的发展速度较快，导致与发展慢的县之间的差距扩大。

第十五章 四川省产业分析

第一节 四川省的国家扶贫工作重点县概况

四川省位于中国西南地区，总面积 48.41 万平方公里。2006 年四川省总人口为 8722.52 万人，四川省辖 18 个地级市、3 个自治州；43 个市辖区、14 个县级市、120 个县、4 个自治县。四川省共有国家扶贫工作重点县 36 个，占四川省总县市数量的 19.9%。四川省国家扶贫工作重点县的名单，详见表 15-1。

表 15-1 四川省国家扶贫工作重点县名单

地区	国家扶贫工作重点县
广元市	苍溪县、朝天区、旺苍县
南充市	阆中市、仪陇县、嘉陵区、南部县
广安市	广安区
乐山市	马边县
泸州市	古蔺县、叙永县
宜宾市	屏山县
巴中市	通江县、南江县、平昌县
达州市	宣汉县、万源市
阿坝州	壤塘县、黑水县、小金县
甘孜州	石渠县、理塘县、雅江县、新龙县、色达县
凉山州	美姑县、金阳县、昭觉县、布拖县、雷波县、普格县、喜德县、盐源县、木里县、越西县、甘洛县

一 四川省的国家扶贫工作重点县分布状况

四川省的 36 个国家扶贫工作重点县数量分布较为集中，主要分布在四川省的 8 个地级市和 3 个自治州，其中 3 个自治州的国家扶贫工作重点县主要集中在四川省的西部，广元市、广安市、南充市、巴中市和达州市的国家扶贫工作重点县主要集中在四川省的东北部，还有 4 个国家扶贫工作重点县分布在宜宾市、泸州市和乐山市。

四川省 36 个国家扶贫工作重点县呈现出地理集中度较高的特点。我们以扶贫工作重点县数量较多的凉山彝族自治州为例来进行分析。凉山州位于四川省西南部，南至金沙江，北抵大渡河，东临四川盆地，西连横断山脉。凉山彝族自治州辖 1 个县级市、15 个县、1 个自治县，凉山彝族自治州的 17 个县中有 11 个县是国家扶贫工作重点县。

二 四川省的国家扶贫工作重点县生态状况

四川省的国家扶贫工作重点县中很多县的生态环境还是比较脆弱的。例如，雷波县为典型的山地县，山地面积达 2443.28 平方公里，占全县幅员 83.8%，其中海拔 1000～3500 米的中山占 75.3%，3500 米以上的高山占 0.7%，河谷低台占 10.6%，高台地占 2.3%，湖积平原占 0.3%。全县地势西高东低，由西向东缓慢倾斜。西南边海拔 4076.5 米的狮子山主峰为最高点，最低点是东北角金沙江畔的大岩洞谷地，水面海拔 325 米，相对高低悬殊达 3751.5 米。全县 25°以上的坡地占总面积的 46.5%。

三 四川省的国家扶贫工作重点县资源状况

四川省 36 个国家扶贫工作重点县均拥有一定资源，资源类型包括矿产资源、林地资源、水资源和旅游资源。四川省 36 个国家扶贫工作重点县的矿产资源种类丰富，包括有煤炭、金矿、花岗石、石油、天然气等。而且部分县矿产资源的储量也非常可观，如宣汉县天然气预测储量高达 1.5 万亿立方米，居全国第 2 位；雷波县磷矿探明储量 44 亿吨，是全国八大优质磷矿资源基地之一。此外，很多县的水能蕴藏量丰富，还有极高开发价值的中草药资源和丰富的旅游资源。例如，屏山县的红麻年产量达成 2500 余吨，是四川省重点产区；壤塘县宗教寺院、佛塔楼阁、山水奇景的旅游资源。

四 四川省的国家扶贫工作重点县经济发展状况

为了从整体上把握四川省国家扶贫工作重点县的经济发展情况，我们选取了 2006 年四川省总体数据和扶贫工作重点县的 GDP、GDP 增长率、人均 GDP、三次产业结构和农民人均纯收入五类数据进行比较，详见表 15-2。

表 15-2　2006 年四川省国家扶贫工作重点县经济发展情况

	GDP/亿元	GDP 增长率/%	人均 GDP/元	三次产业结构	农民人均纯收入/元
四川省	8 637.8	13.3	10 574	18.5∶43.7∶37.8	3 013
扶贫工作重点县	704.10（占总量的 8.2%）			34.7∶32.5∶32.8	
最高的县	广安区 80.95	黑水县 39.7	广安区 7 806		广安区 3 077
最低的县	色达县 1.63	美姑县 1.3	美姑县 3 199		色达县 1 296

从表 15-2 中可以看出，四川省国家扶贫工作重点县在全省的经济总量中所占的比重还是比较小的，2006 年占四川省县市总数的 19.9%的 36 个国家扶贫工作重点县的 GDP 总量达到了 704.10 亿元，是四川省 GDP 总量 8637.8 亿元的 8.2%。36 个国家扶贫工作重点县的三次产业结构为 34.7∶32.5∶32.8，与四川省的 18.5∶43.7∶37.8 相比，贫困县第一产业的产值所占比重比四川省整体数据高出 16.2 个百分点，第二产业的产值所占比重与四川省的整体数据相比低 11.2 个百分点，而第三产业产值所占的比重与四川省总体数据相比相差不多。

在总体增长较快的情况下，我们同样可以看出 36 个国家扶贫工作重点县中各个县的经济发展存在很大的不均衡性。从 GDP 增长率数据可知，排名最高的黑水县的 GDP 增长率达到 39.7%，是四川省平均值 13.3%的 2.98 倍，但排名最后的美姑县的 GDP 增长率却只有 1.3%，远远低于四川省的数据。与此相同的情况反映在 GDP、人均 GDP 和农民人均纯收入的数据上，GDP 排名第一的广安区的数据是排名最后一位的色达县 GDP 数据的 49.66 倍，人均 GDP 排名第一的广安区的数据是排名最后一位的美姑县的 2.44 倍；36 个国家扶贫工作重点县中农民人均纯收入排名第一的广安区的数据为 3077 元，而排名最后的色达县的农民人均纯收入只有 1296 元，是四川省农民人均纯收入的 43%。

第二节　四川省的国家扶贫工作重点县经济数据分析

我们选取 2003～2006 年四川省 36 个国家扶贫工作重点县的经济数据对经济发展情况进行纵向比较，共包括 36 个国家扶贫工作重点县的八类数据，即 GDP、GDP 增长率、第一产业产值、第二产业产值、第三产业产值、三产比重、人均 GDP 和农民人均纯收入。

本节我们重点对GDP相关数据和农民人均纯收入数据进行分析，对于产业数据下节将进行深入分析。

一 地区GDP相关数据分析

（一）GDP数据

2003年和2004年南部县GDP居四川省国家扶贫工作重点县36个县中的第1位，2005年和2006年南部县排名第2；2003年和2004年广安区排名第2，2005年和2006年排名第1；宣汉县和阆中市在2003～2006年始终排名第3和第4。

排名最后的县在2003～2006年未发生很大变化，色达县、雅江县、壤塘县和新隆县的GDP始终处于四川省36个国家扶贫工作重点县中的最后四位，只是2006年的色达县和雅江县的排名出现互换。

进一步分析2003～2006年四川省国家扶贫工作重点县GDP排名情况，可以看出，2003～2006年四川省国家扶贫工作重点县中位居前列的县和位居后面的县的GDP之间差距变化较小，详见表15-3。

表15-3　四川省国家扶贫工作重点县GDP最值表　（单位：万元）

年份	2003	2004	2005	2006
最高值	南部县 488 669	南部县 597 361	广安区 704 726	广安区 809 461
最低值	雅江县 9 492	雅江县 11 040	雅江县 13 883	色达县 16 344
最高最低比值	51.48	54.11	50.76	49.53

（二）GDP增长率

与GDP排名较为稳定不同，2003～2006年GDP增长率排名体现出，排名靠前的县总体较为靠前，排名落后的县中有的县的增长率较快，有的县的增长率较慢，总体发展呈现一定的稳定性。

在GDP增长率排名靠前的县中，2003年GDP增长率排名第1的小金县，2004年下降到第7，2005年上升到第5，2006年下降到第11；2004年GDP增长率排名第1的雷波县，2003年的排名第10，2005年下降到第4，2006年继续下滑到第23；2005年和2006年GDP增长率排名第1的黑水县，2003年仅位列第 17，2004 年居第 12。

GDP 增长率排名靠后县的变化更为明显。新龙县 2003 年排名倒数第 1，2004 年排名上升到第 31，2005 年排名第 29，2006 年排名第 30；甘洛县 2004 年排名最后，2003 年排名第 26，2005 年和 2006 年排名迅速上升到第 2；屏山县 2005 年排名最后，2003 年排名第 4，2004 年排名第 33，2006 年排名第 35；美姑县 2006 年排名最后，2003 年排名第 18，2004 年排名第 6，2005 年排名第 10。

进一步分析 2003～2006 年四川省国家扶贫工作重点县 GDP 增长率排名情况，详见表 15-4。

表 15-4　四川省国家扶贫工作重点县 GDP 增长率最值表　（单位:%）

年份	2003	2004	2005	2006
最高值	小金县 15.0	雷波县 33.6	黑水县 25.7	黑水县 39.7
最低值	新龙县 0.5	甘洛县 −28.1	屏山县 1.0	美姑县 1.3
最高最低比值	30.0		25.7	30.54

（三）人均 GDP

2003 年四川省 36 个国家扶贫工作重点县中人均 GDP 排名第 1 的是甘洛县，2004 年排名第 11，2005 年排名第 7，2006 年上升到第 2。2003～2004 年排名第 2 的广安区，2005 年和 2006 年上升到第 1 位。南部县 2005 年排名第 1，2003 年排名为第 4，2004 年排名第 2，2006 年排名第 3。

在人均 GDP 排名靠后的县中，仪陇县的人均 GDP 在 2003 年是四川省国家扶贫工作重点县中最后一位，2004 年排名倒数第 2，2005 年和 2006 年排名第 28；2003 年人均 GDP 排名倒数第 2 的古蔺县，2004 年排名最后，2005 年排名倒数第 3，2006 年排名倒数第 5；2003 年排名倒数第 4 的昭觉县，2004 年排名倒数第 3，2005 年排名继续下降为最后，2006 年排名倒数第 3；美姑县 2003～2005 年连续排名倒数第 5，但 2006 年美姑县的排名下滑到最后。

进一步分析 2003～2006 年四川省国家扶贫工作重点县人均 GDP 排名情况，可以看出，四川省国家扶贫工作重点县各县之间的人均 GDP 差距变化不大，详见表 15-5。

表 15-5 四川省国家扶贫工作重点县人均 GDP 最值表 （单位：元）

年份	2003	2004	2005	2006
最高值	甘洛县 4 834	南部县 4 735	广安区 6 966	广安区 7 806
最低值	仪陇县 2 095	古蔺县 2 430	昭觉县 2 890	美姑县 3 199
最高最低比值	2.31	1.95	2.41	2.44

二 农民人均纯收入

2003～2006 年，四川省 36 个国家扶贫工作重点县中农民人均纯收入排名第 1 的始终是广安区；南部县在 2003 年、2005 年和 2006 年保持排名第 2 的位置，只是在 2004 年排名下滑到第 3；万源市 2003 年农民人均纯收入排名第 3，2004 年排名第 2，2005 年排名第 6，2006 年排名第 8；2003 年排名第 4 的屏山县，2004 年排名第 6，2005 年和 2006 年排名下滑到第 10；阆中市 2003 年农民人均纯收入排名第 5，2004 年排名第 4，2005 年和 2006 年排名上升到第 3。

处于农民人均纯收入靠后的县的排名变化很小，不仅在排名最后的几个县的变化很小，2003～2006 年 36 个国家扶贫工作重点县中农民人均纯收入排名靠后的县始终是色达县、雅江县、石渠县和理塘县，而且总体情况也比较稳定，没有出现大的变化。

进一步分析 2003～2006 年四川省国家扶贫工作重点县农民人均纯收入排名情况，可以看出，农民人均纯收入之间的差距变化情况也较小，详见表 15-6。

表 15-6 四川省国家扶贫工作重点县农民人均纯收入最值表 （单位：元）

年份	2003	2004	2005	2006
最高值	广安区 2 171	广安区 2 521	广安区 2 859	广安区 3 077
最低值	色达县 944	色达县 1 039	色达县 1 158	色达县 1 296
最高最低比值	2.30	2.43	2.47	2.37

第三节 四川省的国家扶贫工作重点县产业分析

第一产业、第二产业和第三产业都对 36 个国家扶贫工作重点县的经济发展起作用，而且第一产业所占的比重相对更大一些。36 个国家扶贫工作重点县的主要产业中都有种植业，包括特色农产品的种植、中草药的种植和林草的种植等产业，还有水电行业、矿产冶金和旅游产业等，这些都与当地丰富的自然资源紧密相关。

下面我们对整体的产业数据进行分析。

一 三次产业的情况

通过比较四川省 36 个国家扶贫工作重点县第一产业产值、第二产业产值、第三产业产值和三产比重的数据，可以概括出以下几点。

（一）第一产业产值

2003～2006 年第一产业产值排名比较稳定，变化较小。其中，南部县、宣汉县、仪陇县和广安区始终处于前四名的位置，雅江县、新龙县、色达县和壤塘县始终处于倒数第 1 至倒数第 4 的位置。

数据进一步表明各县 2003～2006 年第一产业产值之间的差距呈现出较小的变化，不同县之间的差距保持一个比较稳定的状况，详见表 15-7。

表 15-7 四川省国家扶贫工作重点县第一产业产值最值表 （单位：万元）

年份	2003	2004	2005	2006
最高值	南部县 189 478	南部县 232 392	南部县 233 368	南部县 231 676
最低值	雅江县 3 787	雅江县 4 148	雅江县 4 053	雅江县 5 145
最高最低比值	50.03	56.03	57.58	45.03

（二）第二产业产值

2003～2006 年，第二产业产值排名靠前的县始终是广安区、南部县、阆中市和宣汉县，这几个县在排名和位次上均没有发生大的变化。排名靠后的县有一定的变化，壤塘县 2003 年的第二产产值排名最后，2004 年排名上升到第 35，2005 年和 2006 年排名继续上升到第 33；石渠县 2003 年第二产业产值排名第 32，2004 年、2005 年和 2006 年排名下滑到 36 个县中的最后；雅江县 2003 年第二产业产值排名倒数第 2，2004 年排名第 33，2005 年排名第 32，2006 年排名第 31。

第二产业产值中，2003～2006 年不同县的第二产业产值之间的差距越来越大，具体见表15-8。但第二产业产值之间的差距远远高于第一产业产值之间的差距，这是造成不同县经济发展速度快慢的一个主要因素。

表15-8　四川省国家扶贫工作重点县第二产业产值最值表　（单位：万元）

年份	2003	2004	2005	2006
最高值	南部县 165 407	南部县 206 969	广安区 269 504	广安区 333 378
最低值	壤塘县 2 222	石渠县 1 784	石渠县 1 301	石渠县 1 558
最高最低比值	74.44	116.01	207.15	213.98

（三）第三产业产值

2003～2006年36个县的第三产业产值排名变化不大，其中，广安区、宣汉县、南部县和阆中市始终是排名第1至第4的县。色达县、雅江县和壤塘县始终是排名最后至倒数第3的县。

第三产业产值中，2003～2006年各县之间的差距同样呈现连年缩小的趋势，见表15-9。

表15-9　四川省国家扶贫工作重点县第三产业产值最值表　（单位：万元）

年份	2003	2004	2005	2006
最高值	广安区 198 486	广安区 212 083	广安区 272 414	广安区 316 097
最低值	雅江县 3 430	雅江县 4 078	色达县 6 723	色达县 7 514
最高最低比值	57.87	52.01	40.52	42.07

（四）三次产业结构

四川省36个国家扶贫工作重点县的三次产业结构也反映出一个较为稳定的状态。从2003～2006年三次产业结构的数据可以看出，美姑县、昭觉县和金阳县的第一产业所占的比重是最高的三个县，察看第二产业的比重，这几个县的第二产业产值所占比重处于36个县中较为靠后的位置，其中2006年第一产业所占比重排名第2的昭觉县的第二产业产值所占比重排名仅倒数第3。同时，这几个县第三产业产值所占的比重排名均处于中等的位置。

甘洛县、嘉陵区、广安区、盐源县、南部县和阆中市是第二产业产值所占比重最高的几个县，黑水县、甘洛县等县的第一产业产值所占的比重都较低，2006年甘洛县的第一产业产值在排名中处于最后一位。而这几个县的第三产业产值所占比重在排名中分布较为分散，以2006年数据为例，既有排名第9的广安区，也有排在最后一位的甘洛县。

新龙县、雅江县、小金县、色达县和壤塘县是第三产业产值所占比重较高的几个县。但这几个县的第一产业的产值在总产值中所占的比重的排名处于中间至后端的位置，同时第二产业产值所占比重的排名基本上均处于中下的位置。

二 排名前20%的国家扶贫工作重点县产业数据分析

四川省2006年GDP排名前20%的国家扶贫工作重点县是广安区、南部县、宣汉县、阆中市、仪陇县、万源县和平昌县。这7个县2006年的GDP的总和达到了361.38亿元，占四川省36个国家扶贫工作重点县GDP总和704.10亿元的51.33%。

(一) GDP排名前20%的县三次产业结构分析

我们选择了2006年排名前20%的县2003～2006年的三次产业数据来进行分析，详见表15-10，括号内数字是GDP的排名。

表15-10　2003～2006年GDP排名前20%的县三次产业状况

年份	广安区（1）	南部县（2）	宣汉县（3）	阆中市（4）
2003	25.2∶32.8∶42.0	38.8∶33.8∶27.4	37.7∶31.9∶30.4	33.0∶33.0∶34.1
2004	26.0∶36.3∶37.8	38.9∶34.6∶26.4	38.2∶32.3∶29.5	33.0∶33.9∶33.1
2005	23.1∶38.2∶38.7	39.6∶33.1∶27.4	40.7∶25.4∶33.9	32.3∶35.3∶32.3
2006	19.8∶41.2∶39.1	33.5∶39.2∶27.4	37.9∶28.3∶33.8	29.1∶39.0∶31.9
年份	仪陇县（5）	万源县（6）	平昌县（7）	
2003	53.4∶13.3∶33.3	40.4∶32.6∶27.0	41.9∶21.7∶36.4	
2004	53.6∶14.3∶32.1	39.3∶33.9∶26.8	42.2∶22.6∶35.3	
2005	49.1∶20.3∶30.6	38.6∶31.2∶30.2	44.3∶23.0∶32.6	
2006	43.3∶25.0∶31.6	35.8∶35.0∶29.2	41.2∶25.7∶33.1	

表5-10反映出，2006年排名前20%的县的三次产业结构差别较大。广安区的第二产业产值和第三产业产值所占比重较高；南部县、宣汉县、阆中市和万源县的第一产业、第二产业和第三产业产值所占比重差别不大；仪陇县和平昌县的第一产业和第三产业产值在GDP中所占比重较高，其中第一产业所占比重超过40%。

（二）GDP 排名前 20% 的县的优势产业状况

我们进一步察看一下 GDP 排名前 20%的县的资源和产业状况，可以看出这 7 个县的主要产业是种植业、养殖业、化工、能源产业（煤炭、石油和水电）以及建材产业，这几个县产业差别不大。

（三）GDP 排名前 20% 的县产业与农民人均纯收入分析

我们将 GDP 排名前 20%的 7 个县的产业与农民人均纯收入数据进行分析，可以看到，经济发展较好县的农民人均纯收入也较好，其中广安区、南部县、阆中市和仪陇县的农民人均纯收入也较高，只有平昌县的农民人均纯收入稍低，2006 年排名第 15，其他县农民人均纯收入低的排名都在前 10 位。经济发展较好的几个县的农民人均纯收入也较高，说明当地的优势产业会带动经济发展，同时也会带动农民增收。

三 排名后 20%的国家扶贫工作重点县产业数据分析

四川省 2006 年 GDP 排名后 20%的国家扶贫工作重点县是小金县、理塘县、石渠县、新龙县、壤塘县、雅江县和排名最后的色达县，这 7 个县 2006 年 GDP 的总和只有 15.49 亿元，占四川省 43 个国家扶贫工作重点县 GDP 总和 704.10 亿元的 2.20%。

（一）GDP 排名后 20% 的县三次产业结构分析

我们选择了 2006 年排名后 20%的县 2003～2006 年的三次产业数据来进行分析。详见表 15-11，括号内数字是 GDP 排名。

表 15-11　2003～2006 年 GDP 排名后 20%的县三次产业状况

年份	小金县（30）	理塘县（31）	石渠县（32）	新龙县（33）
2003	31.3∶22.2∶46.6	41.0∶22.5∶36.4	50.3∶17.0∶32.6	32.7∶18.9∶48.4
2004	31.9∶19.7∶48.0	43.4∶20.0∶36.6	54.0∶9.9∶36.1	33.4∶17.5∶49.1
2005	28.1∶23.5∶48.3	41.1∶15.1∶43.7	49.3∶6.7∶43.9	35.2∶9.7∶55.1
2006	25.5∶27.1∶47.4	40.9∶14.6∶44.4	49.6∶7.3∶43.1	33.9∶9.1∶56.9
年份	壤塘县（34）	雅江县（35）	色达县（36）	
2003	43.1∶17.5∶39.4	39.9∶24.0∶36.1	44.5∶26.2∶29.3	
2004	44.2∶15.2∶40.6	37.6∶25.5∶36.9	44.8∶24.0∶31.2	
2005	42.5∶13.2∶44.3	29.2∶19.1∶48.5	42.2∶12.5∶45.3	
2006	42.1∶12.5∶45.5	30.1∶22.2∶47.7	41.4∶12.6∶46.0	

表 15-11 反映出，2006 年排名后 20%的县产业结构差别较大，其中，小金县、新龙县和雅江县的第三产业产值所占比重较高，理塘县、石渠县、壤塘县和色达县的第一产业和第三产业产值所占比重较高。但第二产业产值所占比重在这 7 个县中都是最低的。

（二）GDP 排名后 20%的县三次产业分析

我们进一步察看一下 GDP 排名后 20%的县的资源和产业状况，可以看出这几个县的产业以畜牧业、林产业、种植业和旅游业为主，部分县有建材、水电产业和矿产加工产业，受资源状况的影响，7 个县的产业状况有一定差别。

（三）GDP 排名后 20%的县产业与农民人均纯收入分析

我们将 GDP 排名后 20%的 7 个县的产业与农民人均纯收入数据进行分析，可以看到，在经济发展较为缓慢的 7 个县中，农民人均纯收入都较低，其中农民人均纯收入排名最高的县是小金县，其他 6 个县的农民人均纯收入排名处于倒数六位。经济发展较落后的几个旗（县）的农民人均纯收入也较低，说明当地的优势产业发展不好不仅会影响经济发展，同时也会影响农民增收。

第四节　四川省的国家扶贫工作重点县经济数据交叉分析及产业特点

一　经济数据交叉分析

（一）GDP、GDP 增长率、人均 GDP 数据交叉分析

通过分析 GDP、GDP 增长率和人均 GDP 的数据可知：

（1）36 个国家扶贫工作重点县的 GDP 和 GDP 增长率的排名存在一定的差异性，其中 GDP 排名靠前的几个县中，GDP 增长率的排名并不是处于非常靠前的位置。以 2006 年 GDP 排名第 1 的广安区为例，2006 年广安区的 GDP 增长率的数据仅排名 36 个县中的第 17。但 GDP 排名靠后的几个县，GDP 增长率均处于比较靠前的位置，尤其是 2006 年 GDP 排名倒数第 3 的雅江县的 GDP 增长率排名第 3。由于四川省 36 个县的人口数量差距非常大，受各县人口数量差异的影响，人均 GDP 的排名与 GDP 的排名也有非常大的差距。例如，壤塘县由于人口数量较少，全县总人口只有 3.35 万人，虽然 2006 年壤塘县的 GDP 排名为倒数第 3，但人均 GDP 排名为第 14。同样，由于古蔺县人口达到了 74 万人，虽然 2006 年的 GDP 排名为第 12，但众多的人口导致其 2006 年人均 GDP 排名居

最后五位。

（2）2003～2006 年四川省国家扶贫工作重点县各县之间的 GDP 和人均 GDP 差距变化较小，主要原因是由于各县的经济发展处于一个相对稳定的状态，没有出现变化较大的一组数据，这样的情况导致 36 个国家扶贫工作重点县之间经济总量的差距变化较为稳定。

（二）GDP 相关数据与产业相关数据联合分析

综合考虑 GDP 的相关数据和产业相关数据，可以看出：

（1）三次产业对经济发展都具有重要的影响。2003～2006 年，第一产业、第二产业和第三产业产值排名靠前的县，如广安区、南部县、宣汉县和阆中市，其 GDP 数据和人均 GDP 数据排名也处于前列，可以看出这三个产业对经济增长的作用都非常大。

（2）受产业规模大小的影响，三次产业结构反映出来的情况与实际产业发展情况有一定的出入。例如，第一产业所占比重靠前的县产业规模并不一定很大，其第一产业所占比重较高的一个主要原因是其每个产业的产值都不高，从而使其能够在第一产业所占比重中排名靠前。以美姑县为例，2006 年第一产业产值为 3.39 亿元，但在产业结构中它的第一产业产值所占比重为 53.2%，在排名表中位列第 1。而广安区由于总体产业规模较大，其 2006 年第一产业产值虽然达到了 16.0 亿元，但第一产业产值所占比重仅为 19.8%，排名仅居倒数第 2。

（3）经济发展与产业结构、产业规模紧密相连。经济发展需要做大做强产业，由于具备一定的产业规模和较好的产业结构，当地的经济发展取得了较好的成果。例如，2006 年 GDP 排名第 1 的广安区的第一产业、第二产业和第三产业的产业规模和产业发展速度都较快，才使广安区的 GDP 处于 36 个县的首位。四川省的 36 个县中经济发展较慢的县的三次产业结构与经济发展较快的县的三次产业结构存在较大的差别，经济发展较慢的县的三次产业规模较小，同时，在三次产业结构中，第一产业和第三产业所占的比重较大，第二产业所占的比重较小，因此导致这些县的经济发展缓慢。

（三）GDP 相关数据、产业相关数据与农民人均纯收入数据联合分析

农民人均纯收入与 GDP 数据呈现出两种不同的对应关系：① GDP 数据较高、农民人均纯收入较高的县；② GDP 数据较低、农民人均纯收入较低的县。与其他很多省市不同的是，四川省的 36 个县中没有 GDP 数据较高，但农民人均纯收入较低的县和 GDP 数据较低、农民人均纯收入较高的县。为了有效地解释农民人均纯收入与 GDP 数据之间存在的不同对应关系，我们加入产业数据进行进一步分析。

（1）GDP数据较高、农民人均纯收入较高的县。我们以2006年GDP居第1、农民人均纯收入排名第1的广安区为例来进行分析。广安区2006年的GDP达到80.95亿元，居36个国家扶贫工作重点县的第1位；第一产业产值达到16.0亿元，在第一产业产值排名中居第4；第二产业的产值达到33.34亿元，在第二产业产值排名中居第2；第三产业产值为31.61亿元，在第三产业产值排名中居第1；三次产业的结构为21.9∶53.6∶24.6，主要产业是特色种植业、电建冶、食品和机械加工、盐化工、天然气化工、医药等产业。广安区重视工业带动农业产业化发展，实现了农业产业产值增加和农民人均纯收入增收的同步发展。

（2）GDP数据较低、农民人均纯收入较低的县。我们以2006年GDP排名最后一位、人均纯收入排名最后一位的色达县为例进行分析，2006年的色达县GDP为1.63亿元，居36个国家扶贫工作县的最后，其中，第一产业产值0.68亿元，排名倒数第3，第二产业产值0.21亿元，排名倒数第3，第三产业产值0.54亿元，排名最后，由于所有产业的规模都比较小，对农民人均纯收入的增加影响较小，农民人均纯收入排名倒数第1。

二 产业发展特点

（一）各个县的产业发展都与自身的资源情况紧密相关

在36个国家扶贫工作重点县中，各县的主要产业是农副产业特色种植业、水电产业、矿产冶金、旅游产业、林业和畜牧业等，这些产业的发展主要得益于当地丰富的水资源、矿产资源、特色农业资源和旅游资源等，这样的资源情况决定了相关产业的发展水平。

（二）GDP数据与产业数据和农民人均纯收入数据比较一致

在36个国家扶贫工作重点县中，GDP相关数据与产业数据和农民人均纯收入之间的一致性较好，GDP排名靠前的县的产业发展状况也较好，基本上在产业排名中处于前列，同时，农民人均纯收入的排名也在前列。

（三）经济发展较好的县的产业规模较大，产业结构都较为合理

GDP排名表中靠前的几个县，如广安区、南部县、宣汉县和阆中市的产业规模都比较大，以排名第1的广安区2006年的数据为例，第一产业的产值为16.0亿元，第二产业的产值为33.34亿元，第三产业的产值为31.61亿元。其每个产业的数据都比排名靠后的县的数据高很多。

（四）各县的经济实力差距呈现稳定的状态

2003～2006年四川省国家扶贫工作重点县各县之间的GDP相关数据、产业相关数据和农民人均纯收入共八类数据，一致反映出排名靠前县的数据与排名靠后县的数据之间的差距呈现稳定状态，第一名和最后一名之间的倍数变化较小。

（五）靠近中心城市的县经济发展较快

近年来，随着广安市、达州市和南充市这三个城市的快速发展，基础设施完备，交通便利，南充市至广安市的高速公路开通后，南充到广安驱车仅需半个小时，这就为外部市场的拓展提供了基础条件。得益于靠近这几个中心城市，广安区、南部县、宣汉县、阆中市、仪陇县、嘉陵区和万源市这几个国家扶贫工作重点县的经济得到了较快发展，在36个国家扶贫工作重点县中位居前几位，同时形成了一个经济发展较快的区域。

第十六章 重庆市产业分析

第一节 重庆市的国家扶贫工作重点县概况

重庆市位于长江、嘉陵江交汇处，是中国西部唯一的直辖市，2006 年末幅员 8.24 万平方公里，总人口 3144.23 万人，2004 年含 40 个行政区、县（自治县）。重庆市共有国家扶贫工作重点县 14 个，占重庆市共 40 个县、市数量的 35%。重庆市国家扶贫工作重点县的名单，详见表 16-1。

表 16-1 重庆市国家扶贫工作重点县名单

重庆市	城口县、巫溪县、巫山县、奉节县、云阳县、开县、万州区、秀山县、黔江区、酉阳县、彭水县、石柱县、武隆县、丰都县

一 重庆市的国家扶贫工作重点县分布状况

重庆市的 14 国家扶贫工作重点县主要分布在重庆市的三峡库区生态经济区。其中，城口县、巫溪县、巫山县、奉节县、云阳县、开县和万州区集中在重庆市的东北部，秀山县、黔江区、酉阳县、彭水县、石柱县、武隆县和丰都县集中在重庆市的东南部。

二 重庆市的国家扶贫工作重点县生态状况

重庆市 14 个国家扶贫工作重点县中很多县的生态环境还是比较脆弱的，如奉节县属四川盆地东部山地地貌，长江横贯中部，山峦起伏，沟壑纵横。境内山地面积占总面积的 88.3%，中山（海拔 1000 米以上）占总面积 80.01%，最高海拔吐祥猫儿梁为 2123 米。

三 重庆市的国家扶贫工作重点县资源状况

重庆市 14 个国家扶贫工作重点县都有丰富的农业产业资源、矿产资源、水利资源和旅游资源等。例如，石柱县是中外闻名的“黄连之乡”；秀山县汞矿金属储量在万吨以上，系全国特大型汞矿床；酉阳县汞的探明储量为 4800 万吨，是全国重点产汞县；武隆县旅游资源丰富，拥有芙蓉江国家重点风景名胜区、芙蓉洞和天坑三硚国家 AAAA 级旅游区。

四 重庆市的国家扶贫工作重点县经济发展状况

为了从整体上把握重庆市国家扶贫工作重点县的经济发展情况，我们选取了 2006 年重庆市总体数据和国家扶贫工作重点县的 GDP、GDP 增长率、人均 GDP、三次产业结构和农民人均纯收入五类数据进行比较，详见表 16-2。

表 16-2　2006 年重庆市国家扶贫工作重点县经济发展情况

地区	GDP/亿元	GDP 增长率/%	人均 GDP/元	三次产业结构	农民人均纯收入/元
重庆市	3 486.2	12.2	12 437	12.3∶44.0∶44.7	2 874
扶贫工作重点县	599.41（占总量的 17%）			22.6∶36.4∶41.1	
最高的县	万州区 152.29	万州区 14.0	万州区 10 040		万州区 2 739
最低的县	城口县 11.1	彭水县 7.2	巫溪县 3 539		巫溪县 2 028

从表 16-2 中的数据可以看出，重庆市国家扶贫工作重点县在重庆市的经济总量中所占的比重较小，2006 年占重庆市共 40 个县市 35%的 14 个国家扶贫工作重点县的 GDP 总量仅达到 599.41 亿元，是重庆市 GDP 总量 3486.2 亿元的 17%；14 个国家扶贫工作重点县的三次产业结构为 22.6∶36.4∶41.1，与重庆市的 12.3∶44∶44.7 相比，14 个国家扶贫工作重点县第一产业的产值所占比重平均值与重庆市总体数据相比高了 10.3 个百分点，而第二产业的产值所占比重平均值和第三产业的产值所占比重平均值，与重庆市总体数据相比分别低了 7.6 个百分点和 3.6 个百分点。这几个数据说明 14 个国家扶贫工作重点县的三次产业结构与重庆市的三次产业结构存在一定的差异性。

14 个国家扶贫工作重点县中各个县的经济发展存在不均衡性。差距最小的数据是农民人均纯收入数据，14 个县中农民人均纯收入最高的万州区为 2739 元，比重庆市农民人均纯收入的平均值 2874 元低 135 元；14 个县中农民人均纯收入最低的巫溪县为 2028 元，比重庆市的平均数据低 846 元。而 GDP、人均 GDP 和 GDP 增长率的数据排名靠前的县与排名靠后的县之间的差距非常大。GDP 排名第 1 的万州区的数据是排名最后的城口县 GDP 数据的 13.72 倍，人均

GDP排名第1的万州区的数据是排名最后的巫溪县数据的2.84倍；14个国家扶贫工作重点县GDP增长率排名第1的万州区的数据为14%，高出重庆市平均值1.8个百分点，排名最后的彭水县的GDP增长率只有7.2%，该数据只占重庆市的总体数据平均值的59%。

第二节　重庆市的国家扶贫工作重点县经济数据分析

我们选取2003～2006年重庆市14个国家扶贫工作重点县的经济数据对经济发展情况进行纵向比较，共包括14个国家扶贫工作重点县的八类数据，即GDP、GDP增长率、第一产业产值、第二产业产值、第三产业产值、三产比重、人均GDP和农民人均纯收入。

本节我们重点对GDP相关数据和农民人均纯收入数据进行分析，对于产业数据下节将进行深入分析。

一 地区GDP相关数据分析

（一）GDP数据

万州区和开县GDP连续四年居重庆市14个国家扶贫工作重点县第1位和第2位；2003年和2004年排名第3的云阳县，2005年和2006年排名第4；奉节县2003年排名第4，2004年下降到第5，2005年和2006年排名第3。

排名最后的县在2003～2006年只发生了很小的变化，其中城口县、巫溪县、酉阳县GDP始终处于重庆市国家扶贫工作重点县14个县中的最后3位。

进一步分析2003～2006年重庆市国家扶贫工作重点县GDP排名情况，可以看出，2003～2006年重庆市国家扶贫工作重点县中位居前列的县和位居后面的县的GDP之间差距变化不大，详见表16-3。

表16-3　重庆市国家扶贫工作重点县GDP最值表　（单位：万元）

年份	2003	2004	2005	2006
最高值	万州区 925 530	万州区 1 092 902	万州区 1 334 488	万州区 1 522 924
最低值	城口县 60 953	城口县 78 787	城口县 101 141	城口县 111 007
最高最低比值	15.18	13.87	13.19	13.72

（二）GDP 增长率

与 GDP 排名较为稳定不同，2003～2006 年 GDP 增长率排名的变化非常大。2003 年 GDP 增长率排名第 1 的石柱县，2004 年下降到第 6，2005 年排名第 4，2006 年继续上升到第 2；2004 年 GDP 增长率排名第 1 的城口县，2003 年位列第 3，2005 年下降到第 7，2006 年排名上升到第 3；2005 年 GDP 增长率排名第 1 的开县，2003 年居第 4，2004 年排名第 7，2006 年排名第 5；2006 年 GDP 增长率排名第 6 的万州区，2003 年排名第 5，2004 年排名第 4，2005 年排名第 6。

GDP 增长率排名靠后县中，2003 年酉阳县排名最后，2004 年上升到第 12 位，2005 年排名再次下降到最后，2006 年排名为第 13；2004 年排名最后的巫山县，2003 年排名第 9，2005 年和 2006 年排名第 8；2006 年排名最后的彭水县，2003 年排名第 6，2004 年和 2005 年排名第 5。

进一步分析 2003～2006 年重庆市国家扶贫工作重点县 GDP 增长率排名情况，详见表 16-4 所示。

表 16-4 重庆市国家扶贫工作重点县 GDP 增长率最值表 （单位：%）

年份	2003	2004	2005	2006
最高值	石柱县 13.0	城口县 24.0	开县 13.7	万州区 14.0
最低值	酉阳县 10.6	巫山县 9.2	酉阳县 8.2	彭水县 7.2
最高最低比值	1.23	2.61	1.67	1.94

（三）人均 GDP

万州区是 2003 年、2005 年和 2006 年重庆市国家扶贫工作重点县 14 个县中人均 GDP 排名第 1 的县，2004 年万州区的人均 GDP 排名第 2；武隆县是 2003 年、2005 年和 2006 年人均 GDP 排名第 2 的县，2004 年排名上升到第 1；黔江区 2003～2006 年始终排名第 3。

人均 GDP 排名靠后的县变化较小，2003～2006 年巫溪县和酉阳县始终排在最后两位。2003 年和 2004 年排名倒数第 3 的云阳县，2005 年和 2006 年排名第 11。

进一步分析 2003～2006 年重庆市国家扶贫工作重点县人均 GDP 排名情况，可以看出，2003～2006 年重庆市国家扶贫工作重点县各县之间的人均 GDP 差距呈现出越来越大的趋势，详见表 16-5 所示。

表 16-5 重庆市国家扶贫工作重点县人均 GDP 最值表 （单位：元）

年份	2003	2004	2005	2006
最高值	万州区 6 077	武隆县 7 357	万州区 8 793	万州区 10 040
最低值	巫溪县 2 449	巫溪县 2 862	巫溪县 3 308	巫溪县 3 539
最高最低比值	2.48	2.57	2.66	2.84

二 农民人均纯收入

2003～2006 年，重庆市 14 个国家扶贫工作重点县中农民人均纯收入排名前列的县变化较小，2003 年武隆县的农民人均纯收入排名第 1，2004 年武隆县排名第 2，2005 年排名第 4，2006 年排名第 5；2003 年万州区的农民人均纯收入排名第 2，2004～2006 年农民人均纯收入排名第 1；2003～2006 年丰都县的农民人均纯收入排名始终处于第 3。巫溪县、酉阳县、城口县和秀山县的农民人均纯收入排名始终处于重庆市 14 个县中的最后几位。

进一步分析 2003～2006 年重庆市国家扶贫工作重点县农民人均纯收入排名情况，可以看出，农民人均纯收入之间的差距变化较小，详见表 16-6。

表 16-6 重庆市国家扶贫工作重点县农民人均纯收入最值表 （单位：元）

年份	2003	2004	2005	2006
最高值	武隆县 1 942	万州区 2 287	万州区 2 582	万州区 2 739
最低值	巫溪县 1 485	巫溪县 1 703	酉阳县 1 889	巫溪县 2 028
最高最低比值	1.31	1.34	1.37	1.35

第三节 重庆市的国家扶贫工作重点县产业分析

重庆市的 14 个国家扶贫工作重点县的产业主要以第一产业、第二产业和第三产业为主。14 个国家扶贫工作重点县的主要产业中有与烤烟、中草药、草畜资源、矿产资源、水力资源和旅游资源等相关的产业，这主要与当地丰富的资源情况紧密相关，这些产业包括水电产业、煤炭产业、建材产业、旅游产业、种植业、林业和畜牧业等。

下面我们对整体的产业数据进行分析。

一 三次产业的情况

通过比较重庆市 14 个国家扶贫工作重点县第一产业产值、第二产业产值、第三产业产值和三产比重的数据，可以概括为以下几个方面。

（一）第一产业产值

2003～2006 年，第一产业产值靠前的县的排名变化较小，万州区、开县、云阳县、奉节县和丰都县的第一产业产值 2003～2006 年始终排在前五位。而排名靠后的县中，城口县和巫溪县的第一产业产值 2003～2006 年始终处于排名的最后两位。

数据进一步表明 2003～2006 年第一产业产值的增加速度变化较小，不同县之间的差距保持一个相对稳定的状况，详见表 16-7。

表 16-7　重庆市国家扶贫工作重点县第一产业产值最值表　（单位：万元）

年份	2003	2004	2005	2006
最高值	开县 156 090	开县 169 978	开县 181 126	万州区 190 573
最低值	城口县 20 559	城口县 23 493	城口县 25 112	城口县 26 552
最高最低比值	7.59	7.24	7.21	7.18

（二）第二产业产值

2003～2006 年万州区和开县的第二产业产值排名始终为第 1 和第 2；2005 年和 2006 年第二产业产值排名第 3 的奉节县，2003 年第二产业产值排名第 7，2004 年排名下降到第 8。排名靠后的县的变化不大，巫溪县、城口县、巫山县、酉阳县和石柱县的第二产业产值始终是 14 个县中的最后五位。

第二产业产值中，2003～2006 年不同县的第二产业产值之间的变化较小，详见表 16-8。

表 16-8　重庆市国家扶贫工作重点县第二产业产值　（单位：万元）

年份	2003	2004	2005	2006
最高值	万州区 453 557	万州区 542 390	万州区 567 955	万州区 613 932
最低值	城口县 18 364	城口县 31 717	巫溪县 26 735	巫溪县 31 804
最高最低比值	24.70	17.10	21.24	19.30

（三）第三产业产值

2003～2006 年第三产业产值排名靠前和靠后的县变化都较小。排在前五位的县始终是万州区、开县、奉节县、云阳县和丰都县，排在后四位的县始终是城口县、巫溪县、酉阳县和秀山县。

第三产业产值中，2003～2006 年各县之间的差距变化较小，详见表 16-9。

表 16-9　重庆市国家扶贫工作重点县第三产业产值　（单位：万元）

年份	2003	2004	2005	2006
最高值	万州区 345 273	万州区 404 795	万州区 602 820	万州区 718 419
最低值	城口县 22 030	城口县 23 577	城口县 35 417	城口县 40 723
最高最低比值	15.67	17.17	17.02	17.64

（四）三次产业结构

从 2003～2006 年三次产业结构数据可以看出，期间酉阳县、巫溪县和巫山县是第一产业所占比重最高的几个县。察看二产的比重，这 3 个县的第二产业产值所占比重在 14 个县中居于最后的位置。同时，除了酉阳县的第三产业产值所占比重的排名位居中间外，巫溪县和巫山县的第三产业产值所占比重在 14 个县中排名处于前列。

2003～2006 年武隆县、黔江区和万州区是第二产业产值所占比重最高的几个县，这几个县的第一产业产值所占的比重在排名中都处于最后的位置；这几个县中除了万州区的第三产业产值所占比重在 14 个县中排名前三，排名比较靠前外，其他两个县第三产业产值所占比重排名比较靠后。

2003～2006 年巫山县和巫溪县的第一产业产值在总产值中所占的比重排名靠前，这两个县的第二产业产值所占比重在 14 个县中居于最后的位置。

二 排名前20%和后20%的国家扶贫工作重点县优势产业分析

由于重庆市的国家扶贫工作重点县的数量较少，因此，我们将重庆市2006年GDP排名前20%和后20%的国家扶贫工作重点县一起进行分析。2006年GDP排名前20%的国家扶贫工作重点县是万州区、开县和奉节县，这三个县2006年GDP的总和达到了278.28亿元，占重庆市14个国家扶贫工作重点县GDP总和599.41亿元的46.43%。2006年GDP排名后20%的国家扶贫工作重点县是酉阳县、巫溪县和城口县，这三个县2006年GDP的总和只有49.26亿元，占重庆市14个国家扶贫工作重点县GDP总和的8.22%。

(一) GDP排名前20%和后20%的县三次产业结构分析

我们选择了2006年GDP排名前20%和后20%的县2003～2006年的三次产业数据来进行分析，详见表16-10，括号内的数字是该县在2006年的GDP的排名。

表16-10 2003～2006年GDP排名前20%和后20%的县三次产业状况

年份	万州区（1）	开县（2）	奉节县（3）
2003	13.7∶49.0∶37.3	29.6∶35.2∶35.2	33.1∶25.9∶41.0
2004	13.3∶49.6∶37.0	27.8∶36.7∶35.5	31.2∶24.5∶44.3
2005	12.3∶42.6∶45.2	25.7∶40.3∶34.0	25.4∶36.3∶38.2
2006	12.5∶40.3∶47.2	24.4∶40.1∶35.4	24.1∶36.1∶39.8
年份	酉阳县（12）	巫溪县（13）	城口县（14）
2003	74.9∶10.5∶14.7	65.3∶3.5∶31.2	53.8∶13.4∶32.8
2004	70.4∶10.3∶19.3	63.5∶5.2∶31.3	51.4∶11.9∶36.7
2005	68.0∶10.8∶21.2	66.1∶5.4∶28.5	46.6∶12.4∶41.0
2006	67.4∶10.9∶21.6	58.4∶12.6∶29.0	50.9∶14.5∶34.7

表16-10反映出，重庆市和2006年排名前20%的县和排名后20%的县的三次产业结构差别较大。其中经济发展较好的三个县中，万州区和开县的产业主要是第二产业和第三产业占的比重较高，奉节县的产业中第三产业是占优势的产业，但随着时间的不断推移，第二产业的发展速度较快。

但经济发展较慢的三个县的主要产业是第一产业，第一产业所占的比重均超过了50%。

（二）GDP 排名前 20%和后 20%的县的优势产业状况

我们进一步分析 GDP 排名前 20%和后 20%的县的资源和优势产业状况，可以看出，GDP 排名靠前的县主要产业是天然气产业、煤炭产业、水电产业和煤电产业，这些产业虽然在 GDP 排名靠后的县中也存在于部分县中，但是产业规模较小。同时，经济发展较为落后的县的主要产业是畜牧业和种植业以及畜产品加工业。经济发展较快地区和较慢地区的产业差别较大。

（三）GDP 排名前 20%和后 20%的县产业与农民人均纯收入分析

我们将 GDP 排名前 20%和后 20%的县的农民人均纯收入数据进行分析，可以看到 GDP 排名前 20%的县的农民人均纯收入也较高，说明产业发展对经济增长和农民人均纯收入的增加作用都较大。而经济发展落后地区的农民人均纯收入也较低，说明重庆市经济落后地区的产业发展状况对经济的影响与对农民人均纯收入的影响有一致性。

第四节　重庆市的国家扶贫工作重点县经济数据交叉分析及产业特点

一　经济数据交叉分析

（一）GDP、GDP 增长率、人均 GDP 数据交叉分析

通过分析 GDP、GDP 增长率和人均 GDP 的数据可知：

(1) 14 个国家扶贫工作重点县的 GDP 和 GDP 增长率的排名存在一定的同质性，GDP 排名靠前的几个县中，其 GDP 增长率的排名也处于前列，GDP 排名比较靠后的县的 GDP 增长率也比较靠后。比较特殊的是城口县，如其 2006 年 GDP 排名是最后一位，而 2006 年的 GDP 增长率排名却是第 3。受各县人口数量差异的影响，人均 GDP 的排名与 GDP 的排名也有一定的差距，其中两当县由于人口数量较少，根据第五次人口普查数据，全县总人口为 49 782 人，造成 2006 年两当县的 GDP 排名为倒数第 1，但人均 GDP 排名为第 7 的状况。

(2) 2003～2006 年重庆市国家扶贫工作重点县各县之间的 GDP 差距变化较小，无论是 GDP 总量还是 GDP 增长率都维持在一个相对稳定的状态。

（二）GDP 相关数据与产业相关数据联合分析

综合考虑 GDP 的相关数据和产业相关数据，可以看出：

(1) 第三产业在经济发展中所占的比重较高。与其他地区的三次产业结构有所不同的是，重庆市 14 个国家扶贫工作重点县的第三产业在经济总量中所占的比重较高，说明当地的第三产业成为经济发展的重要支撑产业。同时，第一产业、第二产业和第三产业在经济总量中所占的比重较为稳定，三次产业结构的变化不大，经济发展较快的县的第一产业所占的比重较小，第二产业和第三产业在经济总量中所占比重较高，而经济发展较慢的县的第一产业和第三产业在经济总量中所占比重较大，而第二产业所占的比重较小。以 2006 年的数据为例，GDP 排名第 2 的开县的三次产业结构为 24.4∶40.1∶35.4；GDP 排名倒数第 2 的巫溪县的三次产业结构为 36.0∶19.9∶44.0。

(2) 受产业规模大小的影响，三次产业结构反映出来的情况与实际产业发展情况有很大的出入。第一产业所占比重靠前的县产业规模并不一定很大。其第一产业所占比重较高的一个主要原因是每个产业的产值都不高，从而使其能够在第一产业所占比重中排名靠前。以巫溪县为例，2006 年第一产业产值为 5.75 亿元，但它在产业结构中所占比重为 36%，在排名表中位列第 2。而万州区由于总体产业规模较大，其 2006 年第一产业产值虽然达到了 19.06 亿元，但第三产业所占比重仅为 12.5%，在第一产业占总产值比重的排名中却是最后一位。

(3) 经济发展与产业结构、产业规模紧密相连。经济发展需要做大做强产业，由于具备一定的产业规模和较好的产业结构，当地的经济发展取得了较好的成果。例如，2006 年 GDP 排名第 1 的万州区的第一产业、第二产业和第三产业的产业规模和产业发展速度都较快，才使万州区的 GDP 排名处于 14 个县中的第 1。

在一定的产业规模的情况下，依托第一产业、第二产业和第三产业协调带动整个经济发展可以取得较好的成果。但如果产业规模过小，即使拥有相同的三次产业结构，经济发展同样不能达到较好的水平。例如，2006 年 GDP 排名最后的城口县的产业结构与 GDP 排名第 2 的开县的产业结构相类似，但由于其产业规模过小，导致城口县的经济发展情况就不很乐观。2006 年城口县的 GDP 为 111 007 万元，GDP 增长率为 12.7%，三次产业结构为 23.9∶39.4∶36.7；开县的 GDP 为 751 278 万元，GDP 增长率为 12.5%，三次产业结构为 24.4∶40.1∶35.4。由于城口县的 GDP 数据与开县的 GDP 数据有近 7 倍的差距，在两个县 GDP 增长率基本相同的情况下，城口县的 GDP 排名在 14 个国家扶贫工作重点县中位列倒数第 1，而开县的 GDP 排名在 14 个国家扶贫工作重点县中排名第2。这些数据表明产业规模是决定经济发展速度的一个非常关键的因素，因此，经济发展必须同时重视产业规模和产业结构。

（三）GDP相关数据、产业相关数据与农民人均纯收入数据联合分析

重庆农民人均纯收入与GDP数据呈现出基本吻合的对应关系。GDP数据排名靠前的县的农民人均纯收入排名也靠前。例如，2006年GDP排名第1的万州区的农民人均纯收入也位居14个县的首位。这说明当地的经济发展与农民增收的发展是一致的。

二 产业发展特点

（一）各个县的产业发展都与自身的资源情况紧密相关

重庆市14个国家扶贫工作重点县的产业中包括与烤烟、中草药、草畜资源、矿产资源、水力资源和旅游资源等相关的产业，这些产业发展的前提和客观条件是14个国家扶贫工作重点县现有的资源基础和资源情况。

（二）GDP数据与产业数据和农民人均纯收入比较一致

在14个国家扶贫工作重点县中，GDP相关数据与产业数据和农民人均纯收入之间的一致性较好，GDP排名靠前的县的产业发展状况较好，基本上在产业排名上也处于前列。与此同时，GDP数据与农民人均纯收入之间也比较一致，反映出当地的经济发展与农民收入之间的同步性。

（三）经济发展较好的县的产业规模较大，三次产业结构都较为合理

GDP排名表中靠前的几个县，如万州区、开县、奉节县等县的产业规模都比较大，以排名第1的万州区2006年的数据为例，2006年的GDP为152.29亿元，其中，第一产业的产值为19.06亿元，第二产业的产值为61.39亿元，第三产业的产值为71.84亿元。其每个产业的数据都比排名靠后的县的数据高很多。三次产业结构为12.5∶40.3∶47.2，经济发展主要由第二产业和第三产业带动发展。

（四）各县的经济实力差距变化较小

2003～2006年重庆市国家扶贫工作重点县各县之间的GDP相关数据、产业相关数据和农民人均纯收入共八组数据之间的差距没有较大的变化，各项数据反映出重庆市的14个国家扶贫工作重点县的经济发展呈现出较小的变化，始终

保持在一个稳定的状态。

（五）交通较为便利的县经济发展较快

与其他省份不同，由于重庆市的中心城市就是重庆市，所以，我们可以看到影响经济发展的一个重要因素就是交通状况，由于万州区、开县、奉节县和云阳县的地理位置靠近长江，交通比较便利，经济发展较快。

第十七章 贵州省产业分析

第一节 贵州省的国家扶贫工作重点县概况

贵州省位于中国西南地区的东南部，全省国土面积 17.61 万平方公里，占全国国土面积的 1.8%，辖贵阳、六盘水、遵义、安顺 4 个地级市，黔东南、黔南、黔西南 3 个自治州和毕节、铜仁 2 个地区，共 88 个县（市、区、特区），总人口 3955.30 万。贵州省山地和丘陵占全省总面积的 92.5%，是世界喀斯特地貌发育最典型的地区之一，喀斯特出露面积 10.9 万平方公里，占全省总面积的 61.9%。

贵州省共有国家扶贫工作重点县 50 个，占贵州省县市总数的 56.82%，在西部 11 个省（自治区、直辖市）中，国家扶贫工作重点县的数量居于云南省之后，列第 2 位。贵州省国家扶贫工作重点县的名单，详见表 17-1。

表 17-1 贵州省国家扶贫工作重点县名单

地区	国家扶贫工作重点县
六盘水市	盘县、六枝特区、水城县
遵义市	正安县、习水县、道真县、务川县
安顺市	普定县、紫云县、关岭县、镇宁县
毕节地区	大方县、织金县、赫章县、纳雍县、威宁县
铜仁地区	石阡县、德江县、印江县、沿河县、松桃县、江口县、思南县
黔东南州	从江县、施秉县、麻江县、台江县、天柱县、黄平县、榕江县、剑河县、三穗县、雷山县、黎平县、岑巩县、丹寨县、锦屏县
黔南州	荔波县、三都县、长顺县、独山县、罗甸县、平塘县
黔西南州	望谟县、晴隆县、兴仁县、普安县、册亨县、贞丰县、安龙县

一 贵州省的国家扶贫工作重点县分布状况

贵州省的国家扶贫工作重点县数量分布较广，除了贵阳市没有国家扶贫工作重点县外，其他 8 个地级市和自治州都有国家扶贫工作重点县。

贵州省 50 个国家扶贫工作重点县呈现地理集中度较高的特点。我们以国家扶贫工作重点县数量较多的黔东南州和黔西南州为例来进行分析。黔东南州辖 1 市 15 县，在 16 个县中，除了凯里市和镇远县外，其他 14 个县都是国家扶贫工作重点县；黔西南州辖 1 市 7 县，在这 8 个县中，除了兴义市外，其他 7 个县都是国家扶贫工作重点县。

二 贵州省的国家扶贫工作重点县生态状况

贵州省的国家扶贫工作重点县的生态环境较为脆弱，如贵州省德江县石漠化突出，尤以乌江沿岸为最。全县 25°以上坡耕地占耕地面积的 32.1%，为全省平均值的 3 倍。2000 年，全县森林覆盖率仅 24.7%，水土流失面积达 111.45 平方公里，年水土流失量达 549 万吨。

三 贵州省的国家扶贫工作重点县资源状况

贵州省 50 个国家扶贫工作重点县均拥有一定资源，主要包括矿产资源、耕地资源、草场资源、水资源、风力资源、旅游资源等。贵州省 31 个国家扶贫工作重点县的矿产资源不仅种类丰富，包括有煤炭、天然气、石灰石、高岭土、花岗岩、铝矾土、黄金、褐煤、铅锌矿、铁矿等，而且部分县矿产资源的储量也非常可观，如务川县的汞资源储量全国第一，赫章县锗金属储量居亚洲第一，松桃县其中锰矿储量 9000 多万吨，被誉为“中国锰都”，天柱县重晶石占全国重晶石储量的 60%以上，是我国目前已探明的最大重晶石矿床。此外，黔东南州的台江县是联合国所列的世界少数民族文化保护圈“返璞归真，重返大自然”十大景区之一。

四 贵州省的国家扶贫工作重点县经济发展状况

为了从整体上把握贵州省国家扶贫工作重点县的经济发展情况，我们选取了 2006 年贵州省总体数据和国家扶贫工作重点县的 GDP、GDP 增长率、人均 GDP、三次产业结构和农民人均纯收入五类数据进行比较，详见表 17-2。

表 17-2　2006 年贵州省国家扶贫工作重点县经济发展情况

	GDP/亿元	GDP 增长率/%	人均 GDP/元	三次产业结构	农民人均纯收入/元
贵州省	2 260	11.5	5 787	17.2∶43.0∶39.8	1 985
扶贫工作重点县	764.9 (占总量的 33.8%)			32.4∶35.5∶32.2	
最高的县	盘县 100.06	安龙县 22.8	盘县 8 434		务川县 2 110
最低的县	雷山县 4.12	正安县 2.6	望谟县 1 950		望谟县 1 547

从表 17-2 中的数据可以看出，贵州省国家扶贫工作重点县的经济总量还偏少，经济发展较慢。2006 年占贵州省县市总数的 56.82%的 50 个国家扶贫工作重点县的 GDP 总量为 764.9 亿元，仅占贵州省 GDP 总量 2260 亿元的 33.8%。国家扶贫工作重点县的三次产业结构为 32.4∶35.5∶32.2，与贵州省的 17.2∶43∶39.8 相比，第一产业所占的比重较大，第二产业所占的比重与贵州省的数据差距较大，第三产业产值所占的比重比贵州省的数据低 7.6 个百分点。

在总体增长较快的情况下，我们同样可以看出，在 50 个国家扶贫工作重点县中各个县的经济发展存在很大的不均衡性。从 GDP 增长率数据可见，排名最高的安龙县的 GDP 增长率达到 22.8%，高出贵州省 GDP 增长率平均值 11.3 个百分点，但排名最后的正安县的 GDP 增长率却只有 2.6%，远远低于贵州省的数据。与此相同的情况反映在人均 GDP 的数据上，人均 GDP 排名第一的盘县的数据比贵州省人均 GDP 的数据高出 2647 元，但 50 个国家扶贫工作重点县人均 GDP 排名最后的望谟县的数据却比贵州省人均 GDP 的 5787 元少了 3837 元，仅为贵州省人均 GDP 的 34%。

第二节　贵州省的国家扶贫工作重点县经济数据分析

我们选取 2003～2006 年贵州省内 50 个国家扶贫工作重点县的经济数据对经济发展情况进行纵向比较，数据共包括 50 个国家扶贫工作重点县的八类数据，即 GDP、GDP 增长率、第一产业产值、第二产业产值、第三产业产值、三产比重、人均 GDP 和农民人均纯收入。

本节我们重点对 GDP 相关数据和农民人均纯收入数据进行分析，对于产业数据下节将进行深入分析。

一 地区 GDP 相关数据分析

(一) GDP 数据

盘县的 GDP 连续 4 年位居贵州省国家扶贫工作重点县 50 个县中的第 1；2003 年排名第 3 的纳雍县，2004～2006 年上升到第 2 位；威宁县 2003 年排名第 2，2004 年排名第 3，2004 年和 2006 年排名下滑到第 4。2003 年排名第 9 的水城县上升速度较快，2004 年排名第 6，2005 年和 2006 年在 50 个县中排名第 3。

排名最后的县在 2003～2006 年未发生很大变化，其中雷山县、台江县、丹寨县和册亨县的 GDP 始终处于贵州省国家扶贫工作重点县 50 个县中的最后四位。

通过分析 2003～2006 年贵州省国家扶贫工作重点县 GDP 排名情况，可以看出，2003～2006 年贵州省国家扶贫工作重点县中位居前列的县和位居后面的县的 GDP 之间差距越来越大，详见表 17-3。

表 17-3　贵州省国家扶贫工作重点县 GDP 最值表　（单位：万元）

年份	2003	2004	2005	2006
最高值	盘县 419 671	盘县 531 971	盘县 786 726	盘县 1 000 564
最低值	雷山县 25 566	雷山县 31 136	雷山县 34 923	雷山县 41 160
最高最低比值	16.42	17.09	22.53	24.31

(二) GDP 增长率

与 GDP 排名较为稳定不同，2003～2006 年 GDP 增长率排名的变化较大。2003 年 GDP 增长率排名第 1 的纳雍县，2004 年下降到第 2，2005 年再次上升到第 1，但 2006 年排名迅速下滑到第 8。2004 年和 2005 年 GDP 增长率排名第 1 的贞丰县，2003 年位列第 4，2006 年下降到第 4。2006 年 GDP 增长率排名第 1 的安龙县，2003 年仅位居第 22。

GDP 增长率排名靠后县的变化更为明显，数据显示，2003 年赫章县排名倒数第 1，2004 年急速上升到第 30，2005 年排名继续上升到第 11，2006 年排名第 16。2004 年排名最后的施秉县，2005 年为第 48，2006 年迅速上升到第 10。

2004 年排在最后一位的独山县，2003 年排名第 21，2004 年排名第 22，2006 年上升到第 43。2006 年排名最后一位的正安县，2003 年排名第 36，2004 年排在第 40，2005 年排名第 35。

进一步分析 2003～2006 年贵州省国家扶贫工作重点县 GDP 增长率排名情况，详见表 17-4。

表 17-4　贵州省国家扶贫工作重点县 GDP 增长率最值表　（单位：%）

年份	2003	2004	2005	2006
最高值	纳雍县 37.6	贞丰县 33.6	贞丰县 30.3	安龙县 22.8
最低值	赫章县 6.2	施秉县 6.2	独山县 5.4	正安县 2.6
最高最低比值	6.06	5.42	5.61	8.77

（三）人均 GDP

2003 年贵州省国家扶贫工作重点县 50 个县中人均 GDP 排名第 1 的荔波县，2004 年排名第 2，2005 年和 2006 年下滑到第 3 的位置。盘县 2003 年人均 GDP 排名第 1，2004～2005 年盘县的人均 GDP 排名始终为第 1。纳雍县 2003 年人均 GDP 排名第 7，2004 年上升到第 3 的位置，2005 年继续上升到第 2 位，2006 年保持第 2 的位置。施秉县 2003 年人均 GDP 排名第 3，2004 年排名第 4，2005 年为第 4，2006 年下滑到第 7 的位置。

人均 GDP 排名靠后的县变化较小，其中 2003～2006 年黄平县、紫云县、册亨县、黎平县一直都处于最后几位。2005 年和 2006 年人均 GDP 排名最后的望谟县，2003 年还是第 19 位，下滑速度较快。同时，2003 年和 2004 年位居第 46 的沿河县，2005 年上升到第 36，2006 年继续上升到第 35。

进一步分析 2003～2006 年贵州省国家扶贫工作重点县人均 GDP 排名情况，可以看出，各县之间的人均 GDP 差距越来越大，详见表 17-5。

表 17-5　贵州省国家扶贫工作重点县人均 GDP 最值表　（单位：元）

年份	2003	2004	2005	2006
最高值	荔波县 3 753	盘县 4 548	盘县 6 673	盘县 8 434
最低值	黄平县 1 332	黄平县 1 488	望谟县 1 809	望谟县 1 950
最高最低比值	2.82	3.06	3.69	4.33

二 农民人均纯收入

2003年和2004年贵州省50个国家扶贫工作重点县中农民人均纯收入排名第1的安龙县，在2005年下滑到第4的位置，2006年继续下滑为第5；盘县的农民人均纯收入除了2005年排名第1外，其他年份都处于第2的位置；施秉县在2003～2005年保持排名第3，2006年下降到第4的位置；施秉县的农民人均纯收入排名在2003～2005年位居第3，2006年排名第4。

农民人均纯收入排名靠后的县有一些变化，其中册亨县的排名始终比较靠后，2003年和2006年排名倒数第2，2004年和2005年排名最后；思南县、晴隆县、望谟县都是排名靠后的县。

进一步分析2003～2006年贵州省国家扶贫工作重点县农民人均纯收入排名情况，可以看出，农民人均纯收入之间的差距变化较小，详见表17-6。

表17-6　贵州省国家扶贫工作重点县农民人均纯收入　（单位：元）

年份	2003	2004	2005	2006
最高值	安龙县 1 617	安龙县 1 750	盘县 1 923	盘县 2 048
最低值	赫章县 1 264	册亨县 1 355	册亨县 1 450	望谟县 1 547
最高最低比值	1.28	1.29	1.33	1.32

第三节　贵州省的国家扶贫工作重点县产业分析

贵州省的国家扶贫工作重点县产业主要以第一产业和第二产业为主。50个国家扶贫工作重点县的主要产业中都有与矿产资源相关的产业，这也与当地丰富的矿产资源紧密相关，这些产业包括了煤炭行业、煤电行业、铅锌矿产业、锗矿产业等。与此同时，水利资源的丰富为当地的水电产业发展提供了基础支持。此外，50个国家扶贫工作重点县的烟草种植业、中药材产业、油桐产业、养殖业、畜产品加工业、绿色食品加工业等产业是当地一个重要产业。

一 三次产业的情况

通过比较贵州省50个国家扶贫工作重点县第一产业产值、第二产业产值、第三产业产值和三产比重的数据，可以概括出以下方面。

（一）第一产业产值

2003～2006 年第一产业产值靠前的县的排名变化较小，威宁县 2003～2006 年始终排名第 1；2003 年排名第 2 的正安县，到 2006 年仅排名第 9；2003 年排名第 4 的大方县和排名第 5 的松桃县，在 2003～2006 年变化幅度很小，2006 年继续维持第 4 和第 5 的位置。

排名靠后的县变化较小，2003～2006 年，雷山县、台江县和丹寨县的第一产业产值始终是 50 个国家扶贫工作重点县中的最后 3 名。

数据进一步表明，2003～2006 年第一产业产值的增加速度变化较小，不同县之间的差距保持一个相对稳定的状况，详见表 17-7。

表 17-7　贵州省国家扶贫工作重点县第一产业产值最值表　（单位：万元）

年份	2003	2004	2005	2006
最高值	威宁县 94 712	威宁县 100 340	威宁县 114 035	威宁县 111 775
最低值	雷山县 10 949	雷山县 11 532	雷山县 12 658	雷山县 14 079
最高最低比值	8.65	8.70	9.01	7.94

（二）第二产业产值

2003～2006 年，第二产业产值排名第 1 和第 2 的县始终是盘县和纳雍县；2003 年排名第 6 的水城县，2004～2006 年名次上升到第 3；六枝特区 2003 年排名第 5，2004～2006 年上升到第 4。2003 年习水县排名第 4，2004 年和 2005 年排名第 5，2006 年排名下滑到第 7。

排名靠后的县变化较大，2003 年和 2004 年第二产业产值中排在最后一位的册亨县，2005 年和 2006 年排名上升到第 46；2003 年和 2004 年排名倒数第 2 的雷山县，2005 年和 2006 年上升到第 47；2003 年排名倒数第 3 的丹寨县，2004 年排名上升到第 47，2005 年继续上升到第 43，2006 年排名居第 44；2005 年排在最后一位的黄平县，2003 年排名第 47，2004 年排名第 48，2006 年排名第 48；2006 年排名最后一位的望谟县，2003 年的排名还是第 35，其后几年持续下滑至 2006 年的最后一位。

在第二产业产值中，2003～2006 年不同县之间的差距越来越大，具体见表 17-8。

表 17-8　贵州省国家扶贫工作重点县第二产业产值　（单位：万元）

年份	2003	2004	2005	2006
最高值	盘县 240 012	盘县 329 238	盘县 509 297	盘县 677 244
最低值	册亨县 4 095	册亨县 4 810	黄平县 5 273	望谟县 7 090
最高最低比值	58.61	68.45	96.59	95.52

（三）第三产业产值

2003～2006 年第三产业产值排名靠前的县变化较小，排名第 1 的县始终是盘县。2003 年和 2004 年威宁县排名第 2，2005 年和 2006 年排名下滑到第 5。2003 年和 2004 年排名第 3 的织金县，2005 年和 2006 年排名下滑到第 6；而六枝特区虽然在 2003 年和 2004 年排名第 4，但 2005 年和 2006 年的排名迅速上升到第 2。

排名靠后的县变化不大，主要集中在雷山县、台江县、丹寨县和册亨县，其中册亨县的第三产业产值在 2005 年和 2006 年始终是 50 个国家扶贫工作重点县中最低的。

在第三产业产值中，2003～2006 年各县之间的差距没有太大的变化，详见表 17-9。

表 17-9　贵州省国家扶贫工作重点县第三产业产值　（单位：万元）

年份	2003	2004	2005	2006
最高值	盘县 113 671	盘县 126 235	盘县 201 052	盘县 238 558
最低值	台江县 7 726	台江县 8 000	册亨县 13 275	册亨县 15 459
最高最低比值	14.71	15.78	15.15	15.43

（四）三次产业结构

从 2003～2006 年三次产业结构数据可以看出，石阡县、册亨县、印江县、沿河县和德江县是第一产业所占的比重最高的几个县。从第二产业的比重看，这几个县却是第二产业所占比重排名比较靠后的几个县，其中 2006 年第一产业所占比重最高的册亨县，在2006年第二产业产值所占的比重排名第34。同时，这几个县在第三产业产值所占的比重排名中也处于中等偏后的位置。

盘县、纳雍县、普定县、水城县和普安县是第二产业产值所占比重最高的几个县，这几个县的第一产业产值和第三产业产值所占的比重在排名中都处于较后的位置，2006年第二产业产值所占比重最大的盘县的第一产业产值所占比重是50个县中最低的，其第三产业产值所占比重排名是50个县中的倒数第4。

三穗县、镇宁县、锦屏县、黄平县、雷山县、务川县和三都县是第三产业产值所占比重较高的几个县。但这几个县的第一产业的产值在总产值中所占的比重有大有小，其中，三都县的第一产业的产值所占比重在50个县中2006年排名第11，而镇宁县的第一产业产值所占比重2006年的排名为第45。

二 排名前20%的国家扶贫工作重点县产业数据分析

贵州省2006年GDP排名前20%的国家扶贫工作重点县是盘县、纳雍县、水城县、威宁县、大方县、习水县、六枝特区、织金县、思南县和松桃县。这10个县2006年的GDP的总和达到了348.10亿元，占到贵州省50个国家扶贫工作重点县GDP总和764.9亿元的45.51%。

（一）GDP排名前20%的县三次产业结构分析

我们选择了2006年排名前20%的县2003～2006年的三次产业数据来进行分析，详见表17-10。

表17-10 2003～2006年GDP排名前20%的县三次产业状况

年份	盘县(1)	纳雍县(2)	水城县(3)	威宁县(4)	大方县(5)
2003	15.7：57.2：27.1	29.4：51.9：18.7	34.0：44.8：21.2	45.9：21.0：33.1	44.0：26.5：29.5
2004	14.4：61.9：23.7	23.2：58.0：18.8	27.5：54.3：18.2	40.8：24.4：34.8	42.8：29.0：28.2
2005	9.7：64.7：25.6	23.0：56.4：20.6	19.9：50.8：29.3	42.8：28.0：29.2	38.1：30.8：31.1
2006	8.5：67.7：23.8	20.2：60.2：19.6	17.7：54.3：27.9	38.8：30.7：30.5	33.8：35.3：30.9
年份	习水县(6)	六枝特区(7)	织金县(8)	思南县(9)	松桃县(10)
2003	35.8：42.1：22.2	22.0：42.9：35.2	36.4：32.6：31.0	60.8：19.4：19.8	61.0：17.7：21.3
2004	33.5：44.7：21.8	19.7：45.5：34.9	38.6：29.8：31.6	61.1：20.2：18.7	54.8：24.6：20.6
2005	29.0：35.7：35.3	18.9：38.1：43.0	42.7：23.8：33.5	54.4：22.3：23.4	45.4：26.4：28.2
2006	26.9：36.4：36.9	18.1：40.6：41.3	40.0：26.0：34.0	49.9：26.6：23.5	43.9：23.8：32.3

表 17-10 反映出，2006 年排名前 20%的县的产业结构有很大差别，其中盘县、纳雍县和水城县的第二产业所占比重较高，2006 年这三个县的第二产业产值在 GDP 中所占比重均超过了 50%；威宁县、大方县、习水县的三次产业在 GDP 中所占的比重差别不大；六枝特区的第二产业和第三产业所占的比重较高；织金县、思南县和松桃县的第一产业产值在 GDP 中所占的比重较高。这样的三次产业结构说明在贵州省的国家扶贫工作重点县中产业类别较多，产业差别较大，但不同的产业和不同的产业结构都可以带动经济发展，这里并没有一个简单的对应关系。

（二）GDP 排名前 20%的县的优势产业状况

我们进一步分析 GDP 排名前 20%的县的资源和产业状况，可以看出这几个县除了思南县外，其他几个县的主要产业中都有煤炭产业、水电产业和矿产挖掘和加工产业，这几个县的产业结构的差别主要反映在第一产业和第三产业上。例如，松桃县和思南县的旅游产业发展较好；松桃县、思南县和大方县的烤烟产业发展较好，这样的资源状况决定了产业结构的不同。

（三）GDP 排名前 20%的县产业与农民人均纯收入分析

我们将 GDP 排名前 20%的 10 个县的产业与农民人均纯收入数据进行分析，可以看到，经济发展较好的几个县的农民人均纯收入并不是最好的，只有盘县始终处于 50 个县的前列，大部分县处于中等位置，但 2006 年 GDP 排名第 9 的思南县的农民人均纯收入仅位居 50 个县中的第 45。这说明经济发展较好的县现有的优势产业对经济发展的影响和对农民人均纯收入的影响不同，现有产业对当地农民的增收作用较小。

三　排名后 20%的国家扶贫工作重点县产业数据分析

贵州省 2006 年 GDP 排名后 20%的国家扶贫工作重点县是剑河县、锦屏县、三穗县、麻江县、施秉县、望谟县、册亨县、丹寨县、台江县和排在最后一位的雷山县，这 10 个县 2006 年 GDP 的总和只有 59.24 亿元，占到贵州省 50 个国家扶贫工作重点县 GDP 总和 764.9 亿元的 7.75%。

（一）GDP 排名靠后 20%的县三次产业结构分析

我们选择了 2006 年排名后 20%的县 2003～2006 年的三次产业数据来进行分析。详见表 17-11。

表 17-11　2003～2006 年 GDP 排名后 20%的县三次产业状况

年份	剑河县(41)	锦屏县(42)	三穗县(43)	麻江县(44)	施秉县(45)
2003	54.7∶17.8∶27.5	32.8∶36.5∶30.7	35.0∶34.5∶30.4	42.0∶28.0∶30.0	32.3∶45.5∶22.2
2004	48.5∶22.3∶29.1	30.8∶37.4∶31.9	33.1∶38.1∶28.7	39.7∶31.5∶28.8	33.5∶43.6∶22.9
2005	42.4∶18.0∶39.6	28.8∶25.3∶45.9	30.5∶23.7∶45.8	37.4∶30.5∶32.1	32.6∶31.8∶35.6
2006	40.0∶19.3∶40.7	27.3∶26.3∶46.4	30.0∶23.2∶46.8	36.2∶31.8∶32.0	31.5∶33.9∶34.6
年份	望谟县(46)	册亨县(47)	丹寨县(48)	台江县(49)	雷山县(50)
2003	47.7∶19.9∶32.4	65.7∶11.8∶22.5	39.5∶22.3∶38.3	47.7∶25.1∶27.2	42.8∶18.8∶38.4
2004	47.0∶19.0∶34.1	63.4∶12.6∶24.0	42.0∶21.7∶36.3	44.5∶30.6∶24.9	37.0∶23.7∶39.2
2005	55.5∶12.0∶32.5	55.5∶18.1∶26.4	39.3∶23.0∶37.7	38.1∶24.2∶37.6	36.2∶19.3∶44.4
2006	51.9∶12.5∶37.3	53.4∶18.7∶27.9	39.9∶23.4∶36.7	38.3∶23.2∶37.4	34.2∶21.3∶44.5

表 17-11 反映出，2006 年排名后 20%的县产业结构差别较大，其中，剑河县、望谟县和册亨县主要以第一产业为主，锦屏县和三穗县主要以第三产业为主，麻江县、施秉县、丹寨县、台江县和雷山县的三次产业在经济中所占比重差别较小，第一产业、第二产业和第三产业在经济中所占比重相差不大。

（二）GDP 排名后 20%的县三次产业分析

我们进一步分析 GDP 排名后 20%的县的资源和产业状况，可以看出，这几个县的产业主要以种植业和畜牧业为主，部分县有矿产加工业、旅游产业和中药产业，但产业规模较小。受资金等限制，目前产业规模较小，水电产业有待加快发展，如锦屏县的水能理论蕴藏量 128 万千瓦，仅开发 0.8 万千瓦；三穗县全省水能资源蕴藏量 1874.5 万千瓦，居全国第 6 位，其中可开发量达 1866 万千瓦。

（三）GDP 排名后 20%的县产业与农民人均纯收入分析

我们将 GDP 排名后 20%的县产业与农民人均纯收入进行分析，可以看到，经济发展较慢的 10 个县的农民人均纯收入并不是很少，其中台江县 2006 年农民人均纯收入位居第 28，这说明贵州省的产业对经济发展的影响和对农民人均纯收入的影响不同，虽然产业对经济发展的带动作用有限，但对于农民增收的影响较大。

第四节　贵州省的国家扶贫工作重点县经济数据交叉分析及产业特点

一 经济数据交叉分析

（一）GDP、GDP 增长率、人均 GDP 数据交叉分析

通过分析 GDP、GDP 增长率和人均 GDP 的数据可知：

（1）50 个国家扶贫工作重点县的 GDP 和 GDP 增长率的排名存在一定的差异性，其中 GDP 排名靠前的几个县中，有的县 GDP 增长率的排名处于前列，如 2006 年 GDP 排名第 1 的盘县的 GDP 增长率排名第 2；但有的县的 GDP 增长率却比较靠后，如 2006 年 GDP 排名第 4 的威宁县的 GDP 增长率仅排名第 37。在 GDP 排名比较靠后的几个县的 GDP 增长率有的比较靠前，也有比较靠后的，如 2006 年 GDP 排名最后一位的雷山县的 GDP 增长率排名第 18，2006 年 GDP 排名倒数第 4 的册亨县的 GDP 增长率排名也是倒数第 4。

受各县人口数量差异的影响，人均 GDP 的排名与 GDP 的排名上也有一定的差距，其中荔波县由于人口数量较少，虽然 2006 年的 GDP 排名为第 39，但人均 GDP 排名为第 3。

（2）2003～2006 年贵州省国家扶贫工作重点县各县之间的 GDP 和人均 GDP 差距呈现逐步扩大的趋势，主要是由各县的 GDP 增长率不同造成的。GDP 排名靠前县的总体经济增长速度快于 GDP 排名靠后县的总体经济增长速度，导致各县之间差距越来越大。

（二）GDP 相关数据与产业相关数据联合分析

综合考虑 GDP 的相关数据和产业相关数据，可以看出：

（1）三次产业对经济发展都具有重要的影响。数据表明，2003～2006 年，GDP 排名靠前的县的第一产业、第二产业和第三产业产值排名一般也比较靠前，如盘县、水城县、纳雍县。进一步研究可以看出，这几个县的三次产业结构中第二产业所占的比重较高，都占到 GDP 的 50%以上的份额。同时，我们看到在 GDP 排名靠前的县中，如威宁县的第一产业和第三产业产值在 GDP 中所占的比重较第二产业所占比重大，这样的县的经济发展也取得较好的成果。

（2）受产业规模大小的影响，三次产业结构反映出来的情况与实际产业发展情况有很大的出入。第三产业所占比重靠前的县产业规模并不一定很大，其第三产业所占比重较高的一个主要原因是其每个产业的产值都不高，从而使其能够在第三产业所占比重中排名靠前。以雷山县为例，2006 年第三产业产值为

1.83 亿元，但它在产业结构中所占比重为 44.5%，在排名表中位列第 5。而盘县由于总体产业规模较大，其 2006 年第三产业产值虽然达到了 23.86 亿元，但第三产业所占比重仅为 23.8%，排名仅位列倒数第 4。

(3) 经济发展与产业结构、产业规模紧密相连。经济发展需要做大做强产业，由于具备一定的产业规模和较好的产业结构，从而当地的经济发展取得了较好的成果。例如，2006 年 GDP 排名第 1 的盘县的第一产业、第二产业和第三产业的产业规模和产业发展速度都较快，才使盘县的 GDP 处于 50 个县的首位；同样 2006 年 GDP 排名第 4 的威宁县由于其第一产业和第三产业的规模较大，也实现了经济的快速发展。

在一定的产业规模的情况下，依托第一产业、第二产业和第三产业协调带动整个经济发展可以取得较好的成果。但如果产业规模过小，即使拥有相同的三次产业结构，经济发展同样不能达到较好的水平。例如，2006 年 GDP 排名倒数第 2 的台江县与长顺县的产业结构相类似，但由于其产业规模过小，导致台江县的经济发展情况就不很乐观。2006 年台江县的 GDP 为 47 487 万元，GDP 增长率为 8.9%，三次产业结构为 38.3∶23.2∶37.4，长顺县的 GDP 为 85 412万元，GDP 增长率为 8.8%，三次产业结构为 35.3∶23.5∶41.2。由于长顺县的 GDP 数据与台江县的 GDP 数据有一定差距，在两个县 GDP 增长率基本相同的情况下，台江县的 GDP 排名在 50 个国家扶贫工作重点县中倒数第 2，而长顺县的 GDP 排名在 50 个国家扶贫工作重点县中排名第 32。这些数据表明产业规模是决定经济发展速度的一个非常关键的因素，因此，经济发展必须同时重视产业规模和产业结构。

(三) GDP 相关数据、产业相关数据与农民人均纯收入数据联合分析

农民人均纯收入与 GDP 数据呈现四种不同的对应关系：① GDP 数据较高、农民人均纯收入较高的县；② GDP 数据较高、农民人均纯收入较低的县；③ GDP数据较低、农民人均纯收入较高的县；④ GDP 数据较低、农民人均纯收入较低的县。为了有效地解释农民人均纯收入与 GDP 数据之间存在的不同对应关系，我们加入产业数据进行进一步分析。

(1) GDP 数据较高、农民人均纯收入较高的县。我们以 2006 年位居 GDP 排名第 1、农民人均纯收入排名第 1 的盘县为例来进行分析。盘县 2006 年的 GDP 达到 100.06 亿元，居 50 个国家扶贫工作重点县的第 2 位；第一产业产值达到 8.48 亿元，在第一产业产值排名中位居第 7；第二产业的产值达到 67.72 亿元，在第二产业产值排名中位居第 1；第三产业产值为 23.86 亿元，在第三产业产值排名中位居第 1；三次产业的结构为 8.5∶67.7∶23.8。以煤、电为主的工业发展迅速，工业经济的主导地位进一步确立，从而带动盘县整体经济迅速

增长；同时，第一产业规模较大，农业基础地位不断巩固，农业增加值年均增长6.5%，畜牧业增加值占整个农业增加值的比重逐年增长，随着畜牧业和农业的发展，实现了农业产业产值增加和农民人均纯收入增收的同步发展。这一系列的发展使盘县的GDP和农民人均纯收入都得到了较快的发展。

（2）GDP数据较高、农民人均纯收入较低的县。我们以2006年GDP排名第15、农民人均纯收入排名第47的德江县为例进行分析。2006年德江县的GDP达到16.25亿元，居50个国家扶贫工作重点县第15位；其中第一产业产值8.61亿元，排名第6；第二产业产值2.80亿元，排名22；第三产业产值5.14亿元，排名第16；农民人均纯收入为1591元，该数据在50个国家扶贫工作重点县中位居第47。主要产业是天麻、种草养畜和生态茶产业、烤烟产业和矿产加工业。第一产业这几年处于快速发展的阶段，但产业发展和农民增收之间没有同步，加上农民人均纯收入原有的基数过低，造成德江县现有的状况。

（3）GDP数据较低、农民人均纯收入较高的县。我们以2006年GDP排名第44、农民人均纯收入排名第27的麻江县为例进行分析。2006年麻江县的GDP为5.84亿元，位居50个国家扶贫工作重点县的倒数第7；其中第一产业产值2.18亿元，排名第43；第二产业产值1.78亿元，排名第27；第三产业产值1.88亿元，排名第45；但其农民人均纯收入位列50个县的第27。究其原因发现，麻江县是黔东南州的西大门，地处黔中腹地，处于贵阳、都匀、凯里、福泉4市之间的“金三角”地带，县内四通八达的交通网络，使麻江成为贵州乃至大西南南下东进的交通咽喉要塞。基于良好的交通区位优势，麻江县的经济发展定位是发展城郊型经济，即立足周边城市，发展成为面向中、东部发达地区和泛珠三角的“优质农副产品供应基地”。因此，麻江形成了具有自身特色的产业格局，主要产业为红蒜、锌硒米、破季节蔬菜、优质果品蓝莓、优质畜牧业草地养羊、蛋鸡养殖等特色产业和以休闲度假为主的旅游产业。这些产业使麻江农民走向富裕，但产业发展的速度和规模需要进一步增加，才能实现经济发展和农民增收同步。

（4）GDP数据较低、农民人均纯收入较低的县。我们以2006年GDP排名第47、人均纯收入排名倒数第2的册亨县为例进行分析。2006年的册亨县GDP为5.53亿元，居50个国家扶贫工作县第47位；其中第一产业产值2.95亿元，排名37；第二产业产值1.04亿元，排名第46；第三产业产值1.55亿元，排名最后一位。三次产业的规模都比较小，对农民人均纯收入的增加影响较小，造成农民人均纯收入排名倒数第2的情况。

因此，促使各个产业之间实现协调发展，共同做大产业规模，是带动当地经济实现脱贫和当地农民脱贫的必然选择。

二 产业发展特点

（一）各个县的产业发展都与自身的资源情况紧密相关

在50个国家扶贫工作重点县的产业中，都可以找到与矿产资源相关的产业，这些产业包括煤炭行业、煤电行业、铅锌矿产业、锗矿产业等。同时，由于水力资源丰富，在很多县的产业中，水电产业是当地重要的产业。此外，50个国家扶贫工作重点县的烟草种植业、中药材产业、油桐产业、养殖业，畜产品加工业、绿色食品加工业等是当地的重要产业。

（二）GDP数据与产业数据比较一致，但与农民人均纯收入有一定的差异性

在50个国家扶贫工作重点县中，GDP相关数据与产业数据之间的一致性较好，处于GDP排名靠前的县的产业发展状况也较好，基本上在产业排名中也处于前列。但GDP数据与农民人均纯收入之间却存在一定的差异，反映出四种不同的对应关系：GDP数据较高、农民人均纯收入较高的县；GDP数据较高，但农民人均纯收入较低的县；GDP数据较低、农民人均纯收入较高的县；GDP数据较低、农民人均纯收入较低的县。这样的情况说明贵州省的产业对经济发展的影响和对农民人均纯收入的影响不同，有的产业可以较大幅度地带动经济发展，但对于当地农民的增收作用较小；有的产业对经济发展的带动作用有限，但对于农民增收的影响较大。

（三）经济发展较好的县的产业规模较大，产业结构都较为合理

GDP排名表中靠前的几个县，如盘县、纳雍县、水城县和威宁县的产业规模都比较大。以排名第1的盘县2006年数据为例，盘县第一产业的产值为8.48亿元，第二产业的产值为67.72亿元，第三产业的产值为23.86亿元。其每个产业的数据都比排名靠后的县的数据高很多。同时，产业结构也在发生比较大的变化，由原来的单独依靠第二产业带动经济发展，向第一产业、第二产业和第三产业协调带动发展。

（四）各县的经济实力差距越来越大

2003～2006年贵州省国家扶贫工作重点县各县之间的GDP相关数据、产业相关数据和农民人均纯收入等共八类数据中，GDP数据和第二产业产值的数据反映出排名靠前县的数据与排名靠后县的数据之间的差距越来越大，尤其是第

二产业产值的数据呈现巨大的差距，其中，2006 年第二产业产值排位第一的县的数据和最后一名县的数据之间的差距达到了 95.52 倍，这是 50 个国家扶贫工作重点县之间差距越来越大的主要原因。而第一产业产值的数据和第三产业产值的数据之间的差距较小，而且从 2003～2006 年的差距变化程度较小。人均 GDP 和农民人均纯收入的数据中，第一名的数据和最后一名的数据之间的差距较小。

（五）靠近中心城市的县经济发展较快

2006 年贵州省国家扶贫工作重点县 GDP 排名前 10 的县中，盘县、六枝特区和水城县在六盘水市周边；大方县、织金县、赫章县、纳雍县和威宁县在毕节市周边。同时，六盘水市和毕节地区相邻，这就构成了一个经济发展较快的区域，同时，可以看到贵州省国家扶贫工作重点县 GDP 排名第 1 的盘县与云南省国家扶贫工作重点县 GDP 排名第 2 的富源县毗邻，这就与昆明的经济发展较快的曲靖市有效地形成了一个互动的区域。同时，我们看到这几个地区是中国-东盟自由贸易区和南贵昆经济带的黄金布点，基础设施完备，交通便利，外部市场需求较大，便于产业链条延伸，从而使这些县的经济得到了快速发展。

第十八章 广西壮族自治区产业分析

第一节 广西壮族自治区的国家扶贫工作重点县概况

广西壮族自治区南临北部湾，毗邻经济发达的珠江三角洲和港澳地区，西连大西南，是中国与东盟之间唯一既有陆地接壤又有海上通道的省区，是中国西南最便捷的出海通道，是华南通向西南的枢纽，是全国唯一的具有沿海、沿江、沿边优势的少数民族自治区。

2005年末，全区总人口4925万人，2004年广西壮族自治区行政区划为14个地级市、7个县级市、56个县、12个民族自治县、34个市辖区。广西壮族自治区共有国家扶贫工作重点县28个，占广西壮族自治区共109个县市数量的25.7%，在西部11个省（自治区、直辖市）中国家扶贫工作重点县的数量排名第7。广西壮族自治区国家扶贫工作重点县的名单，详见表18-1。

表18-1　广西壮族自治区国家扶贫工作重点县名单

地区	国家扶贫工作重点县
南宁市	马山县、天等县、隆安县、龙州县
桂林市	龙胜县
柳州市	融水县、三江县
来宾市	金秀县、忻城县
百色市	凌云县、乐业县、平果县、德保县、田林县、西林县、田东县、靖西县、那坡县、隆林县
河池市	天峨县、凤山县、南丹县、东兰县、环江县、罗城县、巴马县、都安县、大化县

一 广西壮族自治区的国家扶贫工作重点县分布状况

广西壮族自治区的国家扶贫工作重点县只分布在南宁市、桂林市、柳州市、来宾市、百色市和河池市这6个市，其他地区都没有国家扶贫工作重点县。

广西壮族自治区28个国家扶贫工作重点县在百色市和河池市这两个地区呈

现地理集中度较高的特点。在百色1区11个县中国家扶贫工作重点县共有10个，河池市的1区1市9个县中国家扶贫工作重点县共有9个。

二 广西壮族自治区的国家扶贫工作重点县生态状况

广西壮族自治区28个国家扶贫工作重点县中很多县的生态环境还是比较脆弱的。例如，隆林县境内沟壑纵横，石山面积占总面积的34.92%，土山面积占65.08%；都安瑶族自治县自然环境恶劣，素有“九分石头一分土”之称，全县有耕地面积52.8万亩，其中旱地42.3万亩，旱地中25°坡以上被称为“碗一块、瓢一块”的山间石缝地25万亩，土层浅薄，土壤贫瘠，经常遭受旱灾和涝灾的影响；广西大化瑶族自治县全县土地总面积为2176.31平方公里，喀斯特面积分布广，占全县总面积的68%，大部分乡镇属喀斯特地貌区，生态环境极其脆弱。

三 广西壮族自治区的国家扶贫工作重点县资源状况

广西壮族自治区28个国家扶贫工作重点县资源丰富，28个县都有矿产资源，部分县的矿产资源比较丰富，如南丹县锡储量144万多吨，居全国首位，锡锌产量居全国第1，是目前全国最大的锡锌生产基地；龙胜县滑石矿储量大，居全国第3，滑石质量居全国第1，并以质优不含石棉等有害物质饮誉全球。此外，这些县还拥有丰富的水电资源、旅游资源和名优农副产品资源等。

四 广西壮族自治区的国家扶贫工作重点县经济发展状况

为了从整体上把握广西壮族自治区国家扶贫工作重点县的经济发展情况，我们选取了2006年广西壮族自治区总体数据和国家扶贫工作重点县的GDP、GDP增长率、人均GDP、三次产业结构和农民人均纯收入五类数据进行比较，详见表18-2。

表18-2 2006年广西壮族自治区国家扶贫工作重点县经济发展情况

	GDP/亿元	GDP增长率/%	人均GDP/元	三次产业结构	农民人均纯收入/元
广西壮族自治区	4 801.98	13.5	10 240	21.5∶39.2∶39.3	2 770.5
扶贫工作重点县	497.11（占总量的10.4%）			28.9∶42.1∶29.0	

续表

	GDP/亿元	GDP 增长率/%	人均 GDP/元	三次产业结构	农民人均纯收入/元
最高的县	平果县 68.65	德保县 36.6	平果县 14 761		南丹县 2 828
最低的县	那坡县 5.53	田东县 3.1	都安县 2 569		罗城县 1 557

从表 18-2 中的数据可以看出，广西壮族自治区国家扶贫工作重点县在全自治区的经济总量中所占的比重较小，2006 年占广西壮族自治区总县市总数量 25.7%的 28 个国家扶贫工作重点县的 GDP 总量仅达到 497.11 亿元，是广西壮族自治区 GDP 总量 4801.98 亿元的 10.4%。与此同时，28 个国家扶贫工作重点县的三次产业结构为 28.9∶42.1∶29.0，与广西壮族自治区的 21.5∶39.2∶39.3 相比，贫困县第一产业的产值所占比重、第二产业的产值所占比重都高出广西壮族自治区的整体数据，只有第三产业产值所占的比重与广西壮族自治区总体数据相比低了 10.3 个百分点。

28 个国家扶贫工作重点县中各个县的经济发展存在很大的不均衡性。从 GDP 增长率数据可知，排名最高的德保县的 GDP 增长率达到 36.6%，是广西壮族自治区平均值 13.5%的 2.7 倍，但排名最后的田东县的 GDP 增长率却只有 3.1%，远远低于广西壮族自治区的平均数据。与此相同的情况反映在 GDP、人均 GDP 和农民人均纯收入的数据上，GDP 排名第 1 的平果县的数据是排名最后一位的那坡县 GDP 数据的 12.4 倍；平果县是人均 GDP 最高的国家扶贫工作重点县，达到了 14 761 元，高出全自治区的人均 GDP 数据 4521 元。人均 GDP 最低的国家扶贫工作重点县都安县的数据仅有 2569 元，该数据仅为全自治区数据的 25.1%，平果县数据的 17.4%；28 个国家扶贫工作重点县农民人均纯收入排名第 1 的南丹县的数据达到 2828 元，高出全区数据 57.5 元，而排名最后的罗城县的农民人均纯收入只有 1557 元，远低于全区的数据，只有广西壮族自治区农民人均纯收入平均值的 56%。

第二节　广西壮族自治区的国家扶贫工作重点县经济数据分析

我们选取 2003～2006 年广西壮族自治区 28 个国家扶贫工作重点县的经济数据对经济发展情况进行纵向比较，共包括 28 个国家扶贫工作重点县的八类数据，即 GDP、GDP 增长率、第一产业产值、第二产业产值、第三产业产值、三产比重、人均 GDP 和农民人均纯收入。

本节我们重点对 GDP 相关数据和农民人均纯收入数据进行分析，对于产业数据下节将进行深入分析。

一 地区 GDP 相关数据分析

（一）GDP 数据

平果县 GDP 连续四年位居广西壮族自治区国家扶贫工作重点县 28 个县中第 1 位；田东县在 2003～2004 年排名第 2，2006 年下滑到第 3 位；大化县 2003 年和 2004 年排名第 3，2005 年排名第 5，2006 年排名下滑到第 7；2003 年和 2004 年排名第 4 的南丹县，2005 年排名上升到第 3，2006 年上升到第 2。

排名最后的县在 2003～2006 年的时间内未发生很大变化，其中那坡县、乐业县、西林县和凤山县的 GDP 始终位于广西壮族自治区 28 个国家扶贫工作重点县中的最后 4 位。

进一步分析 2003～2006 年广西壮族自治区国家扶贫工作重点县 GDP 排名情况，可以看出，2003～2006 年广西壮族自治区国家扶贫工作重点县中位居前列的县和位居后面的县的 GDP 之间差距变化不大，详见表 18-3。

表 18-3 广西壮族自治区国家扶贫工作重点县 GDP 最值表 （单位：万元）

年份	2003	2004	2005	2006
最高值	平果县 358 190	平果县 505 366	平果县 617 734	平果县 686 491
最低值	乐业县 35 191	乐业县 43 590	乐业县 48 330	那坡县 55 303
最高最低比值	10.18	11.59	12.78	12.41

（二）GDP 增长率

与 GDP 排名较为稳定不同，2003～2006 年 GDP 增长率排名的变化非常大。2003 年和 2004 年 GDP 增长率排名第 1 的平果县，2005 年下降到第 5 位，2006 年排名继续下滑到第 9；2005 年和 2006 年 GDP 增长率排名第 1 的德保县，2003 年位列第 4，2004 年排名第 8；2003 年 GDP 增长率排名第 2 的隆林县，2004 年的排名下降为最后一位，2005 年排名上升到第 2，2006 年 GDP 增长率排名为第 8；2004 年 GDP 增长率排名第 2 的东兰县，2003 年的排名为第 6，2005 年的排名为第 20，2006 年的排名为第 17。

GDP增长率排名靠后县的变化更为明显，数据显示2003年三江县排名倒数第1，2004年上升到第17，2005年排名下降到第25，2006年排名上升到第19；2003年排名倒数第2的大化县，2004年排名第20，2005年下降为最后一位，2006年排名为倒数第3；2006年GDP增长率排名最后一位的田东县，2003年排名第16，2004年排名下降到第19，2005年排名迅速上升到第8。

进一步分析2003～2006年广西壮族自治区国家扶贫工作重点县GDP增长率排名情况，由于部分县的GDP增长率呈现出负增长的情况，表18-4中的部分数据无法算出，详见表18-4。数据表明，广西壮族自治区国家扶贫工作重点县的GDP增长速度的差距越来越小，但由于GDP增长率排名靠前的是GDP排名较为靠后的县，而GDP增长率排名靠后的县是GDP排名靠前的县，说明广西壮族自治区国家扶贫工作重点县之间的差距越来越小，但这样的结果是由经济发展较好的县的经济发展速度较慢所导致的，这就造成整个广西壮族自治区的国家扶贫工作重点县的经济发展较为缓慢。

表18-4 广西壮族自治区国家扶贫工作重点县GDP增长率最值表 （单位：%）

年份	2003	2004	2005	2006
最高值	平果县 37.6	平果县 25.5	德保县 22.7	德保县 36.6
最低值	三江县 −3.6	隆林县 0.1	大化县 −0.5	田东县 3.1
最高最低比值		255		11.81

（三）人均GDP

平果县是2003～2006年广西壮族自治区国家扶贫工作重点县28个县中人均GDP排名第1的县；天峨县2003～2005年人均GDP排名第2，2006年下滑一位处于排名第3的位置；龙胜县2003年和2004年人均GDP排名处于第3的位置，2005年和2006年下降到第4的位置；2003年南丹县人均GDP排名第4，2004年下降到第5，2005年上升到第3，2006年排名继续上升到28个县中的第2。龙胜县排名靠前的主要原因是该县的人口数量较少，总人口只有16.7万人；而2006年GDP排名第3的田东县的人口为38万人，造成该县的人均GDP排名仅为第6。

人均GDP排名靠后的县变化较小，其中2003年、2005年和2006年三年时间都安县、那坡县、三江县和东兰县的排名始终是28个县中的最后4位，只是那坡县和三江县的排名在2003～2004年和2005～2006年中互换了位置。

进一步分析 2003～2006 年广西壮族自治区国家扶贫工作重点县人均 GDP 排名情况，可以看出，2003～2006 年广西壮族自治区国家扶贫工作重点县各县之间的人均 GDP 差距变化不大，详见表 18-5。

表 18-5　广西壮族自治区国家扶贫工作重点县人均 GDP 最值表　（单位：元）

年份	2003	2004	2005	2006
最高值	平果县 7 831	平果县 11 022	平果县 13 394	平果县 14 761
最低值	都安县 1 934	都安县 2 247	都安县 2 444	都安县 2 569
最高最低比值	4.05	4.91	5.48	5.75

二 农民人均纯收入

2003～2006 年，广西壮族自治区 28 个国家扶贫工作重点县中农民人均纯收入排名前列的县变化较大，南丹县的农民人均纯收入分别在 2003 年和 2006 年位居 28 个县的首位，但 2004 年和 2005 年排名第 2；2004 年和 2005 年农民人均纯收入排名第 6 的隆安县，2003 年的排名为第 5，2006 年排名第 6。

处于农民人均纯收入靠后的县的排名变化很小，罗城县、凌云县、那坡县和乐业县的农民人均纯收入排名始终是 28 个县中的最后几位。

进一步分析 2003～2006 年广西壮族自治区国家扶贫工作重点县农民人均纯收入排名情况，可以看出，说明农民人均纯收入之间的差距变化较小，详见表 18-6。

表 18-6　广西壮族自治区国家扶贫工作重点县农民人均纯收入最值表　（单位：元）

年份	2003	2004	2005	2006
最高值	南丹县 1 890	隆安县 2 008	隆安县 2 248	南丹县 2 828
最低值	凌云县 1 073	凌云县 1 203	凌云县 1 407	罗城县 1 557
最高最低比值	1.76	1.67	1.60	1.82

第三节 广西壮族自治区的国家扶贫工作重点县产业分析

广西壮族自治区的国家扶贫工作重点县的产业主要以第一产业和第二产业为主。28 个国家扶贫工作重点县的主要产业中有与水资源、矿产资源、特色农业资源和旅游资源等相关的产业，这主要与当地丰富的资源情况紧密相关，这些产业包括水电行业、矿产冶金、旅游产业、种植业、林业和畜牧业等。

下面我们对整体的产业数据进行分析。

一 三次产业的情况

通过比较广西壮族自治区 28 个国家扶贫工作重点县第一产业产值、第二产业产值、第三产业产值和三产比重的数据，可以概括出以下几个方面。

(一) 第一产业产值

2003～2006 年，第一产业产值靠前的县的排名变化较小，忻城县的第一产业产值在 28 个县中除了 2004 年排名第 2 外，其他年份第一产业产值的排名均为第 1；田东县的第一产业产值在 28 个县中的排名除了 2004 年占据第 1 的位置外，其他年份均为第 2 位；靖西县 2003 年和 2004 年第一产业产值排名第 3，2004 年下降到第 4，2006 年继续下降到第 5。排名靠后的县的变化更小，乐业县、那坡县、凤山县、西林县和天峨县的第一产业产值的排名始终是 28 个县中的最后 5 位，只是在不同年份那坡县和凤山县的排名有微小的调整，名次产生了互换。

2003～2006 年第一产业产值数据进一步表明，2003～2006 年第一产业产值的变化幅度很小，不同县之间的差距保持一个相对稳定的状况，详见表 18-7。

表 18-7 广西壮族自治区国家扶贫工作重点县第一产业产值最值表 （单位：万元）

年份	2003	2004	2005	2006
最高值	忻城县 73 890	田东县 90 588	忻城县 94 908	忻城县 105 443
最低值	乐业县 13 250	乐业县 16 969	乐业县 17 557	乐业县 20 023
最高最低比值	5.58	5.34	5.41	5.27

（二）第二产业产值

2003～2006 年，平果县的第二产业产值排名始终处于第 1；2003 年和 2004 年大化县的第二产业产值排名第 2，2005 年和 2006 年排名下降到第 3；田东县 2003 年和 2004 年第二产业产值排名第 3，2005 年上升到第 2，2006 年为第 4；2003～2005 年南丹县第二产业产值处于 28 个县的第 4 位，2006 年上升到第 2 位。

排名靠后的县变化不大，其中那坡县、乐业县、西林县、三江县和金秀县始终处于排名靠后的位置，排名变化较大的县是凤山县，2003 年和 2004 年凤山县的第二产业产值的排名在 28 个县中位列第 26，2005 年上升到第 25，2006 年继续上升到第 21。

在第二产业产值中，2003～2006 年不同县的第二产业产值之间的差距变化不大，具体见表 18-8。

表 18-8　广西壮族自治区国家扶贫工作重点县第二产业产值最值表　（单位：万元）

年份	2003	2004	2005	2006
最高值	平果县 240 521	平果县 370 287	平果县 440 848	平果县 486 794
最低值	那坡县 5 528	那坡县 7 802	乐业县 8 349	那坡县 9 561
最高最低比值	43.51	47.46	52.80	50.91

（三）第三产业产值

2003～2006 年第三产业产值排名靠前的县有一定变化。排名第 1 的县始终是平果县；2003 年第三产业产值排名第 2 的都安县，2004 年下降到第 3，排名第 5，2006 年排名继续下降为第 7；2003 年田东县的第三产业产值排名为第 3，2004 年为第 2，2005 年回到第 3，2006 年降为第 4；2003 年和 2004 年南丹县的第三产业产值排名为第 4，2005 年和 2006 年上升到第 2。

排名靠后的县中，2003～2006 年西林县的第三产业产值始终排在最后一位；2003 年和 2004 年排名倒数第 2 的乐业县的增长速度较快，2005 年和 2006 年上升到第 24；2003 年排名倒数第 3 的金秀县，2004 年排名上升一位，2005 年和 2006 年排名继续上升到第 23。

在第三产业产值中，2003～2006 年各县之间的差距呈现出越来越大的趋势，详见表 18-9。

表 18-9 广西壮族自治区国家扶贫工作重点县第三产业产值最值表 （单位：万元）

年份	2003	2004	2005	2006
最高值	平果县 58 280	平果县 65 441	平果县 106 844	平果县 127 292
最低值	西林县 12 413	西林县 13 185	西林县 15 651	西林县 18 002
最高最低比值	4.70	4.96	6.83	7.07

（四）三次产业结构

从 2003～2006 年三次产业结构数据可以看出，该期间，忻城县是第一产业所占比重最高的县；隆安县 2003 年和 2004 年第一产业所占比重的排名为第 2，2005 年下降到第 3，2006 年继续下降到第 4；2005 年和 2006 年第一产业产值所占比重排名第 2 的西林县，2003 年的排名为第 6，2004 年排名第 4。同时，从这几个县的第二产业所占比重可以看到，忻城县位居第二产业所占比重排名的第 11，隆安县排名第 16，西林县排名第 22，这几个县的第二产业所占比重都处于 28 个县的中间位置；而这几个县的第三产业所占比重的排名都处于 28 个县的较后位置，其中忻城县的第三产业所占比重的排名是 28 个县中的倒数第 4。

2003～2006 年平果县、隆林县、南丹县、大化县和天峨县是第二产业产值所占比重最高的几个县，这几个县的第一产业产值所占的比重在排名中都处于最后的位置。同时，除了隆林县的第三产业产值所占比重在 28 个县中排名第 11 外，平果县、大化县、南丹县、天峨县的第三产业产值所占比重也是 28 个县中排名最后的几个县。

2003～2006 年，乐业县、东兰县、那坡县、三江县和都安县是第三产业产值所占比重较高的几个县。这几个县的第一产业的产值在总产值中所占的比重，除那坡县和三江县排名靠前外，其他几个县的排名处于中间位置；同时，这几个县的第二产业产值所占比重在 28 个县中居于最后的位置。

二 排名前 20%的国家扶贫工作重点县优势产业分析

广西壮族自治区 2006 年 GDP 排名前 20%的国家扶贫工作重点县平果县、南丹县、田东县、忻城县、龙州县和隆安县，这 6 个县 2006 年 GDP 的总和达到了 204.62 亿元，占到广西壮族自治区 28 个国家扶贫工作重点县 GDP 总和 497.11 亿元的 41.16%。因此，我们选择对 GDP 排名前 20%的县的产业状况进行深入分析。

（一）GDP 排名前 20%的县三次产业结构分析

我们选择了 2006 年 GDP 排名前 20%的县 2003～2006 年的三次产业数据来进行分析，见表 18-10。

表 18-10　2003～2006 年 GDP 排名前 20%的县三次产业状况

年份	平果县(1)	南丹县(2)	田东县(3)	忻城县(4)	龙州县(5)	隆安县(6)
2003	16.6∶67.1∶16.3	34.9∶32.2∶32.9	35.3∶40.5∶24.2	50.5∶28.1∶21.4	47.1∶29.8∶23.1	49.5∶26.8∶23.6
2004	14.0∶74.3∶11.7	29.7∶41.1∶29.2	36.9∶43.1∶20.0	54.7∶25.8∶19.5	46.9∶32.9∶20.1	51.8∶27.4∶20.8
2005	11.3∶71.4∶17.3	22.1∶45.8∶32.1	32.1∶45.1∶22.8	49.6∶28.0∶22.5	39.0∶27.2∶33.8	44.2∶27.8∶28.0
2006	10.5∶70.9∶18.5	14.8∶60.5∶24.7	31.4∶46.0∶22.6	43.9∶33.3∶22.8	36.7∶32.1∶31.3	40.9∶31.6∶27.5

表 18-11 反映出，2006 年排名前 20%的县中，平果县和南丹县的第二产业产值在 GDP 中所占比重非常高，平果县的第二产业产值在 GDP 中所占比重较为稳定，南丹县的第二产业产值在 GDP 中所占的比重也逐年上升，2006 年第二产业产值所占比重已经从 2003 年的 32.2%提高到了 60.5%，这也是导致南丹县的 GDP 排名逐年上升的一个主要原因。

田东县的第二产业产值所占比重也较高，但是田东县的第一产业产值的比重始终在 30%以上，说明田东县的经济发展主要是依赖第一产业和第二产业的；其他三个县虽然第一产业产值所占的比重是最高的，但与第二产业和第三产业的比重相比差距较小，三次产业结构反映出这些县的主要产业是第一产业，但第二产业和第三产业的规模日益追赶第一产业的发展。

（二）GDP 排名前 20%的县的优势产业状况

我们进一步察看一下 GDP 排名前 20%的县的资源和优势产业状况，经济发展较好的几个县的第一产业发展较好，因此，当地优势产业发展得好就能够带动农民的收入增加。

三　排名后 20%的国家扶贫工作重点县优势产业分析

广西壮族自治区 2006 年 GDP 排名后 20%的国家扶贫工作重点县是金秀县、凌云县、凤山县、西林县、乐业县和排名最后的那坡县，这 6 个县 2006 年 GDP 的总和只有 40.65 亿元，占到广西壮族自治区 28 个国家扶贫工作重点县 GDP 总和 1148.2 亿元的 3.54%。同时，凌云县、那坡县、乐业县、凤山县的农民人均纯收入也是在广西壮族自治区的国家扶贫工作重点县中排名靠后的县。因此，我们选择对GDP排名后20%的县的产业状况进行深入分析。

（一）GDP排名后20%的县三次产业结构分析

我们选择了2006年排名后20%的县2003～2006年的三次产业数据来进行分析，详见表18-11。

表18-11 2003～2006年GDP排名后20%的县三次产业状况

年份	金秀县(23)	凌云县(24)	凤山县(25)	西林县(26)	乐业县(27)	那坡县(28)
2003	48.3∶22.0∶29.8	45.8∶26.2∶27.9	37.8∶20.3∶41.9	48.2∶20.0∶31.8	37.7∶25.7∶36.6	41.7∶14.1∶44.1
2004	49.8∶23.2∶26.9	47.0∶27.8∶25.2	40.6∶25.0∶34.5	48.7∶26.0∶25.3	41.0∶27.9∶31.1	44.8∶17.2∶38.0
2005	40.9∶24.2∶35.0	42.6∶29.3∶28.1	35.4∶28.9∶35.7	46.2∶24.1∶29.6	36.3∶17.3∶46.4	42.6∶17.5∶40.0
2006	39.3∶25.1∶35.6	41.6∶29.3∶29.1	31.8∶33.4∶34.8	43.7∶26.1∶30.3	34.5∶19.6∶45.8	40.7∶17.3∶42.1

表18-11反映出，2006年排名后20%的县中，金秀县、凌云县、凤山县、西林县和那坡县5个县的第一产业产值在GDP中所占比重都超过了40%，只有乐业县的第一产业产值所占比重与第三产业产值所占比重相比数值稍低，但第一产业和第三产业的规模差别不大。可以看出，随着时间的不断推移，这些县的第一产业在经济中所占比重不断下降，而第三产业的发展速度较快，产业规模增加较大。

（二）GDP排名后20%的县的优势产业状况

我们进一步分析GDP排名后20%的县的资源和优势产业状况，可以看出，这几个县的优势产业中主要是以种植业、养殖业、畜牧业为主的第一产业和矿产加工产业、水电产业为主的第二产业及旅游产业。这些县的产业具备良好的发展前景，如乐业县旅游资源丰富而独特，经过中、美、英、日、法等十多个国家的专家科考论证，在20平方公里范围内已发现了28个天坑，其天坑数量和天坑分布密度世界绝无仅有，具备良好的发展前景；同时，那坡县虽然是广西壮族自治区百色地区的一个山区县，但它与越南的高平、河江两省接壤，边境线长207公里。与越南接壤的边境设有国家二类口岸——平孟口岸，另外还有百南、那布等9个边境互市点和贸易市场，有着良好的开展边境贸易的条件。但目前受产业规模的限制，大部分产业处于缓慢增长的状态。未来这些产业的快速发展将带动这些地区的经济和社会发展，解决这些地区的贫困问题。

（三）GDP排名后20%的县产业与农民人均纯收入分析

我们将GDP排名后20%的县的农民人均纯收入数据进行分析，可以看到只有乐业县、那坡县和凌云县的农民人均纯收入排在后20%，其他3个县的农民人均纯收入排名较靠前，其中金秀县的农民人均纯收入排名处于第 14 位。这说明经济发展较慢的几个县中，由于第一产业所占的比重较高和第三产业发展较快，这些地区的农民收入问题解决得比较好。

第四节 广西壮族自治区的国家扶贫工作重点县经济数据交叉分析及产业特点

一 经济数据交叉分析

（一）GDP、GDP 增长率、人均 GDP 数据交叉分析

通过分析 GDP、GDP 增长率和人均 GDP 的数据可知：

（1）28 个国家扶贫工作重点县的 GDP 和 GDP 增长率的排名存在一定的差异性。其中 GDP 排名靠前的几个县中，有的县 GDP 增长率的排名处于前列，如 2006 年 GDP 排名第 2 的南丹县的 GDP 增长率排名处于第 3 的位置；但有的县的 GDP 增长率却比较靠后，如 2006 年 GDP 排名第 3 的田东县的 GDP 增长率仅排在最后一位。在 GDP 排名比较靠后的几个县的 GDP 增长率都比较靠前，整体增长速度比较快。如 2006 年 GDP 排名倒数第 2 的乐业县的 GDP 增长率排名第 5。受各县人口数量差异的影响，人均 GDP 的排名与 GDP 的排名上也有一定的差距，其中天峨县由于人口数量较少，造成 2006 年 GDP 排名为第 14，但人均 GDP 排名为第 3 的状况。

（2）2003～2006 年广西壮族自治区 28 个国家扶贫工作重点县各县之间的 GDP 差距呈现较小的变化，由于各县的 GDP 增长率差异程度较小，同时不同的县的增速差距变化也较小，导致整体的经济发展程度变化不大。

（二）GDP 相关数据与产业相关数据联合分析

综合考虑 GDP 的相关数据和产业相关数据，可以看出：

（1）三次产业对经济发展都具有重要的影响，但不同的县依据自身特色发展第一产业、第二产业或第三产业都可以取得较好的发展成果。数据表明，2003～2006 年，GDP 排名靠前的县的第一产业、第二产业和第三产业产值排名一般也比较靠前，如平果县、南丹县、田东县和忻城县。进一步研究这几个县的数据，可以看出广西壮族自治区经济发展较好的几个县的三次产业结构中第一产业、第二产业和第三产业所占的比重各有特色，有第二产业产值和比重都比较高的县，以 2006 年的数据为例，平果县的三次产业结构为 10.5∶70.9∶18.5，南丹县的三次产业结构为 14.8∶60.5∶24.7，而这两个县的 GDP 排名分别为第 1 和第 2；从 GDP 排名第 3 的田东县的三次产业结构可以看出，田东县

的三次产业结构为31.4∶46.0∶22.6，与平果县和南丹县的三次产业结构中第二产业占绝对性优势相比，田东县第二产业产值所占的比重最大，但第一产业和第三产业所占的比重也较大；GDP排名第4的忻城县的三次产业结构与前3个县的三次产业结构有很大的不同，忻城县的三次产业结构为43.9∶33.3∶22.8，忻城县的三次产业结构中第一产业产值所占的比重最大，第二产业和第三产业的产值所占的比重也比较大。

（2）受产业规模大小的影响，三次产业结构反映出的情况与实际产业发展情况有很大的出入。第一产业所占比重靠前的县产业规模并不一定很大。其第一产业所占比重较高的一个主要原因是每个产业的产值都不高，从而使其能够在第一产业所占比重中排名靠前。以西林县为例，2006年第一产业产值为2.60亿元，在第一产业产值排名中仅位列倒数第4，但它在产业结构中所占比重为43.7%，在第一产业所占比重的排名表中位列第2。而平果县由于总体产业规模较大，其2006年第一产业产值虽然达到了7.24亿元，但第一产业所占比重仅为10.5%，在第一产业占总产值比重的排名中仅位列最后。

（3）经济发展与产业结构、产业规模紧密相连。经济发展需要做大做强产业，由于具备一定的产业规模和较好的产业结构，当地的经济发展取得了较好的成果。2006年GDP排名靠前的几个县的第一产业、第二产业和第三产业的产业规模和产业发展速度都较快，才使这几个县的GDP处于28个县的前位。

在一定的产业规模下，依托第一产业、第二产业和第三产业协调带动整个经济发展可以取得较好的成果。但如果产业规模过小，即使拥有相同的三次产业结构，经济发展同样不能达到较好的水平。例如，2006年GDP排名倒数第3的西林县的产业结构与GDP排名第4的忻城县的产业结构相类似，但由于其产业规模过小，西林县的经济发展情况就不很乐观。2006年西林县的GDP为59 476万元，GDP增长率为12.2%，三次产业结构为43.7∶26.1∶30.3；而忻城县的GDP为240 392万元，GDP增长率为20.1%，三次产业结构为43.9∶33.3∶22.8。由于西林县的GDP数据与忻城县有一定差距，西林县的GDP排名在28个国家扶贫工作重点县中位列倒数第3，而忻城县的GDP在28个国家扶贫工作重点县中排名第4。这些数据表明产业规模是决定经济发展速度的一个非常关键的因素，因此，经济发展必须同时重视产业规模和产业结构。

（三）GDP相关数据、产业相关数据与农民人均纯收入数据联合分析

农民人均纯收入与GDP数据呈现四种不同的对应关系：① GDP数据较高、农民人均纯收入较高的县；② GDP数据较高、农民人均纯收入较低的县；③ GDP数据较低、农民人均纯收入较高的县；④ GDP数据较低、农民人均纯收入较低的县。为了有效地解释农民人均纯收入与GDP数据之间存在的不同对

应关系，我们加入产业数据进行进一步分析。

（1）GDP 数据较高、农民人均纯收入较高的县。我们以 2006 年位居 GDP 第 2、农民人均纯收入排名第 1 的南丹县为例来进行分析。南丹县 2006 年的 GDP 达到 35.30 亿元，居 28 个国家扶贫工作重点县的第 2；第一产业产值达到 5.22 亿元，在第一产业产值排名中居第 13 位；第二产业的产值达到 21.35 亿元，在第二产业产值排名中居第 2；第三产业产值为 8.73 亿元，在第三产业产值排名中居第 2；三次产业的结构为 14.8∶60.5∶24.7。南丹县突出农业抓增收、工业抓增效、三产抓增速，其产业体系包括以烟叶、瑶鸡、长角辣椒、优势水果和红高粱等五大基地建设为主的农业产业、矿业经济、有色金属产业、白酒产业、水电产业等，由于工业产业的快速发展带动了经济整体发展较好，同时伴随农业的五大基地建设，再加上抓好劳务输出，实现了农业产业产值增加和农民人均纯收入增收的同步发展。这一系列的发展致使南丹县的 GDP 和农民人均纯收入都取得了较快的发展。

（2）GDP 数据较高、农民人均纯收入较低的县。我们以 2006 年 GDP 排名第 12、农民人均纯收入排名最后的罗城县为例进行分析。2006 年罗城县的 GDP 达到 17.55 亿元，居 28 个国家扶贫工作重点县第 12 位；其中第一产业产值 6.22 亿元，排名第 10；第二产业产值 5.62 亿元，排名第 15；第三产业产值 5.71 亿元，排名第 11；三次产业结构为 35.4∶32.0∶32.5，农民人均纯收入为 1557 元，该数据在 28 个国家扶贫工作重点县中居最后一位。主要产业为矿产开发冶炼、农产品加工、林产品深加工、水电、水泥建材五大产业，农业产业包括了高产糖蔗、野生毛葡萄、桑蚕、烤烟、木薯、茶叶等特色产业。这样的产业结构使罗城县的经济发展取得了在 28 个县中排名第 12 的成绩，但罗城的农民人均纯收入较低，主要原因有以下两点：一是至 2005 年底，罗城作为少数民族贫困地区至今仍有 11.65 万人的贫困人口，占全县总人口 36.2 万人的 32.2%，全县贫困面和贫困的数量仍然较大；二是少数民族贫困地区在历史发展中形成的传统、语言、文化、习俗、心理认同等方面差异较大，有相当数量的农民受教育的程度低，全县农村成人文盲半文盲占 12%，具有小学文化程度的占 32%，初中文化程度的占 49%，高中以上占 6%，这样的人口素质对于普及现代文明和培育造就新型农民，培育和发展劳务产业有很大的制约，这一系列的原因导致当地的农民人均纯收入排名最后。

（3）GDP 数据较低、农民人均纯收入较高的县。我们以 2006 年 GDP 排名第 23、农民人均纯收入排名第 13 的金秀县为例进行分析。2006 年金秀县的 GDP 为 8.55 亿元，居 28 个国家扶贫工作重点县的第 23 位；其中第一产业产值 3.36 亿元，排名第 21；第二产业产值 2.15 亿元，排名第 24；第三产业产值 3.05 亿元，排名第 23；但其农民人均纯收入 2031 元，位列 28 个县的第 13。究其原因，我们发现金秀县的主要产业是水电产业、采矿和农产品产业、木材加工业等，主要农业产业为水稻产业、蔗糖种植、中草药等。在产业规模有限的情况下，金秀瑶族自治县以“千万农民培训工程”和“农村科技引领先锋行”等活动为载体，整合网络资源，利用远程教育网、有线电视互动点播网和互联网等网络媒介，搭建“三网合一”的农村党员干部教育培训平台，将专家学者请进农家门，良种良法直接到田，技术要领直接到人，强化技术培训，提高广大农民的科技水平和就业技能，加快培养有文化、懂技术、会经营的新型农民，通过培训提高了农民的生产技术水平，推动了大瑶山农业从传统向现代迈进，实现了农民增收。

（4）GDP 数据较低、农民人均纯收入较低的县。我们以 2006 年 GDP 排名最后、人均纯收入排名倒数第 3 的那坡县为例进行分析。2006 年的那坡县 GDP 为 5.53 亿元，居 28 个国家扶贫工作县的最后；其中第一产业产值 2.25 亿元，排名第 27；第二产业产值 0.96 亿元，排名第 28；第三产业产值 2.33 亿元，排名第 26。三次产业的规模都比较小，对农民人均纯收入的增加影响较小，造成农民人均纯收入排名倒数第 3 的情况。

因此，促使各个产业之间实现协调发展，共同做大产业规模，是带动当地经济发展和农民脱贫的必然选择。

二 产业发展特点

（一）各个县的产业发展都与自身的资源情况紧密相关

各县的产业主要以第一产业和第二产业为主。28 个国家扶贫工作重点县的主要产业中有与水资源、矿产资源、特色农业资源和旅游资源等相关的产业，这主要是与当地丰富的资源情况紧密相关，这些产业包括了水电行业、矿产冶金、旅游产业、种植业、林业和畜牧业等。

（二）经济发展较好的县的产业规模较大，产业结构都较为合理

GDP 排名表中靠前的几个县，如平果县、南丹县、田东县和忻城县，产业规模都比较大。以排名第 1 的平果县 2006 年数据为例，平果县第一产业的产值为 7.24 亿元，第二产业的产值为 48.68 亿元，第三产业的产值为 12.73 亿元。其每个产业的数据都比排名靠后的县的数据高很多。同时，由于平果县依托自身的资源优势，大力发展第二产业，该县的三次产业结构为 10.5∶70.9∶18.5，经济发展主要由第二产业带动发展。但与此同时，我们应该看到以第一产业为主要产业的忻城县的经济发展也取得了较好的成绩，因此产业规模和产业结构

一定要以自身的优势为基础来进行发展。

(三) GDP 数据与产业数据比较一致，但与农民人均纯收入有一定的差异性

在 28 个国家扶贫工作重点县中，GDP 相关数据与产业数据之间的一致性较好，处于 GDP 排名靠前的县的产业发展状况也较好，基本上在产业排名上也可以处于前列。但 GDP 数据与农民人均纯收入之间却存在一定的差异性，反映出四种不同的对应关系：GDP 数据较高、农民人均纯收入较高的县；GDP 数据较高，但农民人均纯收入较低的县；GDP 数据较低、农民人均纯收入较高的县；GDP 数据较低、农民人均纯收入较低的县。

(四) 各县的经济实力差距变化较小

2003～2006 年，广西壮族自治区国家扶贫工作重点县各县之间的 GDP 相关数据、产业相关数据和农民人均纯收入共八类数据中，除了 GDP 增长率数据由于各县的经济发展变化较大而发生的波动较大外，其他几个数据都呈现较为稳定的状况。这样的结果使广西壮族自治区的国家扶贫工作重点县的发展变化较小。

(五) 靠近中心城市的县经济发展较快

在广西壮族自治区国家扶贫工作重点县中，靠近中心城市的县域经济发展速度较快，如隆林县作为百色市次中心城市和滇、黔、桂三省（区）交会点物资集散地，不仅是“西电东送”的国家重要能源基地，而且是富有民族特色的绿色山城，隆林县依据地理和资源优势，倾力打造滇、黔、桂“金三角”经济商圈。大量项目兴建，推动了该县经济快速增长，“金三角”经济商圈建设初见成效。

第十九章 云南省产业分析

第一节 云南省的国家扶贫工作重点县概况

云南地处中国西南边陲，总面积39.4万平方公里，占全国总面积的4.1%。东与广西壮族自治区和贵州省毗邻，北以金沙江为界与四川省隔江相望，西北隅与西藏自治区相连，西部与缅甸相邻，南部和东南部分别与老挝、越南接壤，共有陆地边境线4061公里。

2004年末云南省总人口为4415.2万人，云南省行政区划为8个地级市、8个自治州、12个市辖区、9个县级市、79个县、29个自治县。云南省共有国家扶贫工作重点县73个，占云南省总县市数量的62.4%，在西部11个省（自治区、直辖市）中国家扶贫工作重点县的数量居于第一位。云南省国家扶贫工作重点县的名单，详见表19-1。

表19-1 云南省国家扶贫工作重点县名单

地区	国家扶贫工作重点县
昆明市	东川区、禄劝县、寻甸县
曲靖市	富源县、会泽县
保山市	施甸县、龙陵县、昌宁县
昭通市	昭阳区、鲁甸县、巧家县、盐津县、大关县、永善县、威信县、绥江县、彝良县、镇雄县
丽江市	宁蒗县、永胜县
普洱市	墨江县、景东县、镇沅县、江城县、孟连县、西盟县、澜沧县、宁洱县
临沧市	永德县、凤庆县、沧源县、镇康县、云县、临沧区、双江县
德宏州	梁河县
怒江州	泸水县、兰坪县、贡山县、福贡县
迪庆州	维西县、香格里拉县、德钦县
大理州	漾濞县、鹤庆县、弥渡县、南涧县、巍山县、永平县、云龙县、洱源县、剑川县
楚雄州	双柏县、南华县、大姚县、姚安县、武定县、永仁县
红河州	屏边县、金平县、泸西县、元阳县、红河县、绿春县
文山州	广南县、马关县、砚山县、丘北县、文山县、富宁县、西畴县、麻栗坡
西双版纳州	勐腊

一 云南省的国家扶贫工作重点县分布状况

云南省的国家扶贫工作重点县数量分布较广，除了玉溪市没有国家扶贫工作重点县外，其他 15 个地级市和自治州都有国家扶贫工作重点县。

云南省 73 个国家扶贫工作重点县呈现出地理集中度较高的特点。我们以国家扶贫工作重点县数量较多的普洱市和大理白族自治州为例来进行分析。普洱市位于云南省西南部，辖 1 区 9 县，全区面积 44 221.34 平方公里，是云南省面积最大的一个地区。而普洱市的 9 个县中除了景谷傣族彝族自治县外，其他 8 个县都是国家扶贫工作重点县。大理白族自治州辖 1 市 11 县，而 11 个县中除了祥云县和宾川县外，其他 9 个县都是国家扶贫工作重点县。

二 云南省的国家扶贫工作重点县生态状况

云南省的国家扶贫工作重点县中很多县的生态环境还是比较脆弱的，如德钦县生态敏感区面积占全县国土面积的 51.6%，生态环境保护和资源开发利用之间的矛盾十分突出。西畴县裸露、半裸露岩溶面积 1135 平方公里，占全县总面积的 75.4%。

三 云南省的国家扶贫工作重点县资源状况

云南省 73 个国家扶贫工作重点县均拥有一定资源，资源类型包括矿产资源、林地资源、水资源和旅游资源。云南省 73 个国家扶贫工作重点县的矿产资源不仅种类丰富，包括煤炭、铜矿、褐煤、铅锌矿、铁矿和镍矿等，而且部分县矿产资源的储量也非常可观。例如，兰坪县的金顶凤凰山特大型铅锌矿居全国之首，世界之二，储量达 1429 万金属吨。昭阳区的大山包被列为国际重要湿地和国家级黑颈鹤自然保护区，也因此荣膺“中国黑颈鹤之乡”。

四 云南省的国家扶贫工作重点县经济发展状况

为了从整体上把握云南省国家扶贫工作重点县的经济发展情况，我们选取了 2006 年云南省总体数据和扶贫工作重点县的 GDP、GDP 增长率、人均 GDP、三次产业结构和农民人均纯收入五类数据进行比较，详见表 19-2。

表 19-2　2006 年云南省国家扶贫工作重点县经济发展情况

	GDP/亿元	GDP 增长率/%	人均 GDP/元	三次产业结构	农民人均纯收入/元
云南省	4 001.87	11.9	8 961	18.8∶42.7∶38.5	2 250.5
扶贫工作重点县	1 115.01（占总量的 27.9%）			29.7∶36∶34.2	
最高的县	昭阳区 63.69	兰坪县 125.3	香格里拉 13 886		富源县 2 309
最低的县	贡山县 1.99	屏边县 2.7	镇雄县 1 917		福贡县 738

从表 19-2 中的数据可以看出，云南省国家扶贫工作重点县在全省的经济总量中所占的比重还是比较小的。2006 年占云南省总县市数量的 62.4%的 73 个国家扶贫工作重点县的 GDP 总量达到了 1115.01 亿元，是云南省 GDP 总量 4001.87 亿元的 27.9%；73 个国家扶贫工作重点县的三次产业结构为 29.7∶36∶34.2，与云南省的 18.8∶42.7∶38.5 相比，贫困县第一产业的产值所占比重与云南省整体数据相比较大，第二产业的产值所占比重与云南省的整体数据相比较小，而第三产业产值所占的比重与云南省总体数据相比基本一致。

在总体增长较快的情况下，我们同样可以看出 73 个国家扶贫工作重点县中各个县的经济发展存在很大的不均衡性。GDP 增长率数据反映出，排名最前的兰坪县的 GDP 增长率达到 125.3%，是云南省平均值 11.9%的 10.53 倍；但排名最后的屏边县的 GDP 增长率却只有 2.7%，远远低于云南省的数据。与此相同的情况反映在 GDP、人均 GDP 和农民人均纯收入的数据上，GDP 排名第 1 的昭阳区的数据是排名最后的贡山县 GDP 数据的 32.1 倍，人均 GDP 排名第 1 的香格里拉的数据是排名最后的镇雄县人均 GDP 数据的 7.24 倍；73 个国家扶贫工作重点县农民人均纯收入排名第 1 的富源县的数据达到 2309 元，高出云南省的平均值 58.5 元，而排名最后的福贡县的农民人均纯收入只有 738 元，只占云南省农民平均人均纯收入的 33%。

第二节　云南省的国家扶贫工作重点县经济数据分析

我们选取 2003～2006 年云南省 73 个国家扶贫工作重点县的经济数据对经济发展情况进行纵向比较，共包括 73 个国家扶贫工作重点县的八类数据，即 GDP、GDP 增长率、第一产业产值、第二产业产值、第三产业产值、三产比重、人均 GDP 和农民人均纯收入。

本节我们重点对 GDP 相关数据和农民人均纯收入数据进行分析，对于产业数据下节将进行深入分析。

一 地区 GDP 相关数据分析

（一）GDP 数据

昭阳区 GDP 连续四年居云南省国家扶贫工作重点县 73 县中第 1；2003 年和 2004 年会泽县排名第 2，富源县排名第 3，2005 年和 2006 年这两个县位置互换，富源县排名第 2，会泽县排名第 3；而文山县和云县连续四年位居第 4 和第 5。

排名最后的县在 2003～2006 年的时间内未发生很大变化，其中贡山县 GDP 始终位于云南省国家扶贫工作重点县 73 县中的倒数第 1；德钦县呈现逐年上升的状况，2003 年排名倒数第 2，2004 年排名倒数第 3，2005 年和 2006 年排名上升到倒数第 4。福贡县和西蒙县在 2006 年位列倒数第 3 和倒数第 2。

进一步分析 2003～2006 年云南省国家扶贫工作重点县 GDP 排名情况，可以看出，2003～2006 年云南省国家扶贫工作重点县中位居前列的县和后面的县的 GDP 之间差距越来越小，详见表 19-3。

表 19-3　云南省国家扶贫工作重点县 GDP 最值表　（单位：万元）

年份	2003	2004	2005	2006
最高值	昭阳区 429 565	昭阳区 515 017	昭阳区 566 341	昭阳区 636 869
最低值	贡山县 10 129	贡山县 12 958	贡山县 16 182	贡山县 19 867
最高最低比值	42.4	39.7	35.0	32.1

（二）GDP 增长率

与 GDP 排名较为稳定不同，2003～2006 年 GDP 增长率排名的变化较大。2003 年 GDP 增长率排名第 1 的维西县，2004 年下降到第 5，2005 年迅速下滑到第 24 位，2006 年排名上升到第 9。2004 年和 2005 年 GDP 增长率排名第 1 的德钦县，2003 年仅位列第 9，2006 年位居第 4。2006 年 GDP 增长率排名第 1 的兰坪县，2003 年仅位居第 23。

GDP 增长率排名靠后县的变化更为明显，2003 年大关县排名倒数第 1，2004 年急速上升到第 8，2005 年排名下滑到第 47，2006 年下滑到第 72。2004 年排在最后一位的梁河县，2003 年排名第 64，2004 年排名第 53，2006 年上升到第 52。2006 年排名最后的屏边县，2003 年排名第 11。

进一步分析 2003～2006 年云南省国家扶贫工作重点县 GDP 增长率排名情

况，详见表 19-4。

表 19-4　云南省扶贫工作重点县 GDP 增长率最值表　（单位:%）

年份	2003	2004	2005	2006
最高值	维西县 17.0	德钦县 36.7	德钦县 29.5	兰坪县 125.3
最低值	大关县 −2.7	墨江县 −1.4	梁河县 0.7	屏边县 2.7
最高最低比值			42.14	46.41

（三）人均 GDP

2003 年云南省 73 个国家扶贫工作重点县中人均 GDP 排名第 13 的香格里拉，2004 年一跃上升到第 1 位，2005 年和 2006 年持续保持第 1 的位置。2003～2005 年排名第 2 的文山县，2006 年下降到第 3。而兰坪县从 2003 年的第 25 位连年上升至 2006 年的第 2 位。昭阳区的人均 GDP 从 2003 年和 2004 年的第 3 位，持续下滑到 2006 年的第 7 位。

人均 GDP 排名靠后的县变化较小。镇雄县和绿春县的人均 GDP 在 2003～2006 年始终是云南省国家扶贫工作重点县中最后一位和倒数第 2 位。2006 年排名倒数第 3 的彝良县，2003～2005 年连续排名倒数第 4。金平县是排名中变化较大的一个县，2003 年排名倒数第 3，2004～2006 年持续上升，到 2006 年居人均 GDP 排名的第 59。

进一步分析 2003～2006 年云南省国家扶贫工作重点县人均 GDP 排名情况，可以看出，2003～2006 年云南省国家扶贫工作重点县各县之间的人均 GDP 差距越来越大，见表 19-5。

表 19-5　云南省国家扶贫工作重点县人均 GDP 最值表　（单位：元）

年份	2003	2004	2005	2006
最高值	勐腊县 7 366	香格里拉 9 922	香格里拉 11 277	香格里拉 13 886
最低值	镇雄县 1 188	镇雄县 1 566	镇雄县 1 721	镇雄县 1 917
最高最低比值	6.20	6.36	6.55	7.24

二 农民人均纯收入

2003 年云南省 73 个国家扶贫工作重点县中人均纯收入排名第 1 的姚安县，在 2004～2006 年保持第 2 的位置；2003 年排名第 2 的勐腊县，2004 年下滑到第 5，2005 年依旧排名第 5，2006 年上升到第 4 的位置；2003 年排名第 4 的富源县，在 2003～2006 年持续上升，2006 年处于排名的第 1 位；而 2004 年和 2005 年排名第 1 的大姚县，2006 年下降到第 3。

处于农民人均纯收入靠后的县的排名变化很小。2003 年 73 个国家扶贫工作重点县中农民人均纯收入排名最后的西蒙县，2004～2006 年排名倒数第 2；2003 年农民人均纯收入排名倒数第 2 的福贡县，2004～2006 排名倒数第 1；2003 年排名倒数第 3 的贡山县，2004～2006 年排名降到倒数第 2。

进一步分析 2003～2006 年云南省国家扶贫工作重点县农民人均纯收入排名情况，可以看出，农民人均纯收入之间的差距也在逐步扩大，详见表 19-6。

表 19-6　云南省国家扶贫工作重点县农民人均纯收入最值表（单位：元）

年份	2003	2004	2005	2006
最高值	姚安县 1 793	大姚县 2 022	大姚县 2 160	富源县 2 309
最低值	西盟县 669	福贡县 697	福贡县 750	福贡县 783
最高最低比值	2.68	2.90	2.88	2.95

第三节　云南省的国家扶贫工作重点县产业分析

云南省 73 个国家扶贫工作重点县的主要产业中都有与水资源、矿产资源、特色农业资源和旅游资源等相关的产业，这主要与当地丰富的资源情况紧密相关，这些产业包括了水电行业、矿产冶金、旅游产业、烟草种植业、林业、茶业和畜牧业等。

下面我们对整体的产业数据进行分析。

一 三次产业的情况

通过比较云南省 73 个国家扶贫工作重点县第一产业产值、第二产业产值、第三产业产值和三产比重的数据，可以概括出以下几个方面。

（一）第一产业产值

2003～2006 年，第一产业产值靠前的县的排名变化不大，富源县、勐腊县、广南县、镇雄县始终处于前 4 名，其中富源县始终排名第 1。

排名靠后的县变化较小，其中贡山县在 2003 年排名倒数第 2，2004～2006 年排名始终为倒数第 1。西盟县在 2003 年排名倒数第 1，2004～2006 年排名倒数第 2。德钦县、福贡县和绥江县在 2003～2006 年的位次没有发生变化，始终是倒数第 3、第 4 和第 5 位。

数据进一步表明 2003～2006 年第一产业产值的增加速度变化较小，不同县之间的差距保持一个比较稳定的状况，详见表 19-7。

表 19-7　云南省国家扶贫工作重点县第一产业产值最值表（单位：万元）

年份	2003	2004	2005	2006
最高值	富源县 86 717	富源县 101 859	富源县 120 281	富源县 128 120
最低值	西盟县 3 565	贡山县 4 510	贡山县 4 959	贡山县 5 331
最高最低比值	24.32	22.59	24.26	24.03

（二）第二产业产值

2003～2006 年，第二产业产值排名靠前的县始终是会泽县、昭阳区、富源县和文山县，这几个县在排名和位次上均没有发生大的变化，会泽县始终处于第 1 的位置。在第二产业排名靠前的县中，位次上升最大的是兰坪县，2003 年兰坪县第二产业产值仅排名第 12，到 2006 年排名上升到第 5。

排名靠后的县的变化较大，2003 年第二产业产值中排在最后一位的德钦县，2004 年上升到第 70，2005 年上升到第 62，2006 年继续上升到第 60，说明其第二产业有了比较大的发展。2003 年第二产业产值排名倒数第 2 的贡山县排位始终靠后，2004 年和 2005 年下降到最后一位，2006 年排名倒数第 2。2003 年排名倒数第 3 的福贡县，2004 年排名倒数第 2，2005 年和 2006 年上升到第 68。而 2003 年排名倒数第 4 的西盟县的位次连年下降，其第二产业的产值到 2006 年位居 73 个县中的最后一位。

在第二产业产值中，2003～2006 年不同县的第二产业产值之间的差距越来越小，具体见表 19-8。但第二产业产值之间的差距远远高于第一产业产值之间的差距，这是造成不同县经济发展速度快慢的一个主要因素。

表 19-8　云南省国家扶贫工作重点县第二产业产值最值表(单位：万元)

年份	2003	2004	2005	2006
最高值	会泽县 236 892	会泽县 286 031	会泽县 280 859	会泽县 340 429
最低值	德钦县 1 172	贡山县 2 388	贡山县 3 306	西盟县 4 799
最高最低比值	202.13	119.78	84.95	70.94

(三) 第三产业产值

2003～2006 年，第三产业产值排名靠前的县变化不大，排名第 1 至第 3 的始终是昭阳区、文山县和富源县。2003 年第三产业产值排名第 4 的禄劝县的位次下降较快，2004 年第 11 位，2005 年第 13 位，2006 年已经下滑到第 15 位。2006 年第三产业产值排名靠前的普洱县的上升速度较快，2003 年第 28 位，2004 年第 21 位，2005 年第 28 位，2006 年上升到第 4 位。

排名靠后的县变化不大，主要集中在西盟县、漾濞县、德钦县、福贡县和贡山县。其中贡山县的第三产业产值始终是 73 个国家扶贫工作重点县中最低的。

第三产业产值中，2003～2006 年各县之间的差距同样呈现出连年缩小的趋势，见表 19-9。

表 19-9　云南省国家扶贫工作重点县第三产业产值最值表(单位：万元)

年份	2003	2004	2005	2006
最高值	昭阳区 187 760	昭阳区 205 221	昭阳区 207 393	昭阳区 243 483
最低值	贡山县 4 307	贡山县 6 060	贡山县 7 917	贡山县 9 167
最高最低比值	43.59	33.86	26.20	26.56

(四) 三次产业结构

从 2003～2006 年三次产业结构数据可以看出，红河县、广南县、双柏县、丘北县、勐腊县是第一产业所占的比重最高的几个县；这几个县却是第二产业所占比重比较低的几个县，其中，2006 年第一产业所占比重最高的红河县，在

2006年第二产业产值所占的比重中仅排名倒数第3。同时，这几个县在第三产业产值所占的比重排名中均处于中等的位置。

兰坪县、东川区、会泽县、富源县、昭阳区、云县和金平县是第二产业产值所占比重最高的几个县，这几个县的第一产业产值和第三产业产值所占的比重都较低，2006年兰坪县和东川区的第一产业产值和第三产业产值比重在排名中都处于最后和倒数第2的位置。

泸水县、西盟县、普洱县、临沧县和绥江县是第三产业产值所占比重较高的几个县。但这几个县的第一产业的产值在总产值中所占的比重都较小，同时第二产业产值所占比重的排名中，除了普洱县排名第20，比较靠前外，其他几个县均处于中下的位置。

二 排名前20%的国家扶贫工作重点县产业数据分析

云南省2006年GDP排名前20%的国家扶贫工作重点县是昭阳区、富源县、会泽县、文山县、云县、东川区、兰坪县、砚山县、普洱县、勐腊县、镇雄县、广南县、香格里拉、富宁县和寻甸县。这15个县2006年的GDP的总和达到了496.69亿元，占到云南省73个国家扶贫工作重点县GDP总和1 115.01亿元的44.55%。

(一) GDP排名前20%的县三次产业结构分析

我们选择了2006年排名前20%的县2003～2006年的三次产业数据来进行分析，详见表19-10，括号内数字是该县的GDP排名。

表19-10 2003～2006年GDP排名前20%的县三次产业状况

年份	昭阳区（1）	富源县（2）	会泽县（3）	文山县（4）	云县（5）
2003	14.4∶41.9∶43.7	32.6∶34.4∶33.0	14.4∶70.5∶15.0	20.7∶42.4∶36.8	33.6∶45.7∶20.7
2004	14.0∶46.2∶39.8	28.9∶41.6∶29.5	14.4∶71.5∶14.1	18.3∶42.3∶39.4	31.0∶46.5∶22.5
2005	14.4∶48.9∶36.6	24.9∶48.4∶26.7	16.2∶61.5∶22.3	16.2∶38.7∶45.1	29.1∶47.7∶23.2
2006	13.6∶48.2∶38.2	21.9∶53.6∶24.6	15.3∶63.6∶21.1	14.5∶42.1∶43.3	29.1∶46.8∶24.1
年份	东川区（6）	兰坪县（7）	砚山县（8）	普洱县（9）	勐腊县（10）
2003	20.5∶44.0∶35.5	20.3∶53.9∶25.8	29.5∶41.4∶29.1	30.6∶31.7∶37.7	51.4∶12.2∶36.4
2004	22.5∶42.8∶34.7	22.2∶52.4∶25.4	30.0∶42.9∶27.1	30.8∶25.7∶43.5	48.1∶14.9∶37.1
2005	20.1∶38.8∶41.0	15.6∶52.9∶31.5	29.2∶37.0∶33.8	33.8∶24.3∶41.9	47.9∶16.9∶35.2
2006	8.8∶73.5∶17.7	06.5∶78.4∶15.1	26.7∶40.0∶33.3	13.0∶35.6∶51.4	45.0∶23.2∶31.7

续表

年份	镇雄县（11）	广南县（12）	香格里拉（13）	富宁县（14）	寻甸县（15）
2003	49.8∶15.2∶35.0	54.4∶19.8∶25.9	34.6∶17.7∶47.7	40.1∶27.2∶32.7	42.2∶14.4∶43.4
2004	46.7∶19.4∶34.0	53.7∶21.4∶24.9	31.4∶24.0∶44.6	39.1∶27.0∶33.9	40.8∶16.6∶42.6
2005	46.2∶15.7∶38.1	51.5∶15.9∶32.6	14.2∶43.9∶41.9	34.0∶31.2∶34.8	40.1∶18.6∶41.3
2006	43.7∶17.8∶38.5	48.2∶17.8∶34.0	12.0∶45.0∶43.0	29.6∶35.6∶34.8	36.8∶22.9∶40.4

表19-10反映出，2006年排名前20%的县的三次产业结构差别较大。其中，昭阳区、富源县、会泽县、云县、东川区和兰坪县的第二产业产值在GDP中所占比重非常高，最高的县是兰坪县，2006年的数字达到了78.4%。文山县、砚山县、普洱县和香格里拉的第二产业产值和第三产业产值所占的比重都较高；勐腊县、镇雄县、广南县和寻甸县的第一产业产值和第三产业产值所占的比重都较高，富宁县的三次产业所占的比重差距较小。

（二）GDP排名前20%的县的优势产业状况

我们进一步分析GDP排名前20%的县的资源和产业状况，可以看出这些县的主要产业中包括矿产加工业、种植业、畜牧业，部分县的产业中有煤炭产业、水电产业和旅游产业。这些县产业比较相似，这样的产业状况主要是依托当地丰富的资源发展起来的。

（三）GDP排名前20%的县产业与农民人均纯收入分析

我们将GDP排名前20%的15个县的产业与农民人均纯收入数据进行分析，可以看到，经济发展较好县的农民人均纯收入状况有很大差别，既有经济发展好，农民人均纯收入高的县，如2006年GDP排名第2的富源县的农民人均纯收入在73个县中排名第1；也有经济发展好，但农民人均纯收入低的县，如2006年GDP排名第1的昭阳区的农民人均纯收入仅在73个县中排名第25；2006年GDP排名第12的广南县的农民人均纯收入仅在73个县中排名第59。这说明经济发展较好的区县现有的优势产业对经济发展的影响和对农民人均纯收入的影响不同，如何增强现有产业对当地农民的增收作用需要进一步深入研究。

三　排名后20%的国家扶贫工作重点县产业数据分析

云南省2006年GDP排名后20%的国家扶贫工作重点县是大关县、双江县、江城县、双柏县、屏边县、孟连县、永仁县、梁河县、漾濞县、绿春县、绥江县、德钦县、福贡县、西盟县和排名最后一位的贡山县，这 15 个县 2006 年 GDP 的总和只有 80.54 亿元，占到云南省 73 个国家扶贫工作重点县 GDP 总和 1115.01 亿元的 7.22%。

（一）GDP 排名靠后 20%的县三次产业结构分析

我们选择了 2006 年排名后 20%的县 2003～2006 年的三次产业数据来进行分析，见表 19-11。

表 19-11　2003～2006 年 GDP 排名后 20%的县三次产业状况

年份	大关县（59）	双江县（60）	江城县（61）	双柏县（62）	屏边县（63）
2003	52.5∶12.1∶35.5	46.3∶19.4∶34.3	46.0∶18.7∶35.3	50.3∶20.1∶29.7	42.8∶24.6∶32.5
2004	41.5∶22.8∶35.8	44.6∶22.0∶33.3	39.1∶29.7∶31.3	49.1∶20.3∶30.6	37.4∶35.9∶26.7
2005	41.7∶24.3∶34.0	43.5∶21.9∶34.6	41.8∶23.1∶35.1	49.4∶17.8∶32.8	31.7∶36.0∶32.3
2006	37.6∶29.7∶32.7	41.8∶24.7∶33.6	39.7∶25.9∶34.4	47.8∶17.9∶34.3	31.9∶33.0∶35.2
年份	孟连县（64）	永仁县（65）	梁河县（66）	漾濞县（67）	绿春县（68）
2003	37.4∶26.6∶36.0	44.5∶24.5∶30.9	39.8∶16.9∶43.3	45.7∶27.9∶26.4	45.2∶17.1∶37.7
2004	35.5∶27.7∶36.9	44.0∶25.4∶30.5	33.4∶24.8∶41.8	43.5∶31.2∶25.2	41.4∶26.2∶32.4
2005	39.8∶23.3∶36.9	44.1∶16.0∶39.9	31.8∶19.4∶48.7	41.7∶32.8∶25.5	43.4∶17.9∶38.7
2006	37.7∶25.7∶36.6	38.9∶25.9∶35.2	29.6∶25.0∶45.4	36.9∶38.6∶24.6	38.4∶25.3∶36.3
年份	绥江县（69）	德钦县（70）	福贡县（71）	西盟县（72）	贡山县（73）
2003	34.4∶25.4∶40.1	37.1∶07.8∶55.0	46.0∶15.7∶38.3	22.9∶19.4∶57.7	43.8∶13.7∶42.5
2004	24.6∶25.4∶50.0	30.9∶25.8∶43.3	41.8∶20.0∶38.2	27.3∶23.4∶49.3	34.8∶18.4∶46.8
2005	28.4∶20.9∶50.8	20.1∶34.4∶45.5	28.9∶30.0∶41.1	28.4∶18.1∶53.5	30.6∶20.4∶48.9
2006	26.1∶24.9∶48.9	18.0∶38.9∶43.1	26.3∶33.9∶39.8	27.9∶18.1∶54.0	26.8∶27.0∶46.1

表 19-11 反映出，2006 年排名后 20%的县产业结构差别较大。其中，大关县、屏边县、孟连县和漾濞县的三次产业在 GDP 中所占的比重差别较小，双江县和双柏县的第一产业产值在 GDP 中所占比重较大，江城县、永仁县、绿春县的第一产业和第三产业的产值在 GDP 中所占比重较大，梁河县、绥江县、西盟县和贡山县的第三产业产值在 GDP 中所占比重较高，德钦县和福贡县的第二产业和第三产业产值在 GDP 中所占比重较大。

（二）GDP 排名后 20%的区县的优势产业状况

我们进一步分析 GDP 排名后 20%的县的资源和产业状况，可以看出这些县的主要产业以种植业、畜牧业、林业和矿产加工业为主，部分县有煤炭产业、旅游产业和水电产业，但产业规模较小。总体来看，这些县的产业状况差别较大。

(三) GDP 排名后 20%的区县产业与农民人均纯收入分析

我们将 GDP 排名后 20%的 15 个县的产业与农民人均纯收入数据进行分析，可以看到，在经济发展较为缓慢的 15 个县中，既有农民人均纯收入较低的县，如福贡县、西盟县和贡山县的农民人均纯收入始终是 73 个县中的最后 3 位；同时还有农民人均纯收入较高的县，如 2006 年 GDP 排名第 65 的富源县的农民人均纯收入在 73 个县中排名第 12。这说明经济发展较慢的区县现有的产业对经济发展影响和对农民人均纯收入的影响不同，那些 GDP 排名靠后但是农民人均纯收入靠前的县的发展值得进一步关注。

第四节　云南省的国家扶贫工作重点县经济数据交叉分析及产业特点

一 经济数据交叉分析

(一) GDP、GDP 增长率、人均 GDP 数据交叉分析

通过分析 GDP、GDP 增长率和人均 GDP 的数据可知：

(1) 73 个国家扶贫工作重点县的 GDP 和 GDP 增长率的排名存在一定的差异性。其中 GDP 排名靠前的几个县中，GDP 增长率的排名并不是处于非常靠前的位置，以 2006 年 GDP 排名第 1 的昭阳区为例，2006 年昭阳区的 GDP 增长率的数据仅排名第 64，居 73 个县中的倒数第 10。但 GDP 排名靠后的几个县中，GDP 增长率均处于比较靠前的位置，尤其是 2006 年 GDP 排名倒数第 4 的德钦县的 GDP 增长率排名第 4。受各县人口数量差异的影响，人均 GDP 的排名与 GDP 的排名上也有一定的差距，其中香格里拉由于人口数量较少，虽然 2006 年的 GDP 排名为第 13，但人均 GDP 排名为第 1。同样由于镇雄县人口达到了 109.71 万人，虽然 2006 年镇雄县的 GDP 排名为第 11，但众多的人口导致其 2006 年人均 GDP 排在最后一位。

(2) 2003～2006 年，云南省国家扶贫工作重点县各县之间的 GDP 和人均 GDP 差距越来越小，主要是由各县的 GDP 增长率不同造成的。我们可以看到，由于 GDP 排名靠后的县的 GDP 增长率高于 GDP 排名靠前的县，因而 73 个国家扶贫工作重点县之间经济总量的差距越来越小。

(二) GDP 相关数据与产业相关数据联合分析

综合考虑 GDP 的相关数据和产业相关数据，可以看出：

（1）三次产业对经济发展都具有重要的影响。2003～2006 年，第一产业、第二产业和第三产业产值排名靠前的县，如会泽县、昭阳区、富源县、文山县，其 GDP 数据和人均 GDP 数据排名也处于前列，可以看出这三个产业对经济增长的作用都非常大。

（2）受产业规模大小的影响，三次产业结构反映出来的情况与实际产业发展情况有一定的出入。第三产业所占比重靠前的县产业规模并不一定很大。其第三产业所占比重较高的一个主要原因是其每个产业的产值都不高，从而使其能够在第三产业所占比重中排名靠前。以西盟县为例，2006 年第三产业产值为 1.44 亿元，但它在产业结构所占的比重为 54%，在排名表中位列第 2。而会泽县由于总体产业规模较大，其 2006 年第三产业产值虽然达到了 11.3 亿元，但第三产业所占比重仅为 21.1%，排名仅为倒数第 3。

（3）经济发展与产业结构、产业规模紧密相连。经济发展需要做大做强产业，由于具备一定的产业规模和较好的产业结构，从而当地的经济发展取得了较好的成果。例如，2006 年 GDP 排名第 1 的昭阳区的第一产业、第二产业和第三产业的产业规模和产业发展速度都较快，才使昭阳区的 GDP 处于 73 个县的首位；同样，2006 年 GDP 排名第 13 的香格里拉县由于其第三产业和第二产业的规模较大，也实现了经济的快速发展。在一定的产业规模情况下，依托第一产业、第二产业和第三产业协调带动整个经济发展可以取得较好的成果。但如果产业规模过小，即使拥有相同的三次产业结构，经济发展同样不能达到较好的水平。与泸西县和临沧县产业结构类似的绥江县、贡山县等县的经济发展情况就不很乐观。以泸西县和贡山县为例，2006 年泸西县的 GDP 为 186 505 万元，GDP 增长率为 11.5%，三次产业结构为 28.8∶30.9∶40.3；贡山县的 GDP 为 19 867 万元，GDP 增长率为 18.5%，三次产业结构为 26.8∶27.0∶46.1。由于贡山县的 GDP 数据与泸西县的 GDP 数据差距太大，即使其 GDP 增长率比泸西县稍高，其 GDP 排名在 73 个国家扶贫工作重点县中列在最后一位，而泸西县的 GDP 在 73 个国家扶贫工作重点县中排名第 17。这些数据表明产业规模是决定经济发展速度的一个非常关键的因素，因此，经济发展必须同时重视产业规模和产业结构。

（三）GDP 相关数据、产业相关数据与农民人均纯收入数据联合分析

农民人均纯收入与 GDP 数据呈现四种不同的对应关系：①GDP 数据较高、农民人均纯收入较高的县；②GDP 数据较高、农民人均纯收入较低的县；③GDP数据较低、农民人均纯收入较高的县；④GDP 数据较低、农民人均纯收入较低的县。为了有效地解释农民人均纯收入与 GDP 数据之间存在的不同对应关系，我们加入产业数据进行进一步分析。

（1）GDP数据较高、农民人均纯收入较高的县。我们以2006年居GDP排名第2、农民人均纯收入排名第1的富源县为例来进行分析。富源县2006年的GDP达到58.57亿元，居73个国家扶贫工作重点县的第2位；第一产业产值达到12.81亿元，在第一产业产值排名中居第1；第二产业的产值达到31.37亿元，在第二产业产值排名中居第2；第三产业产值为14.38亿元，在第三产业产值排名中位居第3；三次产业的结构为21.9∶53.6∶24.6；主要产业是煤电煤化产业、核桃、魔芋、大河乌猪、烤烟为主的农业产业。富源县重视农业产业结构调整，以大河乌猪、富源魔芋为重点的“一乡一业、一村一品”产业结构调整成效明显，建成投资1000万元以上农业龙头企业6个，其中省级重点龙头企业2个，提高了农业市场化和生产组织化程度，提高了农产品商品率、加工转化率、产业化经营参与率，基本形成完整的现代农业产业链，从而实现了农业产业产值增加和农民人均纯收入增收的同步发展。

（2）GDP数据较高、农民人均纯收入较低的县。我们以2006年GDP排名第7、农民人均纯收入排名第48的兰坪县为例进行分析。2006年兰坪县的GDP达到27.08亿元，居73个国家扶贫工作重点县第7位；其中第一产业产值1.76亿元，排名第66；第二产业产值21.23亿元，排名5；第三产业产值4.09亿元，排名第42；农民人均纯收入为1406元，该数据在73个国家扶贫工作重点县中居第48。究其原因，可以看出兰坪县的第一产业产值较低，规模较小，无法为农民增收提供有效支持。

（3）GDP数据较低、农民人均纯收入较高的县。我们以2006年GDP排名第70、农民人均纯收入排名第9的德钦县为例进行分析。2006年德钦县的GDP为4.43亿元，居73个国家扶贫工作重点县的倒数第4位；其中第一产业产值0.7995亿元，排名倒数第3；第二产业产值1.725亿元，排名第60；第三产业产值1.909亿元，排名第68，但其农民人均纯收入位列73个县的第29。德钦县主要产业为农业、畜牧业、电矿产业、旅游业，其中拥有比较充足的旅游资源，如梅里雪山、白马雪山、澜沧江梅里大峡谷等，2007年旅游收入为3.39亿元，比2006年增长10.8%。旅游业的发展使当地农民有机会参与到旅游产业中，增加农民的人均纯收入。

（4）GDP数据较低、农民人均纯收入较低的县。我们以2006年GDP排名最后一位、人均纯收入排名倒数第2的贡山县为例进行分析。2006年的贡山县GDP为1.99亿元，居73个国家扶贫工作县的最后一位，其中第一产业产值0.53亿元，排名最后一位；第二产业产值0.54亿元，排名倒数第2；第三产业产值0.92亿元，排名最后。所有产业的规模都比较小，对农民人均纯收入的增加影响较小，造成农民人均纯收入排名倒数第2的情况。

因此，促使各个产业之间实现协调发展，共同做大产业规模，是带动当地经济发展和当地农民脱贫的必然选择。

二 产业发展特点

（一）各个县的产业发展都与自身的资源情况紧密相关

在 73 个国家扶贫工作重点县中，各县的主要产业是水电产业、矿产冶金、旅游产业、烟草种植业、林业、茶业和畜牧业等，这些产业的发展主要得益于当地丰富的水资源、矿产资源、特色农业资源和旅游资源等，这样的资源情况决定相关产业的发展。

（二）GDP 数据与产业数据比较一致，但与农民人均纯收入有一定的差异性

在 73 个国家扶贫工作重点县中，GDP 相关数据与产业数据之间的一致性较好，处于 GDP 排名靠前的县的产业发展状况也较好，在产业排名上基本处于前列。但 GDP 数据与农民人均纯收入之间却存在一定的差异性，反映出四种不同的对应关系：GDP 数据较高、农民人均纯收入较高的县；GDP 数据较高、农民人均纯收入较低的县；GDP 数据较低、农民人均纯收入较高的县；GDP 数据较低、农民人均纯收入较低的县。

（三）经济发展较好的县的产业规模较大，产业结构都较为合理

GDP 排名表中靠前的几个县，如昭阳区、富源县、会泽县、文山县和云县的产业规模都比较大。以排名第 1 的昭阳区 2006 年数据为例，第一产业的产值为 8.65 亿元，第二产业的产值为 30.69 亿元，第三产业的产值为 24.35 亿元。其每个产业的数据都比排名靠后的县的数据高很多。同时，产业结构也在发生比较大的变化，由原来的单独依靠第二产业带动经济发展，向第一产业、第二产业和第三产业协调带动发展。

（四）各县的经济实力差距越来越小

2003～2006 年，云南省国家扶贫工作重点县各县之间的 GDP 相关数据、产业相关数据和农民人均纯收入共八类数据，一致反映出排名靠前县的数据与排名靠后县的数据之间的差距越来越小，第 1 名和最后 1 名之间的倍数越来越小。主要原因是排名靠前县的发展速度比排名靠后县的发展速度慢，造成两者之间的差距越来越小。在人均 GDP 和农民人均纯收入的数据中，第 1 名的数据和最后 1 名的数据之间的差距最小，其他 6 个数据中第 1 名的数据和最后 1 名的数据之间的差距都在两位数上，其中第二产业产值的数据中第 1 名和最后 1 名数据之

间的差距最大，其差距是第一产业产值和第三产业产值的数据中第 1 名和最后 1 名数据之间的差距的 3 倍以上。产业数据说明对于云南省 73 个贫困县而言，第二产业发展快慢是造成经济发展速度快慢的关键因素。

（五）靠近中心城市或边贸口岸的县经济发展较快

近年来，随着昆明、曲靖、昭通几个市的快速发展，我们可以看到在这几个城市周围的扶贫工作重点县，得益于基础设施完备，交通便利，外部市场需求较大，便于产业链条延伸，从而使其经济得到了快速发展。2006 年云南省国家扶贫工作重点县中 GDP 排名前 3 位的中盘县和会泽县靠近曲靖市，昭阳区靠近昭通市。同时，一些县由于靠近边境口岸，便于开展边境贸易，使经济发展水平得到很大的提升。例如，2006 年 GPD 排名第 10 的勐腊县由于有独特的区位优势，是通向东南亚的通道，东部和南部与老挝接壤，西边与缅甸隔江相望，勐腊县的磨憨国家一类口岸促进了边境贸易的快速发展。

第四篇　案　例　篇

为了更好地反映我国西部生态脆弱贫困区优势产业培育问题，我们分别对12个国家扶贫工作重点县的优势产业培育和创新系统建设进行了研究，包括5个不同省（自治区、直辖市）的国家扶贫工作重点县和一个由7个国家扶贫工作重点县连片构成的区域。这些县既是国家扶贫工作重点，又是典型的生态脆弱地区，民族自治地区的县还具有边远贫困和少数民族的特点，优势产业所涉及的面较广，有较强的代表性。

同时，为了给读者一个关于西部生态脆弱贫困区优势产业培育的清晰轮廓，为未来的西部生态脆弱贫困区的优势产业培育提供行之有效的发展思路，我们针对不同的研究对象进行了分类研究，如内蒙古自治区赤峰市翁牛特旗的九大产业是作为西部生态脆弱贫困区优势产业培育体系中单一产业层面的案例来进行讨论和研究的；甘肃省定西市的7个国家扶贫工作重点县的土豆产业则从相邻各贫困县组合成一个大的区域共同培育一个优势产业的层面探讨优势产业培育问题；其他几个国家扶贫工作重点县分别包括了从第一产业、第二产业、第三产业联动的视角研究优势产业培育、不相邻区域通过要素转移培育优势产业，以及专门针对创新系统建设方面的案例。

案例研究的第一部分主要集中在内蒙古自治区赤峰市翁牛特旗的案例研究中。首先，在过去的五年时间里，内蒙古自治区赤峰市翁牛特旗的产业培育一直是我们研究的关注点，我们分别在2004年和2008年对翁牛特旗的九大产业进行了包括定性研究和定量研究在内的比较研究，发现翁牛特旗的产业选择、产业培育和创新系统建设在过去五年的时间里，呈现出自己的特色。例如，西部很多省份都在大力发展的风力发电产业，这在翁牛特旗经历了一个从无到有，再到发展壮大的过程，对这个产业培育的研究非常有代表性，研究的结论，不仅对当地的产业培育和西部众多拥有风力资源的贫困地区的产业培育有指导意义，而且通过对风力发电产业培育中政府政策的作用研究，为政府在产业政策的制定及对西部生态脆弱贫困地区产业发展的政策制定提供一定的指导。其次，我们关注翁牛特旗畜产品加工业的上游产业——养牛产业。为了有效地解决当地发展养牛产业过程中农牧民资金不足的问题，当地政府和银行一起创新了小额信贷的模式，从而促进了当地养牛产业的发展壮大。在西部很多地区，畜牧业都是当地经济发展的一个非常重要的产业，翁牛特旗在发展养牛产业过程中遇到的资金困难在很多地区也都存在，因此，对这样一个问题的研究对其他地区金融创新体系的建设有一定的借鉴意义。

案例研究的第二部分关注甘肃省定西市的土豆优势产业的培育。甘肃省定西市的7个区县（安定区、通渭县、临洮县、陇西县、渭源县、漳县、岷县）全部是生态脆弱贫困县，而且自然资源情况很不好，但就在这样的自然资源状况下，定西市的土豆产业的培育走出了一条非常成功的道路。在西部一些地区贫困县地理位置上的集中是一种非常普遍的现象，因此，对定西土豆优势产业培育的研究对于西部很多贫困县集中的区域的优势产业培育有非常大的借鉴意义。

案例研究的第三部分分别选择新疆维吾尔自治区喀什市疏勒县、陕西省延安市延川县、四川省巴中市南江县和广西壮族自治区来宾市金秀县的优势产业培育和创新系统建设进行了相关的研究。这些区域涵盖了两个少数民族自治区的国家扶贫工作重点县，同时也包括了两个大省的两个县。

第二十章 内蒙古自治区翁牛特旗优势产业培育研究

第一节 翁牛特旗概况

一 翁牛特旗基本情况

翁牛特旗位于内蒙古自治区的赤峰市中部，旗政府驻地乌丹镇距赤峰仅 89 公里，土地总面积 11 882 平方公里，总人口 47.17 万人，是一个以蒙古族为主体、汉族为大多数的多民族居住地区。该旗拥有 220 多万亩耕地、1100 多万亩草场、460 多万亩林地和 5 万多亩可利用水面，森林覆盖率 24%。翁牛特旗地处浑善达克沙地向科尔沁沙地过渡地带，是北方典型的生态脆弱区。该地区的生态状况不容乐观，降水量较少，尽管流域丰富，但受水资源和地理位置影响，西部水土流失、土地荒漠化比较严重；东部草场沙化、退化严重，草原植被破坏严重。

二 翁牛特旗经济发展状况

2003 年翁牛特旗 GDP 为 20.58 亿元，财政收入 0.49 亿元，城镇居民人均可支配收入 4412 元，农民人均纯收入 1742 元，三次产业结构为 47∶28∶25（翁牛特旗统计局，2007）。经过 4 年的发展，2007 年翁牛特旗 GDP 达到 45 亿元，与 2003 年相比，增长 118.66%，财政收入 2.5 亿元，城镇居民人均可支配收入 8360 元，农民人均纯收入 3677 元，三次产业结构也逐渐调整为 24∶50∶26，使得翁牛特旗从一个以农牧业为主的经济发展模式，逐渐转变为以工业为主的经济发展模式，如图 20-1 所示。

与赤峰地区其他 8 个旗（县）的发展状况相比，翁牛特旗 GDP 连续 8 年位居赤峰地区 9 旗（县）第 3，仅次于敖汉旗和宁城旗。如表 20-1 所示。

同时，翁牛特旗人均 GDP、城镇人均可支配收入、农民人均纯收入、GDP 增长率、预算内财政收入都逐年增加，其中，地方预算内财政收入位居第 4，人均 GDP 位居第 3，农民人均纯收入位居第 3，而城镇居民人均可支配收入和 GDP 增长率位居第 2。

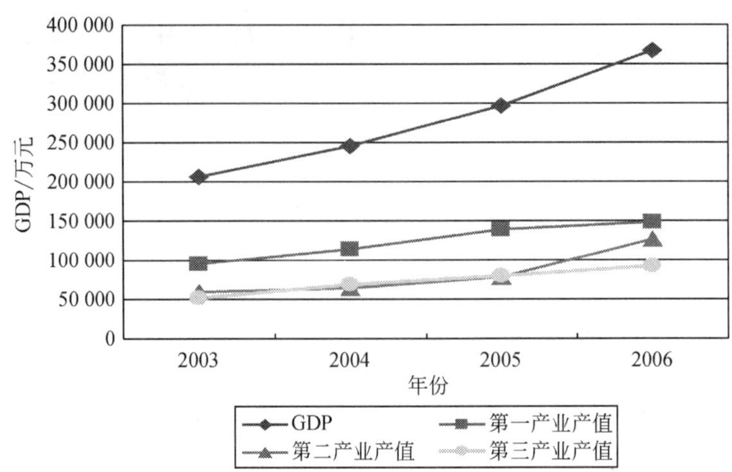

图 20-1　翁牛特旗 GDP 及三产产值

表 20-1　赤峰地区九旗（县）1999～2006 年 GDP 数据　（单位：亿元）

地区	1999 年	2000 年	2001 年	2002 年	2003 年	2004 年	2005 年	2006 年
阿旗	7.030 6	6.766 9	7.498 3	8.758 8	10.69	14.060 2	18.211 8	23.261 1
左旗	8.895 9	8.887 5	10.356 8	12.033 8	14.62	17.589 5	21.469 7	28.877 3
右旗	4.846 3	4.898 6	5.449 6	6.256 7	7.59	9.591 1	12.141 5	15.305 3
林西县	8.892 5	9.031 1	9.97	11.562 7	13.07	15.060 6	14.440 3	17.512 9
克旗	6.532 7	6.226 3	6.927 3	8.094 8	9.67	16.148 9	18.807	25.696 3
翁旗	13.139 5	13.488	14.509	16.862	20.58	23.978 3	29.680 6	36.724
喀旗	7.000 5	6.845	7.446 1	8.632 8	10.44	12.660 8	16.026 3	20.649 5
宁城县	18.08	19	21.150 9	24.573 6	27.4	29.341 4	30.929 5	36.095
敖汉旗	17.138 9	14.735	16.023 4	18.693 8	22.78	29.119	30.568 5	38.644

第二节　翁牛特旗优势产业选择

通过 2004 年、2008 年两次深入内蒙古翁牛特旗进行调查，我们取得了大量的一手数据，选择了翁牛特旗发展较好的九个产业作为研究的对象，包括风力发电、铅锌矿、褐煤、水稻产业、畜牧业、生物化工、旅游、建材和运输业。依据西部生态脆弱贫困区优势产业选择培育模型和指标体系的各个因素对翁牛特旗的相关产业进行分析、测算，得到了以下结果，如表 20-2 所示。

表 20-2　翁牛特旗优势产业竞争力测评结果

指标	年份	风力发电	水稻	畜产品加工	生物化工	铅锌矿	运输业	旅游	褐煤	建材
生产要素	2004	98.6	90.2	89.2	77.4	76.3	88.5	82.9	88.3	70.7
	2008	90.6	91.1	84.4	81.6	75.5	77.0	81.6	80.1	71.9
需求条件	2004	10.0	100.0	90.0	70.0	50.0	30.0	20.0	50.0	50.0
	2008	70.9	74.5	64.3	71.9	79.6	59.2	64.3	69.9	53.6
相关及支持产业	2004	98.1	88.5	82.4	84.4	85.1	79.1	72.8	82.2	62.8
	2008	67.3	59.4	56.6	61.7	68.9	53.6	50.5	56.9	50.8
同业竞争	2004	83.3	76.0	67.9	69.5	81.5	83.3	82.0	72.2	70.8
	2008	58.8	52.4	54.4	49.0	59.9	57.5	46.6	36.4	54.1
政府	2004	90.6	88.8	84.2	93.8	96.7	90.4	85.0	95.4	73.3
	2008	98.3	97.3	96.9	95.9	68.4	95.2	96.6	95.9	92.9
平均值	2004	76.1	88.7	82.7	79.0	77.9	74.3	68.5	77.6	65.5
	2008	77.2	74.9	73.3	72.0	70.5	68.5	67.9	67.8	64.7
排名	2004	6	1	2	3	4	7	8	5	9
	2008	1	2	3	4	5	6	7	8	9

由表 20-2 我们可以明显看出，翁牛特旗风力发电产业发展迅速，从 2004 年的排名第 6，一跃成为 2008 年九大产业的榜首。而褐煤产业则由原来的第 5 名，下落至第 8 名。其他产业的排名没有太大波动。

风力发电产业的迅速发展，主要得益于需求条件和政府因素的作用。该旗 2004 年风力发电产业的需求条件因素的得分是 10.0 分，是九个产业中得分最低的；2008 年风力发电产业的需求条件的得分是 70.9，在九个产业中排名第 4。2004 年国家的风力发电产业政策不明朗，发电企业不愿意投资风力发电产业和风力发电的生产运营。而风电场建设项目属于高投入、高产出项目，按常规投资计算每装机 1 万千瓦，需投入 0.8 亿～1 亿元人民币。翁旗风电场建设规划总装机可达 100 万千瓦左右，总投资规模需要 90 亿元左右，由于翁旗政府财政收入有限，地方政府资金投入力度很小，间接抑制了对风力发电的有效需求。2004～2008 年国家出台了一系列支持风力发电的产业政策，很多大企业投资进入该行业，目前，翁旗政府已经与中国国电集团、大唐电力集团等 7 家企业签订了开发协议，大型企业对风力发电产业的投资解决了风力发电产业发展的资金瓶颈，极大地改善了需求条件。同时，随着我国经济的不断发展，对电力资源的需求不断增加，而电力作为众多生产企业的动力能源，也开始逐步替代煤炭、石油等能源，发展势头良好。目前，我国部分地区还出现了用电缺口，因此风力发电产品的需求条件良好。2004 年风力发电产业的政府因素的得分是 90.6 分，在九个产业中位列第 4；2008 年风力发电产业的政府因素的得分是 98.6 分，是九个产业中得分最高的。引起政府因素发生变化的主要原因是 2006～2008 年国家出台了一系列鼓励风力发电发展的产业政策，从而使政府因素的得分有了较大幅度的提升。

水稻产业的排名下降了一位，主要原因在于相关及支持性产业没有跟上，需求条件的制约以及同业竞争日趋激烈。目前，翁牛特旗相关的水稻加工企业加工规模仍处于较低水平，生产能力低，同时缺乏相关营销人才开拓市场，使得水稻产业的发展受到了一定的制约。

畜产品加工业的发展，得益于相关及支持性产业、同业竞争以及政府的大力支持。当地成立了养牛协会，根据当地情况，创新小额信贷模式，推动了当地养牛产业的发展。养牛协会的成立，也改善了同业竞争条件。同时，政府对此产业大力支持，也推动了该产业的快速发展和壮大。

运输条件的改善，促使运输业得到了发展，同时带动了旅游产业的发展，增加了需求，开拓了市场。由于褐煤产业同业竞争日趋激烈，政府认识到矿产资源的有限性，对矿产资源的开发有严格的规划和控制。

经过 5 年的发展，翁牛特旗的风力发电产业和养牛产业的发展十分显著，且发展的动因各不相同。因此，以下将对这两个产业优势培育模式进行具体分析，力求为其他西部生态脆弱贫困区产业培育提供依据和经验。

第三节　翁牛特旗风力发电产业培育模式

一 产业优势分析

我们根据西部生态脆弱贫困区优势产业选择培育模型对风力发电产业进行如下分析（刘颖琦，2008，2006；Liu Yingqi et al.，2008；Deng Yuanhui and Zhou Xuejun，2008）。

（一）生产要素

在指标体系中考察生产要素的二级指标有气候条件、天然资源、地理位置、人才状况、工资水平、基础设施状况。

气候条件：翁牛特旗地处北半球中纬度地区，多数地区平均风速为 3.5～5.8 米/秒，全年可利用风能时间达 4000～6000 小时，每年大风次数为 90～150 天，风力资源十分丰富。

天然资源及地理位置：翻越大兴安岭山脉的冷空气直泄而下，同时高差800～900米的势能转变为动能使得翁牛特旗北部地区的风速加大，南面由于受七老图山脉拦截，自北向南的蒙古冷气流和自西向东的高低压气流在此交汇，形成巨大的风能入口，使翁旗西部地区的风资源优势十分突出。同时，翁牛特旗西部地区具有天然的熔岩台地，有利于发展风力发电。

人才状况及工资水平：由于风力发电大多数操作都由计算机控制，实际需要的人力较少，但需要技术人员具有一定的文化水平。从调研了解的情况看，主要技术人员都由投资企业提供，对当地的人力需求只局限于施工阶段，而工资水平也处于当地较高水平。

基础设施：翁牛特旗的交通状况虽在近几年有所发展，但有些路段路况仍然较差，但这些对于风力发电的影响不大。

（二）需求条件

随着我国经济的不断发展，对电力资源的需求不断增加，而电力作为众多生产企业的动力能源，也开始逐步替代煤炭、石油等能源，发展势头良好。目前，我国部分地区还出现了用电缺口，因此风力发电产品的需求条件良好。

（三）相关及支持性产业

风力发电产业相关及支持性产业的相关指标包括金融服务业、上下游企业以及产业链状况。翁牛特旗经济水平不高，第三产业发展刚刚起步，因此，金融服务业比较薄弱。而风力发电上游企业即为风力发电设备制造商，目前国内生产风机的厂商不多，许多设备仍靠进口。

（四）企业战略、企业结构和同业竞争

目前，在翁牛特旗投资的风力发电企业已有7家，开工运行的有3家，竞争日趋激烈。但风力发电场的建设及发电量的多少都需要国家发展和改革委员会予以审批，因此企业间的竞争将不会造成过多的负面影响。而这些企业的发展和规模的壮大将对企业间合作、人才培养等产生促进作用。

（五）政府

1. 中央政府

中央政府将风力发电作为改善能源结构、应对气候变化和能源安全问题的主要替代能源技术之一给予了有力的扶持，确定了2010年和2020年风电装机容量分别达到500万千瓦和3000万千瓦的目标，制定了风电设备国产化相关政策，并辅以“风电特许权招标”等措施，推动技术创新、市场培育和产业化发展。

下面我们分别从法律法规、特许权招标、国产化要求、银行贷款和税收几个方面进行论述。

（1）法律、法规及相关政策。2006年至今，我国制定通过了《可再生能源法》及《可再生能源发展中长期规划》、《可再生能源发电有关管理规定》、《可再生能源发电价格和费用分摊管理试行办法》、《可再生能源产业指导目录》、《可再生能源发展专项资金管理办法》、《可再生能源中长期发展规划》、《促进风电产业发展实施意见》等方面的配套政策法规。其中，《可再生能源法》允许多种投资主体进入可再生能源领域，并且要求电网公司全额收购新能源发电量，从法律上为以风电为代表的新能源快速发展提供了政策上的支持；《可再生能源发电价格和费用分摊管理试行办法》、《可再生能源发电有关管理规定》和《可再生能源法》等配套法规的出台，明确了可再生能源发电上网电价确定标准，将大大促进可再生能源发展；《促进风电产业发展实施意见》对风能行业如何利用可再生能源专项资金促进风电产业的发展做了详细规定和部署。

（2）特许权招标。特许权招标是指政府在选定风电场建设项目后，规定项目建设规模、工程技术要求等条件，通过公开招标将风电项目的经营权交给中标的投资企业。自2003年起，国家发展和改革委员会开始推行风电特许权项目招标，大规模商业化发展风电。2003～2006年，中标项目规模合计约为2450兆瓦。政府承诺在一定时期内实行招标确定的固定电价政策，要求电网公司全额收购风电场所发电量，并负责建设电力输送的相关工程。中标的项目公司按照特许权协议中规定签署的长期购售电合同，把电力出售给电网公司，电网公司按照政府的差价分摊政策将电力出售给用户，并将风电的高价格公平分摊给电力用户。《可再生能源发电价格和费用分摊管理试行办法》中规定，省电网公司要按照与中标人签订的购电合同收购风电项目全部电量。风电与常规电源的电价差在省电网内分摊（2006年起在全国分摊），可再生能源发电项目上网电价高于当地燃煤机组标杆上网电价的部分等费用，通过向全国电力用户统一征收电价附加的方式解决。各省级电网企业按其销售电量占全国的比例，分摊全国可再生能源电价附加额，其实际支付的可再生能源电价附加与其应承担的电价附加的差额，在全国范围内实行统一调配。目前我国已投入运行的风电场电价分为两类：①政府审批电价，即按照风电项目的可行性研究结果核定的电价，截至2005年该类上网电价最高1.2元/千瓦时，最低0.46元/千瓦时；②招标电价，2003～2006年共有11个风电特许权项目招标，中标上网电价最高0.519元/千瓦时，最低0.382元/千瓦时。

（3）国产化要求。国家发展和改革委员会发布的《关于风电建设管理有关要求的通知》强调风电设备国产化率要达到70%以上，不满足设备国产化率要求的风电场不允许建设，进口设备海关要照章纳税。这表明国家鼓励国产风电设备制造业的发展。

(4) 银行贷款。风电项目可获20%的贷款。获批的风力发电项目可向银行申请70%的贷款，即一个1亿元的项目，民间资本只需付出3000万元就能运作，民间资本实际投资风险大大降低。

(5) 税收方面。免三年所得税。国家对西部地区新建的电力企业在2010年前给予两免三减半及15%税率的优惠政策。

2. 地方政府

为了使国家的政策落到实处，内蒙古自治区政府依照中央政府的政策，相应地制定了自治区发展风力发电的相关配套政策和措施，包括补贴政策、税收政策、贷款政策及土地政策等一系列政策。例如，补贴政策除了对购买风电系统提供财政补贴外，还支持研究开发和机构建设，分别在56个旗（县）建立了推广机构，政府提供工作经费。针对风力发电场占用土地的情况，内蒙古自治区政府给出了相应的土地政策，占用耕地5年内免交所得税，占用非（未）耕用土地10年内免缴土地税。

赤峰市专门成立了赤峰市风电发展领导小组，负责协调、解决发展风力发电产业中遇到的问题。翁牛特旗旗政府也成立了相应的风电办公室，由副旗长负责管理，并与乡镇的负责人分工负责。

在风电场建设过程中，由于风电设备体积较大，运送塔机的车需要较宽的道路才能够通行。而风电场地处翁牛特旗的偏远地带，道路条件恶劣，根本不能满足设备运输的需要。翁牛特旗旗政府为了方便运输风电设备，通过多种方式筹措资金修通了去往风电场的道路，为风电厂的建设提供了基础保障。

（六）可持续发展

翁牛特旗地区自身的生态环境脆弱，这就要求其必须坚持走可持续发展的道路。而风能是一种无污染的可再生能源，利用其进行发电既能为生产、生活提供必要的能源，也可以减少利用煤炭等资源造成的环境污染和破坏。

（七）外部直接投资

由于风力发电产业建设期需要的投入资金较多，单纯依靠投资企业和地方政府不足以满足资金需求，其余不足的资金需求主要由银行贷款补充。但风力发电产业投资回收期短，投资收益率较高，因此，资金需求方面不会制约产业的发展。

（八）机会

随着经济的发展、电力需求的增加和基础设施水平的提高，翁牛特旗风力发电产业也会有良好的发展前景。

结合测算的数据，我们可以发现，风力发电产业已经成为翁牛特旗最具竞争力的优势产业，相比 2004 年的排名，风力发电产业迅速发展的原因归功于政府因素和需求因素的发展，其中中央政府、地方政府的作用更为重要。

二 政府作用机制

中央和地方政府通过制定相关的法律、法规和政策，确定了风力发电作为新型的可再生能源的重要地位，提升了其可持续发展因素，也为风力发电产业的发展提供了机遇，并以法律直接规范了风力发电的上网电价、发电量等，改善了需求条件；允许多种投资主体进入风力发电产业直接吸引了外部投资；同时，也对风力发电产业的发展进行了规划，严格准入机制，改善同业竞争条件。地方政府针对具体情况制定优惠政策，通过补贴、减免税收、优惠贷款及相关土地政策，促进了相关及支持性产业的发展，也改善了风力发电的生产要素条件（图 20-2）。

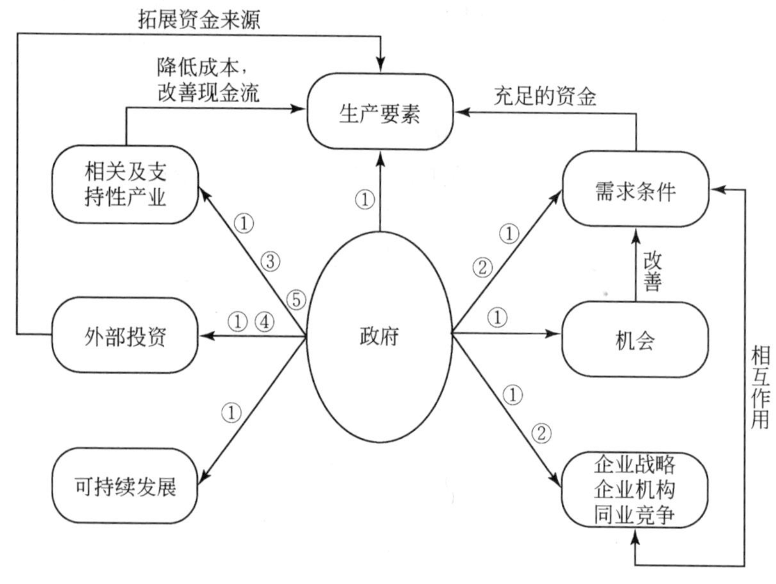

图 20-2 政府机制作用

政府通过特许权招标的方式，有效地保障了风力发电的市场份额，提升了需求条件因素；保证了风力发电企业的收入，改善了企业战略；使企业有充足的资金进行生产，也在一定程度上改善了其生产要素。国产化要求也使得风机制造业有更大的发展潜力，改善了相关及支持性产业因素；同时，降低了风力发电企业维修、维护成本，增加了企业利润，改善了生产要素条件。

政府成立专门的风力发展机构，提高办事效率，吸引了投资。改善运输和其他基础设施条件，即通过政府作用促使相关及支持性产业有所发展，从而提升风力发电产业竞争优势。

三 小结

从西部生态脆弱贫困区优势产业培育模型中我们可以看出，政府政策对产业培育的影响主要有两种形式：一是通过实施相应的政府政策直接提升产业竞争力起作用；二是通过政府要素与模型的其他各要素之间实现互动，改善其他要素间接提升产业竞争力，从而培育出西部生态脆弱贫困区的优势产业。因此，在西部生态脆弱贫困区优势产业培育过程中，政府政策的制定和实施要结合这两个方面的内容进行考虑，这样可以提升政府政策的有效性和实用性。

同时，西部生态脆弱贫困区风力发电产业需要更为细化的政策支持。对于影响西部生态脆弱贫困区风力发电产业发展的一些因素，如价格、土地补偿机制、风力发电的输出等一系列问题需要得到政府政策更多的支持。与东部地区相比，西部生态脆弱贫困区对电力的需求较小，当地丰富的风能资源要变为风力发电产业，需要有比较强的外部需求和良好的价格体系，因此，政府政策应该更多地集中在解决风力发电输出问题和价格问题上，这样将有利于培育西部生态脆弱贫困区的风力发电产业。因此，培育西部生态脆弱贫困区的优势产业，中央政府和地方政府的支持是非常必要的。

第四节　翁牛特旗养牛产业培育与金融创新系统建设

一 产业优势分析

翁牛特旗养牛产业作为畜产品加工产业的上游产业，近几年发展迅速。根据西部生态脆弱贫困区优势产业选择培育模型分析，可以概括出以下几个方面。

（一）生产要素

翁牛特旗在发展畜牧业上具有丰富的资源优势。翁牛特旗地域辽阔，资源丰富。现有耕地 220 万亩，草原 1043 万亩，林地 463.8 万亩，森林覆盖率 26%，全旗人均土地 42 亩，人均草场 24 亩，人均占有的耕地、草牧场、森林、水资源总量均高于全国平均水平，开发利用的潜力较大。翁旗地形地貌是中国北方的缩影，自然资源的多样性、层次性、梯次性极为突出，适养物种类别丰富。

(二) 需求条件

赤峰市现有年屠宰能力 10 万头以上的肥牛加工企业 4 家，需求市场庞大。同时，翁牛特旗政府为开拓市场，引进了江苏雨润集团，重新组建了赤峰利源肉类加工有限公司，现在已具备年屠宰加工肉牛 3 万头的生产能力。此外，还有他林草都清真肉业公司年屠宰能力 1.5 万头。因此，养牛产业的市场需求前景十分乐观。而养牛业的产业链条除了延伸至肉产品加工业外，还能延伸至皮料加工等。

(三) 相关及支持性产业

为了更好地发展养牛产业，融通资金，翁牛特旗创新模式，成立了 5 个信用互助协会，帮助农民贷款，购买种牛，促进了当地养牛业的发展。2008 年，翁牛特旗积极推广经验，计划组建 10～30 个信用互助协会，帮助更多的农民养牛致富。下游的肉产品加工企业的产能已远远能满足养牛产业的市场需求，但产业链条仍有继续延伸和发展的可能。

(四) 企业战略、企业结构和同业竞争

翁牛特旗目前已有养牛协会 12 个，肉牛销售经纪人 500 多人。这些养牛协会在抓好硬件建设的同时，经常举办培训班，聘请专家讲授肉牛养殖技术，并不定期地组织会员去通辽、鄂尔多斯、沈阳等地参观考察，学习外地的先进经验和技术。此外，他们建立了信息交流网络，从而使会员能够及时了解和掌握市场行情、技术知识，为当地肉牛及其产品打入周边地区市场提供了方便。协会还充分发挥经纪人在肉牛及其产品销售环节中的作用，努力打造一支精干高效、诚实守信的经纪人队伍。他们采取定期培训和教育引导的方式，不断强化对经纪人的管理，提高了经纪人的文化素养和思想素养，增强了法律观念，使他们都能诚实守信、合情合法地进行供需运作。目前，这支经纪人队伍在协会的管理下日趋成熟，逐渐成为肉牛及其产品生产、流通和销售中的重要桥梁和纽带。

(五) 政府

翁牛特旗政府为了大力发展养牛产业，积极招商引资，引进先进生产模式；促进金融创新，为农民提供贷款担保，出台各项保护、优惠政策，促进养牛产业健康、稳定发展，为农民致富开辟了新路子。

(六) 可持续发展

翁牛特旗目前大力发展养牛产业尤其是有机牛养殖业，同时利用秸秆进行养殖，变废为宝，符合可持续发展的要求。

(七) 外部直接投资

翁牛特旗政府积极引进资金，引进先进生产企业进行投资，促进养牛业及肉产品加工业的发展。

(八) 机会

养牛业的发展为当地贫困农牧民发展生产和发家致富提供了极好的机会，也为当地政府发展经济提供了机遇。

二 区域创新系统与优势产业培育

经过几年的发展，翁牛特旗养牛产业有了很大发展。通过创新模式，向农牧民发放小额信贷对养牛产业的发展起到了积极作用。

(一) 翁牛特旗小额信贷创新模式

翁牛特旗小额信贷的基本原则是“政府推动，市场运作”。政府建立信用互助协会的基本框架，同时通过市场运作，引导农村信用社将更多的资金用于支持“三农三牧”，拨出专门资金建立贷款风险补偿基金保障。政府在整个过程中实现了职能效用水平的提高。以农村小额信贷采取强制存款的方式组建小组基金来减少贷款风险的单一模式，翁牛特旗政府的参与使贷款偿还保障机制更加多元化。贷款偿还机制中包括信用互助基金保障、贷款风险补偿基金保障、保险保障三项措施。除了信用互助基金外，其他两项基金保障均由旗政府参与。贷款风险补偿基金保障由旗政府按照互助基金总额的10%拨出的专门基金构成，当农牧民信用互助协会会员因不可抗力造成重大经济损失时，这部分基金作为财政补贴，弥补农村信用社对农牧民信用互助协会会员贷款所形成的风险损失，补偿标准按照农牧民信用互助协会会员家庭财产还款能力为单户贷款本息的30%～40%；保险保障是旗政府鼓励保险公司开办针对农牧民信用互助协会会员的险种，分担还贷风险。

与扶贫贷款的小组联合担保形式不同，翁牛特旗信用互助协会是将分散个体的农村、牧区信用整合起来成立的行业自律组织，以行政村、嘎查为单位，而不是三五家农户组成的信用担保小组，这样就解决了贫困人口的担保问题，体现了小额信贷扶贫性质。

翁牛特旗小额信贷的流程是由农牧民提出书面申请，经协会初审同意，自愿向协会交纳 500～20 000 元（以 500 的整倍数交纳）信用互助基金，成为协会会员后，农牧民可以通过会员联保，向信用社申请一定数额的贷款来发展生产。信用社按照会员交纳的信用互助基金的 10 倍放大量为其发放贷款，以后根据协会运行的质量可以适当放大，由于农户获得的资金的数量较小额信贷的资金多，在满足规模资金需求的情况下，农牧民进一步扩大和改善现有产业，促进农村牧区专业化分工的进一步形成，提高单位生产效率，实现产业结构优化，增加农牧民的收入，实现了金融信贷对产业发展的扶持作用。翁牛特旗小额信贷的贷款周期可以根据会员所从事的生产经营项目来确定，目前可以为 1～3 年，农牧民有充足的时间利用贷款发展生产，而不必担心生产周期与贷款周期不匹配的问题。同时，农牧民信用互助协会的会员可以享受到 11.13‰的优惠贷款利率；在贷款发放批次方面，申请成功的贷款通常一次性发放给会员，如果是分批发放，则最多两次将全部贷款发放给农牧民；另外，农村信用社向会员发放授信证，为会员办理贷款手续简化，即会员办理贷款只需农牧民信用互助协会为其提供信用担保。农牧民信用互助协会除了为会员提供贷款担保外，还积极建立与当地农牧业产业化龙头企业的合作，帮助会员解决农牧产品销售渠道的问题，保证会员贷款质量。

（二）区域创新系统作用机制

翁牛特旗乌丹镇东园子村是镇里最贫困的村。全村 2000 多人，仅有耕地 2511 亩，其中 1/3 是盐碱地，1/3 是涝洼地。受人多地少、土质差的条件限制，村民们虽然年年在人均 1.3 亩的土地上辛勤耕耘，一年到头，就连温饱也难以解决，村民们始终在贫困线上挣扎。生产条件的制约使得东园子村改变了发展方向，转向发展养牛业，但是资金又成为制约当地发展的一大难题。为了发展当地经济，政府通过鼓励建立发展信用协会、提供担保资金，为村民和信用社搭建桥梁，创新信贷模式，帮助村民获得低息贷款。

信贷模式的创新属于区域创新系统中的中介创新。通过创新，改善了相关及支持性产业因素，提升了产业竞争力。同时，通过相关及支持性产业的提升，改善了养牛产业的资金状况，从而提升了生产要素。资金状况的改善，也使得其他相关的支持性产业得以改善，如运输业、仓储业等，也为市场的开拓提供必要的支持，从而改善了需求条件。随着产业的发展，逐渐出现了产业分工，如出现了运输专业户、销售经济等，改善了同业竞争状况（图 20-3）。

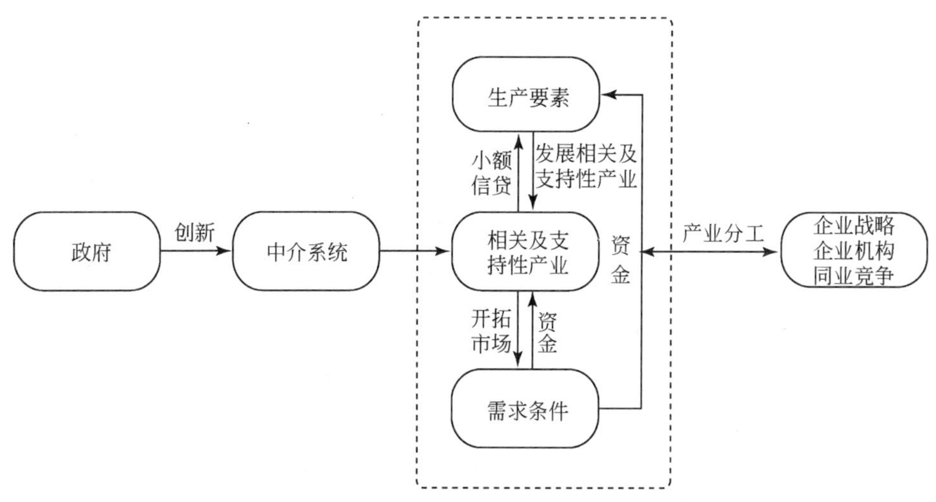

图 20-3　区域创新系统作用机制

由此可以发现，通过对单一因素的创新和提升，往往会引发其他因素的改善，从而多方面共同作用，以提升产业的竞争优势。

三 小结

翁牛特旗通过建立信用互助协会，创新小额信贷模式推动了翁牛特旗养牛产业的发展。虽然只是中介系统的创新，并不是一个完整意义上的区域创新系统，但是通过创新提升了相关及支持性产业的作用，同时也间接提升了其他相关因素的作用。从上述案例可以得出，建立区域创新系统促进相关要素的提升，对于西部生态脆弱贫困区而言具有重要意义。但是，对于西部生态脆弱贫困区而言，建立完整的区域创新系统难度较大，应当由政府进行适当引导，抓住突破口，对其进行创新，从而提升相关因素，以达到提升产业竞争优势、促进当地经济发展的目的。

第二十一章 甘肃省定西市马铃薯产业优势培育研究

第一节 定西市概况

一 定西市基本情况

定西市地处黄河上游，位于甘肃中部，辖1个市辖区、6个县，即安定区和通渭县、陇西县、渭源县、临洮县、漳县、岷县6个县，共119个乡（镇），总人口293.08万人，总面积2.03万平方公里。

定西无霜期较短，为120天，光照较足，昼夜温差较大，降雨时空分布不均，春季无雨、夏初少雨、秋天多雨，年降水量300～400毫米；风多风大，水分蒸发量大，是典型的西部生态脆弱贫困区。所辖1区6县均为国家扶贫开发工作重点县。

二 定西市经济发展状况

2007年，全市完成GDP 100.10亿元，突破100亿大关。其中，第一产业完成增加值38.11亿元，增长4.6%；第二产业完成增加值22.94亿元，增长11.7%；第三产业完成增加值39.05亿元，增长14.4%。第一、第二、第三产业结构比为38∶23∶39，第二产业比重虽比前一年有所上升，但仍存在工业结构层次偏低、行业结构不合理、产业间的关联度低、优势资源深加工的产业链短等问题。2007年，全市农民人均纯收入达到1863元，比上年净增101元，增长5.73%；城镇居民人均可支配收入8343元，比上年增加1051元，增长14.41%。图21-1是2003～2007年定西市GDP及第一、第二、第三产产值发展状况。

经过几年的发展，定西市的人均GDP和农民人均纯收入逐年增长。农民人均纯收入从2003年的1493元，发展到2007年的1863元。人均GDP的增加更为显著，从2003年的1885元，发展到2007年的3415元，是2003年的1.8倍。如图21-2所示。

由各县区2003～2006年的GDP发展状况可以得知，安定区的GDP一直保持在定西市各区县之首，而漳县虽有增长，但一直处于末位。陇西县和岷县发展迅速，2006年已分别上升至第2和第3，如图21-3所示。

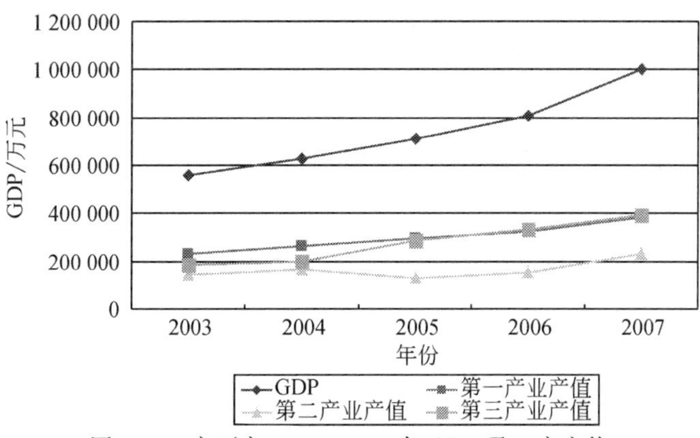

图 21-1　定西市 2003～2007 年 GDP 及三产产值

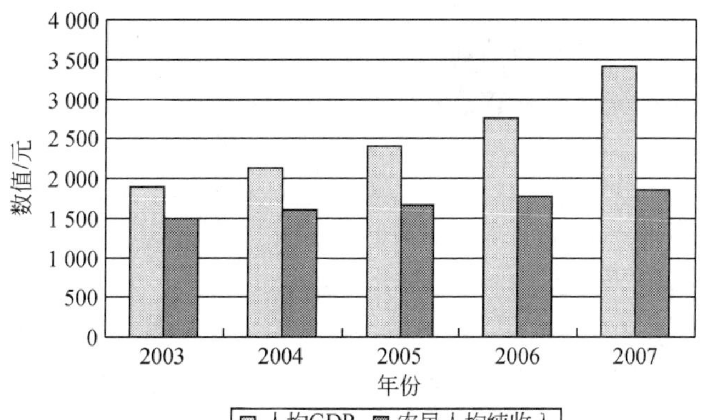

图 21-2　定西市人均 GDP 及农民人均纯收入

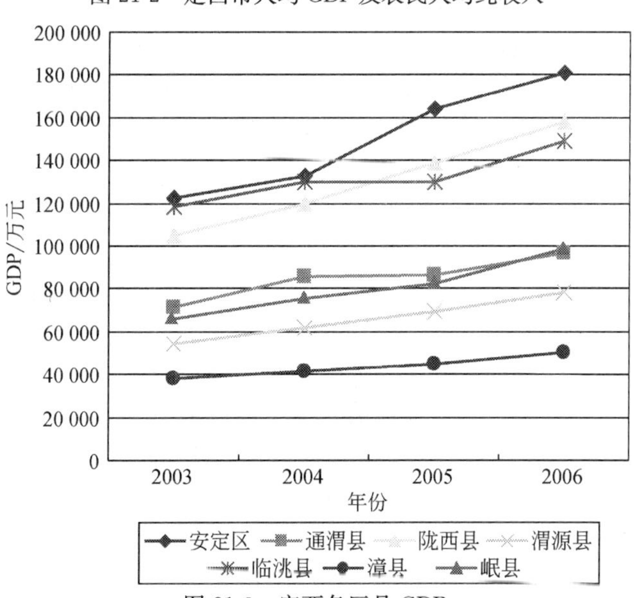

图 21-3　定西各区县 GDP

从农民人均纯收入来看，临洮县、陇西县、渭源县排名一直处于第1、第2和第3位，而岷县则一直处于末位。

第二节　定西马铃薯产业竞争优势分析

随着改革开放的不断深入和西部大开发战略的实施，定西已成为全国最大的马铃薯良种、生产及加工基地。

一 生产要素

定西海拔较高，无霜期较短，光照较足，但气温较低，昼夜温差较大，既有利于马铃薯增产，也有利于马铃薯干物质积累，同时有利于抑制马铃薯病毒病的蔓延和重发，减缓马铃薯品种和品质的退化速度。十年九旱，且降雨时空分布不均，春季无雨、夏初少雨、秋天多雨，但与马铃薯生长雨热同期的气候资源，为马铃薯块茎膨大和品质提升创造了有利条件。风多风大，水分蒸发量大，适宜种植抗旱、抗冻、抗冰雹砸打的作物，种植秋田比夏田稳产、种植块茎作物比茎秆作物稳产，特别适宜种植马铃薯。

定西市耕地土层深厚，土壤疏松，肥力中上，保水保肥和透气性适中，大部分土壤富含钾素。南部高寒阴湿区土壤以黑垆土为主，有机质含量在1.5%～3%以上，土壤肥沃，马铃薯单位面积产量高，是马铃薯脱毒种薯和良种扩繁的最佳区域；中北部黄土高原丘陵沟壑干旱半干旱区土壤以黄绵土为主，有机质含量在1%～1.5%之间，有利于马铃薯块茎膨大和商品率的提高，主要适宜高淀粉型马铃薯和优质菜用薯生产；洮河、渭河、漳河流域的河谷川水区土壤以黑垆土为主，还有少量红黏土和沙壤土，有机质含量在1%左右，由于热量充裕，非常适宜优质菜用型马铃薯和加工型马铃薯生产。同时，定西一直以传统农业为主，境内无工业污染，病虫害少，因此，也成为国内脱毒种薯四季繁育、大田良种生产、有机农业发展的理想场所。

定西区位优势也十分明显，是甘肃省会兰州市的东大门，距兰州市仅98公里。陇海铁路和310、312、212、316国道穿境而过。同时，宝兰铁路复线的建成和兰定、兰临高速公路的建成通车，使定西“兰州门户”的区位优势更加突出。为了开拓马铃薯市场，当地政府与铁路部门共同合作，开设专列，解决了马铃薯外运的问题。

此外，人力资源充足，也成为马铃薯产业发展的优势。由于经济落后，农民生活水平低，以种植业为主，劳动力相对过剩，劳动力价格相对较低，有利于当地马铃薯产品加工业的发展。因此，从生产要素来看，定西发展马铃薯产业具有明显的优势。

二 需求条件

马铃薯是重要的粮、菜、饲兼用作物和工业原料。马铃薯茎中含有8%～29%的淀粉及对人体极为重要的营养物质，如蛋白质、维生素和人体必需的氨基酸，其中蛋白质、碳水化合物、铁和维生素的含量显著高于小麦、水稻和玉米，是一种全营养型植物。目前，以马铃薯为原料的加工产品有淀粉及其衍生物、速冻食品、油炸食品、干制品、膨化休闲食品等。马铃薯淀粉及其衍生物以自身独有的特性，成为纺织业、造纸业、化工、建材等许多领域的优良添加剂、增强剂、黏合剂及稳定剂，在医药上也有广泛的用途。同时，加工后的废水、废渣等还可以发展发酵工业、种植业、养殖业等，循环利用。因此，马铃薯产业具有十分广阔的市场前景和市场需求。

目前，定西马铃薯已经成功引进了高淀粉型、食品加工型和鲜薯外销型等三大类10多个品种，产品销往全国各地，同时，也为麦当劳、肯德基、上好佳等企业提供专用马铃薯，进一步开拓了市场。

同时，全市已建成临洮康家崖、陇西文峰、安定马铃薯综合交易中心、安定鲁家沟、渭源会川、岷县梅川等6个较大规模的马铃薯专业批发市场，其中临洮康家崖市场、安定马铃薯综合交易中心、陇西文峰市场、渭源会川市场被农业部定点为全国重点马铃薯专业批发市场。全市有中小型马铃薯交易市场50多个，参与马铃薯交易的农贸市场185个，有2000多个收购网点遍布全市乡村，马铃薯贩运大户达到3125个，初步形成了以六大专业市场为主体，中、小型市场和相关农贸市场为补充，以各类营销组织为依托，以农村收购网点为基础的马铃薯交易批发和购销服务网络，运用“品牌＋专业＋团队精神”的营销手段，实施“稳定占领低端市场、巩固提高高端市场、积极开拓超级市场，逐步挺进国际市场”的营销战略，稳定市场需求，并开通中国定西马铃薯信息网站，以中英文对照的形式，充分利用多媒体、图片、视频洽谈等手段，向国内外市场宣传定西马铃薯区域品牌，展示推介定西市马铃薯优秀企业或优质产品，整理和发布马铃薯种植情况、加工企业情况、市场价格行情、销售渠道等信息，为广大客商了解定西马铃薯提供快捷准确的市场平台，也为当地马铃薯产业开拓了市场。

对于每个种植户而言，通过组建种植协会，按照“公司＋协会基地农户”的模式，采取订单生产的形式，建立了一批企业加工原料基地和商品薯生产基地，并由种植协会负责人代表同企业和客商商谈订单面积、收购价格、储存等事宜，维护广大种植户利益。在龙头企业中组建淀粉行业协会，以订单农业为手段，把加工企业、协会销售与政府建立基地结合起来，建立“公司＋协会＋农户”、“龙头企业运销＋大户＋农户”的运作模式，来保证种植户的销售价格和销售渠道。

三 相关及支持性产业

在延伸产业链方面，全市淀粉加工企业达到443家，其中千吨以上的马铃薯精淀粉及其制品生产企业33家，马铃薯精淀粉及其制品生产能力达35万吨，其中万吨以上生产能力的马铃薯加工龙头企业20家。马铃薯加工产品已发展到精淀粉、变性淀粉、全粉、薯条、膨化食品等10多个品种。定西薯峰公司等25家企业先后被认定为市级以上农业产业化重点龙头企业，陇西清吉等10家企业先后被认定为省级以上农业产业化重点龙头企业，临洮腾胜公司被认定为国家农业产业化重点龙头企业。为了适应加工业发展的需求，该市成立了马铃薯淀粉行业协会，组建了甘肃首家马铃薯淀粉质量安全检测中心，以定西为主成立了甘肃省马铃薯产业协会。2007年全市马铃薯精淀粉及其制品实际生产量达到10万吨，生产粗淀粉、粉皮、粉条等产品15万吨。通过引进和争取，安定薯峰公司年产2万吨马铃薯变性淀粉生产线二期工程、圣大方舟年产20万吨（一期6万吨）马铃薯变性淀粉加工等一批精深加工项目正在建设之中。

同时，定西市农业科研、推广部门积极与国内外科研院校靠接，成立了甘肃省马铃薯工程技术研究中心，组建了马铃薯种薯病害检测实验室，完成的“优质专用马铃薯脱毒种薯生产技术体系研究及产业化开发”项目，成果达到国内领先水平。在马铃薯新品种推广应用方面，坚持“引、育、繁、推”并举，已在全市三个不同自然气候类型区确定了陇薯、渭薯、武薯、青海薯、甘农薯和外引专用薯等六大具有国内先进水平的品种系列。

在金融支持方面，农业发展银行积极拓展金融服务领域，按照《定西市2006～2008年马铃薯良种工程实施规划》的要求，重点支持全市马铃薯良种应用工程，努力争取良种基地建设贴息贷款指标。但金融服务支持力度仍然不足，种植户和相关企业仍有贷款难等问题，需要政府、银行等继续协作，进行扶持，创新信贷模式，更好地服务当地马铃薯产业的发展。

为了解决马铃薯外运的问题，市、县（区）都成立了马铃薯协调调运领导小组和陆地联运办公室与铁路部门协调，开设马铃薯专列，直接将定西马铃薯运往销售地，同时，也形成了一大批专业马铃薯经纪人、经销协会、专业运输企业、物流企业等。

四 企业战略、企业结构和同业竞争

全市共发展马铃薯专业合作经济组织180多个，主要从事良种、种植、加工、贮藏、外销和技术信息等方面的中介服务，订单模式已开始向企业、协会、大户主动对接农户的市场化运作转变，加强了市场竞争的作用。同时，各类马铃薯产品加工企业也不断发展、壮大，其中淀粉加工企业就达到443家，竞争日趋激烈，也逐渐形成以龙头企业带动的模式。

定西马铃薯产业的发展虽存在竞争，也有明显的合作。市政府成立了马铃薯区域品牌联运办公室，对区域品牌的使用进行统一规范管理，各区县成立了专门的马铃薯销售信息中心。通过上述工作，提升了产业的竞争力。

同时，内蒙古、黑龙江、云南等省（自治区）和张掖、武威、白银等市马铃薯产业发展的势头日益强劲，如果定西不加快发展，已经形成的产业优势极有可能被其他地区所取代。

五 政府

发展地方经济，不仅要依靠广大群众，更重要的是当地政府的引导工作是否正确，尤其是对于西部生态脆弱贫困区来说，政府的引导、协调作用更为重要。

定西市政府针对发展马铃薯产业，不仅出台了在全市发展非公有制经济招商引资、乡镇财政管理、重点项目建设等一系列优惠政策和管理办法，而且从调整财源建设的宏观思路出发，大力培育新的财源增长点。市委、市政府将产业规划、标准的制订和完善作为调控产业开发的有力手段，专门组建成立了“定西市支柱产业开发领导小组”、“定西市马铃薯产业发展办公室”及“定西市农业标准化建设领导小组”和“无公害绿色食品推荐认证委员会”，具体负责产业规划、标准的制订、申报、实施等工作。结合定西实际，先后制定出台了《定西市农业产业化重点龙头企业认定管理暂行办法》、《甘肃定西马铃薯特色优势产业链规划》、《定西市马铃薯产业发展财政支持项目实施方案》等一系列政策方案，明确了产业发展方向和重点，为进一步做大做强特色支柱产业提供了有力保障。同时，成立由分管农业的副市长任组长，由农办、公安、工商、物价、交通、监察、铁路、城管、农机等部门组成的马铃薯促销协调领导小组，负责马铃薯销售协调、“绿色通道”开辟、市场秩序监督等工作。各部门积极转变政府职能，协调引导加工企业、协会、收购大户等各个市场竞争主体，全程参与马铃薯鲜薯的销售服务。搭建信息发布平台，各县（区）成立了专门的马铃薯销售信息中心，负责马铃薯产销信息搜集、分析、发布等，具体指导销售工作。成立马铃薯区域品牌联运办公室，对区域品牌的使用进行统一规范管理，实行统一包装，统一使用印制有“中国马铃薯之乡——定西”地域品牌和注册商标的高标准包装袋和包装箱，以提高产品知名度和信誉度。

此外，市、县（区）都成立了马铃薯协调调运领导小组和陆地联运办公室，加强了与兰州铁路局的联系协作，保证马铃薯的顺利外运。各区县政府也为招商引资、产业规范和引导、产品标准等制定了相应的政策和规范。

六 可持续发展

随着科技的进步，马铃薯将会在化工、医药、纺织、造纸等重要工业领域得到普遍运用，特别是经过二次加工的变性淀粉和预糊化淀粉等系列产品，在工业中的运用刚刚起步，其发展空间大为可观。马铃薯加工业的废水、废渣等下脚料不但可以发展发酵工业，还可以发展养殖业、种植业等，不仅符合建立资源节约型社会的要求，更是经济社会可持续发展的要求。

同时，对于定西这样的西部生态脆弱贫困区因地制宜大力发展马铃薯种植业既有利于经济发展，又有利于水土保持工作，减少了由于畜牧业发展对生态植被的破坏。而且，目前定西已开始发展绿色、有机马铃薯的种植和加工，也符合可持续发展的要求。

七 外部投资

定西不断吸引外部投资，引进先进技术和生产设备。目前，定西已为麦当劳、肯德基、上好佳等企业提供专用马铃薯，也吸引其在定西建立专门的种植基地。通过利用外国政府贷款、与外资企业股份合作等形式，陇西清吉、临洮腾胜、三江、新兴四家企业，先后引进国外先进的精淀粉、全粉等加工设备四套，设计加工能力为9.8万吨。同时，市、县（区）政府也通过制定相关政策，举办马铃薯产业发展经贸洽谈会等，吸引外部投资。

八 机会

定西马铃薯发展不仅得益于西部大开发政策和国家相关的扶持政策，同时，也得益于马铃薯产业的可持续发展特征。抓住机遇，大力发展马铃薯深加工产业，延伸产业链，发展绿色马铃薯、有机马铃薯等，必定会带领定西马铃薯产业更上一层楼。

第三节　定西马铃薯产业优势培育模式

一　定西马铃薯产业的发展历程

自 1995 年定西市提出实施“洋芋工程”至今，定西马铃薯产业发展经历了由小到大、由自给自足阶段到产业培育，进而步入目前的马铃薯产业“块状经济”雏形阶段。定西马铃薯发展的模式给予我们很多经验。

（1）自给自足阶段（1995 年以前）。在 1995 年以前，马铃薯种植面积徘徊在 100 万亩左右，占当时粮播面积的 10%左右，总产量在 100 万吨左右。在这一阶段，全市马铃薯主要是农民群众自发种植，以群众自食为主，规模小，无外销，加工也仅限于家庭小作坊的粗淀粉、粉丝、粉条等，加工率占总产量不足 1%。

（2）发展培育阶段（1996～2002 年）。1996 年，在定西开展扶贫攻坚过程中，当时的地委、行署提出并大力实施“洋芋工程”。第一次把马铃薯产业的开发列入各级党委、政府的主要议事日程，从扩大种植面积、改良品种、提高产量入手，开始探索向外销售和淀粉加工，使自给自足的传统农业从“洋芋工程”建设开始逐步向商品农业转变。定西市明确把马铃薯产业列为全市第一大支柱产业来开发，各级政府成立了马铃薯产业开发领导小组，设立了产业发展办公室、农业标准化建设领导小组和无公害绿色食品推荐认证委员会，制定相关政策和标准。全市结合农业结构的战略性调整，围绕解决农民增收和农村经济可持续发展问题，大力发展具有区域比较优势的马铃薯产业，实现了农业种植结构由对抗型向适应型、由适应型向市场型的转变，使马铃薯产业得到了长足发展，走上了产业化经营的道路。

（3）块状经济雏形阶段（2003 年以后）。从 2003 年开始，定西市委、市政府按照“立足全国，着眼世界，大力发展马铃薯产业，并尽快形成‘块状经济’”的思路，组织省内外有关专家编制了《甘肃省定西市马铃薯特色优势产业链规划》，着力继续扩大马铃薯面积，实现区域布局科学化；提高马铃薯加工增值能力，实现产品系列多元化；扩大马铃薯外销，进一步提高市场竞争力，实现出口创汇，定西马铃薯产业的“块状经济”雏形初步形成。

目前定西已形成了洮河、渭河、漳河流域河谷川水区优质菜用型和加工型专用薯生产基地。南部高寒阴湿区优质菜用型和脱毒种薯生产基地，北部干旱半干旱区高淀粉型商品薯生产基地三个特色鲜明的区域化布局生产基地。同时，良种、加工、贮藏、运销等方面都得到快速发展，生产体系趋于完善，已形成了具有国内先进水平的陇薯、渭薯、武薯、甘农薯、青海薯等五大优良品种系列。现有千吨以上淀粉加工企业33家，产品已发展到精淀粉、变性淀粉、全粉、薯条、膨化食品等10多个品种，已建成临洮康家崖、陇西文峰、安定马铃薯综合交易中心、安定鲁家沟、渭源会川、岷县梅川等6个较大规模的马铃薯专业批发市场，其中临洮康家崖市场、安定马铃薯综合交易中心、陇西文峰市场、渭源会川市场被农业部定点为全国重点马铃薯专业批发市场。

二 定西马铃薯产业培育运作机制

定西马铃薯产业的发展主要得益于多级政府的相互协调和正确引导，根据定西的实际生态状况、资源条件，因地制宜，选择马铃薯产业作为主导产业。

(1) 生产要素。从定西市整体角度出发，根据全市整体生产要素情况，选择马铃薯产业作为主导产业来发展。从各区县角度看，各区县根据各自不同的情况，因地制宜，培育、种植了不同品种的马铃薯，目前在全市三个不同自然气候类型区确定了陇薯、渭薯、武薯、青海薯、甘农薯和外引专用薯等六大具有国内先进水平的品种系列。同时，各自引进生产线，发展马铃薯产业，形成区域分工。

(2) 同业竞争和同业合作。马铃薯的种植、加工在各区县内存在着同业竞争，从定西市整体来看，各区县的马铃薯生产加工也存在着竞争。但是，由于生产要素和产业发展状况的不同，已逐渐形成区域分工，避免了过度竞争对产业整体发展的阻碍。同时，定西市对区域产品进行品牌统一管理、统一标准，既增强了企业间的合作，又提升了产品信誉度。

(3) 相关及支持性产业。各区县都针对适合本地区种植的品种进行重点培育、延伸下游加工产业链，确立当地龙头企业。上级政府则从大区域角度出发，与相关科研院校联系，培育优良品种，加大金融扶持力度，确立国家级、省级、市级龙头企业。各县区都设有马铃薯协调调运领导小组和陆地联运办公室，协调当地马铃薯外运。省政府直接与铁路部门联系，开设专列，确保马铃薯顺利到达全国各地市场。

(4) 需求条件。各区县都设有自己的营销渠道和马铃薯交易市场，从大区域来看，已初步形成了以六大专业市场为主体，中、小型市场和相关农贸市场为补充，以各类营销组织为依托，以农村收购网点为基础的马铃薯交易批发和购销服务网络。市政府专门开通中国定西马铃薯信息网站，向国内外市场宣传定西马铃薯区域品牌，展示推介定西市马铃薯优秀企业或优质产品，整理和发布相关信息，为广大客商了解定西马铃薯提供快捷准确的市场平台。向外销售马铃薯时，定西则运用统一的地域品牌，来面对更广阔的市场需求。

（5）政府。通过市、县（区）政府制定相关支持性政策，鼓励农民种植马铃薯。市政府专门成立“定西市支柱产业开发领导小组”、“定西市马铃薯产业发展办公室”及“定西市农业标准化建设领导小组”和“无公害绿色食品推荐认证委员会”，具体负责产业规划、标准的制订、申报、实施等工作，同时联合政府其他部门，为马铃薯产业的招商引资、产业开发等提供“绿色通道”。各县区政府指导成立农民经济合作组织，增强农户的议价能力、营销能力、稳定其销售渠道。同时，市、县（区）都成立了马铃薯协调调运领导小组和陆地联运办公室，保证马铃薯运输渠道的畅通。对区域产品统一品牌、统一管理，保证产品质量。各级政府制定政策改善投资条件，发展相关及支持性产业；增加财政投入，改善贷款条件；提倡科技创新，通过区域创新系统中的科技转化系统和知识转化系统，与国内外科研院校靠接，成立了甘肃省马铃薯工程技术研究中心，组建了马铃薯种薯病害检测实验室，通过科技创新改善生产要素和需求条件。

（6）外部投资。从各区县小区域角度看，每个区县都积极开展招商引资，吸引外部资金、企业到本地进行投资。而从整个定西市大区域来看，定西正以市政府为主导，以定西整个马铃薯产业发展链条为导向，从全局的角度吸引外部投资，扩大集聚效应，使定西成为真正的“中国马铃薯之都”，如图 21-4。

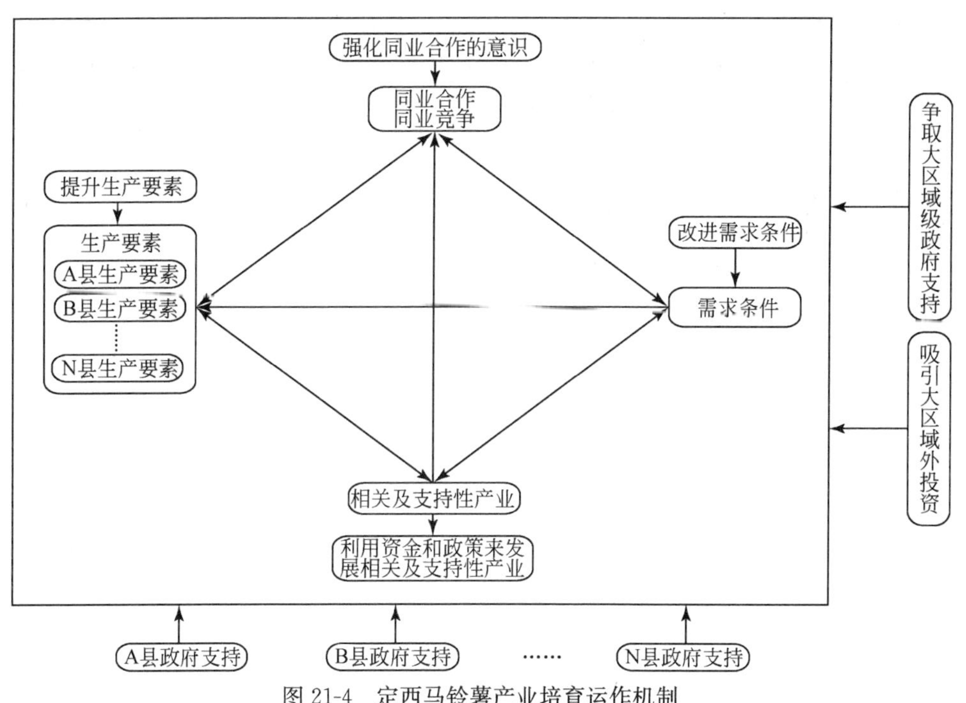

图 21-4　定西马铃薯产业培育运作机制

三 小结

定西在马铃薯产业的过程中，尊重气候和土壤等自然要素禀赋，把区位优势转变为交通优势，形成独特的交通禀赋，推动特色产业发展。以科技为支撑，不断提高劳动者的素质，以市场化理念经营特色产业；应用科学技术及其设备，装备产业，延长产业链条、加强产业的关联度，形成较为完备的产、加、销链条；依靠科学技术，提升品牌，提高产品的市场竞争能力，不断推动特色产业走高级化可持续化发展之路。同时，从自己市场经济不发达的实际出发，尊重市场规律，以市场配置资源为基础，充分发挥政府“有形的手”的作用，调配和推广良种、整合和分配运输工具、调查和分布市场信息、加大资金扶持、加强技术培训、建设市场体系，重视龙头企业的领导作用和农民经济合作组织的作用，对资源进行合理配置，实现了马铃薯产业的健康、快速发展。

通过定西马铃薯产业的发展，我们可以得知，当西部生态脆弱贫困区相邻或者相近时，可以放宽眼界，从一个大区域的角度来集中规划发展，根据这些地区自身的生产要素的相似性，寻找一个能调动各区域共同发展的产业作为主导产业，通过提升大区域内统一的生产要素，改善需求条件，发展相关及支持性产业和共同利用外部积极因素，从而避免内部过度的竞争，以共同发展优势产业。因此，这类地区的发展需要一个更高级的政府部门统一规划指导，并建立区域创新系统，改善区域内各要素，提升产业竞争力，从而达到加快大区域和各个小区域经济发展的目的。

第二十二章 新疆维吾尔自治区疏勒县大棚蔬菜产业培育研究

第一节 疏勒县概况

一 疏勒县基本情况

疏勒县位于新疆维吾尔自治区西南部，喀什地区西北部，地处塔里木盆地西缘喀什噶尔绿洲中部，县城疏勒镇距喀什市 7 公里。2006 年底总人口 309 758 人，有维吾尔、汉、回、乌孜别克、柯尔克孜、塔吉克、蒙古族等民族。

疏勒县农副土特产丰富，主要有杏、桃、瓜、石榴、畜禽以及甘草、枸杞、麻黄、紫草等名贵药材，近几年大棚蔬菜种植发展迅速，是全疆主要粮棉产区和瓜果之乡。

二 疏勒县经济发展状况

近几年来，疏勒县已经初步形成粮棉、林果、畜牧、设施农业、特色农业五大生产基地，2006 年，疏勒县 GDP 达到 12.51 亿元，人均 GDP 达到 4039 元。三次产业结构由 2003 年的 62.3：9.2：28.5 调整为 49.6：22.0：28.5，第二产业发展迅速（图 22-1～图 22-3）。

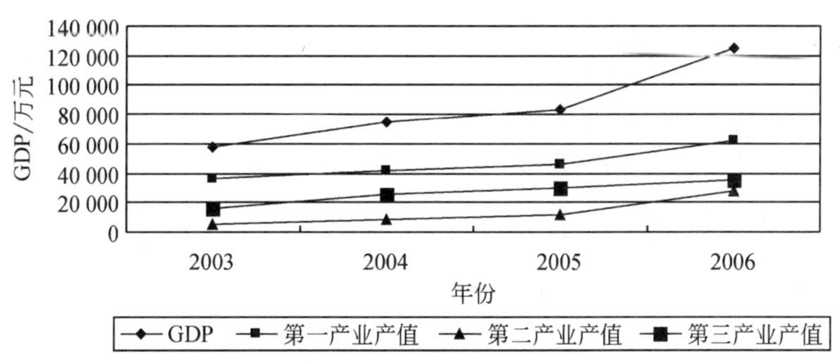

图 22-1　疏勒县 2003～2006 年 GDP

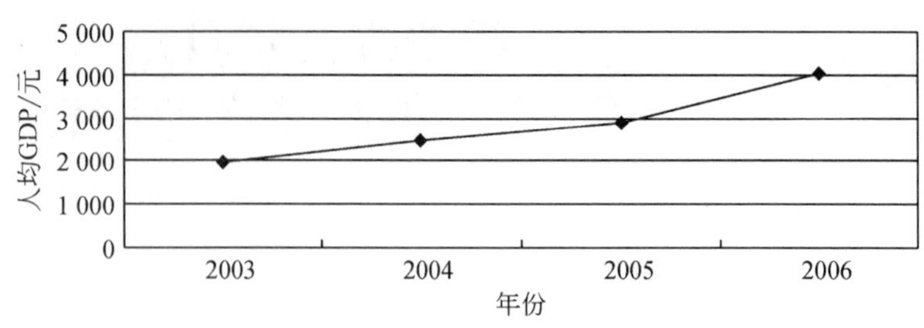

图 22-2 疏勒县 2003～2006 年人均 GDP

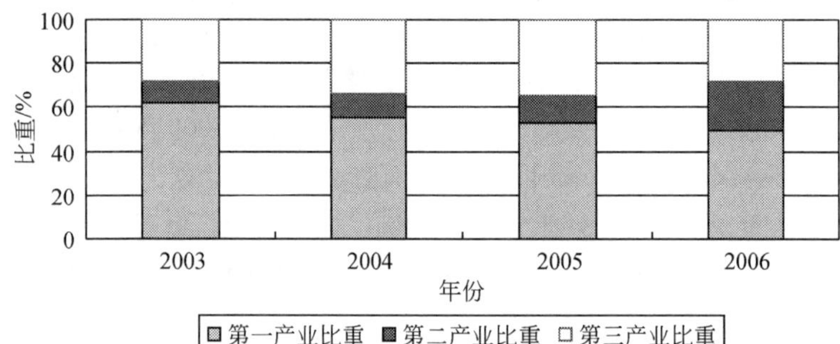

图 22-3 疏勒县 2003～2006 年三次产业比重

经过几年的发展，疏勒县农民人均纯收入也有显著提高，由 2003 年的 1450 元增长到 2006 年的 2031 元。

第二节 疏勒县大棚蔬菜产业各要素分析

疏勒县已经形成了以建筑建材、医药食品、纺织、轻工机械组装、农副产品生产加工等行业为主的五大产业框架。其中，大棚蔬菜产业的发展尤为迅速，带动了相关产业的发展，提高了农民的收入。

截至 2006 年底，全县以温室大棚为主的设施农业达到 8000 座，疏勒县以日光温室为主的特色产业已发展到 8122 座，已种植生产的有 7980 座，种植率达 98％以上，目前已经建好的温室、大拱棚盖膜的有 6760 座，配备棉被的有 2122 座，新建高标准温室 22 座，成立农民专业经济合作组织 40 个，大棚蔬菜产业的农产品销售 4.48 亿元。

一 生产要素

（1）地理位置：新疆西南部，地处塔里木盆地西缘，雄踞于赤水之滨、古老的喀什噶尔平原绿洲中部，距南疆政治、经济、文体中心喀什市东南7公里，处于以喀什市为中心的"一市两县"经济内；同时，疏勒还是祖国西南的咽喉要道，连接中亚、西亚和南亚，与塔吉克斯坦、阿富汗等6个国家和地区接壤，集群口岸优势明显，处在"五口通八国"的中心位置，疏勒县素有"黄金走廊"之称。道路交通设施完善，通信设施较好。

（2）气候条件：地处克孜勒河、盖孜河和库山河冲积平原中游地区，境内地势平坦，地形开阔，地下水储量丰富，耕地面积55.45万亩。属温带大陆性干旱气候，四季分明，年平均气温11.7℃，年降水量76毫米，无霜期150天。适合种植林果和大棚蔬菜。

（3）土地资源：疏勒水土光热资源丰富，全境地势平坦，田地肥广，草木饶衍，农副土特产丰富，是全疆主要粮棉产区和瓜果之乡。2006年底，全县有耕地面积55.45万亩，人均耕地面积1.82亩。

（4）人力资源状况：到2006年底，全县总人口为30.4万人，其中非农业人口26.1万人，占总人口的85.9%。全县拥有各类专业技术人员4390人，其中中级以上1010人。

（5）交通通信：境内交通便捷，路网纵横交错，国道315线与省道214、310、311线在县城交会并穿越全境，平均每平方公里有公路0.41公里，是喀什通往和田、西藏阿里地区和喀什地区南部八县的必经之路，为喀什市的西南门户。县城距南疆铁路喀什站8公里、喀什航空港16公里；距通往巴基斯坦的红其拉甫口岸260公里、卡拉苏口岸200公里，通往中亚国家的吐尔尕特口岸90公里。县城所有主干道及15个乡镇全部开通公交车，现已形成公路、铁路、航空相互补充的交通运输体系。全县程控电话机、计算机互联网用户基本普及，乡村全部实现电话程控化。城乡电话普及率达到每百人19部。通信便利、快捷，计算机宽带满足各企事业单位、个人的高速互联网需求，通信管网四通八达，畅通无阻。

二 需求情况

随着人民生活水平的不断提高，蔬菜市场需求逐步向高品质、高档次方向发展，消费者对蔬菜的营养性、安全性的需求更加强烈，优质化、高品质、高质量的产品已成为市场消费的主流。疏勒县的大棚蔬菜基地离县城和喀什市较近，当天早晨采摘，立即就可以送到市场，保证了蔬菜的新鲜度。而从外地运过来的蔬菜，都是用大车拉运，采摘时间又过长，因此，就新鲜度而言，外地蔬菜大打折扣。同时，随着喀什市的发展，城市人口的急剧增长和蔬菜需求的与日俱增，在疏勒县建设优质无公害蔬菜生产供应基地不仅可供给疏勒县和喀什市的市场，而且还可供应中亚和西亚其他城市中的巨大市场，前景十分广阔。

三 相关及支持性产业

随着对设施农业和高效农业的进一步的投入，银行业对大棚蔬菜产业的投入也日益增加。银行在资金政策上给予倾斜和扶持，为想发展、要发展、能发展的农户提供以不动产抵押的方式贷款，支持兴建高质量、高标准的大棚，或升级、改造原有大棚设施。

四 企业战略、企业结构和同业竞争

疏勒县为了更好地培育大棚蔬菜产业，提出了“走联合与合作之路，应对各种市场风险”的思路，在县委、县政府的积极引导扶持下，疏勒农民互助合作组织应运而生，在实践中逐步成为农村经济发展的“助推器”。截至 2007 年 6 月，疏勒县各乡镇共建立农民互助合作组织 486 个，参加互助合作组织的农户达到 2.1 万户，占全县农户总数的 48%。

五 政府

喀什地委和疏勒县对疏勒发展产业的态度是：围绕疏勒县五大优势，把疏勒建设成为“物流聚散地、工业聚集区、喀什的卫星城和经济文化的次中心”总体定位，着力打造“实力疏勒、活力疏勒、魅力疏勒、和谐疏勒”，全力推动疏勒经济社会又好又快发展。

六 机会

与山东营口市的对口支援活动，为疏勒县的大棚蔬菜产业发展提供了资金、技术和人才等。

七 外部投资

目前对大棚蔬菜产业的外部投资很少。

八 可持续发展

设施农业不仅可以提高土地、日光资源和水资源的利用率，而且对当地的生态环境的影响较小。

第三节　疏勒县大棚蔬菜产业的培育

疏勒县的大棚蔬菜产业的培育过程包括两个部分，即疏勒县的产业培育体系和跨区域要素流动的培育体系。

一 通过改进需求条件来发展大棚蔬菜产业

从疏勒县来看，大棚蔬菜产业的培育模式主要是通过改善需求条件来促进其他几个关键要素的改进，使产业做大做强。

疏勒县属于我们的分类中资源禀赋良好、区位条件好的 5 分地区，疏勒县内拥有一定数量的旅游资源和农牧业资源，只是资源优势不很明显；但疏勒县拥有非常好的地理位置，疏勒县距离南疆政治、经济、文体中心喀什市东南 7 公里，同时，疏勒还是祖国西南的咽喉要道，连接中亚、西亚和南亚，与塔吉克斯坦、阿富汗等 6 个国家和地区接壤，集群口岸优势明显，处在“五口通八国”的中心位置，道路交通便捷，路网纵横交错，现已形成公路、铁路、航空相互补充的交通运输体系。

因此，疏勒县依托区位优势，利用靠近国际和国内中心城市的优势，拓展需求条件来发展大棚蔬菜产业是非常有利的。中亚和西亚几个国家对大棚蔬菜的需求非常大，但由于当地的自然条件不佳，大棚蔬菜的价格非常贵，很难满足需求，这些国家非常希望可以从中国进口大棚蔬菜，如西红柿、黄瓜等品种。同时，由于靠近喀什市，随着人民生活水平的提高，对大棚蔬菜的需求日益增加，因此，大棚蔬菜产业的需求条件可以通过向国际和中心城市两个市场提供产品得到改善。随着需求条件的改善，其他要素也将得到改进（Guo Ming and Jiang Xiao Hua，2008）。

(1) 需求条件的改进，使生产要素得到提高。随着大棚蔬菜产业需求量的不断扩大，越来越多的农民从事大棚蔬菜的种植，导致蔬菜种植技术和设施的不断推广和发展，而蔬菜种植技术和设施的发展又反过来促进了农民的技术水平的提高，从而改善了当地的人力资源的状况，使生产要素得到提高。例如，新疆农业科学院设施农业产业化项目针对喀什地区特殊的生态环境，制定了适合当地自然环境特点和经济发展水平的喀什地区日光温室建设技术规程，设计了喀什地区标准化高效节能温室，新建了标准化日光温室82座、保温设施温室101座，改造了90%以上的旧温棚。疏勒镇和巴仁乡的日光温室由2006年的476亩扩大到2007年的700亩。两年来，示范区通过设施农业新技术、新品种、新成果和新模式的引进、示范、推广，温室年亩产值由2714元提高到目前的8568元，增加了3.1倍。新增设施农业产值达190万元。辐射带动了疏勒县4770座、7000余亩温室的设施农业生产向规模化、规范化、标准化发展，疏勒县整体设施农业生产产值增加1750万元。

（2）需求条件的改善，使相关及支持性产业得到发展。随着需求条件的改善，相关产业的发展会进一步得到改进，这其中包括金融、保险，也包括如大棚蔬菜的运输业、包装产业等其他产业。这样的发展最终使大棚蔬菜产业的发展成为带动当地经济发展的一个重要产业。

（3）需求条件的改善，带动产业竞争升级。随着需求条件的改善，越来越大的市场份额会吸引越来越多的农民参与其中，通过建立设施农业产业化技术服务体系，发展蔬菜协会会员465户，农民经纪人14人，注册商标1个，协会会员温室558座，通过蔬菜协会销售的蔬菜达到2790吨，产值达474.3万元，会员户均收入近9000余元。将理论培训和实践指导相结合，共举办培训班60期，培训设施农业技术人员5832人次，培训农民14 260人次，培养农民科技示范户280多户，进一步带动产业升级，使大棚蔬菜产业在疏勒县内成为一个具有竞争力的产业。

二 通过不相邻区域要素转移培育优势产业

由于疏勒县是山东省营口市的对口支援地区，通过向疏勒县派出援疆干部，使营口市和疏勒县这两个不相邻区域，通过要素转移来培育优势产业。在这样的体系中，支援更多的是依赖外部的资源的注入来实现，通过将先进地区的资金、人才和企业引进落后的地区，促使落后地区的生产要素、企业战略、企业结构和同业竞争等发生变化，结合当地现有的优势产业，培育出更具竞争力的优势产业（图22-4）。

（1）对生产要素的影响。由于山东地区的经济发展较快，大棚蔬菜产业的发展也较为领先，因此，通过跨区域要素转移，尤其是转移那些能够流动的要素，如高层次的技术人员和丰富的资金，可使当地的生产要素得到提升。在疏勒县我们可以看到很多山东的技术人员在蔬菜大棚中帮助当地的农民和技术人员种植蔬菜。

（2）对外部投资的影响。通过对口支援地区的人力资源的流动，同时带动

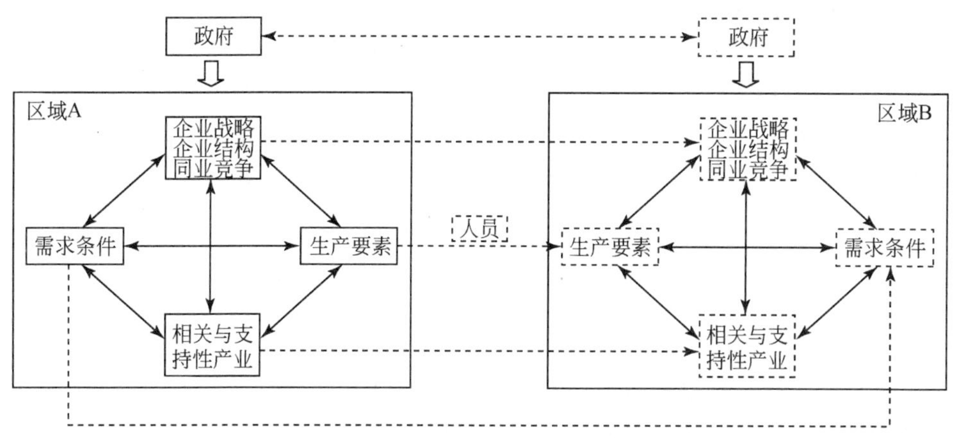

图 22-4　疏勒大棚蔬菜产业培育运作机制

资金的流动，资金流动带动的不仅仅是大棚蔬菜产业，而是对更多的产业产生影响。

(3) 通过政府的方式，为经济发展较为缓慢的地区带来先进的管理理念。通过将山东的干部派到疏勒县工作，不仅带来了资金和技术，而且带来了经济发展较快地区的经济发展理念和管理理念，这对于经济发展较慢的地区尤为重要。同时，政府官员的互派也可以使当地干部通过去经济发展较快的地区从事工作来提升当地干部的管理水平和理念。

三 创新系统建设

(一) 科技创新体系

2007 年，疏勒县为了充分整合利用教育培训资源，切实提高新型农民培训效果，由县农业局、林业局、农业技术推广中心、农广校等涉农部门选派技术骨干组成讲师团。讲师团共有实践经验丰富的教师 16 名，其中高级技术职称教师 1 名、中级 11 名、初级 4 名。培训教师分工明确，责任到人，包点到村，按照“进村入户，核心培训，包教包会，示范带动，整体推进”的原则，在全县 4 个乡镇、34 个村全面展开项目，确保通过核心农户的示范，带动全村及周边村的农业发展。为了圆满完成培训任务，确保培训效果，该县严格按照有关要求，积极探索，丰富培训内容和方式，采取核心农户专业性培训与普及性培训相结合、集中培训与巡回指导相结合、教室授课和基地大田观摩相结合的方式，取得了很好的培训效果。县农业局还先后组织设施农业专业村及粮食生产专业村农民，举行了 2 次大规模的示范基地及示范田观摩现场指导培训会，即塔孜洪乡设施农业示范基地与疏勒镇、园艺场、蚕种场无公害蔬菜生产基地，和县农技推广中心与自治区农业科学院共建的“玉米品种区域试验示范田”。核心农户亲眼目睹了设施农业标准化生产技术及玉米各个优良品种的主要性状、高效栽培新技术的使用效果，聆听了培训教师的现场讲解，理论联系实际，为巩固所学技术打下了坚实的基础。这种观摩培训的模式用时短、效果好，受到了广大核心农户的一致好评。

（二）金融创新体系

首先，疏勒县按照“政府引导、政策支持、乡镇组织、村组实施、农民受益”的原则，在全县范围内推行农民合作互助组织。为推动农民互助合作组织快速发展，县委还成立了由县委常委、纪检委书记为主任的农民互助合作组织指导办公室。农民合作互助组织采取农民自愿的形式，当年种多少“三高田”、哪些人来种、所需资金以及各种生产资料如何解决都经过村民大会“一事一议”，充分体现农民在生产经营中的主体地位。而且，同一个互助组成员之间土地内部调整、贷款相互担保、劳动密切协作、农资互通有无，从而解决了一家一户分散经营难以实现集中投入、规模化种植等难题。塔孜洪乡 8 村农民吾不力·卡斯木对农民互助合作组织赞不绝口，他说：“以前春耕买化肥，得租车到 40 公里远的巴扎上去采购，来回车费就得 50 元，今年春耕期间，我们自己选出代表到市场上与卖家洽谈，统一采购，1 袋复合肥比单家购买要低 2 元，我买了 11 袋，加上省的车费，比去年少花了 72 元。”例如，亚曼牙乡苏吾汗安拉村计划种 200 个拱棚的蔬菜，所需资金 42 万元。为此，村里成立了拱棚蔬菜种植农民互助合作组织，吸收想种的农户为会员，通过召开村民大会商议，进行土地置换，将愿意种植的农户调整到一块大型条田，开展规模种植，互助合作组织内的艾白巴克等 5 名成员，还向资金不够的 11 户农户提供 1.2 万元无息贷款，并答应等获得收益后再偿还，规模种植和资金的问题迎刃而解，此举极大地调动了农民的积极性。2008 年以来，全县向农民发放小额信用贷款 1 亿多元，农民自筹资金 6000 多万元，逐步形成了农民积极筹资投劳、政府持续加大投入、社会力量广泛参与的多元化合作互助投入机制。

四 小结

通过山东省营口市的要素转移，疏勒县大棚蔬菜产业的生产要素、外部投资、管理理念等发生了变化。当地政府还积极引导，建立了科技创新体系和金融创新体系，使新疆疏勒县的大棚蔬菜产业从无到有，从有到发展壮大，成为当地的特色优势产业。

第二十三章　陕西省延川县红枣产业培育研究

第一节　延川县概况

一　延川县基本情况

延川县地处陕西省北部，延安市东北部，距延安市 80 公里，全县东西长 74.25 公里，南北宽 51.5 公里。总面积 1985 平方公里，其中耕地面积 19 565 公顷。

延川县属温带大陆性季风气候，年平均气温 10.6℃，年日照时数 2558 小时，无霜期 185 天，常年降水量不足 500 毫米。延川县各类资源比较丰富。光热资源丰富，土壤、气温适宜于多种作物生长。红枣、梨、花椒等生物资源得天独厚，石油、煤炭、沙子等矿产资源可观。黄土风情文化积淀深厚，被文化部命名为“全国现代民间艺术之乡”，布堆画、剪纸等民间艺术独树一帜。

二　延川县经济发展状况

2006 年，延川县地区 GDP 达到 104.4 亿元，比 2005 年增加了 25.1 亿元；人均 GDP 达到 56 850 元，比 2005 年增加了 13 373 元。三次产业结构由 2003 年的 2.9∶89.5∶7.6 调整为 2006 年的 1.5∶94.1∶4.3，第二产业所占比重较大。农民人均纯收入比 2005 年增加了 228 元，达到了 1731 元。

延川县 2003～2006 年的 GDP、GDP 增长率、人均 GDP、农民人均纯收入、三产比重的变化如图 23-1～图 23-5 所示。

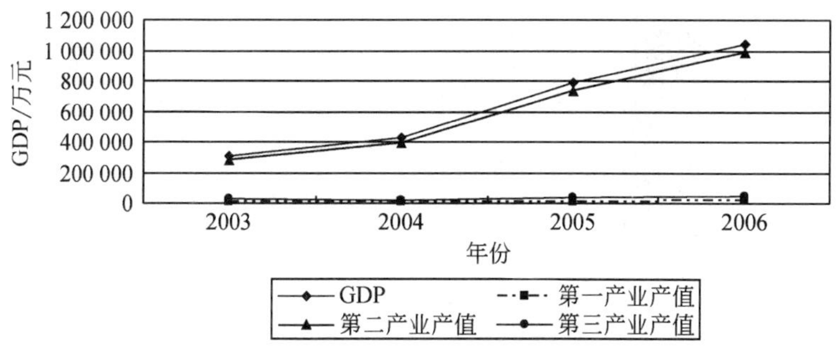

图 23-1　延川县 2003～2006 年 GDP

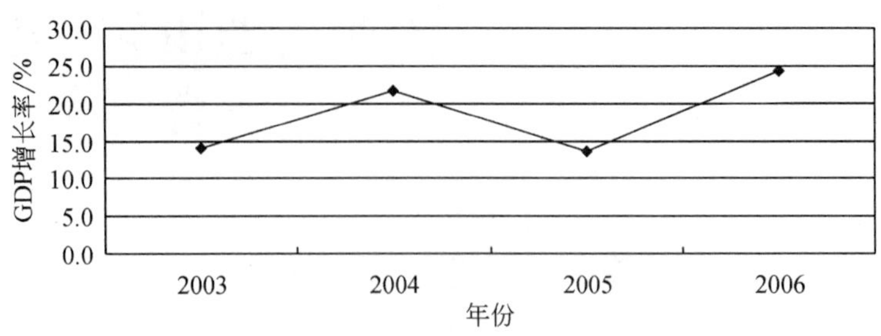

图 23-2　延川县 2003～2006 年 GDP 增长率

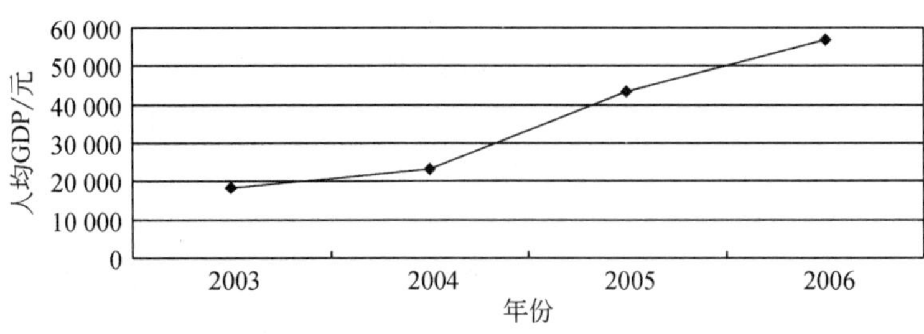

图 23-3　延川县 2003～2006 年人均 GDP

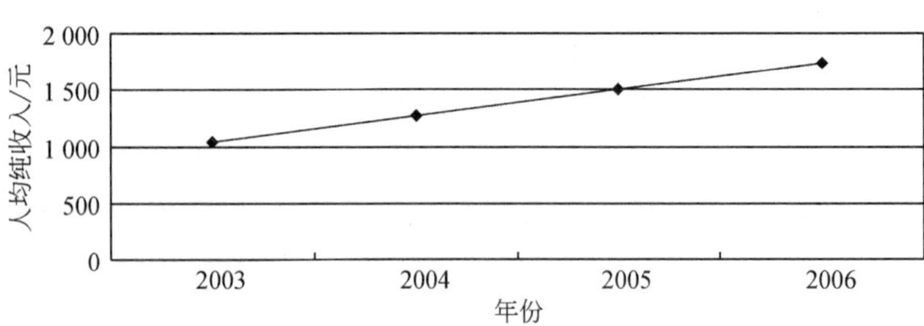

图 23-4　延川县 2003～2006 年农民人均纯收入

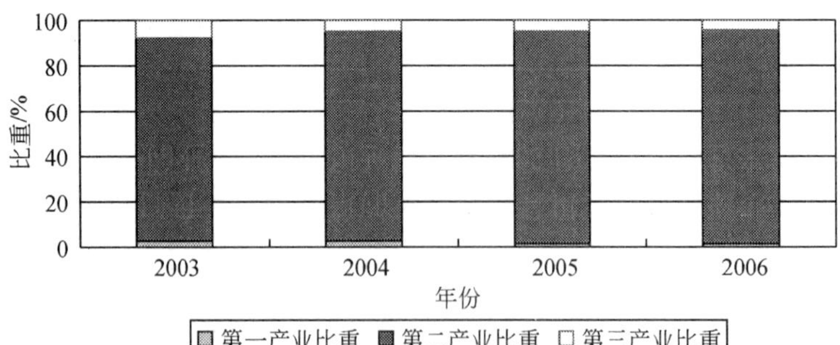

图 23-5　延川县 2003～2006 年三产比重

延川县将红枣确定为农业特色产业，加快了基地建设，制定了“做大规模，加强管理，扶持加工，推进产业化”的发展思路。2007年，全县红枣面积已发展到29万亩，年产量1.3万吨，产值达5000余万元。红枣已由黄河沿岸主产区向全县范围辐射扩展。同时，黄河流过该区域，区域内有中国知名的黄河旅游资源。

第二节 延川县枣产业各要素分析

延川县种植红枣已有3000多年的历史，是黄河流域枣区的中心地带，也是我国红枣发祥地之一。2006年延川红枣顺利通过国家质量监督检验检疫总局地理标志认证。截至2007年，全县红枣面积已发展到29万亩，其中挂果面积达到12.5万亩，年产量1.3万吨，产值达5000余万元。红枣已由黄河沿岸主产区向全县范围辐射扩展（郭名等，2008）。

一 生产要素

（1）地理位置。延川县地处陕西省北部，延安市东北部。东临黄河与山西省永和县隔河相望；北与榆林市清涧县接壤；西北与子长县毗邻，西接宝塔区；南靠延长县，距延安市80公里。

（2）气候条件。延川县属温带大陆性季风气候，具有云量少、光照好、时间长的特点，年平均气温10.6℃，年日照时数2558小时，无霜期185天，常年降水量不足500毫米。光热资源丰富，土壤、气温适宜红枣生长。

（3）土地资源。境内土层深厚，光热资源丰富，海拔高，温差大，是红枣的优生区，被国家林业局命名为“全国红枣之乡”。

（4）人力资源状况。总人口18.7万人，其中农业人口14.5万人。

（5）交通通信。210国道、205省道和渭清线穿境而过，交通便利，实现了乡乡通油路、村村通电，通信网络健全。

（6）红枣资源。红枣是延川古老的经济作物之一，这里有悠久的枣树栽培历史。延川红枣以个大、肉厚、核小、皮薄、味佳、色好、含糖高著称，驰名全国，畅销国内外。红枣中含有丰富的营养物质，有人体必需的铁、钙、锌、磷等微量元素，生食脆甜可口，风味特异；全熟期维生素C和糖的绝对含量达到最高点。截至2006年，延川红枣品种有49个，驰名的有狗头枣、梨枣、骏枣、木条枣等，红枣规模达25万亩，年产量13 000吨，加工转换3000吨，产值达6000万元。

（7）旅游资源。延川县是中华民族始祖伏羲的故里；乾坤湾是黄河九十九道湾上神奇的一处景观，黄河在这里陡然急转，形成320°的大转弯，被称为“天下黄河第一湾”，形成巨大的“S”形乾坤大转弯，遂得名“乾坤湾”。乾坤湾启发伏羲发明了太极八卦图和阴阳学理论，形成了源远流长的黄河文化；多民族杂居交融，形成了独具特色的黄土文化，这两种文化相互交融，是延川县独特的旅游资源。该县近年投资过亿元整合旅游资源，在乾坤湾附近建成旅游度假村、黄河蛇曲国家地质公园、碾畔黄河民俗博物馆等景点，使自然景观和历史文化交相辉映。

二 需求条件

中国是世界上最大的枣树生产国和唯一的枣产品出口国，红枣及其加工品在国内消费和国际贸易方面将赢来较大的需求。据专家预测，2010年前后，红枣的需求年均增长8%。国内和国际市场的需求远远高于国内枣产量的增长。同时，人民生活水平提高将进一步拓宽枣产品的市场空间。到21世纪50年代，我国将整体上达到中等发达国家水平。在今后的50年间，随着生活水平的大幅度提高，人们对营养型果品及其加工品的需求必然会大幅度增加。同时，全球化、中国加入WTO将促进枣产品的大规模出口。我国仍将是世界上最大的枣树生产国和唯一的枣产品出口国。

三 相关及支持性产业

红枣产业在发展过程中，相关及支持性产业对核心产业的发展的支持作用非常有限，如红枣产业的金融信贷业务、保险业务和其他一些相关产业的发展滞后。

四 企业战略和同业竞争

延川县的红枣企业已经有一定规模，各个企业之间既有合作也有较激烈的竞争。在红枣加工方面，延川县走“公司＋基地＋农户”的路子，逐步形成龙头带基地、基地连农户的效益型开发模式。积极培养红枣加工企业，目前建成了永洲保健食品厂、兴川枣业开发有限公司、红海枣业有限公司等5个红枣加工营销骨干企业，初加工企业25个，季节性加工点11个，年加工能力达2.5万吨；普通烤房1518座，标准烤房147座，晾枣房710座，年烘烤、晾晒能力达1万吨；小型储藏冷库11个，鲜枣储藏能力达500吨；红枣营销企业34个，销售网点68个，专门营销市场1个，年销售红枣达5000吨左右。

五 机会

农业产业结构调整凸显枣业的重要地位。我国目前进行大规模农业产业结构调整的基本思路是，大力发展畜牧业，加强果菜业，稳定粮食生产，而在果品中则强调要大力发展特色果品和小杂果。枣树作为一种适应性强、栽培管理容易、用途广泛、比较效益高、市场前景好的特色果树，其发展不仅符合国家的农业产业结构调整政策，而且深受群众欢迎。同时，西部大开发、退耕还林给枣业发展带来历史机遇。改善生态环境是西部大开发的战略重点之一，枣树抗旱性极强，耐粗放管理，非常适合西北地区发展；同时，西部地区宜枣荒地资源非常丰富，农民发展枣树可享受退耕还林补助政策，兼收良好的生态和经济效益，从而实现国家战略和农民目标的协调统一。延川红枣在获得国家地理标志产品保护后，按照标准种植的红枣不仅价格翻番，而且产品大批出口到美国、日本、俄罗斯等国家，美名远扬海外。

六 政府

延川县委、县政府把做大做强红枣绿色产业作为新农村建设的重要保证，把红枣确定为延川的富民产业和第一产业，按照“做大规模、加强管理，引进加工、推进产业化”的发展思路来加快发展。此外，政府在资金扶持和技术支持上都给予较大的帮助，如县质量技术监督局制定了《地理标志产品延川红枣》，使陕西省地方标准得到实施；1997 年以来，连续几年聘请陕西师范大学食品系教授陈锦屏、省红枣研究中心主任李新岗、省果树研究所副研究员王长柱等专家教授来延川讲授红枣密植丰产园建园管理技术、红枣优质栽培技术、红枣深加工技术、红枣保鲜贮藏技术等，累计受训人员达 1 万余人次；县政府还积极扶持红枣加工企业的发展，每年拿出 200 万～500 万元贴贷指标用于红枣加工业的发展。

七 可持续发展

枣树是耐干旱、适应性最强的树种，在干旱带红枣既是当地的经济林树种，也是庭院绿化的主要树种。大力发展红枣产业对该地区生态环境的改善有着十分重要的现实意义和深远的历史意义。同时，红枣产业还是开辟退耕还林后续产业的重要途径。红枣产业的发展，促使大量坡耕地退耕还枣，使这里的林木覆盖率提高，实现了农林牧的良性发展，加之采取深水平沟工程建园、荒坡石洼垒石造田栽枣树等工程措施，起到了保持水土、改善生态环境的作用。

八 外部投资

招商引资力度不大，客商来后，没有投资环境。

第三节　延川县红枣产业的培育

一 延川县各产业竞争力测评

笔者在2007年对延川县的石油、红枣、大棚蔬菜、养猪产业、旅游产业和其他林果产业共六大产业进行了实地调研，依据本书中构建的西部生态脆弱贫困区优势产业选择模型和指标体系，分别采用调查问卷和访谈法对这六个产业的发展状况进行了数据收集工作，对六个产业的产业竞争力进行了测评。测评结果如表23-1所示。

表23-1　延川县各产业竞争力分析结果

指标	枣	石油	林果	猪	旅游	大棚蔬菜
生产要素	86.8	64.3	83.2	71.1	69.3	78.6
需求条件	65.7	67.1	65.7	61.4	61.4	60.7
相关及支持性产业	61.1	56.1	56.4	55.4	51.4	69.3
同业竞争	58.6	57.6	61.9	52.9	52.4	54.8
可持续发展	85.2	70.0	77.6	74.3	81.4	79.0
政府支持	87.6	68.1	84.3	74.3	88.1	85.7
发展机会	90.0	75.7	91.4	80.0	84.3	70.0
平均值	76.4	65.6	74.4	67.0	69.8	71.2
排名	1	6	2	5	4	3

由上述结果可以看出，红枣产业竞争力得分最高，在生产要素、需求条件、相关及支持性产业、同业竞争、可持续发展、政府支持和发展机会等各个方面的得分也都在前两名，说明在延川县现有的六个产业中，红枣产业具备一定的竞争力，可以通过培育成为当地的特色优势产业。

但通过测算可以看出，在影响红枣产业竞争力的因素中，需求条件、相关及支持性产业、同业竞争这三项的得分较低，如何改善红枣产业的这三个要素，提升红枣产业竞争力，将红枣产业进一步做大做强是研究的重点。

二 延川县红枣产业的现状

为了进一步深入研究延川县红枣产业的培育问题，我们从红枣产业的现有产业链条出发来进行研究。图 23-6 是目前延川县红枣产业的产业链。

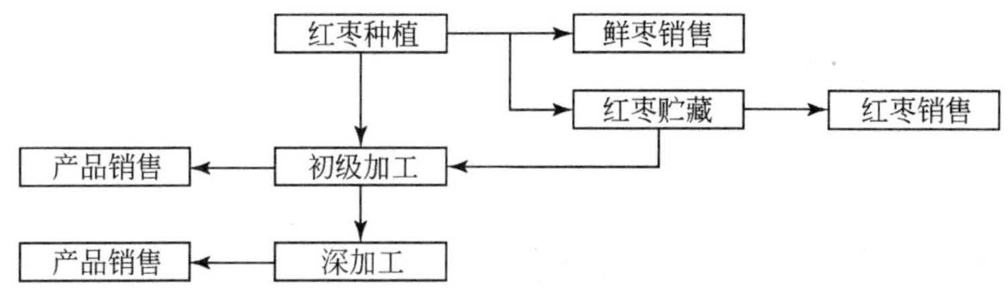

图 23-6　延川红枣产业链

在这个产业链条中，红枣产业已经形成了一个初步的产业集群的模式，农户之间通过相互协作和配合，基本上保证了该区域内的红枣从种植到加工再到销售的一个初步完整的产业链条。但该产业链条仅仅与畜牧业有一定的联系，对其他产业的带动和影响较小。

下面我们针对红枣产业链上的各个组成部分的现状进行分析，如表 23-2 所示。

表 23-2　延川县红枣产业链组成部分构成

红枣品种	共有 49 个品种，分为鲜食、制干和干鲜兼用三类，以狗头枣、骏枣、团圆枣、木条枣为主栽品种
红枣加工	深加工企业 5 个，初加工企业 25 个，季节性加工点 11 个，主要加工枣汁、枣脯、枣酱、枣粉等 4 大类 8 个系列，年加工转化能力为 25 000 吨
烘烤、晾晒	普通烤房 1518 座，标准烤房 147 座，晾枣房 710 个，年烘烤、晾晒能力达 1 万吨
红枣贮藏	小型贮藏冷库 11 个，鲜枣贮藏能力 500 吨
红枣销售	红枣营销企业 25 个，销售网点 68 个，专门营销市场 1 个，年销售红枣达 5000 吨左右

通过以上分析，我们可以看到，由于受到需求条件、相关及支持性产业和同业竞争这三个要素的影响，延川县目前红枣产业的链条存在产业链条较短、产业增值能力较弱的问题。如何延伸红枣产业链条、实现产业增值和产业发展，是延川县红枣优势产业培育所面对的关键问题。

三 通过第一产业、第二产业和第三产业联动培育延川红枣优势产业

通过分析，延川县红枣产业的发展现状是：虽具有一定的红枣加工产业，但是产业的规模较小，如果有较好的外部投资或较强的金融产业的支持，可以在很大程度上改善延川红枣产业的竞争力。但受制于延川县是国家扶贫工作重点县，县财政对于红枣产业所能提供的支持有限，而发展产业所需要的资金从外部得到的机会又较少，所以单纯从红枣产业的思路来探寻优势产业发展的思路受到一定的制约。因此，在延川县红枣产业培育的过程中，我们考虑以第一产业、第二产业和第三产业联动的方式来培育优势产业。这里我们探讨的第三产业，主要是指旅游产业。

依据上述思路，我们以红枣种植和红枣加工为核心，整合和延伸红枣产业链。拓展后延川县红枣产业的产业链如图 23-7 所示。

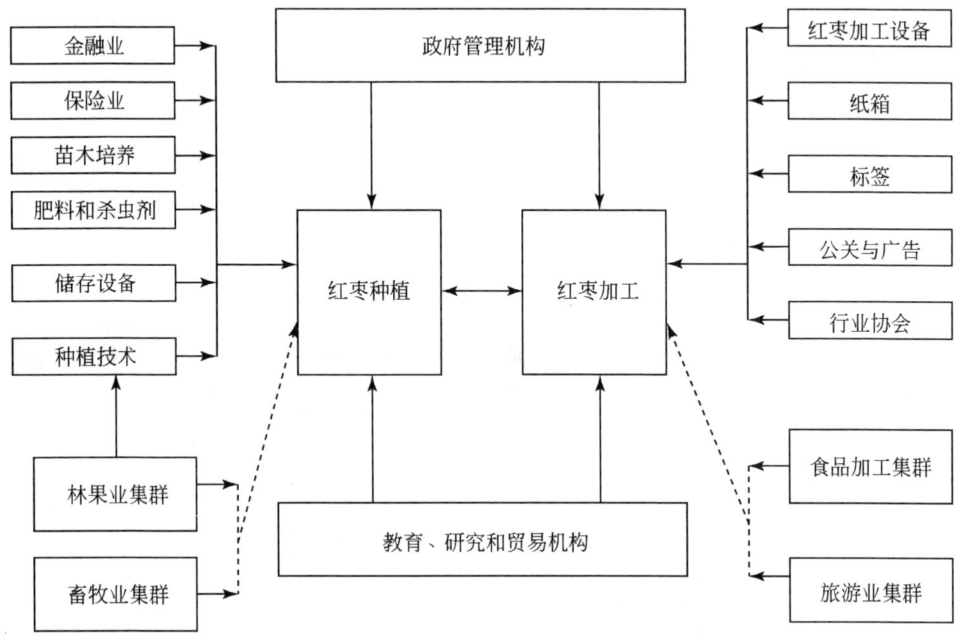

图 23-7　延川县的红枣产业集群

通过以上思路，我们构建了现有的延川县红枣产业集群，该产业集群将延川县现有的 6 个主要产业中的 4 个产业有效地联系起来，即畜牧业通过提供农家肥实现红枣的有机和绿色种植；林果业通过技术培训和经验交流为红枣的栽培和种植提供支持；通过与旅游产业的有效联系，为红枣的销售和加工提供产业升级的动力；食品加工集群为红枣加工提供相应的机械设备和人才储备。同时，

该产业集群拓展了原有的红枣产业链条，初步形成了以红枣为核心的机械设备维修产业、红枣加工机械生产产业、红枣储藏产业、红枣包装产业等产业，同时，通过与相关政府和教育、贸易机构的合作，实现红枣产业的生产要素的提升，并拓展海外市场。

四 第一产业、第二产业和第三产业联动对红枣产业各个要素的影响

(一) 改善红枣产业的需求条件

通过旅游产业，带动越来越多的人到延川县来旅游，旅游者在旅游过程中有较强的购买特色旅游产品的动机，旅游者通过购买红枣为延川县的红枣销售提供了新的途径，改善了延川红枣产业的需求条件。在这样一个购买过程中，由于销售给旅游者的红枣价格比直接销售给外地收购者的价格高，通过将当地的优质红枣和旅游业直接联系，不仅提升了红枣的附加值，而且为红枣产业链条的价值增值提供可行的路径。

(二) 提升红枣产业的生产要素

随着旅游产业的发展，为红枣产业的生产要素改善提供进一步的可能。旅游者在旅游过程中购买红枣产品的要求与普通的消费者有一定的差别，他们对产品的价格的敏感度较低，但对产品质量等更为关注，对是否是绿色有机产品更为关心。因此，旅游者对产品的重点关注将导致当地对红枣产业生产要素的改进，如培育优质的红枣品种，加大科技扶持力度，重视绿色有机产品的种植等。这种良性循环对红枣产业的发展非常重要。

(三) 促进相关及支持性产业的发展

旅游业的发展，导致红枣产业面临的需求多样性日益体现出来，如对产品的包装更为重视。多样性的需求进一步带动了红枣产业的包装产业、公关广告产业和红枣的销售管理等产业的发展，使红枣产业的下游产业得到较大的发展。同时，随着红枣产业的发展，相应配套的金融产业、保险产业等产业的支持也会有较大的发展。

(四) 企业战略和同业竞争

旅游产业的发展拉动对红枣产业的需求，进而导致仅几个企业无法满足市场需求，这样就会吸引越来越多的企业参与其中，从而使企业间的竞争日益增强，同时，对红枣产业深加工的战略选择将为红枣产业的发展提供更为广阔的

发展方向。

五 小结

延川县通过第一产业、第二产业和第三产业产业联动，解决了影响产业竞争力的三个关键要素：需求条件、相关及支持性产业和同业竞争的状况，通过这些要素的改进，实现延川县红枣优势产业的培育。

第二十四章

四川省南江县核桃产业培育研究

第一节　南江县概况

一　南江县基本情况

南江县位于四川北缘米仓山南麓，面积 3383 平方公里，有耕地 42.3 万亩；总人口 65 万人。南江县资源富集，境内拥有煤、铁、花岗石等 50 余种矿产资源，非金属矿及稀有金属等门类齐全。有幅员 830 平方公里的光雾山国家重点风景名胜区。“云顶茗兰”、“云顶绿芽”茶叶和“米仓山牌”核桃、核桃仁获得国家 AA 级绿色食品品牌认证和国家有机食品认证。

二　南江县经济发展状况

2007 年，南江县完成 GDP 33.96 亿元，比上年增长 12.1%；全县固定资产投资完成 17.48 亿元，比上年增长 34.8%；社会消费品零售总额实现 12.24 亿元，比上年增长 17.1%；财政一般预算收入实现 6703 万元，同口径增长 24.4%；农民人均纯收入 2633 元，比上年增加 320 元；城镇居民人均可支配收入 8718 元，比上年增加 1012 元。南江县 2003～2006 年的 GDP、GDP 增长率、人均 GDP 增长情况如图 24-1～图 24-3 所示。

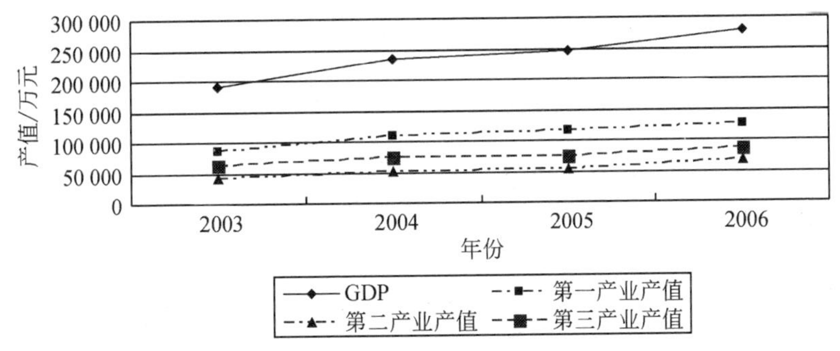

图 24-1　南江县 2003～2006 年 GDP

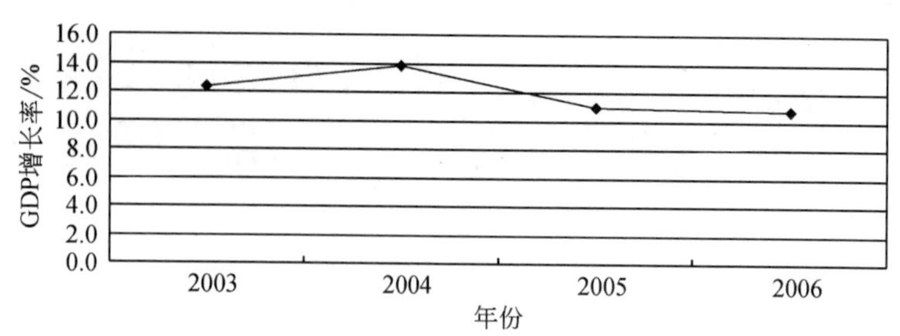

图 24-2 南江县 2003～2006 年 GDP 增长率

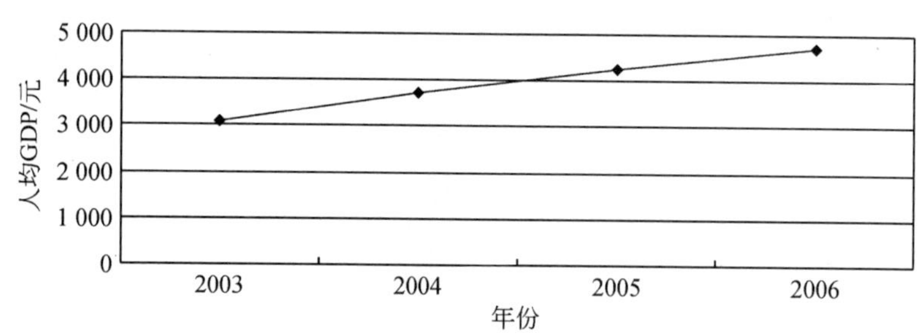

图 24-3 南江县 2003～2006 年人均 GDP

南江县的产业发展仍然以第一产业为主，三产结构从 2003 年的 45.2∶22.2∶32.6 调整为 2006 年的 45.0∶24.4∶30.7，如图 24-4 所示。

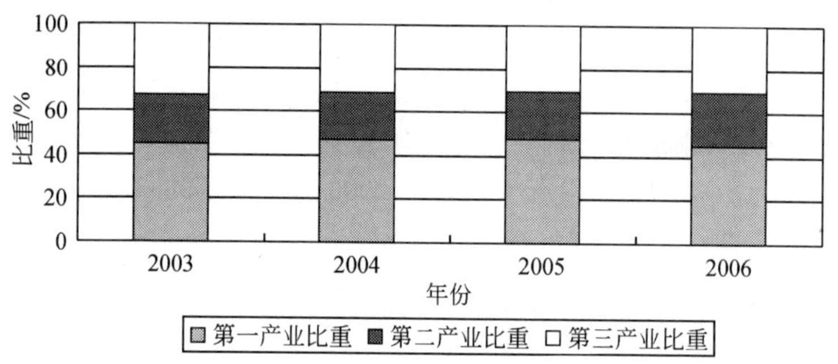

图 24-4 南江县 2003～2006 年三产比重

随着经济的发展，南江县的农民人均纯收入也随之快速增长，从 2003 年的 1611 元增长到 2006 年的 2313 元。

第二节 南江县核桃产业各要素分析

南江县的气候和土地资源为核桃种植提供了得天独厚的条件，南江县是“中国核桃之乡”，“米仓山牌”核桃、核桃仁获得国家 AA 级绿色食品品牌认证和国家有机食品认证，核桃产业迅速发展。截至2008年核桃总种植规模19.5万亩，挂果核桃面积7.2万亩，其中新植的挂果3万亩；盛产树59万株，产量470万公斤。

一 生产要素

(1) 地理位置。南江县位于四川省北部边缘，米仓山南麓，毗邻通江、巴州、旺苍、陕西省南镇县。距离中心城市和大城市较远，南江县距离成都430公里、重庆450公里、西安460公里、南充370公里，其中距离广元和汉中的距离是最近的，有150公里，主要通过汉中来与外界联系。

(2) 气候条件。属于亚热带季风性湿润气候，常年降水1200毫米，年平均气温16.2℃，无霜期259天。

(3) 土地资源。全县有耕地面积31 060公顷，森林面积136 267公顷，森林覆盖率达60.3%。南江县是一个“八山一水一分田”的土石山区，山地坡塬辽阔，土壤比较肥沃，pH值比较适中，山川相间、沟岭遍布的地形地貌使其土壤通透性良好，是核桃的最佳适生区。

(4) 人力资源状况。全县总人口61.98万人，劳动力资源丰富，南江有劳动力41万个，其中农村劳动力37万个。

(5) 交通通信。南江县境内现有省道3条，成（都）南（江）公路S101线纵贯南北，南下经巴中可达成都，北上可至汉中、西安，与省道广（元）开（江）公路S202线（乐坝至元潭段）相接于沙河，西抵广元，东到达州，呈“T”形。距广元和汉中机场150公里，其境内的乐坝火车站，年吞吐量达400万吨，是巴中地区的仓储转运中心，乐坝火车站位于宝成线广普支线上，是经国家铁路普济站接轨至巴中南江县乐坝镇的终点站。即将兴建的达（川）广（元）高速公路贯穿其境。通信设施方面，西（安）成（都）光缆纵贯县境，程控电话装机总量达2万门，移动电话和无线寻呼已在全县开通。

(6) 核桃资源。南江县“米仓山牌”核桃、核桃仁获得国家AA级绿色食品品牌认证和国家有机食品认证，是“中国核桃之乡”。

(7) 旅游资源。南江自然景观独具魅力。国家重点风景名胜区光雾山位于南江县北部边缘，距县城70公里，到陕西汉中市70公里，主峰海拔2500米，景区面积400余平方公里，集秀峰怪石、峭壁幽谷、溪流瀑潭、田园山林于一体。

二 需求条件

近几年国内外核桃市场需求缺口相对拉大，核桃价格日益攀高，为南江县的核桃产业开发提供了良好的机遇和可靠的保障。核桃是重要的木本油料和用材树种，经济价值极高。根据联合国粮农组织对全球经济增长和农业发展速度的预测，在未来30年，中国对核桃的需求量将以每年3万～6万吨的速度递增，世界核桃需求量将以年均1%的速度稳步增长，到2010年，我国人均消费量将增加到0.3公斤，大约需核桃42万吨。此外，近年来核桃价格呈现连年上涨的趋势，2003年核桃平均销售价每公斤8元，2004年为每公斤12元，2005年每公斤16元，2006年上升到每公斤20元，2007年高达每公斤35元，每吨核桃价值35 000元，投入产出比为1∶14。由此可见，核桃产业市场潜力巨大，前景光明，发展优质核桃生产未来市场前景广阔。

三 相关及支持性产业

核桃产业在发展过程中，相关及支持性产业对核桃产业的发展的支持作用非常小。

四 企业战略和同业竞争

在发展核桃产业中，按照“以市场为导向，以科技为支撑，以优势加工流通企业为主体，优化资源配置，突出区域化、规模化、集约化发展，实现资金、品牌整合”的发展思路，培育生态与经济“双赢”的新型林业产业，建设以33个重点乡镇连成的9条万亩核桃长廊，建立了核桃原生资源保护区，引进12个优良核桃果实品种，推广核桃芽苗砧嫁接技术，打造了“米仓山”牌核桃系列产品，获得国家AA级绿色食品、有机食品认证和“奥运推荐果品”荣誉称号。例如，南江县林产品公司隶属于四川米仓林业集团有限公司，一直实行“公司+基地+农户”的经营模式，实行定单生产，培育和发展核桃产业。

五 机会

我国是世界人口大国，目前核桃人均占有量仅为210克，而德国、英国等年人均消费核桃达500克，约为我国的2.4倍。美国人均达到640克，约为我国的3倍。随着人们生活水平的提高和对核桃营养保健作用认识的深化，对核桃的需求量将不断增加。到2010年按全国14亿人口计算，如果年人均消费核桃增至300克，约需核桃4.2亿公斤，是目前全国总产量的1.6倍。若年人均消费量增至500克，约需核桃7亿公斤，是目前全国总量的2.6倍。到那时，新发展的优质核桃已经大量结果，核桃坚果的品质从总体而言得到了显著改善，我国核桃出口量有可能大幅度上升，市场上优质产品仍将会出现供不应求的局面。

六 政府

在核桃产业发展过程中，南江县加强政府的主导地位，发挥好林业部门的支撑作用，形成“党委领导、政府主导、部门协作、社会参与”的工作机制，切实做到“三落实”。一是组织落实。要做到党政统筹、部门协调配合，林业、农业、扶贫等相关部门同心协力，推动核桃产业的发展；二是资金落实。要创新资金投入机制，整合各种资源，引导群众投工投劳投资，确保资金投入到位；三是责任落实。要通过建立健全领导责任制和目标考核责任制，把责任落实到乡镇、村组、农户，进而推动核桃产业健康、有序发展。

七 可持续发展

核桃树体高大，枝干挺立，树冠枝繁叶茂，具有较强的拦截烟尘、吸收二氧化碳和净化空气能力，且其根系发达，生长迅速，具有强大的主、侧根和分布广而密的须根，可以固结大片土壤，缓和地表径流，防止侵蚀冲刷。因此，加快核桃基地建设，大力培育森林资源，不仅可以大幅度增加农民收入，而且在涵养水源、保持水土、防风固沙、调节气候、降尘减噪、优化环境等方面有着特殊的生态功能。核桃具有改善生态环境和产生经济效益的双重作用，是集经济、生态和社会效益于一体的多功能树种。

八 外部投资

目前，核桃项目获得的外部投资几乎没有。

第三节　南江县核桃产业的培育

四川省南江县的区位条件属于我们对贫困县的分类中资源禀赋良好、区位条件一般的区域，南江县的资源禀赋情况是：拥有一定数量的矿产资源、旅游资源和农牧业资源，但该区域所处的地理位置较差，远离中心城市，更不靠近口岸，交通不便，各种资源的运输受到很大的制约。南江县的核桃产业的培育过程包括两个部分，即南江县的产业培育体系和通过第一产业和第三产业联动的培育体系。

一 通过提升生产要素来培育优势产业

南江县现有的核桃产业处于起步阶段，目前的产业链条中有核桃种植、核桃销售两个部分，产业链条中其他的部分较差，尤其是对核桃产业增值部分最大的核桃深加工部分在南江县是空白，而核桃销售目前都是农民自己卖给外面来收购的人，本地缺乏相应的组织机构。与此同时，其他产业对核桃的支持力度较小，只有畜牧业通过为核桃提供农家肥来与核桃产业相连。在我们的产业培育体系中，对于培育南江县核桃产业来说，最重要的影响因素是生产要素的提升，在生产要素的提升中，考虑到落后的交通成为制约该县经济发展的重要“瓶颈”，南江县的主要举措是改善道路交通设施。南江县地处四川省东北边缘。县委、县政府组织带领65万南江人民按照“县、乡、村三级联建大交通”的要求，优化建管环境，改善交通状况，缓解行路难问题。目前，全县公路通车里程达3883公里，其中乡道586公里、村道及专用公路2760公里，路面铺装率达19%，通乡率达100%，通村率达68.8%，乡村公路占到全县公路总量的82%。由于各方面的原因，在乡村公路建设过程中，还存在建设资金紧缺、投入不足的现象。为切实解决建设资金投入不足的问题，确保交通建设顺利实施，各地各部门采取多种渠道、多种形式筹措资金，形成了“项目支持、政府补助、乡村自筹、社会捐赠”的多元投入机制，改善了道路交通状况。

而交通条件的改进使其内部的其他一些关键要素同时得到改进。

(1) 当地的企业战略和同业竞争发生改变。南江县道路交通的改善吸引越来越多的企业参与核桃产业的发展，从而改变了同业竞争的状况，在激烈的市场竞争下，越来越多的企业具备竞争力，从而使产业竞争力提升；同时，通过培训为企业提供相当数量的熟练技术工人，使企业的人力资源条件得到改善。

(2) 相关及支持性产业竞争力提高。随着越来越多企业参与到核桃产业中，产业竞争力和产业规模不断扩大，相关及支持性产业得到较大的发展，如金融产业等。

(3) 促进需求条件改进。道路基础设施的改进，使产业生产要素中更多的要素得到提升，如人力资源状况，这样的改变又反过来促进了新技术和新产品的发展，进一步引发需求的改变，如引发新的需求，开辟新的市场。

生产要素的提升带动了其他三个关键要素发生变化，这样的变化进而实现了四个关键要素之间的相互作用，相互作用的结果是使产业竞争力得到提升，实现了产业培育的目的。

二　通过第一产业和第三产业直接联动培育南江核桃优势产业

南江县发展核桃产业，生产要素的改进可以促进产业的发展，但产业要被培育成为当地的特色优势产业，还必须从产业联动的角度来考虑。前面论述过，目前南江县的核桃产业链条中只有核桃种植、核桃销售两个部分，对核桃产业增值部分最大的核桃深加工部分在南江县是空白，虽然有思路通过吸引外部投资来建设核桃产业的第二产业，但南江县地处偏远山区，道路不通，而且土地缺乏，这样的条件很难获得外部的投资，而没有外部的投资，核桃加工产业就很难发展起来。

因为南江县的核桃产业面临的现状是区域内产业体系不完整，短期内建成完善的产业体系的可能性较小，所以我们考虑用第一产业和第三产业直接联动的方式来培育优势产业体系。

南江县第三产业中能与核桃产业直接联动的产业是旅游产业。南江的旅游资源中一个非常有竞争力的内容是国家级4A级的风景名胜区光雾山旅游资源，该景区是一片尚未开发的区域，由于旅游资源具有独特性和不可复制性，因此获得外部投资来发展的机会较大。同时，前面所论述的生产要素中交通基础设施的不断改进，不仅惠泽到核桃产业，而且对旅游产业的发展速度有非常大的促进作用。因此，对于南江的核桃产业来说，南江县旅游业＋核桃产业的优势产业培育模式将是一条可行的道路。这样的模式通过将第一产业核桃产业和第三产业旅游产业直接联系，强化了核桃销售产业的发展，为核桃产业的增值提供了可行的路径。

优势产业体系培育的产业链条如图24-5所示。

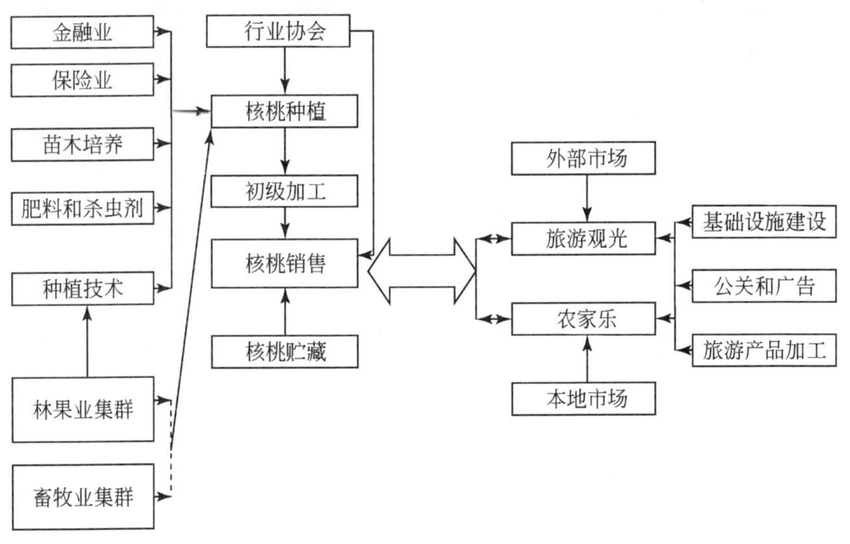

图24-5　南江县核桃产业链条

图 24-5 是南江县第一产业核桃产业和第三产业旅游产业有机结合的示意图，其中核桃产业链条的核心是核桃种植→初级加工→核桃销售和核桃贮藏这样一条产业链，这样的产业链条又与苗木培养的保证、肥料和杀虫剂的获取、种植技术的提高等紧密关联；同时，由于核桃产业的培育中，需要畜牧业提供肥料、林果业的技术支持、金融业和保险业的扶持、行业协会的支持等，这样一种相互关联的关系使核桃产业既能够形成自身完整的产业链条，又能够与其他第一产业有机结合。在旅游产业中，我们关注两个方面的内容，即针对外部市场的旅游观光产业和针对本地市场的农家乐产业。在旅游产业的发展过程中，需要基础设施建设、公关广告和旅游产品的支持。在旅游产品方面，核桃产业可以有效地与旅游产业结合在一起，形成一个良性的循环过程。由于旅游产业吸引到外部的人群主要是开车到南江县来旅游的人，这些人在旅游过程中，希望可以购买到当地有特色的产品，而对价格和产品是否好携带的考虑较少，核桃作为当地有特色的产品非常适合成为旅游者购买的产品。将核桃产品直接销售给外部市场的人群，不仅可以增加销售的附加值，而且为进一步吸引外部投资培育核桃加工产业的发展提供了可能性。而旅游产业也因为能够提供比较有竞争力的产品而实现了产业增值。

下面我们进一步论述核桃产业和旅游产业联动对核桃优势产业培育中各个要素所产生的影响。

（1）改善核桃产业的需求条件。通过旅游产业，带动越来越多的人到南江来旅游，这些人之中很多是驾车自助游的游客，购买当地的特色产品是他们旅游的一个非常重要的内容。这样的需求改善了核桃产业单纯依靠外地收购者来收购进行销售的局面，同时，由于销售给旅游者的核桃的价格比直接销售给外地的收购者的价格高，通过将当地的核桃产业和旅游业直接联系，改善了核桃产业的需求条件。同时，随着旅游业的不断发展壮大，核桃销售的规模和方式也将发生改变，如通过建立核桃销售配送中心等方式，集中和规范地对旅游地的核桃销售进行管理，进一步扩大销售量和实现核桃产业增值，这将会进一步提升对核桃需求的数量和质量，使核桃产业的需求条件得到很大的改善。

（2）提升核桃产业的生产要素。旅游产业对核桃产业的生产要素的提升也有很大的影响。旅游者购买核桃时，对核桃的质量、品种和绿色安全更为关注，这样的要求反过来促进加大优质核桃的种植，加速核桃品种的更新换代，技术人员能够提供技术培训和支持，保证核桃的种植，随着核桃产业的生产要素中人和核桃品种要素得到提升，这会进一步促进其他生产要素的提升。

（3）促进相关及支持性产业的发展。旅游业的发展，导致核桃产业面临的需求多样性日益体现出来，而多样性的需求进一步带动了核桃产业的包装产业、公关广告产业和核桃的销售管理等产业的发展，使核桃产业的下游产业得到较大的发展。同时，随着核桃产业的发展，相应的配套的金融产业、保险产业等产业的支持也会有较大的发展。

（4）企业战略和同业竞争。旅游产业的发展将拉动对核桃产业的需求，进而导致单靠一两家企业无法满足市场需求的状况，这就会吸引越来越多的企业参与其中，从而使企业间的竞争日益激烈，同时，对核桃产业的深加工可以成为企业发展战略的选择，为核桃产业的发展提供更为广阔的发展方向。

三 小结

南江县通过核桃产业和旅游产业这样一种产业联动，改善了核桃产业的需求状况，通过需求状况的改进，进一步作用到其他三个要素的改进，从而实现了核桃优势产业的培育。

第二十五章　广西壮族自治区金秀县科技创新系统建设

第一节　金秀县概况

一　金秀县基本情况

金秀瑶族自治县（下简称金秀县）地处广西中部偏东的大瑶山区，总人口14.73万人，其中瑶族占34.4%，是全国瑶族主要聚居县之一。全县总面积2518平方公里，耕地面积21.57万亩，森林面积329.35万亩，森林覆盖率达87.34%，其中水源林面积158.59万亩，年产水量达25.7亿立方米，是广西最大、最重要的水源林区。

金秀县位于广西桂林、柳州、梧州、南宁四个城市的中心交汇点，交通便利。以国道线、省道线为依托的县境内已形成了四通八达的公路交通网络。金秀大瑶山自然资源十分丰富，盛产绞股蓝、灵香草、八角、甜茶、茶叶、香菇、木耳、黄笋、生姜、中草药等林农副土特产品，其中以绞股蓝为原料所生产的绞股蓝系列保健品已远销国内及东南亚、欧洲、美洲等国外市场。县境内河溪密布，水力资源蕴藏量26.46万千瓦，可开发装机16.9万千瓦，电力开发前景广阔。矿产资源有金、铜、铅锌、重晶石、花岗岩、彩色大理石等十余种，蕴藏量十分丰富，开采潜力巨大。

金秀大瑶山地处南亚热带向中亚热带的过渡地带，国务院和国家林业局分别批准金秀县建立“大瑶山国家级自然保护区”和“大瑶山国家森林公园”。

二　金秀县经济发展状况

金秀县立足本地资源优势和未来发展潜力，确定了“林业立县，农业稳县，工业富县，旅游强县，科教兴县，依法治县”的总体工作思路。2006年，金秀县GDP达到8.55亿元，人均GDP达到4039元，分别比2005年增加了1.3亿元和835元。三次产业结构由2003年的48.3∶22.0∶29.8调整为2006年的39.3∶25.1∶35.6。农民人均纯收入比2005年增加了252元，达到了2031元。

金秀县2003～2006年的GDP、GDP增长率、人均GDP和三产比重的变化如图25-1～图25-4所示。

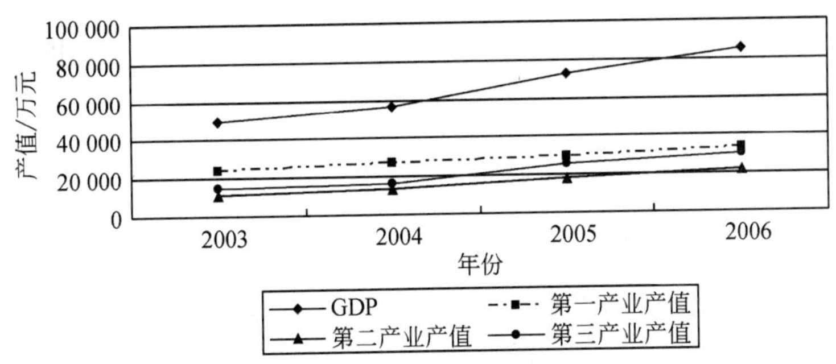

图 25-1　金秀县 2003～2006 年 GDP

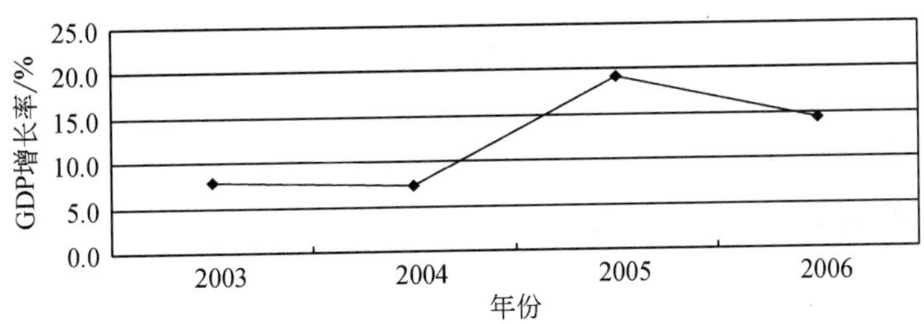

图 25-2　金秀县 2003～2006 年 GDP 增长率

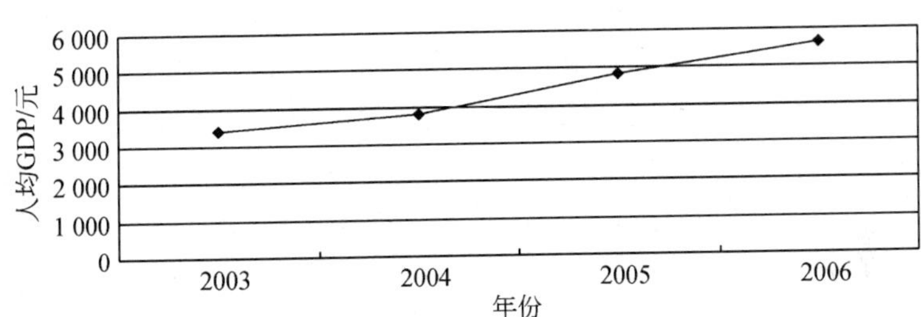

图 25-3　金秀县 2003～2006 年人均 GDP

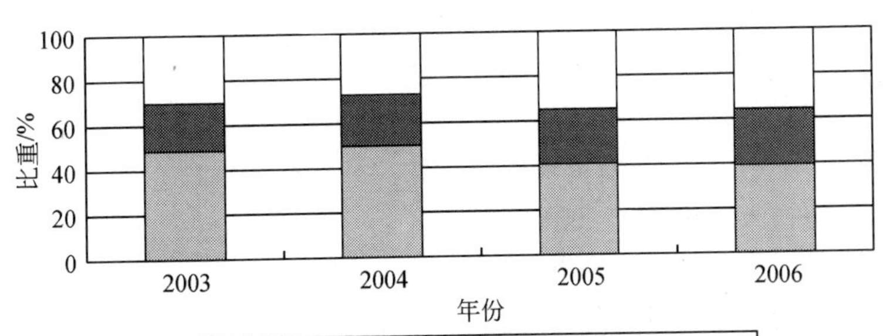

图 25-4　金秀县 2003～2006 年三产比重

第二节　科技创新系统建设与优势产业培育

在对广西壮族自治区的国家扶贫工作重点县的数据进行分析过程中，我们发现，虽然来宾市金秀县的经济总量并不处于非常靠前的位置，但该县农民人均纯收入排名比较靠前，2006 年金秀县的 GDP 为 8.55 亿元，居 28 个国家扶贫工作重点县的第 23 位；其中第一产业产值 3.36 亿元，排名第 21，第二产业产值 2.15 亿元，排名第 24，第三产业产值 3.05 亿元，排名第 23；但其农民人均纯收入达到 2031 元，位列 28 个县的第 13。究其原因，我们发现金秀县的主要产业是水电产业、采矿和农产品产业、木材加工业等，主要的农业产业为水稻产业、蔗糖种植、中草药等，在产业规模有限的情况下，金秀县的科技创新体系为农民增收提供了坚实的基础。

一　金秀县科技创新体系

（一）农业方面的科技活动

（1）组织各县区大力引进和应用农业新品种和新技术。重点选育、引进、推广一个应用面在千头养殖万亩种植以上，并形成区域种养业品牌的新品种，重点筛选 10 项以上先进种样和农产品加工技术进行集成创新、推广应用。

（2）抓好农村科技服务机构建设。建立县科技信息中心，扶持建设好一所星火学校、一个农业科技创新示范基地、一个科技示范乡（镇），乡（镇）有星火课堂、有科技信息网点、农村专业技术协会、有科技示范村和一批科技示范户和科技种养能人。组织开展科技特派员试点工作。

（3）开展全国科技进步示范县创建工作，建立“一把手抓第一生产力”的机制，力争三年内通过全国科技进步考核。

（4）重点建设好一家能起带动农民增收主体作用的科技型龙头企业。

（5）开展科技扶贫工作。与自治区、来宾市共建特色科技扶贫示范村两个，每年示范推广 1～2 项农业新技术或新品种，每年每户有 1～2 人接受一次以上技术培训，示范村人均年增收 200 元以上。

（6）科技对农民年增收的贡献率在 40%以上。

（7）建成两个中药材规范化种植示范基地。

（二）金秀县科技创新体系

金秀县的科技创新体系主要反映在科技工作依托先进的网络媒介，通过整合各种资源，系统地为农民提供技术支持，充分实现科技创新对优势产业培育的支撑作用。如图 25-5 所示。

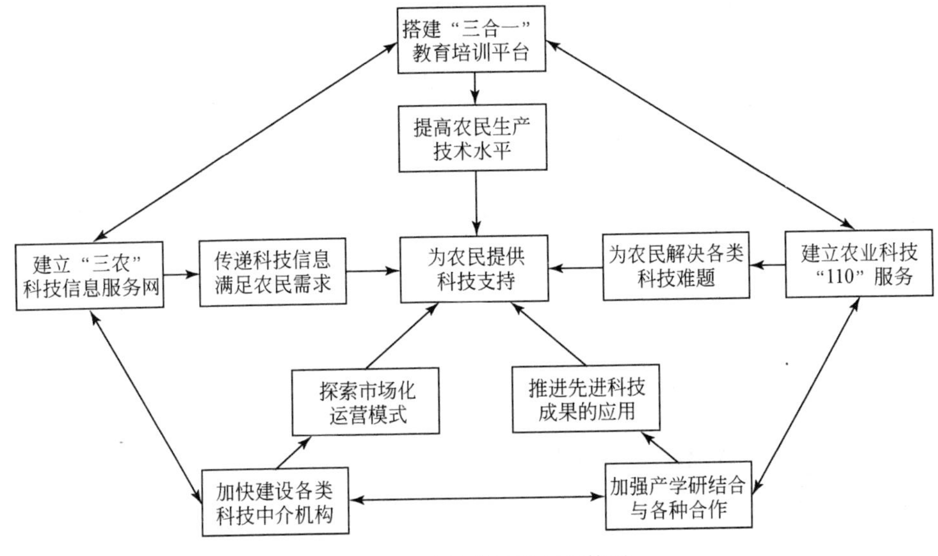

图 25-5 金秀县科技创新体系

(1) 以“千万农民培训工程”和“农村科技引领先锋行”等活动为载体，整合网络资源，利用远程教育网、有线电视互动点播网和互联网等网络媒介，搭建“三网合一”的农村党员干部教育培训平台，将专家学者“请进”农家门，良种良法直接到田，技术要领直接到人，强化技术培训，提高广大农民的科技水平和就业技能，加快培养有文化、懂技术、会经营的新型农民，通过培训提高了农民的生产技术水平，推动了大瑶山农业从传统向现代迈进，实现了农民增收。

(2) 建设“三农”科技信息服务网，覆盖所有的科技示范乡镇、村和科技示范户。重点建设乡镇农村信息服务站 2 个，完成 50 名农村信息员的培训、考核和资格认证。网上发布信息 5000 条以上，产品供求信息 2000 条以上。信息通达的知晓率、技术需求的满足率和产品流通成交率分别达 60%、60%和 30%以上。

(3) 建立金秀县农业科技“110”服务。在服务手段上，“农业 110”运用现代科技成果，将计算机、电话、报纸等先进设备和传播媒体植入农业服务领域，适时、适地为农民群众解答各类难题，超越了传统服务方式的地域、时间局限，提升了服务的水平；在服务内容上，“农业 110”实行技术、信息两手抓，注重生产技术指导与市场信息引导的结合，为农业生产经营者提高全程、全方位的服务，促进了农户生产与千变万化市场的融合；在服务对象上，“农业 110”不仅为农业生产者提供先进适用的种养技术，还为涉农加工经营者服务，为外地涉农生产者解答来电咨询；在服务方式上，“农业 110”实行的是哪里有农民求助，哪里就有他们技术人员的身影，本站技术员解决不了的疑难问题就求助于县科技局下派有关专家下来指点。

（4）其他方面，如加快各类科技中介机构建设，整合资源，逐步建立共享机制和探索市场化运营模式，科技中介服务要覆盖各类科技示范点；加强产、学、研结合，促成科研院所、高等院校与龙头企业、基地、协会、种养示范户的合作。例如，由广西山区综合技术开发中心牵头组织，邀请广西大学农学院徐炯志教授和广西畜牧推广总站畜禽资源科科长苏家联专家到金秀县古池村进行授课等方式也得到充分的应用。

二 科技创新系统作用机制

金秀县科技创新系统的作用机制如图 25-6 所示，通过科技创新系统可以提升生产要素，改善需求条件，增强同业竞争，并加速发展相关及支持性产业，从而促进优势产业的培育。

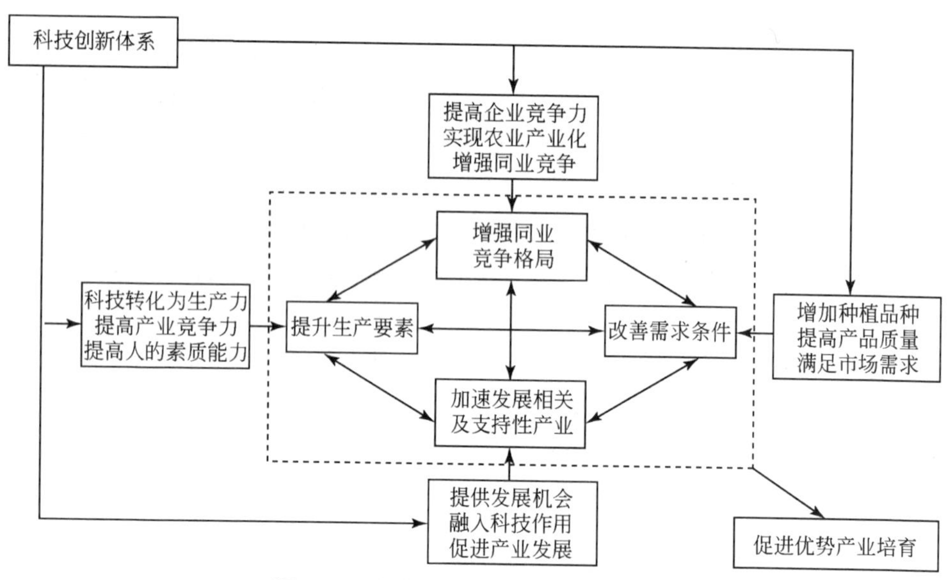

图 25-6　金秀县科技创新系统作用机制

（一）对生产要素的提升

科技创新系统对于生产要素的提升作用非常大，通过科技创新系统可将科技通过人转化为生产力，不仅提高了产业的竞争力，而且提升了生产要素中人的素质，为产业升级提供坚实的基础。例如，2005年9月22日，三江村委稻香屯廖礼坤、李源胜两位农民到三江乡农业科技“110”服务站求助技术员到现场指导马蹄栽培管理。原因是他们种植的马蹄出现了叶片起斑症状，从上向下蔓延，不知是何病害。技术人员到现场，诊断为秆枯病，建议他们使用绿享8号进行叶片喷施，10天一次，连喷2～3次。经实施，该农户的马蹄叶片恢复效果很好。同日，三江村委庙村屯廖志正到三江乡农业科技“110”服务站求助沙糖橘病害问题。该站立即派出技术人员上门现场指导，诊断为煤烟病害，叶片缺镁，然后建议他使用硫酸镁1斤兑水100斤＋绿毫450倍＋煤烟净1000倍的方法进行叶面喷施一次。两天后，廖志正来到站里感激地说，他的果树煤烟病斑开始脱落，恢复效果很好。

2006年5月，三江村樟木屯一位姓李的果农拨打农业科技“110”服务站电话咨询，说他家的葡萄生病了，不知道是什么病。该乡农业科技“110”服务站的技术员火速赶到现场察看果树，诊断为霜霉病，并详细告诉他解决的办法，还额外给果农讲解了一些果树修剪方面的技术，深受果农的欢迎。

（二）改善需求条件

通过科技创新，使农民增加新品种和新产品的种殖养殖，使产品质量有较大程度的改善，从而满足高端市场的需求，拓宽产品的销售渠道，为农民增收提供保障。例如，金秀县组织各县区大力引进和应用农业新品种和新技术，重点选育、引进、推广一个以上应用面在千头养殖万亩种植以上，并形成区域种养业品牌的新品种，重点筛选10项以上先进种养和农产品加工技术进行集成创新，推广应用。

（三）加速发展相关及支持性产业

生产要素的改进和需求条件的不断提升，为相关及支持性产业的发展提供了良好的机会。而这些产业的发展也需要加入科技的作用，建立与优势产业配套的高标准的产业。同时，随着产业的发展，相关的金融、保险等产业也将不断发展。

（四）增强同业竞争的格局

通过政府的科技扶持政策和企业的科技创新，越来越多的企业可以有能力参与到产品的深加工和规模种植中来，实现农业产业化发展，而且通过越来越多企业的参与，通过同业竞争，可以确保企业的产品质量，提高市场竞争力。例如，金秀圣塘药业有限公司、东达制糖有限公司、圣塘山保健品有限公司等龙头企业通过科技创新，使其辐射带动能力日益增强，初步形成了“公司＋基地十农户”的经营模式，推动农业产业化经营向前发展。

由此可见，科技创新体系的建设，会对优势产业培育体系中的各个要素的改进产生影响，从而实现要素之间的互动，提升产业的竞争力。

三 小结

通过推进产业信息服务技术发展，重点开发信息采集、精准作业和管理信息、农村远程数字化和可视化等技术，来培育农村科技人才，实现农村产业科技创新体系和现代产业技术体系建设，是西部生态脆弱贫困区优势产业培育的根本出路。金秀县通过整合各种现代化的资源，建立科技创新系统，不仅提升了科技对产业发展的作用，而且，科技创新系统通过作用到影响优势产业培育的其他几个关键要素，使它们同时得到提升，实现了农民增收和产业培育的同步。

参考文献

方甲等．1989. 西方经济发展理论．北京：中国人民大学出版社

冯之浚．1999. 国家创新系统的理论与政策．北京：经济科学出版社

国家统计局．2004. 中国统计年鉴 2003. 北京：中国统计出版社

国家统计局．2005. 中国统计年鉴 2004. 北京：中国统计出版社

国家统计局．2006. 中国统计年鉴 2005. 北京：中国统计出版社

国家统计局．2007. 中国统计年鉴 2006. 北京：中国统计出版社

胡志坚，苏靖．1999. 区域创新系统理论的提出与发展．中国科技论坛，(6)：21～24

黄成敏，艾南山，姚建等．2003. 西南生态脆弱区类型及其特征分析．长江流域资源与环境，12 (5)：467～472

黄鲁成．2000. 关于区域创新系统研究内容的探讨．科研管理，(2)：44～49

金碚．2001. 论企业竞争力的性质．中国工业经济，(10)：5～10

金碚．2003. 企业竞争力测评的理论与方法．中国工业经济，(3)：3～11

金碚．1997. 中国工业国际竞争力——理论、方法与实证研究．北京：经济管理出版社

兰岚．2005. 中国西部生态脆弱区的空间格局及其现状研究．四川大学硕士学位论文．4

李琳，刘一良．2003. 西部贫困地区可持续发展的障碍与对策研究．西安财经学院学报，16 (2)：23～27

李新建，邹秀英．2003. 西部优势产业的选择．江西财经大学学报，(4)：11～14

林迎星．2006. 区域创新优势．北京：经济管理出版社

刘小铁．2003. 产业竞争力研究综述．当代财经，(11)：85～88

刘颖琦．2006. 西部生态脆弱贫困区风力发电竞争优势研究．太原理工大学学报（社会科学版），(2)：71～74

刘颖琦．2008. 政府政策对西部生态脆弱贫困区风力发电又是产业培育的影响研究．科学学与科学技术管理，(11)：198～200

刘颖琦，邓元慧，郭名．2009. 西部生态脆弱贫困区产业联动模式研究．科学决策，(2)：51～64

刘颖琦，李学伟，李雪梅．2006. 基于钻石理论的主导产业选择模型研究．中国软科学，(1)：145～152

刘颖琦，李学伟，周学军等．2007. 基于和谐发展机理的西部生态脆弱贫困区优势产业测评．中国软科学，(12)：98～105

刘颖琦，吕文栋，李海升．2003. 钻石理论的演变及其应用．中国软科学，(10)：139～144

柳卸林．2003. 区域创新体系成立的条件和建设的关键因素．中国科技论坛，(1)：18～22

罗斯托.1988. 从起飞进入持续增长的经济.成都：四川人民出版社
潘德均.2001. 西部地区区域创新系统建设.科学与科学技术管理，(1)：37～39
裴长洪.1998. 利用外资与产业竞争力.北京：社会科学文献出版社
冉圣宏，金建君，薛纪渝等.2002. 脆弱生态区评价的理论与方法.自然资源学报，17 (1)：117～122
史清琪.2001. 国外产业国际竞争力评价理论与方法.宏观经济研究，(2)：27～31
王国.2001. 我国典型脆弱生态区生态经济管理研究.中国生态农业学报，9 (4)：9～12
王政.2008-10-14. 经典中国辉煌 30 年：区域协调谱新篇——西部大开发综述.人民日报，(2)
翁牛特旗统计局.2007. 翁牛特旗统计年鉴翁牛特旗统计局
徐翔，王旺国，王华书.2001. 比较优势理论及在农村产业结构调整中的应用.现代经济探讨，(1)：25～27
赵国明.2002. 产业比较优势与结构高度化——向现代化转型的产业结构调整策略选择.浙江社会科学，(3)：25～29
赵曦.2001. 中国西部贫困地区可持续发展研究.中国人口·资源与环境，(1)：82～86
赵跃龙.1999. 中国脆弱生态环境类型分布及其综合整治.北京：中国环境科学出版社
中国科技发展战略研究小组.2002. 中国区域创新能力报告 (2001).北京：中共中央党校出版社
Asheim B T，Isaksen A. 1997. Localization，agglomeration and innovation：towards regional innovation systems in Norway? European Planning Studies，5 (3)：299，330
Asheim B T，Isaksen A. 2002. Regional innovation systems：the integration of local "sticky" and global "ubiquitous" knowledge. Journal of Technology Transfer，27：77～86
Cartwright W R. 1993. Multiple linked "diamonds" and the international competitiveness of export-dependent industries：the New Zealand experience. Management International Review，33 (2)：55～70
Cooke P，Braczyk H-J，Heidenreich M. 1996. Regional Innovation Systems：The Role of Governance in a Globalized World. London：UCL Press
Cooke P，Uranga M G，Etxebarria G. 1997. Regional systems of innovation：institutional and organizational dimension. Research Policy，(26)：457～491
Cooke P，Uranga M G，Etxebarria G. 1998. Regional systems of innovation：an evolutionary perspective. Environment and Planning，(30)：1563～1584
Crookel H. 1990. Canadian-American trade and investment under the free trade agreement. Westport，Conn：Quorum Books
Daly D J. 1993. Porter's diamond and exchange rates. Management International Review，33 (2)：119～134
Deng Yuanhui，Zhou Xuejun. 2008. The Advantage Nurturing of Wind Power Industry in Wengniute Country in Inner Mongolia. 2008 International Conference on Industry Cluster Development and Management. Changzhou
Dunning J H. 1991. Dunning on Porter：Reshaping the Diamond of Competitive Advan-

tage. Working Paper WP，6～91，Institute of International Economics and Management，Copenhagen

Dunning J H. 1993a. Internationalizing Porter's Diamond. Management International Review，33 (2)：7～15

Dunning J H. 1993b. The competitive advantage of countries and the activities of transnational corporations. Transnational Corporations，(2)：135～168

Grant R M. 1991. Porter's competitive advantage of nations：an assessment. Strategic Management Journal，12 (7)：535～548

Guo Ming，Jiang Xiaohua. 2008. Research on Competitive Advantage of Chinese Date Industry in Yanchuan County. 2008 International Conference on Industry Cluster Development and Management. Changzhou

Hirschman A O. 1958. The Strategy of Economic Development. New Haven，Conn：Yale University Press

Krugman P，Fujita M，Venables A J. 1999. The Spatial Economy-Cities，Regions and International Trade. MIT Press

Krugman P. 2000. International Economics. China Renmin University Press

Kuhimnn S. 2004. European German efforts and policy evaluation in regional innovation. University Utrecht Fraunhofer Institute Systems and Review of the S & T Basic Plans in Japan-Towards the Effective Benchmarking of Integrated S&T Policy-Tokyo，NISTEP，September. 13～14，1～25

Liu Yingqi，Zhou Xuejun，Zheng Tianchi et al. 2008. Research on Relationship between Wind Power Industry Cultivation and Government Policies in Ecologically Vulnerable Areas in West China. 2008 International Conference on Management Science & Engineering 15th Annual Conference Proceedings. September 10～12，2008，Long Beach，USA

Lucas R. 1972. Expectations and the neutrality of money. Journal of Economic Theory，(4)：103～124

Lucas R. 1988. On the mechanics of economic development. Journal of Monetary Economics，(22)：3～42

Lucas R. 1996. Econometric policy evaluation：a critique. Carnegie-Rochester Conference Series on Public Policy，(1)：19～46

Moon H C，Rugman A M，Verbeke. A. 1998. Generalized double diamond approach to the global competitiveness of Korea and Singapore. International Business Review，7：135～150

Ohlin B G. 1933. Interlocal Trade and International Trade. Capital University of Economics & Business Press

Oz O. 2002. Assessing Porter's framework for national advantage：the case of Turkey. Journal of Business Research，55 (6)：509～515

Porter M E. 1986. Changing patterns of international competition. California Management Review，28：9～40.

Porter M E. 1990. The Competitive Advantages of Nations. New York：The Free Press

Porter M E，Armstrong J. 1992，Canada at the crossroads：dialogue. Business Quarterly，56 (4)：6～10

Radoseuic S. 2002. Regional innovation systems in Central and Eastern Europe：determinants. Organizers and Alignments Journal Technology Transfer，27 (1)：87～96

Ricardo D. 1981. The Works and Correspondence. Shangwu Publisher

Romer. P. 1994. New goods，old theory，and the welfare costs of trade restrictions. Journal of Development Economics，43：5～38

Romer P. 1995. Preferences，Promises，and the Politics of Entitlement. Chicago：University of Chicago Press

Rugman A M，D'Cruz J R. 1993. The "Double Diamond " model of international competitiveness：the Canadian experience. Management International Review，33 (2)：17～39

Rugman A M. 1991. Diamond in the rough. Business Quarterly，55：61～64

Rugman A M. 1980. Internalization as a general theory of foreign direct investment：a reappraisal of the literature. Review of World Economics，(2)：365～379

Rugman A M. 1992. Porter takes the wrong turn. Business Quarterly，56 (3)：59～64

Saferian A E. 1968. Foreign Ownership of Canadian Industry. Toronto：McGraw Hill

Smith A. 2007. The Wealth of Nation. New Century Publisher

Solow R. 1956. A contribution to the theory of economic growth. Quarterly Journal of Economics，(70)：65～94

Solow R. 1957. Technical change and the aggregate production function. Review of Economics and Statistics，(39)：312～320

Stopford J，Strange S. 1991. Rival States，Rival Firms：Competition for World Market Shares. Cambridge University Press

Vernom R. 1977. Storm Over the Multinationals：The Real Issues. Cambridge，Mass：Harvard University Press

“中国软科学研究丛书”已出版书目

书名	定价
区域技术标准创新——北京地区实证研究	46.00
中外合资企业合作冲突防范管理	40.00
可持续发展中的科技创新——滨海新区实证研究	42.00
中国汽车产业自主创新战略	50.00
区域金融可持续发展论——基于制度的视角	45.00
中国科技力量布局分析与优化	50.00
促进老龄产业发展的机制和政策	45.00
政府科技投入与企业 R&D——实证研究与政策选择	55.00
沿海开放城市信息化带动工业化战略	58.00
全球化中的技术垄断与技术扩散	40.00
基因资源知识产权理论	56.00
跨国公司在华研发——发展、影响及对策研究	68.00
中国粮食安全发展战略与对策	66.00
地理信息资源产权研究	78.00
第四方物流理论与实践	50.00
西部生态脆弱贫困区优势产业培育	68.00